Vingt-cinq

(1826-1850)

JOURNAL DU COMTE

RODOLPHE APPONYI

TOME I

Elibron Classics
www.elibron.com

Elibron Classics series.

© 2006 Adamant Media Corporation.

ISBN 0-543-95229-0 (paperback)
ISBN 0-543-95228-2 (hardcover)

This Elibron Classics Replica Edition is an unabridged facsimile of the edition published in 1913 by Plon-Nourrit et Cie, Paris.

Elibron and Elibron Classics are trademarks of Adamant Media Corporation. All rights reserved.

This book is an accurate reproduction of the original. Any marks, names, colophons, imprints, logos or other symbols or identifiers that appear on or in this book, except for those of Adamant Media Corporation and BookSurge, LLC, are used only for historical reference and accuracy and are not meant to designate origin or imply any sponsorship by or license from any third party.

Il a été tiré de cet ouvrage :

25 exemplaires sur papier de Hollande, numérotés de 1 à 25.

JOURNAL DU COMTE
RODOLPHE APPONYI

★

(1826-1830)

COMTE ANTOINE APPONYI

COMTESSE ANTOINE APPONYI

VINGT-CINQ ANS A PARIS
(1826-1850)

JOURNAL DU COMTE

RODOLPHE APPONYI

ATTACHÉ DE L'AMBASSADE
D'AUTRICHE-HONGRIE A PARIS

Publié par Ernest DAUDET

★

(1826-1830)

AVEC TROIS PORTRAITS

PARIS
LIBRAIRIE PLON
PLON-NOURRIT ET Cⁱᵉ, IMPRIMEURS-ÉDITEURS
8, RUE GARANCIÈRE — 6ᵉ

1913
Tous droits réservés

Copyright 1913 by Plon-Nourrit et Cie.
Droits de reproduction et de traduction
réservés pour tous pays.

INTRODUCTION

Le 5 février 1826, vers onze heures du matin, deux chaises de poste entraient à Paris par la porte Saint-Denis et se dirigeaient vers le faubourg Saint-Germain où elles s'arrêtaient devant l'hôtel de l'ambassade d'Autriche. Elles amenaient dans la capitale le comte Antoine Apponyi, nommé récemment ambassadeur de cette puissance auprès du roi Charles X, en remplacement du comte de Vincent (1), sa famille directe composée de sa femme et de trois jeunes enfants, Rodolphe, Jules et Marie, et le comte Rodolphe Apponyi son cousin, à peine âgé de vingt-trois ans, attaché à sa personne en qualité de secrétaire (2).

L'hôtel où siégeait alors l'ambassade était celui qu'avait occupé précédemment le prince Paul Esterházy, ambassadeur impérial à Londres, lorsqu'il était venu représenter son souverain au sacre du roi de France. A cette occasion,

---

(1) Baron, puis comte de Vincent, diplomate autrichien. Ambassadeur d'Autriche à Paris, en 1814, il avait occupé de nouveau ce poste après les Cent-Jours.

(2) Lorsque dans son Journal, le comte Rodolphe parle de son jeune cousin, fils aîné de l'ambassadeur, qui porte le même prénom que lui, il le désigne sous celui de Rodolphe II.

il avait meublé cette demeure avec magnificence et dépensé à cet effet, assurait-on, 500000 francs. Ses gens et ses équipages s'y trouvaient encore, de telle sorte qu'à peine arrivés, le comte Antoine Apponyi et les siens y furent luxueusement installés. Cette installation, d'ailleurs, ne devait être que provisoire. Quelques semaines plus tard, l'ambassade se transportait dans la rue Saint-Dominique, à l'hôtel d'Eckmühl, « le plus beau palais de Paris », dont la terrasse donnait sur l'esplanade des Invalides et que la maréchale Davout avait consenti à lui céder en location au prix de 60000 francs par an.

Pendant un quart de siècle, le comte Antoine Apponyi allait habiter ce palais, en s'attachant à en faire le rendez-vous de l'élite de la société française, secondé dans cette tâche par son admirable femme, « la divine Thérèse », ainsi que l'appelaient ses familiers, et par son jeune cousin le comte Rodolphe, auteur du Journal que nous publions aujourd'hui.

Poussée sur le sol hongrois, la famille Apponyi a des origines anciennes. Elle est issue de la tribu (la *gens*) Pécz, laquelle, à une époque très reculée, s'était fixée dans le comitat de Gyor, aux environs de la célèbre abbaye du mont Saint-Martin. Dès le commencement du treizième siècle, les membres de cette tribu étaient déjà propriétaires de domaines considérables dans diverses parties du royaume et investis des charges et dignités les plus élevées. En 1344, Thomas Rufus *de gente* Pécz, un ancêtre des Apponyi, ardent partisan de la maison d'Anjou, accompagne à Naples la reine Élisabeth, veuve de Charles-Robert et mère de Louis, roi

INTRODUCTION

de Hongrie, et d'André, roi de Naples ; il est ensuite envoyé en ambassade auprès du pape Clément VI, à Avignon, où il reste quelques mois. Trente ans plus tard le mariage de l'un de ses fils fait entrer dans la famille le domaine de Cseklész qu'en 1392, par un contrat passé avec le roi Sigismond de Luxembourg, elle échange contre le château fort d'Appony lequel est ainsi attribué avec les terres qui en dépendent à la descendance de Thomas Rufus. A partir du quinzième siècle, l'un des héritiers, Pierre Pécz, en devient l'unique possesseur et le nom d'Apponyi est alors adopté par tous les membres de la famille, qui depuis l'ont conservé.

Ce château fort était situé sur une colline boisée de la chaîne des Karpathes, qui longe la fertile vallée de la Nyitra, non loin de la frontière de Moravie. Mais, un incendie l'ayant détruit au seizième siècle, il fut remplacé par le manoir actuel qui dresse sa riante façade dans la vallée, au pied de la colline que dominent les ruines pittoresques du vieux berceau familial. C'est là que le comte Antoine Apponyi, qu'on vient de voir arriver à Paris, en qualité d'ambassadeur d'Autriche, aimait à aller se reposer chaque fois que les exigences de sa carrière lui permettaient de rentrer en Hongrie. Il y passa avec ses enfants Jules et Marie les quatre dernières années de sa vie, après avoir quitté Paris en 1848, et y mourut le 17 octobre 1852.

Né en 1782 et entré tout jeune dans la carrière diplomatique, il avait été nommé, en 1814, ministre à Florence et en 1819, ambassadeur à Rome d'où on l'avait envoyé avec le même titre à la cour de Charles X. De son mariage avec la comtesse Thérèse Nogarola de Vérone, étaient nés les trois enfants désignés plus haut et dont l'aîné, Rodolphe II, qui épousa ultérieurement une Benckendorff, a marqué, à l'exemple de son père, dans la diplomatie comme ambassadeur à Londres, de 1856 à 1871, et à Paris, de 1872 à 1876. Leur fils, le comte Alexandre Apponyi, qui a épousé la comtesse Esterházy, est aujourd'hui l'un des plus anciens membres de la *Société des Bibliophiles français*.

Le second fils de l'ambassadeur, Jules, se maria avec la comtesse Sophie Sztáray, dont il eut deux fils, Louis et Antoine. Au nom du comte Louis Apponyi, qui épousa la comtesse Marguerite de Seherr-Thoss, se rattache un souvenir historique. Le roi de Hongrie, François-Joseph, empereur d'Autriche, cédant au désir de son peuple, qui ambitionnait d'avoir une cour hongroise, créa, en 1892, la charge de maréchal de la cour, en vue des fêtes du millième anniversaire de l'existence du royaume. Le comte Louis Apponyi fut le premier maréchal de la cour de Sa Majesté Impériale et Royale Apostolique pour la Hongrie ; et, pendant dix-sept ans, son hôtel de Budapest fut le rendez-vous de l'élite de la société hongroise et des étrangers de distinction.

La fille de l'ambassadeur Antoine, Marie, qu'on appelait aussi Minima ou Mimi, épousa d'abord le comte Albert Esterházy, qui mourut peu après le mariage, et en secondes noces, le baron Victor Wenckheim. La descendance d'Antoine Apponyi continua et s'allia aux plus grandes maisons, aux Borghèse, aux Károlyi, aux Hoyos, voire à la famille de l'ex-impératrice Marie-Louise, par le mariage du second fils de Jules avec une Montenuovo, petite-fille de cette princesse, et du comte Neipperg.

Il n'y a pas lieu d'entrer dans les mêmes détails en ce qui touche les autres branches de la maison Apponyi. Il suffira de dire que de l'une d'elles sont issus Georges Apponyi, qui après avoir été, jusqu'en 1848, chancelier de Hongrie, occupa, le régime constitutionnel rétabli, les hautes fonctions de *Judex Curiæ*, et son fils le grand patriote hongrois, Albert Apponyi, qu'en ces dernières années, ses éloquentes revendications ont désigné si souvent à l'admiration européenne; d'une autre, ce jeune comte Rodolphe qui vécut à Paris, de 1826 à 1850, y brilla dans le monde et dont la présente publication va parer d'un éclat nouveau les souvenirs qu'il y avait laissés.

Il était né en 1802, au château d'Appony dans le Comitat de Nyitra. Sa mère, enlevée prématurément à l'affection des siens, avait laissé à son mari quatre fils, dont Rodolphe le second. Tenu d'assurer à ces orphelins une sollicitude maternelle, son père épousa en secondes noces une Italienne, compatriote et amie de l'ambassadrice : la comtesse Thérèse de Serbelloni. De ce second mariage, il eut encore quatre enfants; ils moururent jeunes et toute l'affection de la mère se reporta sur ceux de son mari avec un si grand dévouement qu'il lui valut, de leur part, un amour filial aussi ardent que si elle eût été leur véritable mère. Rodolphe surtout le lui manifesta avec une constance dont font foi les lettres qu'il lui écrivait. Elles témoignent, à tout instant, de sa gratitude pour les soins que lui avait prodigués cette femme incomparable de laquelle il aurait pu dire, comme le poète, qu'en lui, rien n'était bon qui ne lui appartînt. Il convient d'ajouter qu'il démontra plus tard qu'en s'appliquant à le rendre digne des honnêtes gens dont il descendait, elle avait travaillé sur un terrain fertile et s'il se plaisait à lui rendre grâce pour tout ce qu'il lui devait, elle-même goûta toujours cette joie si douce à un cœur de mère, de constater que le fils qu'elle s'était donné, avait, par sa brillante intelligence et ses qualités d'esprit et de cœur, secondé ses efforts.

A peine lancé dans la vie et en même temps qu'il bénéficie, partout où il passe, de la haute situation et des relations de sa famille, le comte Rodolphe se fait aimer de tous ceux qui le connaissent. Au mois de septembre, attaché, pour ses débuts dans la diplomatie, à l'ambassade d'Autriche à Rome que dirige son cousin le comte Antoine, il conquiert la sympathie de la réfrigérante princesse de Liéven dont le fils est en ce moment secrétaire à l'ambassade de Russie. Accoutumé déjà à rendre compte de toutes ses actions à la seconde femme de son père, celle qu'il appelle toujours « ma bonne, ma tendre mère », il lui écrit :

« J'ai pompeusement fini mes courses avec Liéven ; je dis pompeusement, parce que, figurez-vous cette immense distinction, Mme de Liéven a daigné monter dans ma voiture. Je crois que je suis le seul jeune homme de toute l'Europe à qui elle a fait cet honneur. Je l'ai menée aux Thermes de Titus et après avoir parcouru le grand Forum, nous sommes allés à ceux de Trajan. La princesse est la plus fière de toutes les femmes.

INTRODUCTION

Il n'est pas un jeune homme dans la société à qui elle daigne parler ; elle ne veut frayer qu'avec des ambassadeurs et des rois : en un mot elle est insupportable. » Après avoir constaté qu'elle ne l'est pas avec lui, il ajoute modestement : « Je sais bien que si elle est aimable avec moi, c'est parce que je suis regardé comme un fils dans la maison de mon cousin. »

A la même date, il écrit encore :

« J'ai passé une soirée avec Mme Récamier, cette fameuse des fameuses ; mais, elle est loin de posséder une perfection qui permette de la comparer à ma cousine, cet ange de bonté et de vertu. »

On voit s'affirmer ici la tendre admiration qu'il ne cessera jamais de professer pour la « divine Thérèse » ; il la met déjà au-dessus de toutes les femmes, sa seconde mère exceptée. Quelque chose de cette admiration va à son cousin l'ambassadeur : de recevoir de lui des éloges, que, d'ailleurs, il mérite, il se réjouit comme du plus grand bonheur :

« Vous me rendez heureux par la nouvelle que vous me donnez, ma chère maman, du contentement de mon cousin pour ma conduite. Je le soupçonnais bien ; mais, d'en avoir la certitude, est une immense joie. »

Toutes ses lettres de cette époque, datées de Rome et, un peu plus tard, de Vienne, révèlent ainsi sa tendre reconnaissance pour sa mère adoptive et pour les parents auprès desquels il vit. A ces témoignages affectueux s'ajoutent souvent les plus piquants détails sur les milieux qu'il fréquente et les personnages qu'il rencontre. Il ne songe pas encore à donner à ses récits le caractère de Journal qu'il leur donnera une fois à Paris. Mais, déjà, on y trouve, quoique perdus dans des lettres purement familiales, des observations, des tableaux de mœurs, des portraits qui font de cette correspondance, comme un prologue à ce Journal. A ce titre, on nous saura d'autant plus gré d'en reproduire ici quelques extraits qu'ils aideront à faire connaître le spirituel auteur des quatre volumes que formera le Journal du comte Rodolphe Apponyi.

« 18 *janvier* 1824. — Je reviens de la cérémonie de consécration du cardinal Zurla, ce carme que Pie VII a fait entrer au Sacré-Collège. En arrivant à l'église de San Sebastiano, nous fûmes conduits, ma cousine, mon cousin et moi, dans une tribune d'où nous avons très bien vu toute la cérémonie. Le cardinal secrétaire d'État della Sommaglia a été le prélat consécrateur ; cela a duré presque deux heures, après quoi un maître de cérémonies nous mena dans l'appartement où le déjeuner était servi. Ma cousine présidait, ayant à sa droite le secrétaire d'État, à sa gauche un archevêque, et, en face d'elle, l'ambassadeur, à côté de qui était placé le nouveau cardinal. Le secrétaire d'État me fit mettre auprès de lui et deux autres archevêques ont occupé le reste de la table. Nous avons eu, tout comme de coutume, du chocolat, de la limonade et des glaces. Ce petit repas fini, nous avons pris congé des deux Éminences et des archevêques ainsi que des chanoines qui étaient restés debout à une distance respectueuse, contemplant les mouvements non interrompus des bouches respectives. Le cardinal della Sommaglia nous a invités à un dîner qu'il donnera dans huit jours en l'honneur du nouveau consacré.

« Mardi dernier, il y a eu chez nous un superbe bal où je me suis amusé à merveille. Il s'est terminé par un cotillon pour lequel j'avais composé des figures dont l'exécution m'a valu les éloges les plus flatteurs de mon cousin et de ma cousine. Le bal qui devait avoir lieu lundi à la légation de Sardaigne est contremandé à cause de la mort de l'ex-roi de ce pays (1).

« Mme Récamier mène ici une vie très retirée ; on ne la voit que rarement. Je continue à être au mieux avec la princesse de Liéven qui éloigne d'elle les dames romaines par les airs dédaigneux qu'elle affecte vis-à-vis d'elles et par l'usage excessif du musc. En revanche, je vois avec une grande satisfaction combien cette femme dont l'orgueil est si connu, fait la cour à mon incomparable cousine sur qui ses distinctions ne font pas plus d'impression que ne le feraient ses grossièretés. »

« *27 février*. — Depuis que je ne vous ai écrit, nous avons fait une perte bien sensible et c'est avec beaucoup de regrets que je vous annonce la triste nouvelle de la mort du cardinal Consalvi, ce grand ministre, ce fidèle ami de Pie VII.

« Je constate ici, qu'avec un peu d'aplomb dans le grand monde, tout frivole qu'il soit et si l'on est seulement un peu aimable, on peut s'y faire des amis, à la condition cependant de ne pas se laisser éblouir. Il est sûr qu'on m'y distingue on ne peut plus et que tous les élé-

(1) Victor-Emmanuel Ier, qui avait abdiqué en 1821, en faveur de son frère Charles-Félix.

gants, à commencer par Liéven, sont mes singes. Ils imitent tout ce que je fais et Liéven pousse si loin cette faiblesse qu'il quitte un bal lorsque j'en sors. Ces jours-ci, il y en avait un très joli chez un Anglais. J'en suis parti à cause d'un mal de tête et Liéven, croyant par là se classer complètement dans la « crème », a fait comme moi ; je trouve cela bien ridicule et bien bête.

« 23 *mars.* — Je ne puis oublier ces dix derniers jours du carnaval que j'ai passés si gaiement. Tout au commencement de cette semaine charmante, le duc de Bracciano nous a donné un bal masqué ; mes cousines Fanny et Thérèse, la comtesse de Liéven, la princesse Rasumowsky, lady Robinson et moi nous étions en Russes ; ces dames étaient couvertes de diamants ; mais le costume de l'ambassadrice se distinguait de tous les autres par sa richesse et son élégance ; elle était réellement éblouissante ; sa physionomie avait ce jour-là plus que jamais cette expression céleste qui la distingue tant des autres dames. Pour moi, j'étais vêtu d'un habit en velours rouge foncé, garni en cygne, avec des galons et des bouillons d'or sur la poitrine et sur les manches ; j'avais des culottes blanches, des bottes en cuir écru, bordées de cygne. Ma ceinture était en argent et comme coiffure j'avais arrangé mon kolbach à la manière russe.

« Les jours suivants nous allâmes sur le Corso. Le dernier, Mme de Ficquelmont (1) me proposa de m'habiller

---

(1) Lorrain d'origine, diplomate et général au service de l'Autriche, le comte de Ficquelmont était alors ambassadeur à Naples ; il était venu à Rome avec sa femme pour le carnaval.

en femme ; son mari et le comte Pahlen (1) furent aussi de la partie. Comme elle avait la bonté de me prêter ses habits et comme elle voulait m'arranger elle-même, nous convînmes que je dînerais chez elle ce soir-là. Quoiqu'il n'y eût personne que moi, nous avons tant ri qu'à la fin je n'en pouvais plus.

« Après le dîner, nous préparâmes nos bouquets et nos bonbons pour jeter ; nous nous amusâmes ensuite à lancer des confettis sur le grand nez du duc de Devonshire qui avait sa fenêtre en face de la nôtre et qui s'y trouvait avec lord Kinnaird. Il ne pouvait concevoir d'où lui venaient ces confettis. Lorsqu'à la fin, il nous eut découverts, nous scellâmes la paix en lui jetant des bouquets de fleurs.

« Cependant le moment était venu de faire notre toilette. La comtesse et moi nous passâmes dans une pièce où sa femme de chambre avait tout préparé en nous attendant. J'ôtai mon frac, mon gilet et ma cravate. Ils furent remplacés par un habit noir en crêpon, avec des manches en tulle, ce qui donna lieu à de grands pourparlers parce qu'à travers le tissu, on voyait ma chemise. Ceci arrangé, la comtesse m'enveloppa le cou d'un fichu et me coiffa d'un bonnet de femme sur lequel elle plaça en turban un grand châle tombant jusqu'aux genoux et formant un domino qui me couvrait tout entier ; enfin, la femme de chambre mêlia mon masque auquel j'avais collé mon lorgnon. La comtesse prit le même accoutrement que moi.

---

(1) Diplomate et général russe, il était le fils du fameux Pahlen, auteur principal du complot où périt Paul Ier. Il fut ambassadeur de Russie à Paris, de 1835 à 1841. Il était né en 1775.

« Pendant ce temps, Pahlen était arrivé avec la voiture et un domestique déguisé en Pierrot. Le cocher était masqué en bœuf, avec des cornes si longues qu'elles atteignaient les croisées du premier étage. Pahlen et M. de Ficquelmont étaient en domino. La comtesse et moi nous étions assis sur le toit de la calèche, munis d'une bonne provision de confettis, de bonbons et de fleurs. Notre apparition sur le Corso donna lieu à des applaudissements ; notre bœuf faisait rire tout le monde. Après que le second coup de canon eut été tiré, nous décidâmes d'aller chez Mme Martinetti. Mais, quoique la porte de son palais soit très haute, il nous fut impossible de pénétrer sous la voûte à cause des grandes cornes de notre bœuf. Dans le bal, où nous ne fûmes pas reconnus, nous intriguâmes toute la société qui s'y trouvait ; je fis enrager le prince héréditaire de Bavière et beaucoup d'autres messieurs.

« 23 *avril*. — Durant la semaine sainte, j'ai été si occupé que je n'ai pu écrire : depuis le matin jusqu'au soir, nous étions à Saint-Pierre ou dans la chapelle Sixtine. Samedi dernier, ma cousine, mon cousin et moi, nous avons fait nos dévotions dans l'église du palais de Venise. Nous allâmes ensuite à Saint-Pierre où le cardinal grand pénitencier nous toucha du haut de son trône avec une longue perche en or, ce qui, comme l'archevêque de Tempe me l'a assuré, nous sauvera de cent ans de souffrances, que les diables avaient l'intention de nous offrir dans le purgatoire ; je ne puis cependant me persuader qu'ils aient eu jamais le moindre pouvoir sur mon angélique cousine.

« Au commencement de la semaine, il y avait eu chez nous un superbe *Miserere* chanté dans la grande salle du palais de l'ambassade par soixante chanteurs accompagnés d'un orchestre de même force. Ce magnifique appartement était éclairé par une immense quantité de bougies. Rien que sur le grand lustre du milieu, il y en avait soixante et douze livres. Les princes de Bavière, de Prusse, de Suède, d'Orange et de Mecklembourg étaient présents. Ils m'ont déclaré que cette fête était digne de l'Empereur et, de même, on a considéré que jamais le superbe *Miserere* de Marcello n'avait été mieux exécuté qu'il ne l'a été chez nous.

« Ce même jour, mon cousin m'a chargé d'inviter tout le monde au bal qu'il a donné hier et qui a été très gai. Il y en a un aujourd'hui chez le ministre de Naples et demain chez l'ambassadeur de France.

« Avant-hier, nous avons eu toute la journée grand gala. Le pape a donné sa bénédiction du haut du balcon du Quirinal. Le soir, Saint-Pierre était illuminé. Ce spectacle surpasse tout ce que l'on peut s'imaginer de grand et de majestueux. En contemplant du château Saint-Ange ce temple superbe, unique dans le monde, illuminé de haut en bas, on pouvait croire que les étoiles du ciel s'étaient abaissées pour rendre hommage à un édifice qui par sa magnificence serait digne d'elles. Quand on est sur cette place, entourée d'une forêt de colonnes, lesquelles en venant de l'église semblent comme deux bras qu'ouvre la religion catholique pour consoler ses enfants, on se croirait en paradis. Ses fontaines immenses qui, avec une force étonnante, semblent vouloir escalader le ciel et qui, sous la lumière, se changent en diamants, la musique harmonieuse qui se joint au murmure de l'eau, en un mot, tout ce qu'embrasse l'œil étonné, tout cela, dis-je, est bien fait pour l'éblouir. »

On peut voir par ces citations que le jeune attaché de l'ambassade d'Autriche avait profité de son séjour à Rome, non seulement pour se divertir et emplir ses yeux de visions qu'on n'oublie pas, mais encore pour s'instruire, pour se créer des relations dans la société cosmopolite et pour exercer cette faculté·d'observation que l'âge, l'espérience, les déplacements, la diversité des milieux allaient si promptement développer en lui.

Il ne semble pas, en lisant ses lettres, qu'il désirât se transporter sur un autre théâtre. Loin de se déplaire dans la ville pontificale, il subissait le charme qu'ont ressenti, de tous les temps, ceux dont le séjour s'y est prolongé. S'il n'eût consulté que son goût, il y fût certainement resté davantage et peut-être toujours ; mais, au mois de mai, son cousin le comte Antoine était à l'improviste rappelé à Vienne par le prince de Metternich, chancelier de l'empire, qui projetait de l'envoyer à un poste plus important que celui de Rome, et, le 20 du même mois, le comte Rodolphe, levé ce jour-là à six heures du matin, écrivait : « Dans une heure, je ne serai plus ici. »

Il est dans les habitudes de la diplomatie de ne rien faire hâtivement et de marcher avec lenteur... Le séjour du comte Antoine en Autriche et en Hongrie, fut de plus longue durée qu'il ne l'avait prévu et, par voie de conséquence, il en fut de même pour son jeune cousin, qui put ainsi résider assez longtemps auprès de sa famille.

Au mois d'octobre, revenu à Vienne, il se croyait à la veille de partir pour Londres, car c'est en Angleterre que le comte Antoine semblait devoir être envoyé. Ce n'est qu'un peu plus tard que le prince de Metternich, changeant sa destination, le désigna pour le poste de Paris, qui était assurément le plus important de tous ceux qui pouvaient lui être confiés.

En attendant la résolution définitive du chancelier, le comte Rodolphe resta à Vienne auprès de son cousin. Plusieurs membres de sa famille et de nombreux amis habitaient cette capitale ; naturellement, les relations ne lui manquaient pas. Elles lui étaient d'autant plus précieuses que son séjour à Rome l'avait mis en lumière et que partout où il se présentait, il était accueilli avec un sympathique empressement.

Les lettres qu'il écrit durant cette période ont le même caractère que celles qu'il écrivait de Rome ; c'est le même mélange de confidences familiales et de récits plus ou moins détaillés des événements dont il est le témoin.

Le 25 octobre, il assiste à une soirée chez le prince de Metternich : « Nous y sommes restés jusqu'à onze heures et demie, écrit-il ; il y avait beaucoup de monde ; mais, cependant, cette soirée a été bien ennuyeuse. Le prince a été on ne peut plus aimable avec moi. » On ne s'étonnera pas que la réception ne l'ait pas diverti, alors qu'il pouvait la comparer à celles dont, à Rome, il avait goûté les agréments. Heureusement, les choses ne tardent pas à changer.

Au mois de novembre, la cour d'Autriche est en fête

à l'occasion du mariage de l'archiduc François avec une princesse de Bavière.

« La nouvelle archiduchesse, mande Rodolphe à sa mère, a tenu aujourd'hui son entrée ; elle est très jolie et encore plus aimable, à ce que l'on dit. Demain, je la verrai de près, car c'est demain que les cérémonies commencent. »

Quelques jours après, il ajoute :

« Les fêtes qu'on a données jusqu'à présent, ont été superbes ; il y a eu, le jour des noces, une grande présentation où toutes les dames et tous les messieurs ont défilé devant l'archiduchesse, qui était sous un dais avec l'archiduc François. La princesse Kinski présentait les dames et le prince Trautmansdorf les messieurs. La nouvelle archiduchesse a déployé à cette occasion toute la grâce et toute la modestie que doit avoir une princesse de son rang et de sa naissance, ainsi que cette bonté joviale que l'impératrice son auguste sœur possède à un si haut degré. Pendant ce temps, le roi de Bavière, l'empereur et l'impératrice se tenaient dans une autre salle où la nouvelle mariée et son époux les ont rejoints et où les ambassadeurs et ministres des différentes cours ont été présentés.

« Après cela, tout le monde est allé au banquet qui était dressé dans la salle de la Redoute. Les dames avaient leur tribune et de nombreux spectateurs étaient placés dans les galeries. David Ambrozy et Mlle Unger, en qualité de sujets autrichiens, ont eu l'avantage de pouvoir chanter à cette occasion pendant que Mme Fodor, qui n'est pas Autrichienne, restait à l'écart. A dix heures tout était fini.

« Deux jours après, il y a eu une redoute parée avec une foule énorme, une chaleur étouffante et très peu d'amusements. Avant-hier, ce fut un grand bal à la cour. La fête était belle ; mais, il y avait aussi trop de monde et surtout quantité d'officiers qui ne dansaient pas et qui tenaient tant de place qu'il en resta à peine assez pour la valse ; la chaleur était insupportable.

« Entre les toilettes des dames, celle de l'ambassadrice a été généralement reconnue comme la plus belle. Elle avait sur la tête des roses noires, mêlées à des bouquets de diamants qui formaient une guirlande ; le peigne et la ceinture étaient parés de même. Sur le front, brillait une Sévigné attachée à un bandeau de solitaires sur lequel les cheveux tombaient en boucles. La robe était richement brodée en or et garnie, comme la coiffure, de guirlandes de roses. En un mot, cette toilette était un chef-d'œuvre.

« Six couples ont formé le quadrille d'honneur : la nouvelle archiduchesse avec le ministre de Russie à la cour de Bavière avait pour vis-à-vis Mme Puschkin, que conduisait M. de Gravier, secrétaire de l'ambassade de France. Mon vis-à-vis était le jeune Wellesley avec la princesse de Hatzfeld. Le jeune Buol, qui sera mon collègue à Londres, dansait avec je ne sais plus qui ; il avait pour vis-à-vis le lord Ashley et ma danseuse était miss Wellesley.

« Il y a deux jours, est arrivé le prince portugais Dom Miguel (1) ; il a l'air très doux et très bon ; on ne croirait

---

(1) Alors âgé de vingt-deux ans, Dom Miguel qui fut plus tard roi

pas qu'il a failli tuer un homme de ses propres mains ;
il était à ce bal. On dit que l'empereur l'a fort grondé
de ce qu'il a désobéi à son père qui lui avait ordonné
de rester deux mois à Paris, tandis qu'il n'y est resté
que quatre semaines.

« Lundi, il y aura un déjeuner dansant dans les serres.
Ce même jour, nous dînerons chez le prince Koháry, et
mercredi, le prince de Metternich donnera un bal. A
celui dont je viens de parler, mon bon cousin l'ambassadeur a eu une longue conversation avec l'Empereur et,
aujourd'hui, l'Impératrice l'a invité à dîner à la cour
ainsi que ma cousine. Il y a peu de jours, elle avait fait
venir chez elle Rodolphe II, Jules et Marie ; elle les a
comblés de présents ; Marie lui a fait un joli compliment
et lui a baisé la main. Elle s'est ensuite assise avec Jules
au milieu de la chambre et ils ont joué tranquillement
jusqu'au moment du départ.

« On a ici beaucoup de bonté pour moi et je suis très
content de mon séjour. M. Károlyi m'a raconté que
J. H*** a fait à Paris pour plus de trois cent mille
francs de dettes et des folies inconcevables.

« Mme de Bombelles qui, pour des raisons de santé,
était allée à Naples, s'est ensuite embarquée pour
Livourne. A la sortie du port, le vaisseau a été assailli
par un ouragan qui a cassé les mâts et l'a emporté avec

---

de Portugal venait d'arriver à Vienne, banni de son pays pour s'être
par trois fois révolté contre son père, Jean VI, à l'instigation de sa mère
qui ne pardonnait pas à son mari d'avoir accepté la Constitution libérale de 1822, et pour avoir provoqué des soulèvements contre l'autorité
royale. Le prince de Metternich l'avait accueilli avec bienveillance,
et autorisé à résider à Vienne.

une telle vitesse qu'il n'a pu se diriger et qu'au bout de trois jours, il s'est retrouvé dans le port de Naples. »

« 26 *novembre*. — Je suis un peu fatigué et ma cousine, qui prétend que j'ai trop dansé aux deux derniers bals, m'a ordonné de me coucher à huit heures. Au souper du prince de Metternich, il y avait une grande table pour la cour, puis une autre de quarante-deux dames dont ma cousine faisait les honneurs, une pour les messieurs et une enfin pour les jeunes filles. Les jeunes gens qui n'avaient pas trouvé de place, allaient d'une salle à l'autre, cherchant à attraper une assiette et une cuillère pour ne pas courir le risque de ne pouvoir toucher aux pâtés froids et autres bonnes choses et n'être pas obligés de se contenter d'en respirer l'odeur, ce qui eût été un martyre. Parmi les convives, se trouvait le petit duc de Reichstadt ; il est gentil on ne peut plus ; il faisait la cour à toutes les princesses et surtout à la princesse de Saxe qui est très jolie. Il montre tant d'esprit et de finesse que tout le monde l'aime et il a la plus jolie petite tournure qu'on puisse voir. »

« 29 *novembre*. — Dom Miguel se plaît beaucoup ici : je le vois souvent chez le prince de Metternich et chez les ambassadeurs. Il commence à mieux parler le français et, avec son air doux et bon, il se fait beaucoup d'amis. Je suis persuadé que dans quelques mois d'ici, on le trouvera plein d'esprit, gracieux et intéressant, tandis qu'au commencement, on ne parlait que de sa mauvaise éducation et que de son défaut de bonne grâce : on allait jusqu'à prétendre qu'il ne savait ni lire ni écrire. Quant au meurtre qu'il a commis, dit-on, en tuant le premier ministre de son père (1), on en rejette maintenant la responsabilité sur sa mère. C'est elle qui l'aurait poussé à cette horreur.

« On m'a raconté que le roi de Prusse a épousé une Autrichienne, la comtesse Harrach, nièce de ma tante Apponyi et fille d'un frère cadet du médecin de ce nom, qui s'est mésallié avec une demoiselle Reiski et qui, pour cette cause, s'est brouillé avec sa famille. Il s'est établi à Dresde d'où sa femme, accompagnée de sa mère, allait souvent à Carlsbad et à Tœplitz. C'est là que le roi de Prusse a fait sa connaissance ; il l'a ensuite épousée. Elle porte maintenant le nom de princesse de Liegnitz. »

A la date où nous a menés la correspondance à laquelle nous empruntons les extraits qu'on vient de lire, la famille du comte Rodolphe et lui-même par conséquent, furent cruellement éprouvés par la mort de l'une des filles nées du second mariage de son père. Cette douloureuse circonstance le conduisit auprès de ses parents, au château de Jablonitz qu'ils habitaient, où il passa quelques semaines. Au mois de février 1825, il était de retour à Vienne :

« Vous n'avez pas idée, écrivait-il, de la part que prend ici tout le monde au terrible malheur qui nous a frappés : aux réceptions de ma cousine, on ne parle pas d'autre chose et hier encore, la princesse Liechtenstein, la princesse Schwarzenberg, la princesse Grassalkovich, la comtesse Buol, lui ont demandé des détails ; les petites Trautmansdorf ont versé des larmes comme pour une

(1) Le marquis de Loulé, conseiller intime du roi Jean VI, ayant été assassiné, Dom Miguel était soupçonné d'avoir trempé dans ce crime

INTRODUCTION

sœur. Dimanche ou lundi, je sortirai pour la première fois. »

La correspondance qui nous sert de guide pour suivre le comte Rodolphe dans les divers déplacements qui précédèrent son départ pour la France, s'interrompt ici pour ne reprendre qu'à la fin de cette même année 1825, ce qui permet de supposer qu'il en passa la plus grande partie en Hongrie auprès de sa famille et qu'il ne revint à Vienne que pour en repartir avec le comte Antoine qui venait d'être désigné pour occuper l'ambassade de Paris. Au cours du voyage, le comte Rodolphe continue à écrire à sa « chère maman ». Mais, nous ne possédons qu'une seule de ses lettres de cette époque. Elle est datée de Karlsruhe, le 28 janvier 1826 :

« C'est d'Ulm, y est-il dit, que vous avez eu les dernières nouvelles de moi. Nous avons passé la nuit à Stuttgart où le ministre d'Autriche nous a invités à souper ; nous avons quitté cette ville à sept heures du matin et nous voilà ici depuis hier. Déjà, nous avons parcouru quantité de jardins superbes et des serres remplies de plantes rares. M. And, grand chambellan de la cour, s'est offert pour nous montrer tout ce qu'il y a à voir à Karlsruhe. »

Suit une pittoresque description de la ville, qui témoigne de la curiosité passionnée avec laquelle le comte Rodolphe s'informe et prend note de tout. Son langage révèle déjà l'observateur attentif qui, bientôt après, voudra intéresser sa seconde mère à tout ce qu'il voit, à tout ce qu'il entend et, durant vingt-cinq ans, poursuivra cette tâche filiale sans prévoir qu'il en résultera un jour un document précieux pour lse historiens du temps où il a vécu.

Le 5 février 1826, ainsi que nous l'avons dit, il débarque à Paris.

« Nous voilà à peine descendus de voiture, mande-t-il à sa chère maman, et déjà, je suis à ma table pour vous écrire. Nous nous portons tous bien, Dieu soit loué. Nous habitons jusqu'à présent le palais du prince Paul Esterházy ; j'ai un charmant appartement très élégant ; c'était la chambre à coucher du prince, lorsqu'il a été ici pour le sacre. Mes croisées donnent sur le jardin qui est très joli, mais très petit. »

A ce moment, sa lettre est interrompue par l'entrée de deux visiteurs : Dietrichstein et Victor de Metternich (1), tous deux secrétaires de l'ambassade, qui viennent saluer leur nouveau collègue qu'ils connaissaient déjà pour l'avoir vu à Vienne. Avec eux et à la suite de l'ambassadeur, ils visitent le palais ; puis, on se met à table pour déjeuner. Le comte de Vincent, que vient remplacer le comte Apponyi, assiste à ce repas :

« Il m'a paru bien aigri contre le prince Esterházy », constate Rodolphe en reprenant sa lettre ; il ajoute :

« Les routes en France, surtout dans les environs de Paris, sont bien mauvaises ; elles ne sont pavées qu'au milieu sur environ deux ou trois toises de largeur ; le reste n'est ni pavé, ni sablonné, de telle sorte qu'on risque de verser lorsqu'une voiture venant à votre rencontre vous oblige à quitter le milieu de la chaussée. Nous allons

---

(1) Le premier était le fils du diplomate autrichien de ce nom qui, chargé jadis de plusieurs missions à Saint-Pétersbourg, y avait épousé une fille de la comtesse Schouvaloff ; le second, le fils du chancelier prince de Metternich.

INTRODUCTION

aujourd'hui à l'Opéra français et je me réjouis beaucoup de ce nouveau spectacle. Le peu que j'ai vu de Paris jusqu'à présent, n'est ni beau ni grand ; les avenues sont beaucoup plus mesquines que celles de Vienne et la boue de cette capitale n'est pas pour rien si renommée.

« Ce matin, nous avons entendu la messe à Toul, et nous sommes ensuite montés en voiture pour arriver ici. On ne se figure pas quelle est en France la cherté des auberges. Chaque fois que nous y avons passé la nuit, le compte a presque toujours dépassé deux cents francs. Demain, je ferai venir un tailleur pour me faire arranger ma toilette qui est dans le plus mauvais état possible, car tous mes habits datent encore de Rome.

« Le cousin présentera bientôt ses lettres de créance : cet acte se fera avec bien peu de pompe, car tous les effets sont encore en route et nous attendons leur arrivée. Il y a encore ici les gens du prince Esterházy, ses chevaux et ses voitures. Cet homme dépense un argent fou ; il a jeté plus de vingt mille livres sterling par la fenêtre et on peut dire pour rien.

« Cette lettre est l'image de ma tête ; elle est tout à fait confuse ; mon arrivée ici me paraît un rêve ; il me semble impossible d'avoir fait un si long voyage, tellement il a été peu pénible. »

Ce n'est pas seulement pour donner un prologue à cet ouvrage que nous nous sommes attardé aux débuts du comte Rodolphe dans la carrière qui s'ouvrait devant lui ; c'est encore et surtout pour le faire connaître, et pour montrer en quel état d'âme il arrivait à Paris, ce que déjà, à cette époque, il avait acquis en éducation intellectuelle et en expérience du monde et de la vie et ce qui lui restait encore à acquérir.

Ce qui nous frappe d'abord en lui, c'est la volonté de se mettre en état de saisir et de comprendre les diverses scènes dont sa fonction va le rendre témoin et de porter un jugement raisonné sur les personnages qui se trouveront sur son chemin. Comme encore, il ne parle et n'écrit que très imparfaitement la langue française, la première chose qu'il fait, c'est de demander à ses collègues s'ils ne peuvent lui procurer un bon professeur de style et de littérature. Justement, ils en ont un dont ils ne sauraient trop se louer et qu'ils recommandent au nouvel arrivant :

« Je n'avais donc pas à hésiter et je l'ai pris pour deux heures par jour ; c'est une dépense bien disproportionnée à mes rentes, car l'heure coûte quatre francs. cela fait donc huit francs par jour et près de deux cents francs par mois, de manière que j'aurai bien de la peine à me suffire avec l'argent que papa me donne. »

Il résulte pour nous de cette confidence la preuve qu'il est pressé d'acquérir ce qui lui manque et qu'au milieu des plaisirs dont il peut entrevoir déjà la jouissance, il ne négligera pas ce que lui commandent le devoir et son propre intérêt.

A peine dans Paris, les salons commencent à s'ouvrir devant lui. Le 15 février, il écrit :

« Hier, j'ai été présenté chez le ministre de Saxe, le comte d'Uchtritz, où l'ambassadeur et l'ambassadrice avaient dîné. La comtesse fut extrêmement aimable. En la quittant, nous sommes allés chez la comtesse de Mun, cousine germaine de la comtesse Molly Zichy de Vienne ; nous y avons passé la soirée : les demoiselles sont charmantes. Je me suis assez amusé dans cette petite société. Aujourd'hui, je vais chez lady Granville, l'ambassadrice d'Angleterre, et, de là, chez lady Ellenborough (1). »

Le lendemain, ces deux soirées lui suggèrent les réflexions suivantes :

« Lady Granville, personne fort aimable, est généralement aimée dans la société. A Paris où l'on est si exigeant, cela veut dire beaucoup. Les dames françaises ne sont ni aussi jolies ni aussi prévenantes que les Anglaises, ou, pour mieux dire, elles le sont peut-être plus ; mais, tout est chez elles affectation et phrases, tandis que les Anglaises sont bien plus vraies et plus cordiales. »

A remarquer que c'est là le jugement de la première heure, formulé quand il ne sait encore rien de la société parisienne que ce qu'on lui en a dit ; on le verra bientôt changer d'avis et proclamer que les dames françaises sont les plus séduisantes du monde.

En parlant du bal auquel il a assisté chez lady Ellenborough, il constate qu'il n'a pas dansé parce qu'on est en carême et ce trait nous révèle les sentiments qu'il doit à son éducation :

« Les Anglaises ne voulaient pas comprendre cela ; elles se sont beaucoup moquées de moi, d'autant plus que Leviçki dansait comme un enragé et que Schwar-

---

(1) Femme de l'homme d'État anglais qui siégeait au parlement d'Angleterre depuis 1809 et qui fit partie, comme lord du sceau privé, du ministère Wellington en 1828. Elle résidait souvent à Paris et son salon était très fréquenté.

zenberg que je citais pour ma justification, a été assez enfant pour ne pas vouloir avouer le véritable motif de son refus de danser. »

Nous apprenons par la même lettre que le fameux phrénologiste Gall, fixé à Paris depuis 1807, a été désigné comme médecin de l'ambassade d'Autriche : « Il a quelque chose de bien spirituel dans sa physionomie ; mais, il a très mauvaise mine ; il ferait donc bien, avant de chercher à guérir les autres, de commencer par se guérir lui-même. »

A ses premiers pas dans Paris, le comte Rodolphe, bien qu'il lui soit aisé de s'y créer des relations, est obligé de reconnaître qu'il n'est pas très facile de les cultiver, surtout pour les diplomates qui sont tenus à beaucoup de prudence et de réserve. Aussi, se plaint-il de se trouver parfois un peu isolé dans la société :

« Je suis tous les jours de mieux en mieux avec Dietrichstein et Metternich ; ils sont pleins de bonté pour moi. Malheureusement, ils ont tous les deux de forts attachements de cœur, ce qui fait qu'ils vont dans la société moins que moi qui n'ai pas encore perdu mon cœur. »

Sur le regret qu'il exprime, se greffe aussitôt la piquante observation que voici :

« Metternich a un goût inconcevable : la marquise de C... est loin d'être jolie et ses manières sont peu distinguées ; j'en suis tout étonné. » Il est visible qu'il se défie encore des dames françaises ; il ne les connaît pas et tient pour vrai ce qu'on lui dit « de leur méchanceté et de leur fausseté ». Bientôt, nous le répétons, il les jugera lui-même et avec plus de bienveillance. En attendant, il considère que pourvu qu'on soit fixé sur ce qu'elles veulent, on peut se diriger au milieu d'elles. Au surplus, dès ce moment, il est satisfait de vivre dans la capitale de la France :

« Paris me plaît beaucoup ; le jardin des Tuileries et les boulevards sont la chose la plus belle et la plus amusante qu'on puisse voir ; entre une heure et quatre, il y a autant de foule que dans une brillante redoute ; on y voit des merveilleux par milliers et les dames y sont mises comme si elles allaient au bal ; ils ont tous l'air gai et content. La société ici est très nombreuse ; on peut aller dans le monde durant des années sans connaître tous ceux qui la composent et souvent, dans tel ou tel salon, on se trouve isolé et inconnu. »

Entre temps, il travaille ferme pour se familiariser avec la langue française ; ses progrès sont rapides et il en rend grâce à M. Berger, son professeur, qui est un homme d'un grand savoir :

« C'est un bien grand agrément pour moi de l'avoir tous les jours pendant deux heures et de pouvoir parler avec lui de tout ce qui me vient en tête. »

A la faveur des citations qui précèdent, on peut constater quelle heureuse influence exerçait rapidement Paris sur le comte Rodolphe et on ne s'étonnera pas que possédé, comme il l'était, du besoin de conserver le souvenir de ses impressions, il ait conçu le projet de les consigner dans un journal qui, grâce à sa persévérance, sera à proprement parler l'histoire de sa vie de Paris, projet d'autant plus explicable que le champ de son observation, par suite des circonstances, allait s'étendre avec une rapidité vertigineuse.

Il commence à rédiger ses notes au mois de février 1826. Mais, en cette première année, il hésite et tâtonne encore et il est loin de consigner dans ses cahiers ce qu'il y consignera plus tard. Il ne connaît qu'imparfaitement le monde où il vit et bien des sujets d'observation lui échappent. Ainsi s'explique la brièveté du cahier de 1826, où il nous apparaît surtout comme un danseur intrépide, comme un arbitre des plaisirs et des élégances ; il organise les fêtes de l'ambassade et avec tant de succès que, bientôt, les plus grandes dames, la duchesse de Berry en tête, recourent à lui pour présider aux bals qu'elles donnent. Sa serviabilité, son inépuisable obligeance lui valent la confiance et l'amitié des belles ensorceleuses qui ont été la parure de ces temps lointains et qu'on ne pourrait nommer et dénombrer qu'en épuisant l'armorial de cette époque ; les Montmorency, les Gramont, les Caraman, les Gontaut, les Narbonne, les Maillé, les d'Escars, et combien d'autres, sans parler des nobles étrangères qui tenaient à honneur, en traversant Paris, d'être reçues chez l'ambassadeur d'Autriche.

Néanmoins, tout en ayant l'air de ne s'occuper que de frivolités, le comte Rodolphe regarde et observe ; sa raison mûrit, son jugement se forme, son esprit devient de plus en plus actif et pénétrant, et dès 1827, rien de ce qu'il voit n'est perdu pour lui, tant au point de vue social qu'au point de vue politique. Les spectacles qui se déroulent sous ses yeux, les confidences qu'il reçoit,

INTRODUCTION XXIX

les nouvelles qu'il récolte se fixent dans sa mémoire. En peu de temps, il est initié à tous les dessous de la vie de Paris. Chaque soir, en rentrant, il résume en des notes hâtives tout ce qui l'a frappé et plusieurs fois par mois, il y puise les éléments de ce Journal qu'il destine à sa mère d'adoption, restée en Hongrie, à laquelle il a voué autant d'admiration que de tendresse filiale.

Ce Journal, il le continua jusqu'en 1851, écrivant ainsi, et probablement sans se douter de l'importance de son travail, l'histoire au jour le jour d'un quart de siècle et complétant ses récits d'une infinité de détails, de portraits, de révélations qui seraient perdus s'il ne nous en avait pas conservé le souvenir. Les histoires privées, les intrigues mondaines ne l'intéressent pas moins que les événements publics. Il s'y attarde volontiers et nous lui devons de pénétrer à sa suite dans la société aristocratique de cette époque, de connaître les aventures souvent scandaleuses qui s'y déroulent, les hommes et femmes qui en sont les héros et parmi lesquels il semble que Balzac a pris certains personnages de ses romans : la duchesse de Langeais, Mme de Beauséant, Marsay, Nucingen, Rastignac, le marquis d'Ajuda, pour ne citer que ceux-là.

Ce volumineux manuscrit était depuis longtemps aux mains de la veuve du comte Louis Apponyi, la comtesse Marguerite de Seherr-Thoss, qui l'avait reçu du comte Gustave, frère de notre auteur. Elle l'avait gardé précieusement pendant des années, sentant qu'il pourrait être quelque jour d'un grand intérêt historique et familial. Elle m'a fait l'honneur de me demander d'en tirer tout ce qui peut en être publié et de le présenter aux lecteurs français ; je l'ai lu d'un bout à l'autre et cette lecture m'a charmé, non seulement par tout ce qu'elle m'a appris, mais aussi par la manière dont l'auteur le dévoile et le narre.

Assurément, tout ne pouvait être livré à la publicité. N'ayant jamais pensé que ces pages verraient le jour, le comte Rodolphe ne recule devant aucune indiscrétion. Caustique et railleur, exprimant ses antipathies avec autant de vivacité que ses sympathies, il a parfois la main dure et ne prend pas la peine de dissimuler le nom de ceux dont il révèle les désordres. Avant donc de livrer son manuscrit à l'impression, il a fallu y faire un certain nombre de coupures ou substituer des initiales à des noms qui méritent plus d'égards qu'il ne leur en a montré. Ces amputations nécessaires ont été surtout pratiquées dans des parties du manuscrit original, dépourvues d'intérêt historique et n'ont affaibli l'opinion personnelle de l'auteur que dans la mesure où les convenances l'exigeaient. A cet égard, ma tâche n'a été autre chose qu'une mise au point partielle et accidentelle, laquelle a eu pour effet, tantôt de redresser des phrases défectueuses, tantôt de faire disparaître quelques affirmations que le comte Rodolphe avait négligé de contrôler et d'atténuer, ici ou là, le caractère de ses dires quand ils m'ont paru trop rigoureux et pas assez justifiés.

Dégagé de ces imperfections très excusables sous la plume d'un écrivain qui n'était pas Français, encore qu'il soit devenu le plus raffiné des Parisiens, le Journal du comte Rodolphe me paraît destiné à causer au lecteur autant de plaisir que de surprise. L'un de ses mérites, et non des moindres, c'est la variété. Le comique y côtoie le tragique, et que l'auteur nous conduise aux Tuileries, au Palais-Royal, au bal de l'Opéra ; qu'il nous fasse dîner chez Rothschild ou à la table de Louis-Philippe ; qu'il nous initie à la vie du duc de Chartres, plus tard duc d'Orléans ; qu'il nous ouvre les salons aristocratiques de la capitale ; qu'il nous fasse assister aux journées révolutionnaires de 1830 et de 1848, ou nous promène, pendant le terrible choléra de 1832, à la suite des charrettes qui, la nuit, vont de maison en maison pour enlever les morts, tout est vu d'un œil de peintre et se déroule en une suite de tableaux très suggestifs, où nous apparaît la vie sociale et politique de Paris à cette époque, la vie mondaine surtout.

Ce qui caractérise encore le comte Rodolphe, c'est que la rue l'attire autant que les salons. Dès qu'elle s'agite, il y descend. Pendant les journées de Juillet, il est à Dieppe ; c'est là qu'il en reçoit les échos en regrettant de n'être pas à Paris. Bientôt, il y court et s'il n'a pas vu de ses yeux la révolution, il en constate les suites. Pendant le procès des ministres de Charles X, auquel il assiste, il se mêle à la foule ; un peu plus tard, il suit les péripéties du pillage de Saint-Germain-l'Auxerrois et de la démolition de l'Archevêché ; et de même en 1848, il errera en curieux à travers les barricades où il courra péril de mort. Il veut tout voir et tout savoir, tout approcher et tout connaître.

C'est ainsi qu'il nous conduit un peu partout, un jour chez Mlle Mars qui lui fait visiter son luxueux hôtel, un autre jour chez la vieille Mme de Genlis qui n'est plus qu'une épave. Il est chez Mme de Chastenay le jour où Delphine Gay, qu'épousera bientôt Émile de Girardin, vient y lire le dernier chant de sa *Madeleine;* chez la vicomtesse d'Agoult, il entend le déjà célèbre auteur de *Cinq-Mars*, Alfred de Vigny, réciter des vers et il est à l'Académie française lorsque Lamartine y prononce son discours de réception. Le 20 janvier 1827, assistant avec toute la cour de France au service funèbre, célébré à Saint-Denis, à la mémoire de Louis XVI, il voit le fameux Maubreuil « rosser » le prince de Talleyrand.

Ainsi, aucun incident de la vie de Paris ne lui échappe et dans les récits qu'il nous en donne, il répand des réflexions qui en augmentent l'intérêt et dénotent chez le narrateur l'intolérance d'un homme d'ancien régime aussi indulgent pour le passé que sévère pour le présent, disposé cependant à considérer avec beaucoup de philosophie les choses et les hommes de son temps, même quand ils lui déplaisent.

Il n'est pas besoin pour exposer ce qu'est son Journal, de nous attarder à ces commentaires et il convient de lui laisser maintenant la parole. Toutefois, avant de la lui céder, nous devons rappeler que, débarqué à Paris en 1826, c'est-à-dire encore adolescent, il n'en partit définitivement qu'en 1850, alors qu'il touchait à la cinquantaine. A dater de ce moment, il entre dans le repos et désormais, son genre de vie dans sa famille, ne sera plus de nature à alimenter son Journal qui, par conséquent, restera clos.

Il ne s'était pas marié. Ce n'est pas qu'il n'en eût eu

jamais envie. Dans une lettre datée de 1832, il écrivait : « Je mets ma destinée, mon bonheur, dans vos mains, ma chère, ma bonne mère. C'est vous-même qui choisirez pour moi votre future belle-fille. Vous me connaissez peut-être mieux que je ne me connais moi-même. Vous pourrez donc faire le choix mieux que moi qui pourrais peut-être me laisser séduire par un extérieur agréable et oublier par là d'autres qualités bien plus essentielles pour notre bonheur commun. »

Nous ignorons pour quelles causes le désir dont témoignent ces lignes, ne se réalisa pas. Mais, quelles qu'elles soient, nous devons supposer qu'après avoir quitté Paris et dans l'isolement auquel le condamnait son célibat, Rodolphe Apponyi, s'il n'était pas mort si tôt, aurait regretté plus d'une fois l'heureuse existence qui avait été la sienne pendant son long séjour à l'ambassade d'Autriche en France. Il nous semble même que cette supposition doit se changer en certitude dans l'esprit des lecteurs de son Journal, tant sont intéressants les événements qui y sont racontés. Il est peu d'hommes en effet, qui puissent se vanter d'avoir suivi aussi heureusement que lui la carrière qu'ils avaient embrassée et quand on considère, à travers ses récits, combien la sienne fut féconde en satisfactions et en joies, on est nécessairement conduit à en conclure qu'il eût été heureux de pouvoir la recommencer.

Il mourut à Vienne le 30 décembre 1853, à peine âgé de cinquante ans, et presque subitement, après une très courte maladie, qui ne pouvait faire prévoir sa fin. Cette fin fut aussi douce, aussi calme qu'avait été heureuse sa vie. Avant de rendre l'âme, il eut la consolation de voir réunis autour de lui les êtres à qui son cœur s'était donné avec le plus passionné dévouement, ces enfants et petits-enfants du comte Antoine, qui avaient grandi sous ses yeux, qui formaient sa famille d'adoption et qu'il chérissait comme s'ils eussent été siens. En cette minute suprême, il goûta une joie plus grande encore, celle de recevoir l'assistance de l'ambassadrice sa cousine, la « divine Thérèse », qu'il avait tant aimée et admirée et de se sentir, jusqu'à son dernier souffle, l'objet de la sollicitude maternelle qu'elle lui avait toujours prodiguée.

Cette délicieuse femme devait lui survivre vingt ans et ne jamais cesser de le pleurer, comme elle eût pleuré l'un de ses fils. Il ne se peut rien de plus touchant, semble-t-il, que la fidélité de leur affection réciproque, fidélité en laquelle on ne saurait ne pas voir une preuve de la valeur morale de ces deux êtres d'élite que l'on connaîtra mieux après avoir lu le Journal du comte Rodolphe (1).

Ernest DAUDET.

---

(1) Pour ne pas multiplier à l'excès, au cours de ce Journal, les annotations biographiques, dont l'abus eût été fatigant pour le lecteur, je les ai réduites au minimum, en ne les employant que pour les personnages qui ont eu un rôle historique. Et encore en est-il parmi eux pour lesquels j'ai cru pouvoir m'en dispenser : je veux dire pour ceux sur qui je n'aurais rien eu à dire qui ne soit connu et archi-connu, vu la place qu'ils ont tenue dans l'histoire de leur temps et les nombreux récits dont leurs actes ont été l'objet. On trouvera à la fin du dernier volume du Journal un index alphabétique des noms qui s'y trouvent cités.

E. D.

Héliog. Mortier　　　　　　　　　　Imp. Ch. Wittmann

COMTE RODOLPHE APPONYI

PLON-NOURRIT & Cie ÉDIT.

VINGT-CINQ ANS A PARIS

(1826-1850)

ANNÉE 1826

SOMMAIRE RÉSUMÉ : Visite et dîner au Palais-Royal. — L'ambassade d'Autriche à l'hôtel d'Eckmühl. — Un dîner chez Rothschild. — Mademoiselle d'Orléans. — Une visite à Mme de Genlis. — Lady Granville. — Pose de la première pierre sur la place Louis XV d'un monument expiatoire à la mémoire de Louis XVI. — Le prince de Talleyrand. — Une visite à Vincennes. — Le baron de Humboldt. — Saint-Denis. — La Malmaison. — Le ménage Canning. — M. de Villèle. — Le baron et la baronne de Damas. — Charlotte de Rohan. — La princesse de Vaudémont. — Le duc et la duchesse de Dalberg.

Paris, ce 28 février.

J'ai accompagné l'ambassadeur chez le duc et la duchesse d'Orléans. Ils logent au Palais-Royal ; nous montâmes les superbes escaliers et après avoir traversé quelques vestibules, on nous annonça. Un chambellan vint recevoir l'ambassadeur et le conduisit jusqu'à la grande galerie, où le duc vint à sa rencontre. L'ambassadeur, après quelques phrases, me présenta au prince, qui fut d'une politesse dont on ne peut se faire une idée. Les compliments d'usage échangés, le duc nous mena chez la duchesse. Elle était assise avec sa belle-sœur, Madame Adélaïde, et une dame d'honneur, dans le fond de cette longue galerie, autour d'une table sur laquelle il y avait différentes boîtes à ouvrage. Les princesses se levèrent et firent quelques pas à notre rencontre ; puis, elles nous invitèrent à nous asseoir, ce que l'ambassadeur fit sur le champ. Moi, qui ne suis pas encore un si grand seigneur, je me le fis dire plusieurs fois ; enfin, je m'assis aussi, et la conversation prit une tournure assez vive et agréable.

Nous y sommes restés une demi-heure, après quoi nous nous retirâmes en reculant, ce dont j'ai été bien charmé, parce que dans le derrière de ma culotte, il y avait une ouverture causée par les mille révérences profondes, que j'avais faites un moment avant. Cette famille m'intéresse beaucoup, surtout le duc et sa sœur, ces élèves de Mme de Genlis dont elle parle tant dans ses ouvrages· La galerie dans laquelle le duc nous a reçus, est superbe et surtout très longue, ce dont je me suis aperçu en faisant ma retraite à l'écrevisse.

Ce 30 février.

Je suis allé hier à l'Opéra. Le duc d'Orléans a eu la bonté de nous donner sa loge. On donnait *Olympie* (1) ; la musique en est excellente, mais fort ennuyeuse. Les

(1) Opéra en trois actes de Spontini.

décorations, la pompe des différentes entrées, les danses, les costumes, tout cela est magnifique : on ne s'en fait aucune idée chez nous. Tout y est arrangé pour faire effet. Chaque mouvement fait tableau, sans qu'on puisse remarquer cette gêne, ces apprêts minutieux qu'on remarque sur nos théâtres, où on voit courir d'avance les danseurs et les danseuses avec des guirlandes et des corbeilles, jusqu'à ce qu'ils arrivent à leur place où ils s'empressent de se mettre sur un genou ou sur un pied en étendant l'autre autant que possible.

Ici tout semble se faire de soi-même et par hasard. Entre autres, il y a un certain éléphant sur lequel Artaban est assis en faisant son entrée. Il est parfaitement exécuté et si naturel est le mouvement de sa trompe qu'on serait tenté de le prendre pour un éléphant vivant.

Je suis très content du climat de Paris. Il fait bien doux ; notre petit jardin est déjà bien vert. Il m'a tellement tenté aujourd'hui, que j'en ai fait deux fois le tour, après y être entré en sautant par ma fenêtre.

Ce 8 mars.

Aujourd'hui, nous avons dîné chez le duc d'Orléans. Il y avait beaucoup de monde, près de quarante personnes à table ; tout des ducs et des grandes dames. J'y ai fait connaissance avec la duchesse Mathieu de Montmorency. Elle m'a beaucoup raconté de la Révolution et combien elle a souffert. Elle fut emprisonnée pendant plus de six mois dans un cachot humide. Lorsqu'elle fut délivrée, le jour où elle devait être conduite à l'échafaud était déjà fixé.

Le dîner a été magnifique ; on a ensuite ouvert la grande galerie où a été donné un très beau concert qui a duré jusqu'après minuit. Nous sommes donc restés là, depuis six heures jusqu'à une heure moins un quart, ainsi presque sept heures. La duchesse est la princesse la plus aimable, la plus gracieuse que j'aie jamais vue. Mme la duchesse de Berry est venue pour le concert ; c'est la nonchalance même ; elle dit, elle fait tout ce qui lui passe par la tête et son langage italien n'est que du jargon napolitain.

Aujourd'hui à midi, il sera décidé si nous aurons le palais de la duchesse Davout ; c'est le plus beau palais qu'on puisse imaginer, grand, superbe, commode et avec un vaste jardin anglais. Le grand appartement est décoré le plus richement du monde. Elle a commencé par demander 70 000 francs ; le cousin n'en veut donner que 50 000. La somme est énorme, inouïe, et cependant il fera encore une bonne affaire s'il reçoit cette maison, car alors, il ne sera pas obligé de garder celle que nous habitons maintenant, où il doit payer 45 000 francs de loyer et où on devrait dépenser plus de 200 000 francs pour la rendre seulement passable, tandis que l'autre ne demande pas du tout de dépenses.

21 mars.

Décidément, le cousin prend l'hôtel Davout, qui est le plus beau de tout Paris ; on n'imagine pas chez nous une telle magnificence jointe à une pareille recherche de luxe et d'agréments.
Nous avons toute la peine du monde à trouver un con-

fesseur allemand et qui, en même temps, soit un peu raisonnable, car les ecclésiastiques sont ici d'une exagération qui dépasse toutes les bornes.

La maladie de notre bon empereur nous a donné de bien vives inquiétudes ; les dernières nouvelles, quoique meilleures, ne nous rassurent cependant pas entièrement. Cette mort-là, c'est encore ce qui nous manque pour achever nos malheurs. Nous n'avons pas de détails sur la mort du roi de Portugal (1). Le roi d'Angleterre (2) est parfaitement rétabli de sa goutte remontée ; les affaires d'argent prennent aussi une autre tournure. Rothschild nous assure que, bientôt, il n'y aura plus de vestige de cette disette d'argent qui a duré bien plus longtemps qu'on ne pouvait le supposer. Ce qu'il y a de plus remarquable, c'est que les rentes de l'État, au lieu de diminuer, ont augmenté cette année-ci.

J'ai vu Humboldt (3), le fameux voyageur ; M. de Werther, le ministre de Prusse, nous l'a présenté. Il n'est pas joli ; mais, l'expression spirituelle de sa figure lui donne beaucoup d'agrément. Il parle à merveille ; il nous a donné plusieurs détails sur ses voyages d'une manière fort simple et sans la moindre pédanterie. Il aime beaucoup le monde et fréquente tous les grands salons. Il a la réputation d'être caustique et méchant, ce qui le fait plus craindre qu'aimer dans la société.

Il y a maintenant ici un chef des Iroquois qui est venu de son pays pour voir la France ; mais, il se trouve à sec pour retourner dans son pays. Ne sachant comment

(1) Jean VI, mort à l'âge de cinquante-six ans.
(2) Georges IV, qui mourut en 1830.
(3) Frère de Guillaume de Humboldt, et non moins célèbre que lui ; il s'était fixé définitivement à Paris sous l'Empire, après ses grands voyages.

faire, il a prié le roi de France de lui donner l'argent qui lui est nécessaire et deux tableaux pour l'église qu'il a fait construire chez lui.

5 avril.

Nous avons eu hier par le télégraphe de Strasbourg des nouvelles fort rassurantes sur l'état de santé de notre empereur (1). Les nouvelles alarmantes que nous avions eues ces jours-ci, avaient causé une consternation générale. Le roi de France a montré dans cette occasion l'attachement sincère qu'il a pour notre souverain. Nous attendions en tremblant des nouvelles de Vienne, lorsque hier Sa Majesté envoya à l'ambassadeur une nouvelle télégraphique qu'Elle venait de recevoir. Pendant que le cousin l'ouvrait et la lisait, l'émotion dans le salon fut au comble. Mais, lorsqu'il nous en eut fait connaître le contenu, des cris de joie éclatèrent. On se sentait comme allégé d'un poids prêt à nous écraser. Dieu veuille le conserver bien longtemps, ce souverain chéri de ses peuples et des étrangers.

19 avril.

Nous avons dîné ces jours-ci chez notre voisin, M. de Rothschild (2). Il y avait une partie du corps diploma-

---
(1) François II, empereur d'Autriche, père de l'impératrice Marie-Louise, mort en 1835.
(2) Il était consul d'Autriche à Paris.

tique : l'ambassadeur de Russie, celui d'Angleterre, le ministre de Saxe et Mme d'Uchtritz, le baron de Werther, ministre de Prusse, avec son épouse et sa fille. Nous avions aussi le duc de Devonshire, le duc et la duchesse de Maillé, le baron de Damas, ministre des affaires étrangères, Mme Juste de Noailles, le prince Razumowski (1), la comtesse de Turnheim, le duc de Duras et M. et Mme de Montalembert, plusieurs autres que je ne me rappelle plus. Nous étions trente à table, mais, des jeunes gens de notre ambassade, seulement Metternich et moi.

Je me trouvais assis entre lui et la duchesse de Maillé. Cette dame a une physionomie fort spirituelle et sa conversation y répond. Elle a un très grand talent pour jouer la comédie ; on dit qu'elle surpasse Mlle Mars ; c'est peut-être dire trop. Au mois de septembre, ordinairement, on joue la comédie chez elle à la campagne ; il y vient toujours beaucoup de monde de Paris. Elle a eu la bonté de m'inviter d'avance et je profiterai avec grand plaisir de son invitation.

A dîner, la conversation générale a tourné sur le plateau magnifique en forme de candélabre, qui décorait le milieu de la table ; sa composition est tout à fait idéale. Il y a trois figures sur une espèce de palmier dont les feuilles, qui se courbent et se recourbent de la façon la plus pittoresque, sont exécutées avec un soin admirable. Le tout en vermeil et fait en Angleterre, ne coûte pas moins de cent mille francs. Le dîner a été excellent ; M. Carême, fameux *empoisonneur*, a fait son possible pour justifier ce titre, à commencer par la célèbre soupe aux tortues, qui est de rigueur dans tous les dîners à

---

(1) Diplomate russe, ambassadeur de Russie à Vienne.

prétention. Tout a été apprêté au vin de Madère ! C'est dire combien j'ai été échauffé, et combien la digestion a été laborieuse. Je me propose bien de le faire sentir à M. de Rothschild, en lui faisant ma visite de digestion, huit jours plus tard qu'à l'ordinaire.

La duchesse Hamilton nous avait invités ce jour-là pour un raout ; mais, elle s'est trouvée indisposée et nous avons par conséquent partagé notre soirée entre la marquise de Devonshire et l'ambassadrice d'Angleterre.

Les concerts, actuellement, font fureur. La duchesse de Raguse en a donné un. C'était un véritable bain de sueur. Toute personne qui y a apporté du rhumatisme, a dû en sortir guérie.

L'élève de Mme de Genlis, Mademoiselle d'Orléans (1), a l'air bonne et simple, mais elle n'a rien de très distingué, ni dans sa personne ni dans ses manières ; elle parle avec beaucoup de reconnaissance de Mme de Genlis ; cependant, elle trouve que son institutrice, pour avoir voulu tout savoir, ne possède aucune science à fond. Mme de Genlis est trop âgée pour fréquenter le monde ; mais, elle aime à rassembler autour d'elle un cercle, je ne dirai pas d'amis, mais d'admirateurs, car elle est bien vaine et on a beau lui prodiguer les louanges les plus outrées et les plus extravagantes, elle n'en est jamais rassasiée.

Ma cousine ayant manifesté le désir de la voir et tout ce qu'une ambassadrice laisse échapper étant répété, on n'a pas manqué de le faire savoir à Mme de Genlis. Elle n'a rien eu de plus pressé que d'écrire un long billet à ma cousine pour l'inviter à lui faire une visite, ce qui contrarie beaucoup l'ambassadrice. Qui sait ce à quoi une

---

(1) Sœur du duc d'Orléans, plus tard Louis-Philippe Ier, roi des Français, plus connue sous le nom de Madame Adélaïde.

telle visite oblige et quelles louanges devront être données à une dame qui se croit un si haut mérite ?

19 au soir.

Ma cousine revient de chez Mme de Genlis. Elle l'a trouvée dans un appartement fort petit et surtout fort sale ; elle était occupée à emballer une collection de ses papiers découpés, qu'elle envoyait à Mme la duchesse de Berry ; elle a montré quelques échantillons de son art à ma cousine.

— Vous n'avez certainement encore vu, madame, lui a-t-elle dit, rien d'aussi parfait en ce genre.

Puis, elle a commencé à parler de toutes ses œuvres qu'elle n'a pas manqué d'élever jusqu'aux nues. Il me semble cependant que si elle se prodigue à elle-même tant de louanges, ce n'est pas par défaut de modestie, mais plutôt par excès de franchise. Elle est persuadée qu'il n'existe rien de plus parfait que ce qu'elle publie, et si une autre avait écrit ses ouvrages, elle ne les vanterait pas moins. Elle a fait aussi un grand éloge de sa mémoire, disant qu'elle ne l'avait pas seulement très bonne, mais aussi très belle ; c'est-à-dire qu'elle retient tout ce qui est beau, et qu'elle oublie tout ce qui est mauvais.

Lorsque ma cousine s'est levée pour s'en aller, elle l'a remerciée de sa visite.

— Mais, je suis persuadée, dit-elle, que ce sera la première et la dernière. C'est ce qui m'arrive toujours. On vient chez moi pour me regarder comme une chose curieuse à voir ; puis, on me laisse là ; mais c'est le sort de toutes les vieilles femmes.

— C'est qu'on ne veut pas, madame, abuser de votre complaisance, lui répondit ma cousine ; vous êtes toujours occupée à faire des ouvrages pour amuser et instruire vos lecteurs.

— En effet, répliqua Mme de Genlis, je suis justement fort occupée de ma nouvelle : *Thérésina*, qui sera finie dans une quinzaine.

27 avril.

J'ai été hier chez l'ambassadrice d'Angleterre (1) ; elle a donné son dernier bal de la saison. Ce n'est qu'au mois de septembre que sa maison sera derechef ouverte. Ce bal a été superbe et a duré jusqu'à six heures du matin. Cependant, je n'y suis resté que jusqu'à une heure, me trouvant extrêmement échauffé. J'ai craint de regagner l'inflammation ; mais, le peu d'heures que j'ai passées dans la salle ont été bien employées ; car, suivant ma coutume, je n'ai manqué aucune danse. Il y avait sept cents personnes invitées. Comme cela va sans dire, il y a eu un très grand souper.

Lady Granville est une des femmes les plus polies qu'on puisse rencontrer ; je la trouve même un peu outrée quelquefois dans ses expressions et les phrases qu'elle prodigue. On entend à tout moment : *je suis enchantée, je suis ravie; vous me rendez heureuse, c'est mon bonheur de vous*

(1) Lady Granville, fille de la duchesse de Devonshire. Son mari était venu à Paris, comme ambassadeur britannique, en 1824. Il quitta ce poste en 1828. Mais, il y revint à deux reprises, de 1831 à 1834 et de 1835 à 1841.

voir si bien placé, etc... Et elle dit tout cela avec des révérences profondes, Elle est la sœur du duc de Devonshire, l'homme au grand nez, celui dont la belle-mère a été à Rome, et qui va maintenant en Russie comme ambassadeur extraordinaire, pour représenter l'Angleterre au couronnement de l'empereur Nicolas.

19 mai.

J'ai assisté, mercredi 3, avec mon cousin, à une cérémonie bien triste, par les réflexions qu'elle fait naître, et par les souvenirs terribles qu'elle a rappelés à tous ceux qui y étaient présents. Charles X a posé la première pierre du monument expiatoire qui doit être érigé à la mémoire du roi martyr. Une tente, au milieu de laquelle était une espèce d'autel, était élevée sur des gradins, à la même place où le malheureux roi, la reine, Madame Élisabeth et tant d'autres victimes de la Révolution ont été immolés. Un trône tendu de noir était placé vis-à-vis de cette tente et, des deux côtés, il y avait un amphithéâtre pour le corps diplomatique et pour les personnes invitées. La garde nationale formait un carré autour de la tente ; une foule immense était rassemblée sur cette grande place nommée d'abord place Louis XV, puis, sous la Révolution, place de la Liberté, sous Napoléon, place de la Révolution, sous Louis XVIII, derechef place Louis XV, et maintenant, depuis le 3 mai, place Louis XVI.

Ce jour donc, une immense quantité de monde débouchait des rues et des quais et se précipitait comme un torrent vers la place. La foule couvrait les grilles des Tuileries, les toits du palais de la Marine, du Garde-meuble et de tous les autres bâtiments donnant sur la place ; elle inondait les dix avenues et remplissait la grande allée des Champs-Élysées. Tout le monde voulait voir arriver la procession, car c'était la dernière que le roi faisait pour le jubilé. Il ne pouvait achever plus dignement cet acte de piété, qu'en rendant hommage au souvenir de son frère. Il a montré au peuple, par cette cérémonie, le moyen de donner à l'Europe attentive un gage de repentir du crime commis dans cette exécrable journée, puisque pour lui, cet acte était la plus grande pénitence qu'il pût s'imposer.

Quel douloureux souvenir ! Quelles réflexions amères il a dû se faire sur la vanité des grandeurs humaines ! La mort de son frère ne lui démontrait que trop que, ni l'âge ni le rang ne peuvent garantir à l'homme la félicité ; ce n'est donc que dans la vertu et en suivant le chemin qu'elle nous indique, que nous trouvons, même sur l'échafaud, le calme de notre âme, lorsque nous avons agi selon notre conscience. Certainement, Louis XVI a eu cette consolation ; c'est elle seule qui lui a fait souffrir cette mort ignominieuse avec tant de fermeté. Sa vertu et son martyre ont changé ces lieux de la honte et de l'opprobre, en un temple de sa gloire et d'éternels regrets pour les Français vertueux.

Pendant que mon esprit était occupé de ces tristes réflexions, la procession arrivait à pas lents vers nous ; un grand nombre d'abbés, de prêtres et de curés en surplis, avec leurs bonnets pointus, qui s'appellent ici carrés, précédaient les reliques des clous et de la couronne d'épines de Notre-Seigneur, qu'on portait dans un grand reliquaire en forme de petit temple. Venaient ensuite Mgr de Quélen, archevêque de Paris, les cardinaux de Croy et de La Fare, puis, le roi, le dauphin et Mme la duchesse de Berry. La dauphine n'avait pu se résoudre à aller à cette place fatale et les d'Orléans avaient la rougeole. Le roi était accompagné des maréchaux de France, des pairs, des ducs dans leurs manteaux d'hermine, et des députés dans leurs longs habits rouges.

Le roi s'agenouilla sur un prie-Dieu en face de la tente et à côté de l'endroit où il devait poser la pierre, puis, l'archevêque monta dans la tente d'où il donna la bénédiction au roi ; après quoi, il prit dans le petit temple qu'on avait mis sur l'autel, les reliques et les donna à baiser au roi, au dauphin et à la duchesse de Berry ; après cela on pria ; puis, l'archevêque bénit la place de la pierre, et les architectes la mirent dans l'ouverture. Le roi, le dauphin, la duchesse de Berry y donnèrent chacun trois coups de marteau. Et ainsi se termina la cérémonie.

Le roi paraissait fort ému, ainsi que tous les spectateurs ; mais, Talleyrand a montré, dans cette occasion, comme dans beaucoup d'autres, un grand flegme. Il a assisté à cette cérémonie avec une indifférence épouvantable ; ses traits, toute sa physionomie étaient immobiles comme ceux d'une statue. Il est resté isolé pendant toute la cérémonie comme un galeux. Il est la preuve que l'esprit et les talents les plus distingués mais, seuls et sans vertu, perdent tout leur éclat. On se sert de ces hommes-là ; on les flatte aussi longtemps qu'ils paraissent nécessaires, mais, toujours avec méfiance et on les laisse, dès qu'ils deviennent inutiles, ou peu nuisibles. Talleyrand est certainement un homme de beaucoup d'esprit. Il a su se plier selon toutes les circonstances et a tourné

son manteau à tous les vents ; il a même su conserver ses honneurs, ses places, son rang à la cour ; mais, il est perdu dans l'opinion publique ; ceux mêmes qui se courbent devant lui le méprisent. Quelle existence, à un âge où l'on n'a de jouissance que dans l'estime qu'on inspire à ceux qui nous entourent, et dans la satisfaction intérieure d'avoir employé toutes ses forces, tous ses talents, pour servir le souverain et l'État!
J'ai vu plusieurs fois M. de Talleyrand chez Mme de Vaudémont (1) ; c'est un de ses habitués ; elle le traite avec beaucoup de bonté, et cela par reconnaissance ; car il lui a fait beaucoup de bien dans les temps de la Révolution et sous Napoléon. Et elle a assez de force dans l'âme pour sacrifier ses opinions à la gratitude qu'elle lui doit, chose bien rare aujourd'hui. Cependant, M. de Talleyrand, dans cette socitété, est bien taciturne ; il s'assied dans un coin, et, jouant avec sa canne, il ne semble prendre aucun intérêt à la conversation. Mais, on se tromperait si on le croyait indifférent ; quelquefois, il rompt son silence pour se livrer à des railleries amères et insultantes contre les personnes qu'il daigne haïr et c'est alors sur leurs actions ou sur elles-mêmes que roulent ses sarcasmes.

26 mai.

Mardi dernier, la comtesse Razumowski, la comtesse Turnheim, lady Standish, son mari et sa sœur, ont

(1) Née de Montmorency-Logny, épousa en 1778 le prince de Vaudémont, de la maison de Lorraine. Elle émigra en 1791. Rentrée en France, elle devint veuve en 1812 et mourut en 1831. Elle était étroitement liée avec Talleyrand.

arrangé une partie de campagne à la vallée de Montmorency ; ces dames ont invité Dietrichstein, le colonel Pozzo di Borgo, frère de l'ambassadeur, et moi. Lady Standish m'avait invité à déjeuner chez elle ce jour-là, et à dix heures précises ; j'arrivai un quart d'heure en retard, et cependant je fus le premier. Bientôt après, parurent Pozzo et Dietrichstein. On se mit à déjeuner et puis en voiture pour chercher les Razumowski. Le temps était bien couvert ; il pleuvait déjà, mais les deux dames affirmaient que le temps allait se remettre. Nous voilà chez les Razumowski, qui sont bien étonnés de nous voir arriver, surtout Mme Loulou. Son visage, quelque long qu'il soit, s'allonge encore de deux pouces. La conversation s'établit sur la partie ; les uns sont pour, les autres contre ; puis, on alla aux voix, et il fut décidé que la partie serait remise à un autre jour.

Les Razumowski, qui l'avaient emporté de plusieurs voix sur nous, étaient tout glorieux de leur triomphe ; nous en fûmes piqués. Quoiqu'il plût à verse, nos deux jeunes dames soutenaient toujours qu'il ferait beau, et voulaient absolument se promener. Il était trop tard pour la vallée de Montmorency ; n'importe, on voulait aller quelque part. Nous étions déjà en voiture, les deux dames, Pozzo et moi dedans, et Dietrichstein et Standish sur le siège, la voiture étant à quatre chevaux avec deux postillons. Nous voilà donc dans la calèche, sans savoir où aller ; tout le monde propose et personne ne veut décider. Enfin, on conclut unanimement d'aller à Vincennes, château royal, à une lieue de Paris.

Nous prenons la route, nous avançons, la pluie augmente ; d'abord, nous allâmes la couverture baissée ; mais, bientôt, il fallut s'arrêter pour la remonter. Standish met son pardessus ; il y avait une autre redingote à peu près semblable pour celui qui se trouverait sur le siège ; c'est Dietrichstein ; il la met, mais comme elle est faite pour un homme plus grand et surtout plus gros, il avait là dedans une tournure de l'autre monde. Nous arrivons bien mouillés à la porte du château de Vincennes. Qu'on se figure notre désappointement lorsqu'on nous en défend l'entrée. La consternation devient générale dans et hors la voiture : n'étant pas assez en force pour prendre la place d'assaut, il aurait fallu retourner si nous n'avions eu avec nous un homme, un colonel qui sait faire des traités, des capitulations, en un mot un homme tel que notre Pozzo. Il mit pied à terre, entra dans le château, discuta pendant une demi-heure et puis nous apporta l'heureuse nouvelle de la capitulation du fort.

Notre entrée fut pompeuse ; nos postillons avaient une si grande envie de pénétrer jusqu'au centre du château, et traversèrent avec tant de rapidité toutes les cours, qu'ils outrepassèrent la sortie de l'autre côté, et tout à coup, à notre grand étonnement, nous nous trouvâmes derechef en plein air ; il nous fallut donc retourner sur nos pas. Nous descendîmes de voiture et nous visitâmes les différentes salles d'armes qui se trouvent dans la grande tour qu'on appelle donjon, que saint Louis habita longtemps, ainsi que plusieurs autres rois et reines. En 1472, cette tour fut changée en prison : on nous y montra le cachot où le grand Condé gémissait ; celui où, sous Napoléon, le duc d'Enghien fut prisonnier, puis l'endroit où il fut fusillé.

De la plate-forme de l'édifice, il y a une très belle vue, mais le vent et la pluie nous donnaient si fort dans le visage qu'il n'y eut pas moyen d'en jouir. Dans une des cours est un grand nombre de canons, de mortiers, de bombes, et tout ce qui appartient à cette famille foudroyante, dans un établissement d'artillerie, tel que celui-ci.

Après avoir tout vu, tout admiré, tout contemplé, nous remontons en voiture pour retourner à Paris. Cependant, pour pouvoir dire qu'on a vu Vincennes, il faut avoir été au bois. C'est la réflexion qui nous vint naturellement et qui suffit pour nous déterminer à faire une tournée dans le bois fameux. Il pleut toujours ; mais, nous nous sommes mis en tête qu'il ne pleut pas, et nous allons, tout comme s'il eût fait le plus beau temps du monde ; nous tournons quelques allées et puis fouette cocher, encore plus vite droit à Paris. Nous voilà tout d'une traite au Diorama, nous ne pouvons résister à la tentation d'y entrer pour voir un nouveau tableau : l'intérieur d'un monastère avec effet de soleil : un courant d'air agite les feuilles du lierre, le lierre s'étend en guirlandes autour des colonnes et l'air ouvre et referme une porte dans le fond.

Après nous être extasiés sur tout cela, nous décidons que pour couronner la fête, nous dînerons, tous tant que nous étions, au Rocher de Cancale, un des premiers restaurants de Paris. J'y consentis avec plaisir ; je savais bien cependant que mon dîner à la maison valait infiniment mieux que celui qu'on me proposait. Toutefois, Pozzo et Dietrichstein, tous deux fameux gastronomes, s'engagèrent à nous faire préparer un dîner le plus recherché possible. Les deux ambassadeurs se rendirent à leur Rocher et nous autres, nous allâmes faire notre toilette. A six heures et demie, toute la petite compagnie se trouva derechef réunie chez le restaurateur. On trouva le dîner excellent ; moi je le trouvai fort gai, car nos dames étaient tout aussi aimables qu'elles sont jolies, et ce qui m'a charmé le plus, c'est qu'elles n'ont pas fait valoir leur gaieté, ni briller leur esprit aux dépens de leur prochain, ce qui est bien rare partout et plus encore à Paris. Après le dîner, nous allâmes tous à l'Opéra et puis au lit. Voilà tout le tableau de cette journée. Il peut être ennuyeux, mais il est fidèle,

23 juillet.

Comment est-il possible, en parlant de Humboldt, de cet homme si distingué, rempli de sagesse et de science, de ne pas dire que ce grand génie est le premier gourmand de Paris ; qu'il ne se fait guérir d'une indigestion que pour en prendre une autre et que non seulement, c'est l'homme le plus caustique qui existe, mais, qu'il est aussi la plus grande commère des salons. Je pourrais en citer plusieurs autres comme Rossini, Pozzo l'ambassadeur. Celui-ci, qui a une Wratiz pour femme, est le frère du colonel dont j'ai parlé. Toute la famille a de la nature le grand don d'un esprit extrêmement distingué ; mais, l'esprit sans bonté de cœur est bien dangereux pour ceux qui le possèdent. A propos de Pozzo, mon cousin a dîné hier chez lui, à cause de Lieven père (1), qui est arrivé de Londres. Je me réjouis beaucoup de faire sa connaissance. Paul (2) m'a écrit de Pétersbourg qu'il viendra ici, et je l'attends tous les jours.

J'ai été avant-hier à Saint-Germain avec mes petits cousins Lizner et Fessedik. Nous y avons passé une bien

---

(1) Le comte, puis prince de Lieven, ambassadeur de Russie à Londres.
(2) Paul de Lieven, fils aîné de l'ambassadeur.

agréable journée. Sur le chemin, nous avons vu la machine de Marly, qu'on commence maintenant à démolir pour en substituer une autre à vapeur, qui aura beaucoup plus de force et sera infiniment plus simple et plus solide. En traversant le parc immense dans sa largeur, nous sommes arrivés à la fameuse terrasse d'une lieue de longueur que Louis XIV a fait élever et de laquelle on jouit de la plus belle vue des environs de Paris. Sur cette terrasse, nous avons rencontré le bon comte de Sternberg, dont le cousin, à son grand chagrin, s'est fait luthérien. presque en même temps que la princesse de Liegnitz Quelle démence de faire un tel acte ! Comment peut-on changer d'un jour à l'autre des idées presque innées ? Je ne pourrais jamais me fier à un homme pareil.

Au bout de cette même terrasse, j'ai trouvé la comtesse Juste de Noailles, avec son père, le duc de Talleyrand : cette comtesse est l'idéal de la politesse et de la bonté ; elle est peut-être la première élégante de Paris et bien certainement la plus aimable ; elle n'a ni grand esprit ni beauté ; mais, sa bonté, sa grâce et sa prévenance ravissent tous les cœurs et désarment toute malignité. Le père est un beau vieillard ; on voit à son maintien et à ses manières nobles et aisées, que dans son temps, il a été un grand beau de Paris. Il adore sa fille. La comtesse m'a dit qu'elle avait eu des nouvelles fort alarmantes de la duchesse de Guiche.

Celle-ci est la plus belle femme de Paris, jeune, agréable, pleine d'esprit ; elle est depuis près de deux mois dans une agonie continuelle ; avec cela elle est grosse et les médecins prétendent qu'elle mourra après ses couches. On dit que sa maladie provient d'une recette de vinaigre qu'elle s'est appliquée pour devenir plus mince. Elle a de très jolis enfants, de véritables amours. Une petite fille de trois ans surtout se distingue par sa beauté et sa grâce. Elle nomme sa mère *ma délicieuse*.

Il y a quelques jours que la pauvre duchesse, étant un peu mieux, a fait venir cette petite fille qui est sa favorite. La petite entra et regarda avec un air de profonde tristesse sa mère, en lui disant :

— Sais-tu, ma délicieuse, que tu es maintenant bien laide, si pâle, si maigre. Pourquoi ne mets-tu plus des diamants, des plumes et tes belles robes?

La pauvre duchesse soupira et embrassa son enfant, qui poursuivit :

— Lorsque tu étais si belle, ma délicieuse, je ne te voyais que bien peu ; tu n'étais jamais avec nous, et maintenant que tu es si laide, tu restes à la maison.

— Voyez-vous, dit Mme de Guiche à ses amies qui l'entouraient, elle ne cesse de me dire des injures et cependant je l'aime plus que mes autres enfants, qui me traitent avec beaucoup plus de délicatesse et de soin.

16 août

J'ai été avant-hier à Saint-Denis. J'y ai vu les tombeaux des rois de France ; la Révolution, qui a détruit tant de monuments, n'a pas épargné celui-ci qui rappelait le plus le souvenir des rois et surtout des Bourbons. Tout a été brisé : les statues antiques, qui représentaient les rois depuis Clovis jusqu'à nos jours, ont été jetées par Robespierre dans une cour. L'église gothique de Saint-Denis fut dépouillée entièrement de ses ornements, tout fut brûlé. Il n'y a que les murailles qui ont résisté à la destruction. Napoléon fit ramasser les débris des statues royales mutilées sous la Révolution ; il fit bâtir une chapelle expiatoire à la place de la porte par laquelle Robespierre les jeta dans la cour. Après cela, il fit ramasser les monuments et les sarcophages, les fit mettre d'après l'ordre chronologique des rois et des dynasties. Lui, comme fondateur d'une nouvelle, aurait dû être placé à la tête de la sienne, et, sans doute, il se croyait bien au-dessus des Mérovée, des Clovis, des Charlemagne et des Hugues Capet. Cette restauration lui coûta plus de quatre millions.

Pour maître-autel, il donna à cette église celui qu'il a fait faire pour ses noces avec Marie-Louise. Il est de vert antique, avec des bas-reliefs en argent doré ; tout le piédestal a été parsemé d'abeilles ainsi que le tabernacle qui est en agate rose ; les chandeliers, les lampes, enfin tout ce qui appartient à cet autel, est en argent doré et d'un goût fort distingué par la simplicité et les belles formes. C'est un véritable chef-d'œuvre. Il occupe encore sa place comme du temps de Napoléon. Il n'y a que les abeilles qui ont dû céder la leur aux lis.

On bâtit, on restaure encore toujours cette église. La cendre des rois a été dispersée ; mais, on a fait des sarcophages de marbre noir sur lesquels on a couché les statues antiques restaurées des rois et des reines.

27 août.

De nos compatriotes, nous avons ici le comte et la comtesse Larisch.

Le comte est renommé comme économiste ; la comtesse est une très jolie femme, et quoiqu'elle ne soit pas du tout remarquée pour cela à Vienne, à cause du grand nombre de jolies personnes qui s'y trouvent, elle fait effet ici, car, à Paris, les jolies femmes sont en très petit nombre. Au reste, elle est fort bonne, douce et ne manque pas d'esprit. Mais, elle n'est ni assez coquette, ni assez méchante pour avoir un grand succès dans la société de cette capitale où la coquetterie et la méchanceté sont nécessaires pour briller.

J'ai peu suivi les débats des chambres lorsqu'elles étaient ouvertes. Dans ce moment, elles sont fermées. C'est comme chez nous dans les Congrégations, au Comitat ou dans la Diète. Seulement ici, c'est beaucoup moins imposant ; le membre qui veut parler doit monter à la tribune ; du reste, presque tout se fait comme chez nous.

M. de Villèle est un homme d'un esprit et d'un talent rares ; c'est lui qui conduit toute la machine avec une assurance et une précision qui ne peuvent provenir que d'un grand génie. A tout cela, il joint une probité irréprochable, qu'on cherche, mais en vain, à flétrir. Son extérieur n'est rien moins que distingué ; il a un organe reniflant ; cependant, quand il est à la tribune, son esprit et les connaissances qu'il déploie en parlant, font oublier ce grand défaut dans un orateur. Il fréquente peu le monde, ayant trop à faire.

29 août.

Comme on ne parle maintenant que de jésuites et de missionnaires, quelqu'un raconta l'autre soir à ce propos une histoire fort plaisante : Dans une gondole, espèce de voiture publique, où il y a place pour près de trente personnes, se trouvèrent ensemble deux soldats, une jeune femme et un missionnaire. Les deux soldats se moquèrent du pauvre missionnaire, et comme il se trouvait vis-à-vis de la femme qui était très jolie, ils ne manquèrent pas de la tourmenter sur cela et de se permettre des propos indécents. Le malheureux missionnaire gardait le silence, croyant par là mettre fin à ces discours ; la belle dame se taisait aussi et avait l'air fort embarrassée. Tout d'un coup, elle prend un élan, aborde les soldats et commence à leur exposer les devoirs de la religion et le respect qu'ils devraient avoir pour ceux qui administrent les sacrements, pour les prêtres, et surtout pour ceux qui dévouent toute leur vie, leur repos, leur existence pour amener à la vertu et à la vie éternelle les chrétiens qui se sont écartés du chemin qui y conduit. Enfin, elle parla avec tant d'onction, que les soldats furent émus jusqu'aux larmes et qu'ils eurent pendant tout le reste du voyage, toutes sortes d'attentions pour ce missionnaire.

Celui-ci était tout aussi reconnaissant envers la dame, qu'il était étonné de la profonde instruction religieuse qu'elle venait de révéler. Au moment de la quitter et après l'avoir remerciée, il la pria instamment de lui indiquer le prêtre ou l'instructeur qui lui avait inculqué ces principes. Elle le lui nomma, et la première chose qu'il fit, étant de retour à Paris, ce fut de chercher ce bon prêtre. Quel fut son étonnement en apprenant que c'était... le directeur du théâtre du Vaudeville et que la dame missionnaire n'était autre chose qu'une comédienne de ce théâtre !

Nous avons été hier pour la première fois à Lucienne.

chez la comtesse de Hocquart, qui nous avait invités à trois reprises. Comme ma cousine ne la connaissait pas, elle ne s'y est rendue qu'à la troisième invitation, en prenant pour excuse qu'elle craignait de passer de nuit une montagne qu'on nous disait à pic et qui se trouve sur le chemin. Mais, cette fois-ci, cette excuse n'était pas à propos, car on nous invitait à déjeuner. On a donc dû montrer un enchantement qu'on n'éprouvait guère, dans un billet qui fut envoyé en réponse à l'invitation et qui nous annonça pour hier.

Mme Grobowska et Mme de Béthisy, mère de M. le gouverneur des Tuileries, nous reçurent sous une très jolie colonnade qui règne tout le long de la maison et nous menèrent par une haie de rhododendrons dans un charmant salon où ils nous présentèrent au maître et à la maîtresse de la maison. Après les différents compliments de part et d'autre, Mme de Hocquart nous conduisit dans un très joli cabinet, dont les tentures sont ainsi que les meubles en petite toile d'un charmant dessin. Nous nous assîmes autour d'un grand bouquet de fleurs qui sort d'un trépied, vis-à-vis d'une croisée ouverte, donnant sur un charmant paysage, jusqu'à Saint-Germain-la-Ville et son vieux château. Nous y restâmes jusqu'au moment où l'on nous annonça le déjeuner, après lequel nous allâmes parcourir le jardin qui est fort joli, rempli de fleurs et d'arbres exotiques, d'une grande beauté.

En traversant à gauche un petit bosquet, nous arrivâmes par une porte dont Monsieur avait la clé dans sa poche, dans le jardin de M. Laffitte, qui appartenait autrefois à Mme Dubarry; nous y avons vu ce fameux pavillon où elle recevait toujours le bien-aimé roi. Il n'est composé que de cinq ou six chambres, et cependant l'ameublement seul a coûté près de cinq cent mille francs. Dans le temps de la Révolution, après la mort de Louis XVI, Mme Dubarry vendit tous ses diamants et envoya l'argent qu'elle en retira à Louis XVIII (1). Elle avait encore une grande quantité de choses précieuses qu'elle destinait au même emploi et qu'elle ne pouvait vendre en France. Elle alla donc avec ces trésors elle-même à Londres et après les avoir vendus et en avoir envoyé l'argent au roi, elle retourna en France : là, on la prit et on la traîna à l'échafaud. Elle a été la seule qui ait montré de la peur ; elle se débattit, elle implora la pitié du peuple ; enfin, elle montra au moment du supplice un tel désespoir, qu'on était sur le point de la délivrer des mains des bourreaux, lorsque le coup fatal la frappa.

On m'a assuré que si les dames eussent été moins courageuses qu'elles ne l'ont été, certainement la moitié eussent été épargnées ; mais, elles montraient toutes tant de courage que la populace disait :

— Tuons-les ; vous voyez que cela ne leur fait rien du tout ; elles vont à l'échafaud comme à un dîner.

Et je me rappelle avoir lu ce propos de Marat, lorsqu'on lui vantait le courage avec lequel toutes mouraient :

— C'est bien naturel, alors qu'on leur rend la mort si douce !

En retournant à Paris, nous nous sommes arrêtés à la Malmaison. Nous y avons vu l'appartement et la

---

(1) Ces détails sont de pure fantaisie ; mais, on a jugé bon de les maintenir, parce qu'ils sont un écho de ce qui se disait dans les salons, en 1826.

chambre avec le petit lit dans lequel la malheureuse Joséphine est morte. Les restes d'ameublements qu'on voit dans cette maison sont d'une magnificence étonnante. Le tout ressemble au palais d'Armide. Dans la bibliothèque, nous avons vu le bureau de Naopoléon et la chaise où il s'est assis pour la dernière fois en France; c'est de cette chaise qu'il se leva lorsqu'on lui annonça sa voiture pour aller se rendre aux Anglais. On nous a dit qu'il resta, avant de partir, plusieurs heures assis, immobile dans cette bibliothèque, sur cette chaise, appuyé contre ce bureau que nous avons vu; il était en proie à la plus profonde mélancolie; il y avait bien de quoi. Ce moment devait plus que jamais lui rappeler sa femme, Joséphine, qui lui était si tendrement attachée et qu'il avait répudiée par vanité. Dans ce moment, plus que jamais, la prédiction de Joséphine s'est réalisée en lui : que l'heureuse étoile qui l'avait conduit tout le temps de leur mariage l'abandonnerait au moment où elle ne serait plus avec lui. Je regardai le portrait de cette femme, avec beaucoup d'intérêt et d'émotion. On doit être bien bonne, pour avoir autant d'amis qu'elle en avait.

En quittant sa maison, nous allâmes à son tombeau, qui est à l'église de sa paroisse, à Rueil. Le monument est beau et fort simple, sous une architrave appuyée sur deux colonnes : elle est à genoux devant un prie-Dieu; elle est fort ressemblante, à ce que m'a dit ma cousine, et la statue est fort belle.

24 septembre.

Nous avons ici M. Canning (1), sa femme et sa fille, lady Clanricarde. Canning a une figure distinguée, la tête chauve, une taille moyenne, un grand nez et une assez bonne expression dans les yeux. Il a été, paraît-il, bel homme dans sa jeunesse ; on en voit encore quelques traces. Sa conversation dans la société n'est pas brillante, il est taciturne et peu aimable avec les femmes ; il a l'air préoccupé. Mme Canning a une bonne et douce expression dans sa figure ; elle est très modeste dans son maintien et dans sa toilette, fort bonne et simple dans tout ce qu'elle dit. Sa fille est bien de figure, mais elle est habillée dans le genre ridicule des Anglaises.

Tout opposée à la manière de Mme Canning est lady Surrey, une des élégantes de Londres. Elle a été belle dans sa jeunesse ; mais, elle n'en a gardé que ce qu'il faut pour faire regretter les charmes qu'elle n'a plus. Cependant, si elle a perdu son éclat et sa beauté, elle a su garder les prétentions que donnent ordinairement ces avantages, une activité et une rage de s'amuser qu fatiguent les plus robustes. Elle commande, elle trouve naturel qu'on lui obéisse et s'étonne lorsqu'on ne se donne pas la peine de deviner ses désirs pour les prévenir.

Monsieur son mari est tout aussi indolent qu'elle est

(1) Georges Canning, le célèbre homme d'État anglais ; il était alors à la tête du Foreign Office. Il mourut l'année suivante. Son fils, le comte Canning, était gouverneur des Indes, lors de la grande insurrection de 1856.

active; tout le fatigue, tout l'ennuie, et à son tour, il ennuie et fatigue tous ceux qui l'approchent. Accoutumé à être cajolé par sa femme, il commence chaque phrase par : *ma femme dit,* ou *ma femme fait cela,* ou *vient,* ou *ne vient pas,* etc.

15 octobre.

Le 4 de ce mois, nous avions notre grand dîner. Ma cousine était assise entre Villèle et Damas, le premier ministre des finances de France, le second ministre des affaires étrangères. M. de Villèle possède, outre les grandes qualités d'un ministre dirigeant, celles d'un très bon père de famille et d'un excellent époux ; lui et sa femme vivent comme deux tourtereaux. Dernièrement, elle est partie pour la campagne avec ses enfants afin de changer d'air, à cause de sa santé ; monsieur ne put l'accompagner : il a tant d'affaires et de si pressantes ! Il a donc consacré les heures qu'il passe ordinaiement avec sa femme, lorsqu'elle est à Paris, à se faire peindre pour elle, en grandeur naturelle, de la tête jusqu'aux pieds. Tout ceci est bien touchant et rare pour un aussi grand ministre et prouve que la politique ne dessèche pas toujours le cœur.

Le baron de Damas est l'homme le plus droit, le plus loyal qui existe, parfait dans les affaires et d'une vie exemplaire dans son ménage, ce qui est d'autant plus méritoire, que madame est bien peu aimable, bossue comme feu la femme de chambre de grand'maman. Elle lui ressemble aussi de figure ; seulement, elle est à trente ans ce que l'autre a été à soixante. Cependant, M. de Damas se couche à neuf heures du soir, heure bien extraordinaire à Paris, car c'est à cette heure-là qu'on commence à peine la soirée. Quand on mène un tel genre de vie, on ne peut fréquenter les salons ; aussi est-il tout à fait hors du courant de la société et des commérages et il lui arrive souvent de ne savoir que dire aux dames qui, par cette raison, le trouvent ennuyeux. Il a une nombreuse progéniture et madame vient de lui faire cadeau d'une petite fille.

Ni elle, ni lui, ne vont jamais au spectacle. Dans le temps où Mlle Sontag était ici, Mme de Damas disait un jour à dîner à notre cousin :

— Tout le monde est enchanté et ne me parle que de la voix de Mlle Sontag et on se tait sur Mlle Dimanche, dont M. Talleyrand m'a fait un si grand éloge.

Mais, si elle ne sait pas qui chante et ce qu'on donne aux Italiens, si elle ne sait pas ce qui se passe dans la Chaussée d'Antin et sur les boulevards, en revanche, elle saura vous dire et vous indiquer dans le faubourg Saint-Martin, le Roule ou le Marais, chaque maison dans laquelle se trouvent des pauvres à secourir, des malades à soigner ou des orphelins à protéger. Enfin, elle est à la tête d'une de ces sociétés de dames qui ont pour but de protéger et de secourir les pauvres et les malheureux.

Mon cousin était assis entre le nonce et le prince de Castel-Cicala, l'ambassadeur de Naples. Le nonce (1) nous quittera bientôt ; le chevalier Galti vient de lui apporter

---

(1) Mgr Lambruschini, qui était nonce à Paris depuis 1823. Rentré à Rome et devenu cardinal, il fut nommé archevêque de Gênes et en 1836 secrétaire d'État. Il fut remplacé à Paris par Mgr Ostini et mourut en 1754.

la nouvelle de sa promotion au cardinalat. Tout le monde est fâché de la perte d'un si brave homme ; son successeur aura bien de la peine à réussir. Le nonce n'a pas un esprit brillant ; mais, il a la ferme volonté de bien faire et se tient strictement aux devoirs qu'il doit remplir. Il évite avec un soin scrupuleux de se compromettre, ce qui lui donne un air d'inquiétude et de malaise dans la société, lequel est encore augmenté par sa surdité ; cependant, il a su se faire aimer de tout le monde.

Le prince de Castel-Cicala est gros comme un tonneau, mange et boit pour dix ; c'est un dictionnaire de cérémonies ; il sait tout cela au bout du doigt et il tyrannise par ces lois, lui-même, et les autres. Madame a la réputation d'être bien méchante ; elle en a l'air dans l'expression de sa figure ; mais, en parlant avec elle, elle m'a paru bonne, sensible et jugeant ses semblables avec beaucoup plus d'indulgence qu'on ne la juge elle-même. Elle a ici un fils et une fille ; tous les deux ont passé les trente ans. Le chevalier Ruffo, c'est ainsi que s'appelle le fils, vient d'être nommé ministre de sa cour près de celle de Berlin. Il me paraît bon, il n'est pas beau ; il a une mauvaise tournure et dans son habillement règne une malpropreté napolitaine. Sa sœur n'est pas belle, mais, elle a quelque chose de noble, s'exprime avec facilité et élégance en français, et parle l'anglais comme une Anglaise ; elle me semble avoir beaucoup d'esprit.

M. Canning a été bien gai à ce dîner et je crois avoir trouvé la raison principale de sa gaieté : il y avait de la musique arrangée par M. Paër (1) ; on a joué l'air national

---

(1) Compositeur italien, né à Parme, appelé à Paris par Napoléon, il dirigea la chapelle impériale après Cherubini. Auteur de nombreuses

de toutes les nations dont les représentants étaient à table. C'est donc *Rule Britannia* qui a égayé le cœur du fier habitant de cette île. Il se trouvait flatté de voir que la nation toute-puissante dont il tient les rênes, recevait de cette manière l'hommage du représentant d'un empire aussi vaste et puissant que l'Autriche, et cet hommage lui a été rendu à Paris, au centre de la France, la capitale des Français qu'il déteste comme rivaux de sa patrie.

M. de Villèle n'aurait pas fait bonne mine à cette scène ; mais, on a joué *Vive Henri IV*, après le toast pour le roi de France ; il n'a pas été moins flatté que Canning de cette attention et a fait de sa place des gestes de reconnaissance à mon cousin. Mme Canning est une bien bonne femme, simple, douce et modeste. Sa fille, lady Clanricarde, est assez belle et a la douceur de sa mère.

M. Pozzo di Borgo, l'ambassadeur de Russie dont j'ai déjà parlé, est devenu comte à l'occasion du couronnement de l'empereur Nicolas en même temps que M. de Lieven prince. Cela ne lui cause pas peu de jalousie, d'autant plus que ce nouveau titre de comte lui était donné ici depuis des années et qu'on a été par conséquent fort étonné de le voir récompensé de cette manière. Son élévation lui a donc fait plus de déshonneur que d'honneur.

6 novembre.

J'ai vu hier chez lady Granville le fameux Walter Scott. Il n'a rien de très distingué dans sa figure, excepté

œuvres lyriques, il fit presque toute sa carrière à Paris, où il mourut en 1839, à soixante-huit ans.

de grands sourcils ; on prétend qu'ils donnent beaucoup d'expression à sa physionomie ; le reste du front est fort étroit et plat ; ses yeux sont petits et presque fermés ; ses joues ridées et son nez grumeleux. Il a des cheveux blancs, des oreilles tortillées et pâles ; il est fort courbé ; la goutte lui a raccourci un pied et l'a tourné en dedans. Il marche donc fort difficilement, à l'aide d'une canne et en boitant beaucoup. Il sait très peu parler le français, mais il comprend tout. Il a sa fille avec lui ; elle n'est pas belle, mais elle a quelque chose de romanesque dans ses yeux : ils sont noirs et grands, entourés de grandes paupières d'un noir bien foncé ; un beau front, un teint olivâtre, des cheveux d'ébène coiffés à l'enfant ou plutôt en tire-bouchon. Elle ne dit pa un mot de français.

24 novembre.

La princesse Charlotte de Rohan va si peu dans le grand monde (ou pour mieux dire n'y va pas du tout) que je n'ai jusqu'à présent pas encore eu l'occasion de m'acquitter d'une commission dont on m'avait chargé pour elle. Il y a bien longtemps que je n'ai été chez la marquise de Bonnay ; c'est là qu'on la trouve ordinairement ; on ne la voit plus chez la princesse de Vaudémont ; la société qui se réunit chez cette bonne dame ne convient pas à notre excellente princesse Charlotte. Comment pourrait-elle supporter la vue d'un Talleyrand, et de tant d'autres ennemis du malheureux duc d'Enghien, son mari ?

Nous sommes allés hier chez la princesse de Vaudémont, où il y avait un petit concert et de là, chez lady Granville, à son raout ordinaire, mais qui devient maintenant toujours plus brillant et plus rempli, car tout le monde à cette heure rentre de la campagne. Le climat est ici infiniment plus doux que chez nous ; il n'a pas encore gelé jusqu'à présent, pendant qu'en Allemagne comme à Munich, à Berlin, etc., tout est rempli de neige et de glace. Voilà ce que m'a dit le prince Félix de Schwarzenberg (1), qui est ici depuis une quinzaine. Il est venu de Moscou et de Pétersbourg pour se rendre ces jours-ci à Londres et pour rejoindre Neumann et Fries (2). Tous les trois s'embarqueront pour Rio de Janeiro. Le pauvre Félix a bien mauvaise mine, sa santé a beaucoup souffert du climat de la Russie ; il croit qu'il se trouvera mieux de celui du Brésil. Je le souhaite de tout mon cœur, car c'est un excellent jeune homme ; mais, je crains que ce changement subit ne produise un effet contraire de ce qu'il en attend. Il plaît beaucoup ici ; il a de fort bonnes manières, beaucoup d'esprit et d'instruction.

Nous avons pris le mardi pour jour de raout ; il y en a eu trois. On invite chaque fois, ce qui fait que la foule n'est pas trop grande et la société plus choisie. Ces invitations donnent aussi à nos soirées une réputation d'élégance et de recherche qui les distingue des autres raouts.

Le comte de Bray, ministre de Bavière (3), passera

---

(1) Fils de l'ancien ambassadeur d'Autriche à Paris, dont le nom rappelle l'incendie de l'hôtel de l'ambassade, pendant une fête qu'il donnait à l'empereur Napoléon et à Marie-Louise. Entré dans la diplomatie, Félix de Schwarzenberg était ministre impérial à Vienne, lors des événements de 1848.
(2) Diplomates autrichiens.
(3) D'origine française, le comte de Bray, émigré, était entré au service de Bavière. Il occupa de grands postes diplomatiques. Un de ses

encore cet hiver-ci à Paris et n'ira que l'hiver prochain à Vienne. Quelle perte pour Paris et quelle acquisition, pour Vienne ! C'est la famille la plus aimable ; le comte et la comtesse sont la politesse et la bonhomie personnifiées. Ils ont deux filles et un fils ; l'aînée des filles a dix-huit ans, elle n'est pas très jolie, mais extrêmement bien élevée, fort bonne et douce ; la seconde est encore en bas âge, elle est fort gentille ; le fils a vingt ans, c'est un excellent garçon. Je compte beaucoup fréquenter cette maison.

29 novembre.

Notre soirée d'hier a été très brillante ; la société la plus élégante de Paris s'y trouvait rassemblée. Après-demain, lady Granville nous donne un bal et aujourd'hui, je danserai chez Mme Korsakoff, une comtesse russe toute ronde, toute grasse ; elle a deux filles qui sont assez bien élevées. Je ne resterai pas jusqu'à la fin de ce bal, étant invité encore à une soirée chez la princesse Bagration (1).

descendants, le colonel de Bray, de l'état-major belge, a entrepris la publication de ses Mémoires, dont un seul volume a paru.

(1) Née Catherine Skavronska, petite-nièce du fameux Potemkine, avait épousé le général Bagration qui fut blessé mortellement à la bataille de la Moscowa. Déjà séparée de lui à cette époque, elle ne cessa de vivre hors de la Russie. Elle était veuve depuis plusieurs années et déjà vieille, lorsqu'elle épousa le général anglais Caradoc, plus tard lord Howden, mais sans prendre son nom et sans consentir à vivre sous le même toit que lui. Elle est morte à soixante-quatorze ans, en 1857.

30 novembre.

J'ai passé la soirée d'hier chez le comte de Bray et chez le duc de Dalberg (1). La duchesse et sa sœur, la comtesse Marescalchi, dont j'ai fait la connaissance à Bologne, il y a deux ans, sont on ne peut plus aimables ; elles reçoivent tout le monde à merveille ; elles sont d'une très grande naissance, leur famille est de Gênes et s'appelle Brignole. Le duc Dalberg est un homme de beaucoup d'esprit ; mais, malheureusement, il l'emploie dans un très mauvais sens. Il est tout à fait dans l'opposition.

(2) Neveu du prince primat de l'Église d'Allemagne, qui fut archichancelier de l'Empire, il était le fils du baron de Dalberg, poète allemand et ministre d'État à Manheim. Il servit dans la diplomatie sous Napoléon, et naturalisé Français en 1815, après s'être rallié aux Bourbons, il accompagna Talleyrand au Congrès de Vienne. A son retour, il fut nommé pair de France.

ANNÉE 1827

Sommaire résumé : Le jour de l'an et les soirées à l'ambassade d'Autriche. — Un bal chez la duchesse de Berry. — Talleyrand « rossé » par Maubreuil, à Saint-Denis. — Suite de fêtes. — L'affaire des maréchaux. — Les spectacles à la cour. — Le cotillon en France. — Mort de l'impératrice du Brésil. — Menaces de duels. — Une lecture chez la princesse de Bauffremont. — Attroupements révolutionnaires dans Paris. — La revue de la garde nationale et son licenciement. — Démission du duc de Doudeauville, ministre de la maison du roi. — Une lettre de Mademoiselle de France au roi. — Désordres de la rue. — L'amitié à Paris. — Chez la duchesse de Maillé. — La dame mystérieuse. — La grande-duchesse de Darmstadt. — Mort de Canning. — Visites à Bagatelle et à Neuilly. — Potins mondains. — Continuation des émeutes. — Shakespeare joué à Paris. — Une visite à Mlle Mars.

2 janvier.

Nous avons déjeuné tous ensemble en famille à la table du cousin. Chacun avait à montrer les étrennes qu'il a reçues. J'ai eu un très beau flacon ; Rodolphe et Jules ont eu de leurs parents une ombre chinoise qui nous a amusés tout autant que les enfants. Minima a eu une petite toilette en acajou avec tout ce qui y appartient, une poupée qui marche et qui ferme et ouvre les yeux ;

puis un trousseau entier pour cette poupée. Outre tant d'autres cadeaux faits à ces enfants, Rothschild a donné à Rodolphe et à Jules une table de jeux en acajou, très élégamment arrangée et remplie de tous les jeux imaginables, comme par exemple les dames, les cartes, les dés, des diables, des bilboquets, des toupies, et la petite Mimi a eu de Mme de Rothschild une commode avec tout ce qui est nécessaire pour servir une table de six personnes pour ses poupées, comme nappes, porcelaines, couteaux, cuillers, fourchettes, verres, bouteilles ; on ne peut se faire une idée de l'élégance de ce joujou. Le bonheur de ces enfants était au comble. Nous les avons quittés avec regret pour faire notre toilette et aller à la cour, au cercle diplomatique.

Le baron Binder, Dietrichstein et moi étions déjà rassemblés au salon, pour attendre l'heure du départ ; seulement Victor manquait ; il avait la joue monstrueusement enflée et ne pouvait par conséquent paraître aux Tuileries. Enfin l'heure sonne ; nous nous mettons en marche ; les voitures de gala sont attelées, les domestiques ont revêtu la grande livrée. Le baron Binder (1) et l'ambassadeur se mettent dans la première voiture, Dietrichstein et moi dans la seconde. Nous voilà en chemin ; les badauds de Paris qui remplissent les rues se montrent du doigt la livrée superbe de notre hussard ; des troupes se croisent dans les rues au son des tambours. Arrivés aux Tuileries, nous descendons au salon des Ambassadeurs ; il y a déjà quelques ministres, l'ambassadeur d'Angleterre, le nonce et leurs suites ; mais, il en manque encore beaucoup qui arrivent les uns après les autres. Nous sommes

(1) Diplomate autrichien, avait été, depuis 1815, secrétaire à l'ambassade d'Autriche à Paris.

au grand complet, et M. de la Live nous invite à passer chez le roi.

On ouvre les portes, nous montons le grand escalier, nous passons par le grand vestibule, par plusieurs salons et nous nous arrêtons dans la salle de Flore, appelée ainsi d'une statue en argent qui y est placée. Après quelques secondes, on ouvre les portes de la salle du Trône, dans laquelle le roi se trouve entouré des grands dignitaires de la cour. Le corps diplomatique se met en cercle, le nonce fait trois pas en avant et tient un discours au roi au nom du corps. Après avoir fini son allocution, pendant laquelle il n'a cessé de trembler, le roi répond en peu de phrases et puis, il commence son cercle en adressant presque toujours les mêmes questions à chacun des membres, par exemple : *Avez-vous des nouvelles de l'empereur? Comment se porte Mme Apponyi?* etc. Le roi, après avoir fait tout le tour du cercle, s'en va et, par la galerie de Diane, nous allons chez Madame la dauphine (1). Tout se fait là de même que chez le roi ; puis nous passons maints corridors, galeries, salles, la chapelle, le théâtre et même tout près de la cuisine ; l'odeur de chaque côtelette et ragoût s'offre à la censure de nos nez. Chez le dauphin, tout se répète derechef comme chez le roi et la dauphine, et chez la duchesse de Berry de même, excepté qu'elle traîne avec elle le petit Bordeaux et la petite Mademoiselle (2) ; ce sont des enfants bien délicats, mais fort gentils.

Des Tuileries, nous nous rendons au Palais-Royal où,

---

(1) On désignait ainsi la duchesse d'Angoulême, et la duchesse de Berry sous le nom de Madame.
(2) La fille du duc et de la duchesse de Berry, qui fut plus tard duchesse de Parme.

comme de raison, on ne fait point de cercle, mais seulement une visite. De là, on va chez Damas et Villèle où on ne monte pas; on laisse des cartes. Ce même jour, j'avais encore deux bals et une soirée d'étiquette ; mais, en revanche, j'étais presque mort de fatigue en rentrant chez moi, à trois heures du matin.

3 janvier.

Voici un petit tableau d'une de nos soirées. L'invitation est pour neuf heures. Ordinairement, le prince Talleyrand et la princesse de Vaudémont arrivent avant l'heure indiquée, ce qui fait que, bien souvent, ma cousine est encore à sa toilette et l'ambassadeur n'est pas encore rentré des dîners auxquels il est invité. C'est donc alors à moi de faire les excuses et de recevoir au milieu des domestiques qui allument les lustres et les candélabres dans le salon. Enfin, cousin et cousine arrivent ; de nouvelles excuses ; on parle un moment, mais bientôt les dames, les hommes arrivent les uns après les autres ; cela dure jusqu'à la fin de la soirée, durant laquelle on est obligé d'être toujours debout pour recevoir les personnes qui se présentent. Comme on se tient presque toujours autour de la maîtresse de la maison, le salon où elle se trouve est bientôt rempli, de manière à ne plus pouvoir se remuer ; ma cousine est donc alors obligée d'aller dans une autre pièce pour y attirer le monde. A l'une des extrémités de l'appartement, est placé le buffet aussi pour partager la foule, et à l'autre, il y a des tables de jeux et une avec des gravures.

Moi, je m'occupe le plus avec les vieilles femmes, les tout jeunes gens et les nouveaux arrivés, car c'est la partie la plus délaissée dans les salons ; je ne fais tout le temps que courir d'un salon à l'autre ; je salue les arrivants et je les mène chez l'ambassadrice ; puis, je présente à droite et à gauche les hommes qui me sont recommandés. Je donne le bras aux dames qui veulent être accompagnées au buffet pour prendre du thé, des bonbons, des glaces, etc. ; les uns arrivent, les autres s'en vont. Je donne des ordres pour faire avancer les voitures des dames qui n'ont ni fils, ni mari qui puisse leur apporter les manteaux, etc. Je me charge donc de tous ces détails, tandis que cousin et cousine vont d'une dame à l'autre pour animer la conversation ; quelquefois, on fait de la musique, mais guère plus d'une demi-heure, sans cela on s'ennuie.

Maintenant, nous n'avons plus de ces raouts, mais des bals qui nous amusent beaucoup plus ; mais, ce n'est que tous les quinze jours, parce qu'il a fallu céder un mardi à Pozzo di Borgo. Mardi en huit, qui était notre jour, a été pris par la duchessse de Berry ; en revanche, Pozzo nous a cédé son mardi qui vient après celui que la duchesse nous a pris.

20 janvier.

Le bal, chez Mme la duchesse de Berry, a duré de huit heures et demie du soir à quatre heures du matin. Avant le souper, qui a été à deux heures, plusieurs dames et hommes, pas danseurs, et même quelques danseurs se sont sauvés. La duchesse s'en est aperçue et a fait fermer les portes sans que personne s'en doutât. Plusieurs dames, voulant suivre l'exemple des premières, se sont glissées adroitement le long du mur jusqu'à la porte. La duchesse les observait, mais sans faire semblant. Ces dames donc, ayant gagné la première et la seconde porte, étaient toutes glorieuses de l'heureuse réussite de leur stratagème, lorsqu'un huissier leur déclara qu'il n'osait plus laisser sortir personne, d'où nécessité pour elles de rentrer dans la salle, un peu honteuses et embarrassées, ce qui a fait l'amusement et le bonheur de la duchesse, qui en a ri de tout son cœur.

20 janvier.

Je reviens en ce moment de Saint-Denis, où nous avons célébré l'anniversaire de la mort de Louis XVI. La messe en musique, composée expressément pour ce jour, est de Chérubini ; elle est superbe et a été exécutée à merveille. Au lieu de sermon, on a lu le testament du roi martyr. Avant et après la cérémonie, tout ce qui est de la cour et du corps diplomatique s'était rassemblé dans la salle de l'abbaye. A la sortie, après que le dauphin, le duc, la duchesse et Mademoiselle d'Orléans et le duc de Chartres eurent fait un peu de conversation avec les membres du corps diplomatique, ils s'en allèrent avec toute leur suite ; le prince de Talleyrand les accompagnait comme de coutume. On va dans le grand vestibule pour monter en voiture ; voilà que tout d'un coup, aux yeux de toute la cour et du corps diplomatique, devant tous les domestiques, un homme s'approche du prince, lui applique un soufflet en règle et si bien donné, que le pauvre prince tombe. L'homme n'est pas content et lui donne encore plusieurs coups de pied ; tout ceci est l'affaire d'un moment ; on prend l'homme qui ne se défend pas ; on lui demande s'il était fou ou ivre, ou s'il s'était mépris sur la personne.

— Non, dit-il, j'ai voulu rosser le prince de Talleyrand ; il m'a fait bien du mal, à moi et à ma famille.

Le domestique qui a été chargé d'aller demander des nouvelles du prince, vient de me dire qu'on lui avait mis des sangsues ; il se porte cependant mieux. Le duc d'Orléans a été le voir. L'homme qui a commis l'attentat s'appelle de Maubreuil (1) ; c'est ce mauvais sujet qui avait volé les bijoux de la reine de Westphalie et c'est par Talleyrand que ce vol fut découvert. Depuis ce temps, cet homme a toujours cherché à faire du mal au prince, sans cependant vouloir s'exposer à se perdre lui-même. Il a réussi, il s'est vengé d'une manière assez éclatante. Il faut convenir qu'il est fort désagréable, en toute occasion, de recevoir un soufflet et surtout en présence de la cour et notamment lorsqu'on est en fonction de grand chambellan, décoré du Cordon bleu et de la Toison d'or d'Espagne. Cependant, le coupable ne peut être condamné qu'à quelques mois de prison. Il sera cité seulement en

(1) L'épisode dont l'aventurier, marquis de Maubreuil, fut le méprisable héros et dans lequel l'attentat contre Talleyrand ne figure qu'à titre d'incident, a donné lieu à de nombreux récits. En ces derniers temps, M. Frédéric Masson y a consacré un volume où il paraît supposer que le gouvernement royal fut l'instigateur de l'acte de Maubreuil contre la reine de Westphalie, tandis que ce ne fut qu'un acte de banditisme commis par un forban, ainsi que l'a établi l'auteur de cette note dans le récit qu'il en a fait. Voir : *Conspirateurs et comédiennes*, par Ernest DAUDET.

police correctionnelle où tout le procès sera traité en public : autre désagrément pour le prince, car cet homme ne manquera pas de dire des choses diffamatoires pour ce dernier ; il le fera citer devant ce même tribunal ; en un mot, outre les soufflets et les coups de pied, cet événement, j'en suis persuadé, sera fort désagréable pour Talleyrand.

25 janvier.

Notre bal d'avant-hier a été charmant ; il a duré jusqu'à trois heures et demie. Il y avait un souper pour deux cent cinquante personnes. J'ai été hier à plusieurs soirées et à un bal ; mais, je suis parti de bonne heure pour avoir des forces pour le bal de Bray, qui se donne aujourd'hui, et que je dois diriger. Demain, il y a bal à la cour et un autre chez lady Prescott qui m'a donné beaucoup à faire. Elle m'avait chargé de dresser la liste des invitations et d'engager les danseurs, ce qui m'a obligé d'écrire au moins deux cents billets et, ce qui est plus étonnant, c'est qu'après avoir tout arrangé pour ce bal, je n'y serai pas, à cause de celui qu'on donne aux Tuileries. Après-demain, j'ai encore nombre de soirées et bals, dimanche encore à la cour et mardi encore ; tout cela, à cause de la duchesse de Berry qui aime à danser et qui depuis l'assassinat du duc n'ose plus accepter des invitations chez des particuliers.

1er février.

Depuis une semaine entière, je ne fais que danser et dormir, et presque toujours à la cour. Mme la duchesse de Berry aime beaucoup la danse et comme, depuis l'assassinat du duc de Berry, elle ne peut aller à aucun bal, excepté à ceux qu'on donne aux Tuileries, elle en donne au château ; mardi dernier, elle en a donné un dans son propre appartement, où le roi assistait. Il y avait une foule immense. Le roi et toute la cour étant arrivés, on a fait un cercle de quelques minutes ; puis, on s'est groupé pour voir danser le quadrille de Mme la duchesse de Berry qu'elle avait arrangé avec onze autres dames ; six étaient habillées en rose et les autres en blanc, avec des écharpes écossaises ; l'ensemble était fort joli. Gardel (1) l'a composé et dirigé.

Après cette danse et un petit intervalle, le maître de cérémonies a fait jouer la contredanse d'étiquette. Le duc de Chartres l'a dansée avec Mme la duchesse de Berry et la princesse Louise d'Orléans et moi leur avons fait vis-à-vis ; tout cela était fort raide et embarrassant. Tout le monde nous regardait et en effet, c'était bien drôle de voir danser deux hussards à la cour de France (2) : le duc de Chartres porte l'uniforme du régiment de son père.

Le roi et toute la cour m'ont beaucoup distingué ; le roi,

---

(1) Maître de danse, très en vogue à cette époque.
(2) Le costume officiel du comte Rodolphe était un uniforme de hussard.

Monsieur et Madame la dauphine m'ont adressé la parole avec une très grande bonté, dont je dois être d'autant plus flatté qu'il n'est pas d'usage que le roi et la famille royale parlent dans de pareilles occasions à des jeunes gens. Mme la duchesse de Berry m'a fait déjà à plusieurs bals, ainsi qu'à celui-ci, l'honneur de danser avec moi ; il y en a même eu un en tout petit comité, où j'ai été le seul et unique étranger invité.

J'ai encore eu une autre satisfaction qui m'a fait, je l'avoue, grand plaisir ; c'est d'avoir introduit le cotillon aux bals de la cour de France. Jusqu'à ce jour, on avait des préjugés contre cette danse : on la trouvait indécente. Mme la duchesse de Berry m'a ordonné de diriger ce cotillon ; elle a fait la spectatrice et à six heures du matin, à la fin du bal, elle m'a dit des choses les plus flatteuses.

Le lendemain, le duc d'Orléans nous a donné une fête vraiment magnifique. Elle a commencé par un bal d'enfants, qui a duré jusqu'à dix heures et après lequel ils ont soupé au nombre de cinq cents. Après cela, la duchesse de Berry a dansé le quadrille avec ses onze dames, puis le bal des grandes personnes a commencé à deux heures. Il a été suivi d'un second souper magnifique ; à trois heures, tout était fini. On dansait dans deux immenses salles : deux buffets étaient dressés aux deux extrémités de l'appartement et les soupers ont été servis dans l'immense galerie du concert et dans le grand appartement composé de plusieurs salons ; enfin l'ensemble a été superbe.

Le duc de Bordeaux n'est pas venu, étant un peu indisposé, mais bien la petite demoiselle de France. Elle est gentille et spirituelle ; elle a dansé avec Jules ; la duchesse de Berry dirigeait la petite et moi Jules, de manière que la contredanse allait à merveille. Mme la duchesse de Berry m'a présenté, à cette occasion, à la gouvernante de Mademoiselle, la duchesse de Gontaut (1), que j'avais déjà l'honneur de connaître.

6 février.

On ne parle, depuis une semaine, que de nous, et de la manière dont nous avons fait annoncer les maréchaux de France, qui portent des titres de ducs, etc., de notre empire (2). L'ambassadeur a agi ainsi en vertu des ordres qu'il avait reçus, avec injonction de les exécuter, conformément au traité fait à ce sujet avec Talleyrand. Ce traité, Talleyrand le nie aujourd'hui, après avoir pris la précaution de le soustraire; soustraction, au reste, dont le roi paraît indigné. Aujourd'hui, nous avons notre bal ordinaire. Mais, depuis quelques jours, une conspiration a éclaté contre notre réunion, et ni maréchaux, ni pairs ne veulent y venir; à eux permis, mais notre bal

(1) On sait que la duchesse de Gontaut a laissé des Mémoires qui ont été publiés.
(2) A cette époque, le gouvernement autrichien s'avisa de ne vouloir pas reconnaître les titres de duc, donnés par Napoléon à ses maréchaux et qui étaient des noms des pays d'Empire. L'ambassadeur Antoine Apponyi eut ordre de ne pas les laisser annoncer dans ses salons. Le chevalier de Cussy donne à entendre dans ses Mémoires que l'ambassadeur n'exécuta cet ordre qu'à regret; mais, enfin, il l'exécuta et le duc de Reggio s'étant présenté à l'ambassade fut annoncé duc Oudinot, acte de bien mauvais goût, contre lequel il protesta en se retirant. Cette inconvenante interdiction que l'Autriche n'eût osé prononcer sous Louis XVIII, fut tolérée par Charles X, quoiqu'elle eût fait scandale. Elle eut pour résultat d'empêcher force personnes de l'ancien monde impérial de retourner chez l'ambassadeur d'Autriche.

n'en sera pas moins brillant, nombreux et agréable. Les pairs ne sont pas de grands danseurs. Les visites de tout ce qu'il y a ici de belle, bonne et brillante société, sans excepter ni maréchaux, ni pairs, se multiplient et c'est à qui nous prouvera que ce n'est pas à nous qu'on en veut.

Le grand référendaire de la Chambre des pairs, le marquis de Sémonville (qui est grand-croix de Saint-Léopold de notre cour), a déclaré dans la Chambre même que tout pair serait déshonoré, qui mettrait le pied à notre bal ; en même temps, il a écrit à l'ambassadeur un billet bien grossier de refus à notre invitation et il a montré ce billet à tout le monde. Le ministre de la guerre a défendu à tous ses officiers de venir chez nous. Il l'a défendu même expressément à sa sœur. Elle en a été indignée. M. de Talleyrand, qui a déclamé dans sa société ainsi qu'en public, contre nous, a eu l'impudence d'envoyer la duchesse de Dino, comme ambassadrice pour nous notifier qu'il était bien fâché de ne pouvoir venir, à cause de sa santé (il ne s'est pas encore tout à fait remis de son soufflet), voulant montrer qu'il n'était pas un de ces grossiers personnages qui insultent à notre caractère ; en même temps, il a envoyé tous les jours ladite duchesse pour s'informer comment ma cousine prenait la chose et pour lui exprimer tous ses regrets.

Lundi gras.

Voilà le carnaval qui expire ; hier, le bœuf gras nous a fait sa visite. Notre bal, contre lequel on a tant conspiré, a été le plus beau et le plus brillant qu'il y ait jamais eu. Si je voulais ajouter foi à toutes les démonstrations qu'on me fait ici dans la société, je devrais me prendre pour un petit demi-dieu ; on voudrait me faire croire qu'on n'est gai que dans le salon où je me trouve et qu'on porte le deuil lorsque je n'y suis pas. Tout cela est outré et ridicule ; ce sont des phrases qu'on dit, pendant lesquelles on pense au pâté de foie gras du souper ; mais, dans le fait, j'ai ici, parmi tout ce monde, nombre d'amis que je distingue très bien de la foule des complimenteurs. Un simple bonjour de ceux-là me vaut toutes les phrases que les autres veulent bien me dire.

J'ai aujourd'hui des bals sans fin, mais je ne vais qu'à deux ; d'abord chez la marquise Terzi, parce qu'elle est Milanaise et qu'elle a eu la bonté de faire les invitations à sept heures pour me mettre à même de pouvoir profiter au moins deux heures de son bal, étant invité à un autre chez la duchesse de Gontaut (la gouvernante des enfants de France), qu'elle donne aux Tuileries pour Mme la duchesse de Berry et qui commence à neuf heures. Je resterai donc jusqu'à cette heure-là chez la marquise ; puis, je me rendrai chez la duchesse.

Demain, il y aura aussi grand spectacle à la cour, comme samedi dernier. C'est vraiment un bien beau coup d'œil. Lorsqu'on entre dans la salle de spectacle, qui est fort spacieuse, très élégamment décorée et parfaitement bien éclairée, on voit toute la cour placée dans une grande loge vis-à-vis du théâtre. D'un côté de celle-ci, il y en a une pour les ambassadeurs, puis une pour les ambassadrices, puis une autre pour les dames à tabouret ; après ces loges, il y a des balcons des deux côtés de la salle pour les dames ; ces balcons touchent les loges des ministres et des maréchaux de France ; tous les autres hommes ont des places au parterre. Ils sont tous en uniforme et les dames en diamants et manteau de cour.

On a donné deux comédies du Théâtre-Français : *les Fausses confidences* et puis *les Précieuses ridicules* de Molière. Le choix n'était pas trop heureux ; l'une et l'autre de ces pièces est fort leste et peu amusante ; mais le roi aime la scène des douze gilets, qui le fait beaucoup rire. Demain, on donnera le nouveau ballet de l'Opéra français, qui est fort beau : c'est *Astolphe et Joconde* (1), et puis, on jouera une petite pièce des Français, mais j'ignore laquelle.

Le mercredi des Cendres.

Le bal d'hier, chez la vicomtesse de Bourbon-Busset, a duré jusqu'à cinq heures du matin. J'y suis allé après le spectacle de la cour, qui a été délicieux. On a donné, comme je l'ai dit, *Astolphe et Joconde*, et puis le charmant opéra *Marie* (2) ; la musique en est ravissante et le sujet est bien touchant ; enfin, le tout a duré jusqu'à onze heures et demie. J'ai dû rentrer chez moi pour faire une autre toilette et, par conséquent, je n'ai pu me rendre à mon bal qu'après minuit. Je n'ai donc dansé que pendant cinq heures ; cependant, je suis bien fatigué aujourd'hui. Me voilà, depuis quinze jours, dansant tous les jours jusqu'à cinq heures du matin. Le bal aux Tuileries a été délicieux et n'a fini qu'à environ six heures. Mme la

(1) Ballet-pantomime en deux actes, musique de Hérold.
(2) Opéra-comique en trois actes, musique de Hérold.

duchesse de Berry m'a ordonné de diriger une galoppe ; cette danse a eu tant de succès, que la princesse a fait demander une répétition avec des figures de cotillon. On a beaucoup valsé, on a dansé *la Boulangère*, *le Grand-père* et *la Galoppade;* puis une *Ecossaise*, *le Carillon de Dunkerque* et enfin le cotillon. Mme la duchesse de Berry a été d'une gaieté extraordinaire.

6 mars.

Nous avons eu avant-hier la triste nouvelle de la mort de l'impératrice du Brésil (1) ; elle est morte d'une fièvre bilieuse, après une fausse couche. J'ai parlé hier sur ce sujet avec le ministre du Brésil ; il m'a dit que l'impératrice avait eu un véritable pressentiment de sa mort ; elle a conjuré son mari de ne point la quitter. L'empereur, après avoir consulté ses médecins sur l'état de santé de l'impératrice, et ceux-ci lui ayant assuré qu'ils n'y voyaient rien d'inquiétant, a pris congé de sa femme pour aller combattre ses ennemis. L'impératrice, lorsqu'elle a vu qu'il n'y avait plus moyen de retenir son époux auprès d'elle, a fondu en larmes et lui a dit :

— Puisque vous me quittez à ma dernière heure, recevez mes adieux pour toujours ; nous ne nous reverrons plus dans ce monde.

Peu de jours après le départ de dom Pedro, elle es morte.

(1) L'archiduchesse d'Autriche Léopoldine, première femme de Pedro Ier, empereur du Brésil, fils de Jean VI, roi de Portugal. Après quelques années de veuvage, Pedro se remaria avec la princesse Amélie de Beauharnais. Une des filles de son premier mariage épousa le prince de Joinville, fils de Louis-Philippe.

Aujourd'hui, à sept heures du matin, la princesse de Croy est morte, après une longue maladie de poitrine. Sa mère, la comtesse Dillon, qui est une excellente femme, se meurt de chagrin. Un autre l'attend encore, c'est celui de se voir séparée de son petit-fils, le petit Gustave, l'ami de Mimi. Le cardinal et le duc de Croy, ses oncles, le réclament. C'est un charmant enfant, joli, spirituel, gai et avec cela fort docile, obéissant et doux ; il a quatre ans. Hier, en quittant Mimi pour aller rejoindre sa mère, il a été si gai ; il riait, ne se doutant pas qu'il était au moment d'éprouver le plus terrible malheur. Maintenant, il est orphelin ; il n'a plus ni père, ni mère, il sera arraché des bras de sa grand'mère qui l'adore : le pauvre petit est dans cet âge où l'on ne sait ce que c'est que le chagrin.

8 mars.

C'est le 2 février que la conspiration contre nous, ici, a éclaté. J'ai été ce jour-là à un bal chez la marquise de Bellissen et je devais aller de là chez le général de Montholon, celui qui fut avec Napoléon à Sainte-Hélène. Je me trouvais dans l'antichambre, j'avais déjà mon manteau et j'attendais ma voiture, lorsque je vois entrer la comtesse Marescalchi, une de mes meilleures amies. En entrant, elle m'aborde, en me disant :

— Comment ! vous vous en allez déjà !
— Oui, madame, je vais chez M. de Montholon.
— N'y allez pas, me dit-elle à l'oreille.
— Et pourquoi donc?

— Je vous en prie, je vous en conjure, par amitié pour moi, n'y allez pas !

Cette apostrophe m'a paru fort extraordinaire, et surtout dans la bouche d'une femme qui a beaucoup d'esprit, d'une femme de quarante ans et qui, ordinairement, est extrêmement calme. Après avoir réfléchi un moment, je lui dis :

— Eh bien, oui, madame, je reste ici, puisque vous le voulez, mais à condition que vous me disiez les motifs de cette défense.

— Je le veux bien, monsieur, ôtez votre manteau et donnez-moi le bras pour passer dans une pièce où nous puissions parler sans témoins. Après m'avoir dit tout ceci bien bas, elle se tourne vers sa sœur, la duchesse Dalberg, et ajoute : — Ma sœur, le comte de Maussion vous offre son bras.

Puis, elle lui parle bas, sur quoi la duchesse lui fait un signe d'approbation. Quelques moments après, nous nous sommes trouvés dans une chambre où il n'y avait que quelques vieilles femmes.

— Promettez-moi donc, sur votre honneur, reprit la comtesse, que vous n'irez pas au bal chez Montholon, quels que puissent être les motifs qui m'engagent à vous en dissuader.

— Je vous le promets sur mon honneur, madame.

— Cela suffit, me dit-elle. Eh bien, je sais de bonne part qu'on veut vous y insulter ; il y a plusieurs jeunes officiers qui veulent se battre avec vous ; ils ont la tête montée ; ils veulent, en vous tuant, effacer l'affront qui, selon eux, pèse sur la nation française depuis que l'ambassadeur ne veut plus reconnaître les titres de duc à certains maréchaux de France.

Je ne revenais ni de mon étonnement, ni de mon indignation ; je me sentais rouge et pâle de fureur. La comtesse me regardait avec inquiétude ; puis elle poursuivit :

— Pensez à votre promesse. Si vous mettez le pied dans la maison Montholon, vous aurez manqué de foi et de parole ; en un mot, vous aurez perdu toute la bonne opinion que j'ai conçue de vous.

— Ah ! madame, dans quelle horrible position m'avez-vous mis ! L'honneur m'appelle là-bas et il me retient près de vous.

— Et votre cœur, reprit la comtesse, ne vous dit rien dans tout cela. Vous aimez vos parents, me dites-vous, vous aimez votre cousin et votre cousine et vous ne pensez pas au chagrin que vous leur ferez en vous précipitant, sans rime ni raison, dans un danger qu'il ne tient qu'à vous d'éviter.

— Mais, madame, qui vous dit que je serai tué ? Mon adversaire ne court-il pas le même danger que moi ?

— Ainsi, vous voudriez tuer votre adversaire ?

— Assurément, madame, c'est le but du duel.

— Vous ne savez ce que vous dites. Tuer un homme ! Vous voulez donc être tourmenté par des remords affreux pendant toute votre vie. Enfin, je vous en ai assez dit. Dois-je vous rappeler encore votre promesse ?

— Non, madame, je vous obéis ou plutôt je dois vous obéir aujourd'hui ; mais, demain et tous les jours qui suivront celui-ci, on me verra partout, partout, oui, madame, je le dois à mon nom et à ma patrie.

— Vous êtes un jeune homme impétueux comme les autres ; vous courez après des chimères que vous nommez l'honneur ; la vertu, c'est l'honneur ; si vous quittez l'une, vous perdez l'autre. J'espère que je vous verrai un jour plus sage. Je devrais être fâchée contre vous, puisque vous n'avez rien voulu faire pour moi, et cependant je ne le puis ; mais, allons dans la salle ; on commence à devenir attentif à notre conversation.

14 mars.

J'ai derechef repris ma palette ; j'ai déjà fait plusieurs tableaux de genre et je suis maintenant à achever une scène de chasse. Dès que les jours seront plus longs et que je pourrai me lever de meilleure heure, je ferai un petit tableau historique. La scène me paraît assez intéressante : c'est François Ier, qui reçoit à Fontainebleau, dans la galerie de Diane, le tableau de la *Sainte Famille* envoyé de Rome par Raphaël, comme hommage de sa reconnaissance. Environné de sa cour et des hommes célèbres du temps, le roi témoigne son admiration pour ce chef-d'œuvre. A ses côtés, on distingue Léonard de Vinci, puis la sœur du roi, Marguerite, reine de Navarre ; puis sa femme en secondes noces, Éléonore d'Autriche, sœur de Charles V ; puis sa mère, Louise de Savoie. On y voit encore le duc Charles de Bourbon, connétable, la duchesse d'Étampes, la belle du roi, le cardinal de Boulogne et le maréchal de Montmorency. J'espère que le tout, l'ensemble, fera un assez joli effet ; les costumes du temps prêtent beaucoup. Les figures sont toutes des portraits pris au Louvre.

19 avril.

J'ai été, il y a quelques jours, avec mon cousin et ma cousine, chez le duc et la duchesse de Rivière, pour voir le duc de Bordeaux. C'était le soir, avant l'heure où il va se coucher. Il y avait encore la duchesse d'Escars et le général de Vérac. Le petit duc de Bordeaux a été très gentil ; pour un enfant de son âge, il a très bien fait ses petites révérences à nous tous ; puis, il a continué à jouer avec son petit ami, le fils du duc de Rivière. On nous a montré les étrennes qu'il a eues du roi ; elles consistent en joujoux fort précieux et, en même temps, instructifs pour les manœuvres de l'artillerie. Sur un grand plateau d'argent, se trouve placée une redoute, avec tout ce dont elle doit être composée pour la défendre, canons, chariots de munitions, etc., et le tout en argent massif. Il a aussi une grande tour vis-à-vis de laquelle se trouve un canon avec tout ce qui est nécessaire pour le charger et ensuite le diriger vers un point indiqué sur la fortification ; si le canon y est bien ajusté, une partie du fort s'écroule et l'on voit tomber de la brèche tout ce qui peut mettre une forteresse en état de défense, et, en même temps, sur le haut de la tour, paraît la Renommée avec les armes de la France et trois décharges se font entendre.

Le petit duc de Bordeaux, comme tous les enfants, n'aime pas à aller se coucher. Ce jour-là, le duc de Rivière, en notre honneur, avait reculé d'une demi-heure ce moment fatal, qui ordinairement est accompagné d'une petite scène de mauvaise humeur et de larmes ; cependant, à la grande joie du duc, notre présence a eu l'heureuse influence que, à quelques grimaces près, la retraite dans la chambre à coucher s'est passée avec beaucoup de calme et, quelques secondes après, M. de Rivière est sorti de la chambre pour nous dire que son petit élève dormait déjà profondément.

Avant-hier, j'ai assisté à une lecture d'une nouvelle tragédie, d'après *Guillaume Tell*, de Schiller. L'auteur s'appelle Pichat (1) ; il a bien lu, il y a de fort belles descriptions et le fameux monologue est bien traduit. Ce monologue, et toutes les scènes qu'il a prises littéralement à Schiller, ont fait beaucoup de plaisir ; mais, tout ce qui est de lui, est pitoyable. Cette lecture s'est faite dans un cabinet de la princesse de Bauffremont ; il n'y avait que les membres de la famille de Montmorency et les grands et beaux esprits femelles de la société de Paris, comme la duchesse et la comtesse de Narbonne, la marquise de Chastenay, la comtesse Albéric de Choiseul, la marquise de Jumilhac, la marquise de Podenas, etc.

Dans une assemblée de tant de beaux esprits, Mme de Genlis ne pouvait pas manquer ; elle était habillée un peu plus proprement que d'habitude ; elle avait une robe noire, un fichu chocolat au lait avec une petite bordure de différentes couleurs, puis un chapeau de la couleur de la robe avec un voile vert. La duchesse de Choiseul l'avait amenée. De la porte, elle fit une grande révérence à tout le monde en masse ; tout le monde s'est donc levé, honneurs qu'on ne rend ordinairement qu'aux ambassadrices ; puis, on lui a donné un fauteuil à côté de M. Pichat, qui

---

(1) Michel Pichat, auteur dramatique mort en 1828. Son *Guillaume Tell* fut représenté au Théâtre-Français en 1830, deux ans après sa mort.

un moment après, commença à nous lire les noms des personnages en les estropiant d'une manière indigne.

Mme de Genlis a été fort émue du sujet de cette tragédie ; elle en a pleuré à chaudes larmes, tout en disant :
— Ce n'est pas du miel ; c'est fort, cela saisit.

L'auteur n'a pas voulu lire le troisième acte en notre présence : probablement l'Autriche n'y est pas épargnée. Les Français envient notre bonheur, sous le gouvernement d'un empereur qui est le père de ses peuples ; ils voudraient persuader à eux et aux autres qu'il est un tyran et que nous sommes des esclaves.

Jamais cette liberté tant vantée d'un gouvernement représentatif n'a paru moins désirable que dans ce moment. Depuis que la loi contre la liberté de la presse a été retirée, des attroupements de plusieurs mille personnes se font dans différentes places et rues de Paris ; des pétards effrayent les piétons et ceux qui vont en voiture. Lorsque nous faisions nos visites, de gros pétards éclataient aux pieds de nos chevaux. Des gendarmes et des soldats à pied font le tour de la ville ; la place Vendôme en a été couverte pendant toute la nuit. Paris avait l'air d'une ville assiégée ; dans plusieurs quartiers, notamment dans la rue Saint-Denis, il s'est livré de véritables batailles entre les gendarmes et le peuple ; un de ces pauvres soldats a été lapidé.

Aux Tuileries, sur la place du Carrousel, il y avait aussi un très grand attroupement. On criait : « Vive le roi ! Vive la liberté ! » Mme la duchesse de Berry dormait déjà ; elle fut éveillée par ces rumeurs, elle en fut fort effrayée ; elle se lève et va chez le petit duc de Bordeaux, elle frappe à la porte, on ne veut pas la lui ouvrir ; elle se nomme ; on ouvre tout étonné et en tremblant, et

Mme la duchesse passe sans dire un mot dans la chambre à coucher du petit duc, se met sur son lit et ne le quitte plus de toute la nuit.

Une dame de la société passait en voiture au milieu d'un attroupement ; la peur lui fit commettre l'imprudence de baisser les glaces de sa voiture et de lever les persiennes, sur quoi on arrête les chevaux, on crie : « A bas le cocher ! » On l'arrache de son siège, pendant que les autres jettent des pierres contre la voiture, en criant :

— Nous voulons voir qui est dans la voiture : à bas les persiennes, *voyons voir* qui est là dedans.

Enfin, la pauvre dame, presque morte de frayeur, parvient à s'éloigner et sa voiture est criblée de pierres.

On voyait sur les places de vieilles femmes hideuses, les tricoteuses de la Révolution ; ces dames du bon peuple des grandes rues Saint-Martin et Saint-Denis jetaient de l'eau bouillante sur les gendarmes. On avait semé des clous dans les rues de l'Université et de Bourbon ; la marquise de Bonnay m'a dit qu'elle allait soigner un de ses amis auquel une fusée a enlevé la joue. On a aussi jeté par les fenêtres des bottes de paille, allumées ; c'est ainsi que se montre la joie de la bonne ville de Paris. On prétend que dans ces attroupements, ont été chantés des couplets qui disent que le roi aurait dansé s'il ne leur eût donné la liberté.

M. de Peyronnet (1) a eu grand'peur ces nuits-ci ; mais, il y avait bien de quoi : on voulait enfoncer la porte. Cependant, au milieu de ces troubles, les bals, les dîners,

---

(1) Après avoir fait partie du cabinet Villèle comme ministre de la justice, le comte de Peyronnet, non réélu aux élections de 1827, était tombé du pouvoir avec le ministère dont il faisait partie et auquel avait succédé celui de Martignac. Il venait d'être nommé pair de France.

les raouts vont leur train. Depuis dix jours, j'ai auprès de moi mon ami Lieven. Il est encore mauvais sujet, mais bon garçon. Nous nous voyons presque tous les jours.

22 avril.

On raconte que Mme de Genlis est au moment de se marier avec un jeune homme de vingt ans. Je ne le crois pas ; mais hier, dans le salon de la duchesse de Narbonne, on ne parlait que de cela et des pétards.

On se moque ici de cette pauvre femme ; cependant elle doit être vraiment bonne. Voici un fait qui le prouve. Elle a toujours les pieds à la glace ; elle ne peut s'endormir sans avoir une cruche d'eau chaude à ses pieds. Un des jours derniers, la cruche s'est ouverte, l'eau s'est répandue dans le lit et voilà que la pauvre vieille se réveille nageant dans l'eau. Une autre aurait sonné ou appelé sa femme de chambre ; mais, Mme de Genlis, pour ne point l'éveiller, resta dans cet état pénible jusqu'à l'heure de son lever.

La duchesse de Gontaut, qui a été élevée avec Mademoiselle d'Orléans par Mme de Genlis, m'a dit qu'elles et leurs compagnes la craignaient jusqu'à trembler lorsqu'elle était dans la chambre ; mais, en même temps, elles avaient une telle adoration pour elle qu'elles baisaient les traces de ses pas, et Mademoiselle d'Orléans, comme les autres.

Cependant, Mme de Gontaut ne paraît plus avoir pour Mme de Genlis le même enthousiasme qu'autrefois ; elle prétend que tout ce que dit cette dame dans ses Mémoires sur la manière dont elle a fait l'éducation de ses élèves, est entièrement faux.

— Elle s'occupait bien peu de nous, m'a dit la duchesse; une porte vitrée donnait de sa chambre sur la nôtre; elle regardait de temps en temps ce que nous faisions, et voilà tout. Quant au reste, elle avait des sous-gouvernantes. C'est elles qui nous donnaient nos leçons.

23 avril.

Hier, le jeu dans l'appartement du roi a été fort bien, très brillant et pas aussi chaud qu'à l'ordinaire; il faisait un temps abominable, il pleuvait à verse, ce qui rendait fort désagréable le moment de monter en voiture, vu que les entrées aux Tuileries sont fort peu soignées.

24 avril.

Dernièrement, il y a eu à l'Opéra français un bénéfice pour un des maîtres du ballet. Mlle Bigottini, en reconnaissante élève, a dansé ce jour-là dans le rôle de *Nina* (1), qu'elle a créé. Cette grande artiste a été reçue par le public avec enthousiasme et de même le corps de ballet et les chanteurs. Ces derniers, à la fin du ballet, ont chanté des couplets dans lesquels ils ont fait l'éloge de son talent et où ils expriment les regrets de l'avoir perdue; puis une

(1) Ballet en trois actes, musique de Dalayrac, d'après une comédie de Marsolies, pour laquelle il avait composé plusieurs airs, représenté en 1813.

des danseuses l'a conduite au milieu de la scène en lui mettant une couronne de lauriers, et les autres ont fait des groupes autour d'elle avec des guirlandes et des couronnes de roses ; tout ceci l'a touchée jusqu'aux larmes et, au milieu des applaudissements du public, la toile s'est baissée et a dérobé à nos yeux cette scène touchante de tendresse et de sentiment entre les danseurs et danseuses, coryphées, chanteurs et choristes, allumeurs de lampes, tous artistes du genre.

6 mai.

Dimanche dernier, il y avait notre grand dîner ; presque tous les ministres en ont été. Ce même jour s'était passée la fameuse revue de la garde nationale. Les ministres sont arrivés chez nous, furieux du scandale de la journée. Mon cousin et moi, nous nous étions mêlés à la foule pour être à même de juger de la disposition du peuple. Nous n'avions entendu que les cris de « Vive le roi » et nous étions rentrés enchantés de voir que tout s'était passé sans tumulte, alors qu'on avait redouté une manifestation révolutionnaire. Mais, quel fut notre étonnement lorsque les ministres nous ont appris que les incidents les plus graves avaient eu lieu. Les soldats de la garde nationale ont poussé aux oreilles du roi des cris séditieux que les spectateurs ne pouvaient entendre, comme « A bas les ministres ! A bas les jésuites ! A bas Villèle ! » Longtemps, le roi a fait semblant de ne rien entendre ; mais les cris sont devenus plus forts ; un des gardes est sorti des lignes et a crié les mêmes phrases, mais si haut, que le cheval du roi s'est effrayé. Le roi, d'un geste, a imposé silence au manifestant et lui a dit :

— Je suis venu ici pour recevoir des hommages et non pas des impertinences. Monsieur le maréchal, a-t-il continué, en se tournant vers le duc de Reggio, je casse ce soldat ; il a manqué à son roi.

Le soldat, obligé de quitter les rangs, a été hué par ses camarades, qui, tout à l'heure, avaient crié comme lui.

La dauphine et Mme la duchesse de Berry, qui suivaient le roi en carrosse, ont entendu des propos encore bien plus forts, entre autres : « A bas les ministres ! — A bas les jésuites ! — Tous à la guillotine ! » Ce mot a rempli d'horreur Madame la dauphine ; il lui a arraché des larmes, lui a déchiré le cœur ; pour cacher son trouble, elle s'est tournée vers la dame de sa cour qui l'accompagnait. Alors les gardes nationaux l'ont couverte de railleries en disant :

— Elle ne daigne pas même nous regarder.

Quel jour pour Madame la dauphine ! quels souvenirs horribles ne lui a-t-il pas rappelés ! A notre dîner, les ministres se sont donné rendez-vous chez celui de l'intérieur. Ils y ont tenu une conférence dans laquelle ils ont décidé de proposer au roi de casser la garde nationale. Tous ont été d'accord, excepté Doudeauville, qui s'est fortement opposé à cette mesure. Cependant, M. de Villèle l'a proposée au roi. Sa Majesté l'a approuvée ; Elle a signé l'ordonnance et, à minuit, tous les postes occupés dans Paris par la garde nationale, ont été relevés par des troupes régulières. Le lendemain, le duc de Doudeauville a cru devoir se démettre de sa charge de ministre de la maison du roi « après avoir pris, dit-il dans sa lettre au roi, l'avis de diverses personnes. » Sur quoi le roi lui a répondu :

— « Puisque vous avez communiqué à d'autres votre intention, je suis dispensé de vous témoigner des regrets. »

La duchesse d'Escars nous a raconté une jolie petite anecdote dont Mademoiselle de France, fille de Mme la duchesse de Berry, est l'héroïne. La petite Mademoiselle avait demandé au roi une grâce pour quelqu'un ; le roi la lui avait accordée. Mais, soit oubli ou quelque autre raison, il n'en avait plus parlé. Ce silence embarrassa fort Mademoiselle ; elle se plaignit à sa gouvernante.

— Je ne sais que faire, dit-elle ; je n'ose importuner le roi avec mes demandes ; je n'ose lui en parler, je prendrai le parti de lui écrire.

— Oui, répliqua Mme de Gontaut, écrivez ; vous ne pouvez mieux faire.

Mademoiselle se met à sa table et commence sa lettre.

— La voilà, dit-elle à la duchesse, il n'y manque que la fin ; je ne sais comment finir ; aidez-moi, madame.

— Vous savez, Mademoiselle, lui dit la duchesse, que je ne me mêle pas de vos lettres ; écrivez ce que bon vous semble. Vous savez très bien comment une lettre doit être composée et que la dernière phrase doit toujours contenir quelque chose d'agréable et de poli pour la personne à laquelle on écrit.

— Je le sais bien, dit Mademoiselle, mais que dire au roi ?... Ah ! j'y suis ! j'y suis ! je tiens la phrase, voilà la lettre, tout est fait, dit-elle à la duchesse, en la lui donnant.

Mme de Gontaut en regardant la fin, ne put s'empêcher de rire aux éclats ; il y avait ces mots : « Vive la presse. » Mademoiselle avait entendu parler tous ces derniers temps de la liberté de la presse et crier « Vive la presse » ; elle était donc fermement persuadée que rien ne pouvait être plus agréable au roi, que ces mots.

7.mai.

La princesse Charlotte de Rohan vient de partir pour Prague avec son cousin, le prince Louis. Les Bourbon-Busset sont aussi déjà à la campagne ; je les connais beaucoup ; ils logent dans notre rue. Mme de Bourbon-Busset est une femme de beaucoup d'esprit et bonne comme un ange ; avec cela elle est belle. Le vicomte n'a des agréments de sa femme, que la bonté ; il n'est ni beau, ni spirituel, mais, en revanche, il est fort riche et tient une maison assez agréable à Paris.

Les de Bray nous ont quittés hier. Ils sont regrettés de tout le monde et, ce qui est bien rare à Paris, c'est qu'on les a aimés personnellement ; on les regrette pour eux-mêmes plus que pour la bonne maison qu'ils ont tenue. J'espère que cette charmante famille sera appréciée de même et encore plus à Vienne ; oui, j'en suis sûr, car le contraire ne ferait pas honneur à notre bonne ville de Vienne.

5 juin.

Loin de diminuer l'agrément du séjour de Paris, les désordres dont les rues sont actuellement le théâtre le rendent plus intéressant. On sort dans l'entr'acte du spectacle pour regarder les combats qui se livrent entre les gendarmes et le peuple ; mais, le commencement du second acte annoncé, l'on remonte en parlant avec calme des batailles qui se livrent dans les rues, comme si elles s'étaient livrées sur la scène ; tout le monde sait que ceux qui se battent contre les gendarmes, ceux qui font des émeutes, sont des gens qui sont payés pour cela par l'opposition. Chaque coup qu'ils reçoivent leur rapporte de l'or ; pour le gagner, ils vont au-devant des coups ; ils les reçoivent et le lendemain personne n'y pense plus. Chacun a fait son devoir, puisque les uns sont payés pour donner des coups et les autres pour les recevoir : tout est donc en règle. Après cela, les journaux de l'opposition crient à la barbarie, au despotisme, à l'inhumanité ; le gouvernement les laisse parler et tape, mais malheureusement souvent trop peu. L'opposition a bien baissé depuis le licenciement de la garde nationale et j'espère qu'elle baissera encore plus ; il le faut bien, car à la longue cette marche du gouvernement ne pourrait pas continuer. L'Autriche, le prince de Metternich, voilà leur bête noire ; partout ce ministre leur est un obstacle qui réellement doit être formidable : le droit, la supériorité de l'esprit et la loyauté sont les armes qu'il leur oppose.

Partout, un ami est une ressource, excepté à Paris. Pour le trouver, il faut le chercher ; pour le chercher, il faut du temps et c'est justement ce qu'on n'a pas ici ; on est occupé ou bien, on se trouve dans un tourbillon qui fait que les amis sont à charge les uns aux autres. Je parle en général de Paris, qui est un véritable écueil pour l'amitié. En ce qui me concerne, je ne pourrai jamais parvenir à avoir ici un ou deux amis, je veux dire des amis comme j'en ai chez nous, avec lesquels je peux parler franchement, qui me comprennent, qui partagent ce véritable sentiment d'attachement sans aucune sorte d'intérêt. Ici l'amitié est l'esprit de parti, l'opinion est tout ; on confond la *personne* avec la *cause*. Si je pouvais trouver, après des années de recherches, une âme assez élevée pour être au-dessus de toutes ces chimères, ce serait un ami digne de tous mes soins ; mais comment pourrais-je les avoir pour lui? Où prendre les moments? Et puis, voudrait-il les partager avec cent autres qu'il verrait traités par moi d'une manière amicale et affectueuse, ce qui m'est commandé par ma position. Non, c'est demander plus qu'un homme n'est capable de faire et je ne suis pas digne d'une telle abnégation. Enfin, je suis chez des parents qui me sont des amis comme il me serait impossible d'en trouver ailleurs ; je n'ai point de secret pour eux ; mes idées surtout sont si conformes aux leurs que mon cœur est toujours sur mes lèvres lorsque je me trouve seul avec eux. On ne s'imagine pas le bonheur dont nous jouissons lorsqu'à la fin d'une journée fatigante, ou le lendemain au déjeuner, après des cérémonies d'étiquettes, tant de phrases dites et entendues, nous restons enfin seuls et pouvons causer sans réserve de tout ce que nous avons vu et entendu. C'est un véritable réconfort pour nos cœurs qui se trouvent par là garantis d'une sécheresse odieuse et insupportable. Puis, les enfants, quelle ressource pour notre intérieur ! La gentille Mimi, le doux Jules et Rodolphe avançant en âge, avancent aussi dans mon amitié. Celui-ci n'est plus un enfant, c'est un jeune homme qui, je l'espère, fera honneur à sa famille, et justifiera l'amitié que je lui témoigne dès à présent. Je voudrais le voir un jour, comme son père, bon, franc, religieux, sage, instruit, oubliant son propre intérêt pour celui des autres et vouant son existence au bien de sa patrie. C'est ainsi que je me fais le portrait de mon cher Rodolphe et je crois qu'il répondra à mon attente.

28 juin.

Nous avons été hier à Lormois, chez la duchesse de Maillé ; j'en suis revenu bien fatigué. La duchesse de Berry y a été aussi. La foule au spectacle était immense. Ayant cédé ma place à une dame, j'ai dû rester debout pendant toute la soirée. Après le spectacle, on a soupé et, après le souper, on a dansé ; je suis parti avant le bal, je n'en pouvais plus de fatigue.

On a donné un vaudeville, *la Somnambule*, et une comédie, *la Comédienne*. On a joué admirablement, on a chanté les couplets mieux que sur tout autre théâtre à Paris.

La duchesse de Maillé est une digne élève de Mlle Mars ; elle a joué le rôle de la comédienne. Mme de Crillon a fait la soubrette on ne peut mieux, Mme d'Oudenarde a fait valoir sa belle taille dans le rôle de la somnambule. Charles de Mornay a joué en conservant beaucoup trop ses manières de salon ; il était toujours occupé de sa chevelure et ne savait pas trop ce qu'il devait faire de ses mains. Le duc de Maillé a pris le rôle du palefrenier de l'amant préféré. Il n'a pas trop de mémoire, et il est resté tout court plusieurs fois, cependant sans perdre contenance ; il s'approchait du souffleur et lui demandait tout bonnement ce qu'il devait dire. Il y avait un officier qui a fait le rôle de l'ami dans *la Somnambule*, avec une aisance, une finesse qui surpassent toute idée. Je n'oserai jamais paraître ici sur la scène ; je crois que l'on me sifflerait. Comme nous jouons mal, en comparaison de tous ces amateurs ! Mais, comme dans ces théâtres de sociétés, on est peu indulgent ; on juge ces dames, ces hommes, comme l'on jugerait des acteurs de profession ; chaque inflexion de voix, chaque mot est critiqué par une assemblée de connaisseurs et de juges impitoyables. Les hommes ont beaucoup admiré la belle taille de Mme d'Oudenarde au moment de son somnambulisme. Elle paraît alors en chemise sur la scène ; cependant, les dames se sont dit à l'oreille, mais de manière que tout le monde a pu l'entendre, que les coussins sur les hanches avaient produit leur effet. Il y a peu de temps, il y a eu gageure entre Mme de Crillon et Mme de Girardin (1), à propos de ces coussins qu'emploient quelques dames pour arrondir leur taille. Mme de Crillon l'a gagnée en enfonçant une épingle de six pouces dans la hanche gauche de leur amie, Mme de Podenas, en présence de Mme de Girardin et plusieurs autres dames. La chose a eu lieu dans un de nos bals.

30 juin.

Pendant ces jours derniers, on a beaucoup parlé d'une femme mystérieuse qui se fait voir sur le boulevard de la Madeleine et qu'on appelle pour cette raison « la Dame

(1) Femme du général comte Alexandre de Girardin.

mystérieuse de la Madeleine ». Depuis deux ans, on a vu tous les jours, à dix heures du matin, un bel équipage à deux chevaux blancs, s'arrrêter devant une petite maison de bois, placée contre l'enceinte de planches qui entoure la bâtisse de l'église de la Madeleine. Ni le froid de l'hiver, ni la chaleur de l'été, ni le vent, ni la pluie, ni la neige, ni la gelée n'ont empêché que l'équipage n'arrive à dix heures. Il s'arrête devant la porte de la petite maison à laquelle tient une boutique. Le valet de pied, très bien habillé, ouvre la portière ; on en voit sortir une dame ; sa robe est plus magnifique qu'élégante ; un long voile couvre ses traits ; un grand chien bien gros, bien laid, l'accompagne ; elle entre dans la boutique, y reste quelque temps, en ressort et part pour retourner le lendemain à la même heure, au même endroit.

Un homme qui loge vis-à-vis et qui, pendant près de deux ans, l'a vue tous les jours, fut piqué de curiosité. Il envoie son domestique sous le prétexte d'acheter quelque chose et se charge de lui rendre compte de ce que la dame y fait. Ce domestique retourne chez son maître tout pâle, tout défait, et rapporte que la dame avait disparu au moment où il est entré. Il avait à peine achevé son histoire, qu'il voit à travers la croisée sortir de la boutique la dame qu'il soutenait n'y avoir point vue. Son maître le traite de poltron et se propose d'aller lui-même le lendemain dans la boutique pour satisfaire sa curiosité. Il y va ; il attendait déjà depuis une demi-heure sous l'allée des boulevards lorsque dix heures sonnant, il aperçoit l'équipage s'arrêter comme toujours devant la porte de la petite boutique.

La dame descend avec son chien ; elle entre, notre curieux la suit d'assez près ; il entre aussi. Mais, comment peindre sa surprise, lorsqu'il n'y trouve personne. Il cherche une issue, il n'en trouve point. Il fait du bruit, il sonne, mais en vain ; personne ne vient. Son étonnement est extrême ; il sort, il veut questionner le cocher, le domestique de la dame ; il veut savoir son nom, sa demeure ; mais, à peine a-t-il atteint l'équipage, qu'à sa grande surprise, la dame sort de la boutique, monte en voiture et reprend son chemin avant qu'il ait eu le temps de demander mystère.

Il rentre dans la boutique, il y trouve plusieurs personnes, il demande sans préambule le nom de la dame. On lui répond qu'on ne le savait pas.

— Mais que vient-elle faire tous les jours ici?

On se regarde, on sourit, on ne veut point répondre. Mais notre homme insiste, il veut les forcer à lui répondre et ne veut pas quitter la place avant qu'il n'ait tout découvert.

— Vous êtes des scélérats, dit-il, oui ce mystère cache quelque noirceur, quelque forfait ; votre embarras me le prouve assez. Mais, heureusement, rien ne m'échappe. La police en sera informée dès aujourd'hui, et elle vous forcera d'avouer ce que vous voulez me cacher.

A ces mots, la femme se lève, ouvre une porte et mène notre curieux parmi des décombres, des pierres de taille, des chapiteaux, des colonnes, dans un endroit rempli d'ordures.

— C'est ici, lui dit-elle, que tout le mystère se passe ; c'est ici que des forfaits se commettent, qui n'ont pu échapper à un homme aussi vigilant que vous pour le bien public. Cependant, de nous tous, le chien de la dame est le plus coupable. Ce chien ne veut faire ses nécessités que sur cette place, et en présence de sa maîtresse qui l'idolâtre. Nous lui avons loué ce petit coin à prix d'or et elle vient tous les jours, comme vous avez vu, pour profiter de son abonnement.

Notre curieux, qui avait cru découvrir une conjuration contre la famille royale, prit le parti de rire de l'aventure et de la raconter à ses amis. Je la tiens de l'un d'eux, le comte Sternberg.

20 juillet.

Je viens en ce moment de notre grand appartement du rez-de-chaussée ; les housses des meubles ont été ôtées et nous avons attendu près d'une demi-heure la grande-duchesse de Darmstadt. Toute l'enfilade de nos salons et galeries magnifiques était ouverte, de même que toutes les portes qui donnent sur la terrasse et le jardin. Mme la grande-duchesse ayant désiré ne rencontrer personne chez nous, il n'y avait pour la recevoir que nous trois et les enfants ; point de gouverneur, point de bonne, personne de l'ambassade.

Enfin, on nous annonce la grande-duchesse ; l'ambassadeur et moi nous allons à sa rencontre jusque sous la colonnade où elle descend. On se fait de profonds compliments, l'ambassadeur lui donne le bras et moi à sa dame d'honneur ; le maître de cérémonies nous suit. Nous continuons notre marche en cet ordre jusqu'à la porte de la seconde antichambre sous laquelle notre cousine attendait. Là, se font de nouvelles révérences et on change de dame, car l'ambassadrice donne la main à la duchesse. Je cède la dame d'honneur à mon cousin et je me range à côté du maître de cérémonies. Nous traversons ainsi d'un pas un peu solennel la chambre avec la tenture couleur de lilas et les lambris en bronze doré ; puis, nous passons le grand salon des glaces, avec les colonnes blanc et or, et nous nous arrêtons dans le salon dont les tentures et les meubles sont verts et brodés en or ; là, nous nous asseyons : l'ambassadrice et la princesse sur le grand canapé, l'ambassadeur sur le fauteuil, à la droite de la princesse, moi à côté de lui et vis-à-vis de nous, se placent la dame d'honneur et le maître de cérémonies. Tout ceci était bien raide, bien imposant ; cependant, la manie du cérémonial à part, dans laquelle les princesses de l'Allemagne donnent, il faut convenir qu'elles ont une conversation charmante, beaucoup de bonté et de sensibilité dans l'âme.

La pauvre princesse a eu le malheur de perdre, il y a un an, un enfant de l'âge de Marie ; c'était une fille. Notre cousine, pour épargner à la princesse un souvenir aussi déchirant, lui a dit un âge différent qu'elle n'a en réalité ; cependant, la princesse s'en est aperçue. Cette attention l'a touchée vivement ; elle l'a témoigné et, en serrant notre cousine dans ses bras, elle a versé des larmes à la mémoire de sa fille.

Après un moment de silence, la conversation prit un autre tour. On parla de Paris, des spectacles et enfin les dames commencèrent à traiter l'article des modes ; la duchesse prit force informations sur ce sujet. Il était question d'Herbeau, de Mme Magrine, etc., etc. Ma cousine s'est offerte pour courir avec la princesse toutes les boutiques. La grande-duchesse a accepté avec beaucoup de reconnaissance et elle retournera à Darmstadt toute élégante, ce dont elle rit elle-même. En ce point, elle ne ressemble pas du tout à la reine de Bavière, sa sœur, qui s'occupe beaucoup de sa toilette ; elle n'y attache aucun prix. Elle avait un chapeau fabriqué à Darmstadt qui nous parut à tous inconcevable ; on eût dit qu'on s'était assis dessus pendant tout le voyage de Darmstadt à Paris.

9 août.

Que de désolation, que de bonheur, que de triomphes, que de chutes n'amènera pas en Angleterre la nouvelle que nous venons de recevoir ! Voilà Canning mort, voilà l'Angleterre désolée, voilà les Whigs qui ne savent que devenir, voilà les Torys stupéfaits, voilà le roi qui ne sait où mettre la tête, voilà l'Autriche, le prince de Metternich dans son triomphe ; enfin, voilà un événement surprenant, étourdissant. Tout le monde se cherche pour parler de cette nouvelle.

Quelle année malheureuse pour les libéraux que celle de 1827 ! Hier, à trois heures, a commencé une nouvelle ère dans la politique, qui se rapprochera, je l'espère, de la nôtre. La Porte ne sera pas fâchée de cet événement. En revanche, la Russie sera encore plus embarrassée de sa marche dans l'affaire de Grèce. La princesse de Lieven ne sera pas peu déroutée dans ses intrigues ; partisane zélée des Torys qu'elle a été lorsque je l'ai connue à Rome, elle est devenue depuis celle des Whigs. Que de peines, que de travail, que d'intrigues ne faudra-t-il pas employer de nouveau pour se soutenir dans sa position, surtout si le nouveau ministère est composé de Torys !

Grâce à notre incomparable prince de Metternich, l'Autriche joue et jouera maintenant plus que jamais un rôle prépondérant dans la politique de l'Europe. Cet événement donnera du trouble et des désagréments à bien des cabinets, mais non pas à celui de l'Autriche, le seul qui soit indépendant, le seul qui n'ait pas été influencé par Canning. Ni sa mort, ni la naissance d'un nouveau fléau de son espèce, en politique, ne saurait changer notre marche, qui est basée sur les droits de la justice et de la légitimité.

En envisageant le décès de ce ministre au point de vue du bien général de l'Europe et de l'humanité, je ne puis qu'en remercier la Providence. Mais, consédérant Canning comme homme, comme père de famille, je déplore un événement qui l'a enlevé à l'âge de cinquante-sept ans du sein de sa famille, qui l'a séparé de sa femme et de ses enfants. Mme Canning et sa fille, que je connais beaucoup, sont sous tous les rapports bien estimables ; elles ont perdu en Canning un époux excellent, un père respectable et adoré. M. Canning n'a jamais aimé le grand monde, il y était embarrassé ; un salon lui en imposait, il ne savait pas soutenir agréablement une conversation avec les femmes ; il vouait donc toutes ses heures libres à la sienne, à sa fille et à ses amis. Dans ce cercle, il se reposait des fatigues du travail et oubliait dans ces moments tous ses soucis, jusqu'à l'ambition même qui le dévorait. Tout le monde s'accorde à dire que c'est cette malheureuse ambition qui l'a achevé. Les humiliations qu'on lui a fait éprouver dans ces derniers temps, l'inquiétude de ne pouvoir se soutenir en place, la fatigue du travail excessif qui en résultait et tant d'autres émotions, toutes produites par l'excès d'ambition, lui ont donné cette inflammation à l'estomac et aux entrailles, à laquelle il a succombé.

13 août.

Nous avons été hier à Bagatelle. Ce jardin des enfants de France est un vrai bijou ; il est placé à une des extrémités du Bois de Boulogne ; la duchesse de Gontaut a donné des ordres pour nous faire voir tout ce qu'il y a de remarquable. Nous avons commencé par le petit château, qui est enchanteur. Il y a des salons charmants et de toutes les fenêtres, une vue délicieuse ; puis nous avons parcouru une partie du parc. On nous a conduits au pavillon de Mademoiselle, qui a été nouvellement construit, depuis que le duc de Bordeaux a un gouverneur. Depuis ce temps, les enfants ne viennent plus ensemble comme autrefois, à Bagatelle ; chacun vient de son côté. La duchesse de Gontaut descend donc avec son élève au pavillon de Mademoiselle et le duc de Rivière avec le petit Bordeaux au pavillon de Monseigneur.

Ces deux bâtiments sont l'un à côté de l'autre. Le duc de Bordeaux, s'il arrive le premier, fait sa visite à sa sœur et le lendemain, sa sœur la lui rend. Rien n'est plus touchant que la joie que ces enfants éprouvent à se revoir ; ils ont tout plein de choses à se dire. Du pavillon, ils vont ensemble à la petite ferme qui est dans le parc et très près des deux pavillons. Cette petite ferme, d'une architecture simple, entourée de fleurs, est tout ce qu'on peut voir de plus joli en ce genre. La façade est formée par une arcade entre deux pavillons ; dans celui de droite, il y a une petite étable pour des chèvres et quelques biches. De ce pavillon jusqu'à l'autre, il y a une étable plus grande, plus spacieuse que la première, pour six vaches. Le pavillon de gauche contient un petit salon pavé en mosaïque, qui est séparé de l'étable par une colonnade et de grandes vitres par lesquelles on voit les vaches comme si l'on était dans l'étable même. Au côté opposé à cette colonnade, il y en a une autre pareille à celle-ci et qui sépare ce petit salon d'une galerie pavée en marbre, garnie de jattes de cette même pierre, de vases en cristal et en porcelaine pour la crème et tout ce qui s'ensuit. Au pied d'une statue en bronze de Henri IV dans son enfance, est une petite fontaine qui jette dans une cuve de l'eau filtrée et à la glace ; le tout est entouré d'une corbeille de fleurs.

De cette galerie charmante, trois larges portes donnent dans une serre remplie de fleurs de toutes espèces ; la vue en donne dans le poulailler, tout y est animé, des poulets, des poules, des poulettes, des poulardes, des coqs, des cochets, des pigeons, des pigeonnes avec leurs pigeonneaux de mille espèces, des pintades, des paons et des paonnes, des coqs faisans, des poules faisanes, des faisans-paons, etc., etc. Toute cette volaille se pressait, se serrait dans cette basse-cour avec des crieries à se boucher les oreilles.

Nous descendîmes dans la basse-cour par un escalier garni de fleurs ; nous nous amusâmes à regarder les différents appartements de ces animaux et puis on nous conduisit à la petite ménagerie qui forme un jardin à part, en miniature. Chacun des animaux a une maison dans le style des maisons des habitants du pays d'où on les a eus. En sortant de là, nous avons parcouru le parc dans toute son étendue ; il y a des parties qui sont fort joliment plantées avec des gloriettes, des temples, des ruines, etc. Un petit lac se distingue surtout ; il est entouré de rochers assez élevés, entrecoupés de sapins et d'autres arbres d'un feuillage plus frais et plus riant. Nous avons navigué sur cette pièce d'eau dans une frégate charmante, et lorsque nous nous sommes approchés de la grotte, notre pilote prit un bouquet superbe de fleurs naturelles qui y était déjà préparé et il nous l'offrit au nom de la duchesse de Gontaut et de Mademoiselle de France. Au lieu de notre débarquement, tous les domestiques, le jardinier et autres gens de la maison se tenaient en grande livrée de la cour et nous ont accompagnés jusqu'à notre voiture qui nous attendait à quelques pas de là, dans le parc.

Demain, nous dînons à Neuilly ; les Esterhazy y seront aussi. Il y a bien longtemps que je n'ai vu le duc de Chartres. Depuis que notre cours chez Arago a fini, il a été beaucoup à la campagne, de sorte que je ne l'ai plus revu. Cependant, je l'ai rencontré dernièrement avec toute sa famille au Théâtre anglais, on donnait *Hamlet* de Shakespeare. On ne se fait aucune idée de ce qu'est une tragédie anglaise donnée dans cette langue et par des acteurs des théâtres royaux de Londres et de Dublin. Tous les assassinats, qui se passent chez nous dans la coulisse, se font ici sur la scène ; par exemple, dans la tragédie d'*Othello*, Desdémone n'est point tuée par un coup de poignard ; mais on l'étouffe dans les coussins de son lit. Elle se roule par terre, elle crie, elle se débat ; enfin, le vilain nègre lui met le genou sur la gorge et un oreiller sur la bouche et il reste dans cette attitude, en nous montrant ses dents, jusqu'à ce que la malheureuse Desdémone cesse de se démener et de gigoter. Il n'y a que Kemble qui soit grand acteur. Mlle Smithson a, dans le délire d'Ophélia, des moments superbes ; mais elle est encore trop jeune pour être tout à fait tragédienne.

26 septembre.

Je reviens en ce moment de Neuilly. Nous étions quarante personnes à dîner ; notre cousine a présenté Mme Esterhazy à lady Granville. J'ai été à table placé entre Fanny Esterhazy et le prince de Castel-Cicala, qui avait à sa gauche Mademoiselle d'Orléans. Cette princesse a éternué sans prendre son mouchoir, ce qui nous a fait causer de son éducation et de Mme de Genlis.

A propos de Mme de Genlis, notre cousine a eu hier une lettre de Julie Forray, la jeune, dans laquelle elle la prie de vouloir bien faire passer une lettre y incluse à Mme de Genlis. Dans cette épître, elle demande à cette dame de lui écrire un petit mot dans son album.

Pour revenir à la famille d'Orléans, je dois reconnaître que le petit duc de Montpensier, qui n'a que trois ans et demi, est l'enfant le plus joli, le plus spirituel que j'aie jamais vu ; c'est un prodige. Il a déjà une fort jolie écriture ; il sait son catéchisme, la Bible et il a demandé l'autre jour un maître de langue anglaise qu'on a fait venir sur-le-champ ; il fait, dans la grammaire de cette langue, des progrès étonnants pour son âge. Il répond à tout le monde et sur tout ce qu'on lui demande. Sa sœur, Mademoiselle de Valois, m'a dit qu'il lui raconte tout ce qu'il a entendu dire autour de lui, que rien ne lui échappe.

— Avec cela, il est le meilleur, le plus doux des enfants, me disait-elle, on ose à peine lui faire une réprimande, tant cela lui fait un chagrin ; il pleure et demande pardon, de manière qu'il est impossible de le punir.

Samedi il y aura comédie et bal à Saint-Cloud

20 octobre.

La duchesse de Guiche, qui avait été mourante et que les médecins avaient donnée pour perdue, est heureusement accouchée ; puis elle a fait un voyage en Italie, a passé un hiver à Nice. Le climat lui a fait beaucoup de bien, l'ennui l'a engraissée ; en un mot, elle est tout à fait rétablie et plus belle que jamais.

26 octobre.

Lady Williams Russell est arrivée hier (1). C'est la femme la plus spirituelle et la plus instruite que j'aie jamais vue ; avec cela belle, jeune, aimable, très élégante et, par conséquent, très capricieuse ; elle parle son anglais, le français, l'italien, l'espagnol et l'allemand également bien ; elle sait le latin et le grec ; elle lit à sa toilette Horace et Virgile, Pindare et Homère et autres auteurs les plus

(1) Femme de l'ambassadeur d'Angleterre à Berlin.

difficiles à comprendre dans ces langues et vous en cite des vers tant qu'on veut. Avec toute cette érudition, elle n'est rien moins que pédante ; au contraire, elle est enfant comme on peut l'être à douze ans. Ce serait une perfection *si* elle n'était pas si capricieuse, et si elle n'avait pas la rage de l'élégance. Elle dédaigne toutes les femmes et tous les hommes qui ne sont pas dans la société élégante ; elle est, sur ce point, tout comme la princesse de Lieven ; aussi est-elle son amie intime.

Lady Williams nous a dit des choses inconcevables d'un certain ménage à Londres, entre autres des propos de Madame qui sont étranges. Il y a eu une nouvelle brouille entre monsieur et madame à cause de l'argent. Madame, a passé l'hiver à Brighton ; son mari lui a retenu toute cette dépense ; elle en a été indignée et a fait une terrible scène, qui doit avoir fini, d'après ce qu'elle raconte à tout le monde, par un grand soufflet qu'elle a reçu de son mari. Elle ne parle maintenant que du manque d'argent qu'elle éprouve et de la scène du soufflet, en y ajoutant qu'il n'y a rien au monde qu'elle ne soit en état *de faire* pour de l'argent.

28 octobre.

Ce matin un incendie affreux a éclaté au Palais-Royal, sous l'appartement de Mme la duchesse d'Orléans ; tout un rang de la colonnade nouvellement bâtie et pas encore entièrement achevée, a été calciné et brisé. Un grand nombre de boutiques ont été la proie des flammes, la plupart à des marchands de pantoufles. Il y aura donc grande disette de pantoufles à Paris cette année, ce qui donne beaucoup à penser au gouvernement et surtout aux membres de la Chambre des députés du côté gauche. Ces marchands de pantoufles sont tous du parti libéral parce que la pantoufle sied mieux aux sans-culottes que les bottes ou les souliers.

21 novembre.

Tandis qu'on danse et qu'on s'amuse aux faubourgs Saint-Germain et Saint-Honoré, on livre des batailles dans les rues Saint-Denis et Saint-Martin. Comme dans le temps de la Ligue et de la Révolution, le peuple fait des barricades, le militaire se voit forcé de faire feu et de prendre d'assaut les maisons barricadées. On tire avec des mousquets et des pistolets des croisées et des balcons ; il n'y a plus de sûreté dans les rues, on risque d'être assassiné, lapidé, d'être atteint d'une balle ou bien d'être foulé sous les pieds des chevaux de la cavalerie ; et tout cela à cause des élections. Telles sont les expressions de joie de la *bonne* ville de Paris. Pauvre roi ! malheureux prince ; il est délaissé de son peuple, des grands qui devraient entourer son trône, et qui pis est, délaissé même par ses amis ! Mais vive la Charte !... Vive le gouvernement représentatif ! Là, un régicide, un conspirateur jouit d'une grande considération ; ce sont des titres pour devenir premier ministre et le roi doit être sifflé et hué lorsqu'il se montre en public : ce sont des marques distinctes et les avantages d'être roi de France dans le dix-neuvième siècle, ce siècle éclairé.

22 novembre.

Cette nuit-ci, on a encore livré des batailles sanglantes dans les rues Saint-Denis et Saint-Martin. Il y a plus de cent personnes tuées. Ce matin, on a placé des canons dans différentes rues et places. Le banquier Laffitte, cet ennemi juré des Bourbons, est à la tête de l'opposition. Cet homme, qui a donné sa fille, héritière unique d'une fortune de quarante millions, à l'ennemi naturel des Bourbons, au fils du maréchal Ney, cet homme enfin qui fait tous ses efforts pour troubler le repos de la monarchie, est élu député et avec lui un La Fayette, ce même général qui a fait marcher la populace de Paris contre Versailles, contre Louis XVI, son roi et, par ce seul fait, est devenu régicide. De tels hommes sont des représentants de la nation française; cela fait frémir.

M. Laffitte a célébré son avènement à la place de député; il a fait illuminer son hôtel dans la rue d'Artois; il a fait tirer des fusées dans sa cour, les portes en étaient ouvertes et la populace y entrait en foule. On a entendu chanter des couplets séditieux et des cris: « Vive Laffitte! A bas les ministres! Les ministres à la lanterne! » retentissaient dans cette assemblée respectable, pendant que le héros de la fête jetait de l'argent à la foule avide. Ce sont des scènes qui auraient fait honneur à la Révolution. Les bons royalistes les trouvent, il est vrai, un peu bizarres, mais pas inquiétantes, et les personnes de l'autre parti trouvent que le gouvernement a commis un acte de despotisme et de violence envers la dignité du peuple français en mettant fin par la force à ces mouvements séditieux.

Au milieu de tout cela, M. de Villèle paraît calme et je crois qu'il l'est. Un homme qui n'a rien à se reprocher, qui a consacré tous ses efforts au soutien de la dignité royale et par conséquent au bien-être de sa patrie, doit être tout à fait dans ce calme de la vraie probité, du vrai patriotisme. Le baron de Damas jouit aussi de ce repos que donne une bonne conscience, et de plus, il trouve que les élections ont surpassé en bien son attente, quoique les ministres n'aient cette fois-ci qu'à peine la majorité de trente voix, les pointus compris. Jamais cependant une plus mauvaise Chambre n'aura existé. Avec cela, la Chambre des pairs, qui était presque entièrement anti-ministérielle, a dû être augmentée de soixante-quatre membres pour y créer une majorité. Il n'y avait point d'autre moyen. Ce procédé devenu nécessaire est préjudiciable à la dignité de toute la Chambre et de chaque individu. Bientôt, il y aura plus de pairs que de députés, et si ce ministère-ci venait à tomber, les successeurs se trouveraient obligés de créer un nouvel escadron de pairs pour se faire une majorité; mais où prendre tant de pairs? On n'en trouvera plus parmi l'ancienne noblesse; il faudra donc en prendre dans la nouvelle, comme on l'a fait effectivement en faisant pair le maréchal Soult qui est fils d'un bon boucher de province et qui a changé lui-même son bonnet en chapeau de plumes blanches, son tablier en écharpe, sa veste en habit brodé sur toutes les coutures, le couteau de ceinture en sabre et la hache en bâton de maréchal. C'est ainsi que la dernière étincelle de l'aristocratie disparaîtra en France et des gens comme Soult, Reggio, Lannes, etc., seront confondus avec les Montmorency, les Chabannes, les Rohan, les Caderousse, les Noailles, etc.

30 novembre.

J'ai été si occupé tous ces jours-ci qu'il m'a été impossible de continuer mon journal. Tous nos compatriotes qui ont débarqué à la fois dans notre ville de Paris n'ont pas peu contribué à m'éloigner de mon bureau. Ce sont des présentations, des visites et des commissions sans fin ; tantôt je cours les boutiques avec Karoly, tantôt avec le prince Clary, puis il y a la duchesse Cesarini, le marquis Cousani et Larisch qui vient d'arriver de Londres, mais tout seul, sans sa femme. Avec ce monde, il y a encore de nos jeunes gens diplomates qui passsent par ici et s'y arrêtent des quinzaines.

De ce nombre sont Walter de Madrid, Bombelles qui attend ici Dom Miguel, et Bout qui va comme ministre à Karlsruhe. Il n'y a pas d'étranger qui ne me soit adressé ; on trouve très commode de se faire présenter à moi pour être de tous les bals. J'ai partout carte blanche d'amener autant de jeunes gens que je veux, de manière que j'invite tout de suite l'étranger qu'on me présente à deux, trois bals. J'arrive souvent avec un cortège de vingt personnes que je dois présenter. J'oublie leurs noms ou je les brouille, ce qui donne lieu bien souvent à des quiproquos fort plaisants.

Voilà le côté agréable et amusant de la chose ; mais, les billets, les visites à rendre et à recevoir que tout cela entraîne, me deviennent insupportables. Il y a parmi toutes ces personnes des questionneurs, des ennuyeux qui ne comprennent rien, qui demandent des éclaircissements sur les choses les plus simples, qui trouvent des difficultés où il n'y en a point et ne font que des bévues lorsqu'ils veulent faire parade de leur aplomb en société.

4 décembre.

Aujourd'hui, jour de raout chez nous, quatre cents personnes de priées, sans les ministres et sans le corps diplomatique; ce sera une foule, une chaleur à périr, et le lendemain, on dira : « C'était le raout le plus brillant, le plus amusant que nous ayons eu ! » Un raout chez nous me fatigue plus qu'un bal ailleurs. Je dois faire tant de frais en compliments et en esprit !

5 décembre.

J'ai écrit ces jours-ci à Mlle Mars de m'envoyer un billet d'entrée pour voir sa maison ; elle m'a répondu fort poliment qu'elle serait charmée de me procurer ce plaisir et qu'elle voulait m'attendre chez elle pour m'en faire les honneurs. J'ai fixé l'heure de trois à quatre heures et pour aujourd'hui. J'espère que Karolyi ne manquera pas au rendez-vous.

6 décembre.

Karolyi n'est pas venu hier et ce n'est donc qu'aujourd'hui que j'ai pu faire avec lui ma visite à Mlle Mars, qui nous avait attendus hier toute la matinée. Nous arrivons à la porte de cette grande actrice. Nous descendons de voiture et je demande si mademoiselle était là; on me dit que non.

— Ai-je l'honneur de parler à M. le comte d'Appony, me dit le portier.

— Oui, mon ami.

— Mlle Mars, continua-t-il, a fait ôter hier toutes les housses; elle a attendu toute la matinée, pour avoir l'honneur de montrer elle-même son appartement à monsieur le comte. Elle n'est pas à la maison en ce moment; mais elle nous a donné l'ordre de la montrer à monsieur le comte.

J'ai été au désespoir d'avoir causé tant de dérangement à Mlle Mars, qui a été si polie pour moi. J'ai fait les reproches les plus amers à Karolyi, sur son inexactitude qui m'a si fort contrarié en ce moment.

Nous traversons une cour très spacieuse, remplie de bosquets toujours verts; une jatte forme antique de marbre blanc au milieu, avec des jets d'eau, des statues, etc. L'architecture de la maison est tout à fait dans le style des villas en Italie. Des deux côtés de cette charmante maison, il y a des serres sur des terrasses; elles sont en forme de tentes soutenues par des lances dorées entre lesquelles se trouvent les vitrages. Enfin, nous entrons dans le vestibule en stuc, orné de colonnes, de statues, de grands vases de fleurs, le pavé de marbre en différentes couleurs, etc. Dans le fond de ce beau vestibule-hall, se trouve placé l'escalier ; les marches sont en marbre blanc et les barreaux entre les colonnes sont en bronze doré ; ils ont la forme de candélabres antiques. Arrivés au haut de l'escalier, nous avons cru être transportés dans l'ancienne Athènes ; nous étions dans un temple de marbre blanc ; entre les pilastres, qui soutiennent des frises ornées de bas-reliefs, sont de grandes glaces diaphanes à travers lesquelles on aperçoit des enfilades de chambres, de serres, de galeries, des vases en bronze doré remplis de fleurs ; là, sont des glaces réfléchissantes de la même grandeur que les premières ; de sorte que tout est mille fois répété, tout paraît transparent ; nulle part, la vue n'est arrêtée ; mais, elle se perd dans un infini de luxe, de magnificence et de bon goût qui tient de la magie.

J'étais immobile, tant j'admirais l'invention étonnante d'architecture et de décorations. J'entends tout à coup arrêter une voiture à la porte, et l'on me dit que c'est Mlle Mars. Pour ne pas la gêner, j'entre dans la grande salle de billard en stuc blanc, éclairée par en haut et entourée de sofas élevés sur des gradins en acajou, afin que ceux qui sont assis puissent voir, comme les joueurs mêmes, tous les coups du billard. C'est dans cette même salle que Mlle Mars a donné la fête superbe dont les journaux ont tant parlé.

Après avoir parcouru tous les beaux appartements du premier, on me propose de me montrer le second étage ; cependant, j'avais dit que je ne voulais point gêner Mlle Mars et que je me contentais d'avoir vu le grand appartement ; mais, le valet de chambre, qui probablement avait des instructions sur ce qu'il devait faire, ouvre une porte qui donnait sur un petit escalier en acajou et couvert en partie d'un très beau tapis. J'ai le pied sur la première marche et déjà j'entends Mlle Mars qui dit à son valet de chambre :

— Mais cela ne vaut pas la peine de faire monter le comte.

Je suis déjà au premier palier, elle est au second, elle m'aperçoit et fait mine de descendre. Je me confonds en phrases, elle me donne les plus belles répliques et me voilà en haut, tout près d'elle ; je lui fais mes excuses de l'avoir dérangée la veille et de la gêner aujourd'hui.

— Mais, point du tout, monsieur le comte, je suis seulement fâchée que l'on vous ait donné la peine de monter jusque dans ce petit appartement, qui n'est rien ; on a tout sacrifié au premier étage.

Cependant, elle nous fait entrer, Karolyi, et moi, dans un charmant appartement. Charles de Mornay, un de nos premiers élégants, était chez Mlle Mars, et faisait aussi les honneurs de la maison. On m'appelle, je reprendrai demain le fil de mon histoire.

8 décembre.

Je connais beaucoup Charles de Mornay, mais seulement du grand monde ; c'est un homme qui a beaucoup d'esprit naturel, peu d'instruction, un peu gâté par les femmes, mais avec cela bon enfant. Il est assez bien de figure, avec de beaux cheveux blonds, bien fait : ni trop grand, ni trop petit. Chez nous, il ne serait pas beaucoup admiré ; mais, ici, où il y a disette de jolis garçons, on le trouve délicieux ; il adore Mlle Mars.

Mlle Mars a achevé son éducation, et lui a donné ce caquet de société qu'elle possède au suprême degré. Il dit des bêtises fort agréablement et tout ce qui, dans la bouche d'un autre, n'aurait pas le sens commun, passe pour original dans la sienne. C'est donc cet aimable chevalier, ce beau des salons de Paris, qui a aidé Mlle Mars à faire les honneurs de sa maison.

— N'est-ce pas, comte Rodolphe, cet appartement est fort joli ? Avez-vous vu cette galerie ?

A ces mots, il ouvre une petite porte qui donne dans une charmante galerie, éclairée d'en haut ; d'un côté, il y a une bibliothèque et de l'autre, toutes les belles gravures modernes et avant la lettre. Mornay me rendait attentif à tout, jusqu'au moindre détail et Mlle Mars, tout en voulant avoir l'air de modérer les éloges que son ami prodiguait à ces objets, y ajoutait toujours. Après une demi-heure de conversation très animée, elle m'a parlé de plusieurs nouvelles pièces que l'on donne en ce moment, des fatigues que les répétitions lui causaient, etc. Enfin, je profite de la première pause dans notre conversation pour faire mes adieux et pour renouveler mes excuses et mes remerciements.

Je m'en allais, lorsque tout d'un coup Karolyi, qui me suivait, me dit que Mlle Mars et le comte Mornay descendaient aussi. Je me retourne et, en effet, Mlle Mars m'invite à passer dans le grand salon ; de là dans un autre ; en un mot, j'ai dû recommencer toutes mes phrases d'admiration et j'en avais été si libéral au commencement, que je n'en avais plus de reste. Cependant, Charles levait les housses de tous les meubles et faisait tous les honneurs. Mlle Mars, le voyant si occupé, lui dit avec cet organe sonore, inimitable :

— Cher Charles, vous y mettez trop de coquetterie.

Cependant, tout en disant cela, elle pousse un ressort et la glace qui se trouve placée devant nous, se lève et nous voyons à travers une autre glace diaphane un tableau digne du palais d'Armide : des colonnes, des vases remplis de fleurs, des statues et tout cela entouré d'un printemps perpétuel de serres. Cette vue m'a vraiment enchanté et je crois que mon étonnement, qui s'est peint sur ma physionomie, a suppléé aux expressions qui me manquaient. Mlle Mars a paru contente de mes éloges et, après une assez longue conversation, j'ai pris congé pour la seconde fois et je suis retourné à la maison.

18 décembre.

Dietrichstein nous a quittés hier pour aller remplacer Bout à Londres ; il s'est séparé avec beaucoup de peine de nous et surtout de Paris. Ce n'est pas la société de Paris qu'il regrette, il ne l'a jamais beaucoup fréquentée, il ne la connaît point et n'y est pas connu ; mais ce sont les petits spectacles, les grisettes, le salon des étrangers et d'autres maisons de jeux qu'il a beaucoup fréquentées et qu'il craint de ne pas trouver à Londres où il n'y a de ressources que dans la société ; ce n'est pas ce que Dietrichstein aime et encore elle ne dure que trois mois de l'année et tout le reste, on est isolé dans des nuages ou tunnels de brouillards, qui font le désespoir de ceux même qui ont un caractère plus gai que Dietrichstein.

ANNÉE 1828

Sommaire résumé : Talleyrand, le comte de Sèze et l'anniversaire du 21 janvier. — Le ministre de Hanovre et sa femme. — Hyde de Neuville ministre. — Mort du duc de La Vauguyon. — Encore Mme de Genlis. — Le duc et la duchesse de Rivière. — Le prince Léopold de Saxe-Cobourg à Paris. — Les diamants de lady Londonderry. — Mariage du comte de Biron avec Mlle de Mun. — Talleyrand et le duc Dalberg à moitié ruinés. — Mouvements diplomatiques. — Guerre entre la Russie et la Turquie. — Publication de Mémoires. — Mort du maréchal de Lauriston. — Séjour à Dieppe. — Mariage de Mlle Bagration, fille de la princesse, avec le comte de Blome. — Voyage du comte Rodolphe à Londres. — Chez le prince Paul Esterhazy, ambassadeur d'Autriche. — A travers la société anglaise. — Retour à Dieppe. — Rentrée à Paris.

On a offert à Chateaubriand un portefeuille. Ce grand patriote a fait des conditions d'argent. Il en a fait encore d'autres moins acceptables ; il a demandé par exemple des places pour des régicides, de véritables sans-culottes (1).

(1) Ces propos sont calomnieux ; on ne relève, dans la vie de Chateaubriand aucun fait qui puisse les justifier.

21 janvier.

Hier au soir, le prince de Talleyrand nous a fait une visite. Quoique le 21 janvier de l'année passée lui ait été funeste, il nous a parlé de la cérémonie de Saint-Denis avec une indifférence dont personne que lui ne serait capable ; il s'y trouvera comme à l'ordinaire.

Un homme dont la présence y est nécessaire sous un bien autre rapport, c'est le comte de Sèze. Il m'a dit qu'il ne manquerait pas de s'y rendre et qu'il n'a jamais manqué d'assister à cette cérémonie. Un jour, bien que dangereusement malade, il s'y est fait porter malgré les instances de toute sa famille :

— Eh bien, me dit-il, le croirait-on? le lendemain j'ai été si bien, que mon médecin me disait que si une autre fois j'étais malade, il me donnerait pour ordonnance d'aller à Saint-Denis.

28 janvier.

Le fameux mariage de Mlle Laffitte avec le prince de la Moskowa, le fils du maréchal Ney, s'est fait avant-hier. C'est la personne la plus capricieuse qui existe.

17 février.

Ma vie est d'une parfaite monotonie dans le changement et dans les occupations ; on est toujours affairé, toujours en course, toujours en mouvement, toujours en visites, toujours aux bals, toujours aux dîners, toujours aux raouts et toujours aux concerts; enfin, toujours, toujours la même chose. Ces derniers jours du carnaval sont tuants, c'est comme si l'on voulait se faire enterrer avec le carnaval. Enfin, passe pour cela, si ce train de vie voulait finir avec ce temps de réjouissances ; mais point du tout ; même le mercredi des Cendres n'est pas de repos ; ce jour, les rues mêmes sont encore remplies de masques et cela fait un drôle de contraste de voir donner des cendres et d'entendre les cris des masques.

19 février.

J'ai beaucoup connu Mme de Grote à Vienne, demoiselle sous le nom de Lina Schacheten ; je l'ai retrouvée ici mariée au ministre de Hanovre. Elle est gentille, bonne, aimable comme toujours, mais moins jolie ; elle est devenue trop forte pour sa taille ; c'est une femme admirable de conduite. Jeune et jolie comme elle était, on lui a fait épouser M. de Grote, homme de soixante ans, ennuyeux, jaloux sans rime ni raison et au delà de toute expression sans esprit. Pour cet homme, Mme de Grote a renoncé à la danse, au monde et même à ses amis au-dessous de cinquante ans : elle ne sort presque pas, reçoit très peu.

Elle s'est ennuyée à mourir la première année de son mariage, avec une résignation, une égalité d'humeur admirables ; enfin, le bon Dieu a récompensé sa vertu en lui donnant une petite fille et elle est maintenant dans l'attente d'un petit garçon ; c'est au moins ce dont elle se flatte ; tout ceci tient du miracle. Cependant, M. de Grote est encore assez vert avec ses cheveux blancs. J'y vais bien rarement parce que madame me parle toujours de Vienne et c'est ce que M. de Grote déteste. Il me lance des regards foudroyants et en voulant donner une autre tournure à la conversation, il bégaye encore plus qu'à l'ordinaire. Il me fait une narration de toutes les disputes pour le rang qu'il a eues pendant vingt-cinq années de son séjour à Paris et de toutes ses brouilleries avec tout l'univers, toujours par la même raison.

— Que feriez-vous, me demanda-t-il dernièrement, si vous aviez annoncé les couches de votre femme à une duchesse et qu'elle ne vous eût pas envoyé sa carte de visite.

— Il me semble, lui répondis-je, qu'en ce moment, il me serait un peu difficile de me trouver dans un pareil cas.

— Mais enfin, supposons !

— A parler franchement, cela me serait fort indifférent.

— Eh bien ! vous auriez tort et je vous assure que cette fois-ci, je ne ferai rien dire à cette dame.

— Et vous faites parfaitement bien.

Après ces petits détails, on ne s'étonnera point que l'excellente Mme de Grote ne soit pas recherchée dans la société de Paris. Ils ne vont que dans quelques maisons qui me sont entièrement inconnues, et, dans deux ou trois du corps diplomatique. De toutes les ambassades, la nôtre est la seule qui ait l'avantage de voir quelquefois M. de Grote.

28 février.

J'ai diné hier chez le cardinal prince de Croy, grand aumônier de France. Toute la famille y était réunie, le prince de Croy, le capitaine des gardes, duc d'Havré, avec ses deux filles, la princesse de Croy et la marquise de Conflans, la princesse de Ligne, née d'Havré, avec son mari, la princesse Charlotte de Rohan, le prince Louis de Rohan, la princesse Clary, née de Ligne, mon cousin et moi.

3 mars.

Chabrol est remplacé par M. Hyde de Neuville, ce furieux (1). Cela est bien agréable pour nous; c'est un de ceux qui se sont le plus mal conduits envers nous; il nous faut cependant recevoir une telle figure dans notre salon. Heureusement que c'est à lui de faire la première visite; nous pouvons donc considérer cet acte comme une amende honorable de sa part, d'autant plus qu'il a déclaré à la tribune qu'il ne mettra jamais le pied

. (1) On sait par ses Mémoires qu'il eut une existence extrêmement agitée. Conspirateur sous le Consulat, proscrit sous l'Empire, réfugié aux États-Unis, ami du général Moreau, député en 1815, ministre de France à Washington, puis à Lisbonne, partout il se fit remarquer par son fougueux royalisme, mitigé d'aspirations libérales qui le désignèrent pour faire partie du ministère Martignac au département de la marine. Chateaubriand l'honora de son amitié.

chez l'ambassadeur d'Autriche. Il est vrai qu'on dit ce qu'on veut et qu'on fait de même. Hyde de Neuville était un écervelé et maintenant il est ministre et en contact direct avec les mêmes personnes qui pensent de lui ce que j'en pense. Il est plaisant de voir comment ces salons de ministres sont peuplés en ce moment ; les personnes de l'extrême gauche, du centre et de l'extrême droite s'y trouvent pêle-mêle.

6 mars.

Le pauvre duc de La Vauguyon (1) vient de succomber à l'âge de quatre-vingt-quatre ans, par la méprise d'un pharmacien qui lui a donné, au lieu de sa médecine, un poison très violent. La duchesse de Bauffremont est sa fille et le prince, qui a épousé Mlle de Montmorency, est son petit-fils. Je connais beaucoup toute cette famille ; elle est au désespoir. Le prince de Bauffremont adorait son grand-père ; pendant la maladie, il a passé les nuits et les jours à son chevet. J'ai été hier chez Mme de Matignon, mère de la duchesse de Montmorency. Celle-ci y était avec Mlle Alix, sœur de la princesse de Bauffremont. Ces dames m'ont donné tous ces détails. Le prince et la princesse de Bauffremont n'étaient pas au salon, mais chez leur mère pour partager sa douleur. La famille

(1) Général et diplomate, né en 1746, avait pris part à la guerre de Sept ans, fut ambassadeur en Espagne sous Louis XVI et ministre des affaires étrangères du 11 au 16 juillet 1789. Pendant l'émigration, il dirigea à Vérone la chancellerie de Louis XVIII. Quoique tombé alors en disgrâce, il recouvra sa faveur au retour des Bourbons, et fut nommé pair de France.

veut faire un procès au pharmacien et lui faire ôter son brevet.

9 mars.

Mme de Genlis avait promis à l'ambassadrice de lui donner quelques lignes de son écriture ; mais, au lieu de le faire tout simplement sur un morceau de papier, elle a commencé par composer un long poème pompeux, sur les vertus, les grâces de notre adorable cousine. Pour le composer, il lui a fallu plusieurs mois ; enfin, elle l'a envoyé et il se trouve que ce n'est pas de sa main. Cependant elle est en train d'écrire quelques vers sur le papier qu'on lui a envoyé ; ils seront entourés d'une couronne qu'elle peint elle-même et qui était à moitié achevée lorsqu'elle a égaré son pinceau et son crayon. Elle est depuis des semaines à la recherche de ses ustensiles et je crains fort qu'elle ne meure avant de les avoir retrouvés.

Elle est au moment de publier un nouvel ouvrage : *les Soirées du Luxembourg*. Ce sont des anecdotes en forme de dialogues, des mémoires sur un petit cercle d'amis qui composaient le salon de feu la duchesse de Luxembourg, femme très distinguée par son esprit et ses manières. M. de Valéry, conservateur et administrateur des bibliothèques particulières du roi, qui va tous les jours chez Mme de Genlis et que je connais beaucoup, m'a dit qu'il avait lu une trentaine de pages de ce nouvel ouvrage en un gros volume et que cela lui paraissait assez amusant.

2 avril.

Avant-hier, la pauvre Mme de Montsoreau a succombé ; c'est une bien grande désolation pour toute la famille. Le jour de ce triste événement, elle était très bien. M. de La Ferronnays, qui l'aimait beaucoup, a passé chez elle toute la soirée ; il lui donnait quantité de détails sur les affaires qu'il avait et sur les personnes qu'il voyait le plus souvent dans sa nouvelle position de ministre. C'est le meilleur homme du monde, mais léger, léger. On m'objectera que ce n'est pas une très bonne qualité pour un ministre ; je ne dis pas le contraire et je crois même que M. de La Ferronnays, dans la meilleure intention du monde, brouillera toute l'Europe dans une guerre désastreuse si le prince de Metternich et Wellington ne trouvent pas un moyen de fixer ce papillonnage. Il est charmant dans un salon et d'un commerce agréable ; il conserve ces bonnes qualités dans les affaires, mais on ne sait jamais à quoi s'en tenir.

6 avril.

Le pauvre duc de Rivière va tous les jours de mal en pis. Quelle perte irréparable pour le roi ! Perdre un ami si dévoué ! Le roi y va tous les jours : la duchesse d'Escars m'a dit que dernièrement, elle se trouvait chez le duc au moment où le roi y est venu ; elle s'est retirée dans un petit cabinet dans l'espérance de pouvoir attendre le départ du roi pour revenir auprès du malade ; mais, après une bonne heure, elle a été obligée de partir, puisque le roi n'était pas encore sorti.

La douleur rend la duchesse de Rivière presque folle, elle a un caractère très violent. Son nom de famille est La Ferté ; ce n'est pas un grand nom de France. Le duc l'a épousée pendant la Révolution ; un mariage d'inclination tout à fait romanesque. Le duc avait perdu toute sa fortune et se trouvait sans amis ; ils étaient tous ou guillotinés ou émigrés. Mlle de La Ferté l'aimait, était jeune et belle et avait une fortune qui n'était pas considérable, mais grande pour le duc qui avait tout perdu. En un mot, il fut trop heureux de pouvoir l'épouser. Les années passèrent, les troubles se calmèrent et il semble que le sang le plus chaud aurait dû enfin se refroidir dans les adversités sans nombre dont les émigrés ont été accablés. Cependant, ce n'est pas le cas chez Mme de Rivière ; elle est toujours la même. Dernièrement, le pauvre duc, fatigué par ses longues souffrances, s'est endormi ; la duchesse le crut mort. Elle se précipite sur lui, le secoue de toutes ses forces ; il s'éveille en sursaut et, avec sa douceur ordinaire, il dit à sa femme :

— Vous m'avez fait beaucoup de mal, ma chère ; je dormais si bien et vous m'avez éveillé.

La duchesse, pour toute réponse, le laisse retomber sur l'oreiller et se jette sur un fauteuil en s'écriant :

— Ah ! je le croyais mort.

Lorsque ses amis lui disent qu'ils trouvent le malade mieux, elle est furieuse :

— Je sais bien, dit-elle, dans ces accès de colère, que vous voudriez qu'il fût plus mal encore ; âmes insensibles, froides. Je sais bien que ses principes ne vous conviennent pas !

Lorsqu'on la quitte, elle pousse la porte avec violence et la ferme à double tour. Cette femme malheureuse croit qu'on attend impatiemment la mort de son époux.

8 avril.

Le vicomte d'Agoult, premier écuyer de la dauphine, le mari de sa première dame d'atours, celle de ses dames qu'elle aime le plus et en qui elle a le plus de confiance, est mort hier. Il était âgé, mais sa maladie a été si courte, que la nouvelle de son décès nous a tous beaucoup frappés. C'était un homme de peu de moyens, qui n'exerçait aucune influence ; mais, il était fort attaché aux Bourbons, qualité qui devient toujours plus rare. On cite à cette occasion ce propos de la duchesse de Berry.

— Tous nos amis nous quittent ; il n'y a que nos ennemis qui restent.

9 avril.

Nous avons ici maintenant lady Londonderry (1) avec milord, ce couple si extraordinaire. Ils resteront à Paris jusqu'à la fin de ce mois. Milady m'a dit qu'elle était venue pour restaurer sa toilette ; aussi, passe-t-elle toute

(1) Seconde femme du général lord Londonderry, qui avait été ambassadeur d'Angleterre à Vienne.

sa journée dans les boutiques ; cependant, on prétend que son mari a été envoyé ici pour contrôler lord Granville.

10 avril.

Nous avons eu hier un grand dîner pour le prince Léopold (1) ; lord et lady Londonderry en étaient aussi. Celle-ci a donné lieu à un incident ; M. d'Uchtritz, ministre de Saxe, lui offre son bras pour la mener à table, elle refuse ; le duc de Maillé vient après lui, même refus ; enfin, M. de Mesnard, premier écuyer de Madame, se présente et il est plus heureux que les autres. Vous ne pouvez vous faire une idée de la rage des deux premiers. Personne ne pouvait s'expliquer les motifs d'un tel refus. Après dîner, je demandai à lady Londonderry, tout en riant, la raison qui l'avait fait agir de la sorte.

— Je ne pouvais faire autrement ; il y avait lady Devonshire, qui est plus ancienne marquise que moi et qui a le pas sur moi, et comme elle n'avait pas encore de cavalier, il m'était impossible d'accepter le bras de qui que ce fût.

— Mais, madame, lui répliquai-je, vous auriez dû accepter le bras du ministre de Saxe et puis attendre que lady Devonshire eût passé ; c'est tout simple, cela arrive tous les jours.

---

(1) Léopold de Saxe-Cobourg, qui avait épousé en premières noces la princesse Charlotte, fille de George IV, héritière du trône d'Angleterre, morte en 1817. On sait qu'en 1830, il devint roi des Belges et se remaria à la princesse Louise d'Orléans, fille de Louis-Philippe.

— Vous avez raison, je n'y ai pas pensé ; mais, qu'est-ce que cela fait?
— Cela fait que tout Paris en parlera demain.
— Vous croyez?
— J'en suis sûr, milady.

Effectivement, on en parle partout ; on en parle comme d'une chose inconcevable et tout ce que je dis pour la justification de milady, est peine perdue ; on me répond :
— Si elle est grossière lorsqu'elle veut être polie, qu'est-ce que cela sera quand elle voudra être grossière?

C'est une jolie femme, elle a beaucoup d'esprit, mais point d'expression dans la figure ; ses beaux yeux noirs n'ont point d'esprit et sa bouche, lorsqu'elle parle, ne les dément pas. Elle m'a invité chez elle pour me montrer ses écrins qui sont superbes, à ce qu'on dit

14 avril.

Je viens d'une tournée de visites et, entre autres, de chez lady Londonderry. J'ai vu tout son trésor, qui est vraiment royal. Toute une grande caisse de voiture en est remplie ; elle a ces fameuses gouttes de perles de la comtesse Fries de Vienne, qu'elle a achetées après sa mort vingt mille ducats ; elle les a fait entourer de gros diamants et elle en a fait monter un grand collier, un diadème et un peigne ; c'est royal. Elle a aussi une grande partie de ces belles turquoises, de Ferdinand Palffy, qu'elle a fait monter en bandeau et collier, puis des parures en rubis, en topazes, en émeraudes, en saphirs et en diamants, avec des bracelets, etc., à n'en plus finir. Elle a été hier au jeu du roi avec sa belle parure en perles et couverte de diamants ; elle a fait le plus grand effet. Il y a très peu de diamants en France et ce jour-là, presque toutes les ambassadrices étaient souffrantes.

15 avril.

Mlle de Mun s'est mariée avec le comte de Biron C'est un très grand nom et ce jeune homme est fort riche Toutes les mères sont jalouses de ce bel établissement. Mme de Mun et ses deux filles, qui sont mariées maintenant, ont été presque mes premières connaissances. Mme de Mun est la fille du duc d'Ursel, qui était le frère de Mme Ferrari, la mère de Molly Zichy ; elle est donc parente des d'Arenberg et par eux des Schwarzenberg. Tout ceci a fait que nous nous sommes beaucoup rapprochés de cette famille.

La fille cadette qui vient d'épouser M. de Biron est surtout fort jolie ; elle a un teint superbe et de très beaux yeux. En honneur de cette noce, tous les parents se sont mis en quatre, tout ce qui est Gontaut et Gontaut-Biron et les Mun même ont donné des soirées à n'en plus finir ; le trousseau et la corbeille étaient superbes, mais la pièce la plus intéressante dans tout cela, c'est le bouquet blanc de la jeune épouse, qui a été fait par la petite Mademoiselle de France. C'est elle-même qui a eu cette aimable idée.

20 avril.

Un banquier vient de faire banqueroute. Le prince de Talleyrand perd plus de quatre millions ; on dit que cela va achever sa ruine : cependant, encore cette fois-ci, il prend comme toujours le parti de dissimuler. Le duc Dalberg a perdu la même somme ; c'est à peu près les trois quarts de sa fortune. Il en est tout bouleversé et la duchesse aussi.

9 mai.

M. de Salvandy père vient aussi de succomber et, à ce qu'on dit, dans les bras de notre sainte religion qu'il avait un tant soit peu oubliée pendant sa vie. Veuf après treize ou quatorze ans de mariage, il ne se remaria plus ; il a vécu en garçon jusqu'au moment de sa mort et était devenu d'une dévotion extrême.

11 mai.

Le prince de Talleyrand va en Italie à cause du dérangement de sa fortune, le duc Dalberg aussi. De six cent mille livres de rente, il lui en reste à peine cinquante mille, c'est dur. J'en suis fâché pour la duchesse qui est une excellente femme et pour sa sœur Mareschalchi qui est une des femmes dont j'admire le plus le caractère et la bonté ; elle adore sa sœur et se plaisait à la voir si heureuse. C'était une espèce de consolation pour ses propres peines.

13 mai.

Chateaubriand fait ses paquets ; il paraît donc que sa nomination est certaine ; mais, je n'y crois pas. Il me semble qu'on fera encore quelque changement avec Blacas qui désire aller à Rome, et son *beau-frère est ministre des affaires étrangères*. Laval est déjà en route pour Paris ; il ne sera pas enchanté de quitter Rome ; ce n'est pas la société qu'il regrettera, mais son existence qui est fort belle.

La guerre est donc déclarée (1) ; on voit par le manifeste et la déclaration de la Russie que c'était un parti pris de cette puissance de faire la guerre à la Porte ; une guerre à la vie et à la mort, d'après le manifeste. L'attitude de la Porte est noble et grande ; elle réfute victorieusement toutes les causes qu'allègue la Russie pour se justifier de lui avoir déclaré la guerre, comme la clôture prétendue du Bosphore, qui n'a eu lieu qu'une seule fois et cela en hiver, à cause des glaces qui rendaient la navigation impossible. C'était donc plutôt un avertissement qu'une clôture et non seulement pour les vaisseaux russes, mais pour ceux de toutes les autres puissances. Tous les autres griefs de la Russie sont dans ce genre. La Porte voit par là que la Russie cherche des prétextes pour lui faire la guerre et c'est la raison qui fait qu'elle ne cède en rien ; son argument est celui-ci : « On a cherché un prétexte pour nous détruire, si ce n'est pas celui-ci, ce sera un autre ; s'il faut périr, nous périrons ; mais défendons-nou au moins, notre cause est juste. Dieu nous aidera et notre chute coutera bien du sang à nos ennemis. Enfin, périssons avec gloire et courage ! »

(1) Entre la Russie et la Turquie.

14 mai.

Le marquis de Caraman (1) a eu hier une longue conversation avec le roi ; il en a été très satisfait ; il espère encore pouvoir retourner à son poste. Le roi le voudrait bien aussi ; mais, peut-il faire ce qu'il veut ? Les ministres, sans exception, ont une telle peur de Chateaubriand qu'ils sacrifient tout, pour prévenir le moindre désir de cet homme. A l'exception de La Ferronnays, ils ont intrigué pour placer Chateaubriand sans que le ministre des affaires étrangères l'ait su ; le roi s'y est fortement opposé ; mais, ils lui ont déclaré que, dans ce cas, ils donneraient tous leur démission. M. de La Ferronnays, par peur, a cru aussi devoir faire cette même déclaration. Quelle faiblesse ! Si le roi était plus fort, il résisterait. Mais, en l'état actuel, où trouverait-il de l'appui ? Les deux Chambres sont plus mauvaises l'une que l'autre.

M. de Caraman a demandé au roi ce qu'il doit dire dans la société lorsqu'on lui demandera la raison de son arrivée à Paris.

— Dites que j'ai voulu vous parler, que vous êtes venu pour causer avec le roi.

Laval vient aussi pour le même motif. Au reste rien n'est encore décidé. On parlera beaucoup, j'en suis sûr ; on fera de belles phrases aux deux ambassadeurs et on

(1) Ambassadeur de France à Vienne, il venait d'être rappelé à Paris et y était venu, se croyant destiné au ministère des affaires étrangères. Grande fut sa déception lorsqu'il apprit qu'il n'en était rien, et qu'il était remplacé à Vienne par le duc de Laval, ambassadeur à Rome, qu'on déplaçait afin de pouvoir donner ce poste à Chateaubriand.

contentera Chateaubriand. Cela est bien dur pour Caraman. Celui qui triomphe, auquel il doit céder, est son ennemi mortel.

23 mai.

J'ai dîné hier chez lady Devonshire. C'était un petit dîner pour le prince Maximilien de Bavière (1), qui doit épouser la princesse Louise, sœur de notre impératrice. Ce jeune homme est très gai ; un excellent garçon, mais il n'a pas trop d'esprit.

J'ai fait des reproches à ce prince de ne pas être venu à notre dernier déjeuner dansant.

— Je n'ai pas osé venir ; je n'avais pas encore fait de visite à l'ambassadeur et à Mme l'ambassadrice ; et puis, en confidence, ma toilette n'était pas encore en ordre. Mais la prochaine fois, j'espère n'avoir plus d'empêchement.

Je n'ai jamais vu un jeune homme qui soit plus disposé à trouver les femmes belles ; tout le monde l'enchante. Il a vingt ans, il est vrai ; mais, malgré cela, on doit cependant avoir des yeux pour voir ; pour lui, tout est superbe ; vieille ou jeune, cela lui est indifférent. Une chose qui l'enchante surtout ici, c'est le shake hands. Je me suis permis de lui faire observer que futur comme il l'est et tout prêt à se marier, il devrait être moins facile pour les beautés de Paris. Je ne sais pas comment la princesse Louise s'en trouvera ; elle a beaucoup d'esprit

---

(1) Héritier de la couronne de Bavière, né en 1811, ne monta sur le trône qu'en 1848, après l'abdication de son père, Louis Ier.

et elle est surtout, à ce qu'on me dit, impérieuse dans ses volontés.

25 mai.

Aujourd'hui, au Champ de Mars, Mme Garnerin (1) est montée dans un aérostat ; elle est descendue en parachute ; elle s'est trouvée accrochée sur un toit, tout près des jardins de Tivoli et de la maison sur laquelle Mlle Blanchard est tombée et s'est cassé le cou. Le moment où elle coupe la corde attachée à l'aérostat, est terrible ; le parachute ne doit s'ouvrir qu'en tombant. Elle fait donc une chute horrible. En un clin d'œil,, on la voit séparée à une très grande distance de son ballon. Au moment où elle coupe la corde, elle met l'aérostat en feu ; tout cela se passe à une prodigieuse hauteur et fait frissonner. Je trouve que ces spectacles gâtent l'esprit et l'âme des spectateurs. Le péril réel ou apparent dans lequel se trouve un de nos semblables, ne devrait pas nous servir d'amusement ; un pareil spectacle rend cruel et lâche en même temps.

26 mai.

Les préparatifs immenses de guerre que les Russes font, commencent à inquiéter la France. On voit bien qu'ils ne peuvent avoir pour seul but l'occupation des Principautés, mais que la Russie, quoi qu'elle en dise, veut faire de grandes conquêtes. On croit prévoir aussi que l'Autriche parviendra à ravoir les provinces qui lui appar-

---

(1) Célèbre aéronaute.

tiennent de droit et qu'elle a perdues dans la dernière guerre avec les Turcs. La vanité française est blessée de voir que deux grandes nations se font la guerre sans consulter la France et, qui plus est, sans même lui faire part de leurs projets. Déjà, elle se croit en droit de punir la Russie de ce procédé : mais, *vana sine viribus ira*. Un pays dont l'intérieur est divisé par l'esprit de parti qui le ronge dans les entrailles et absorbe toutes ses forces, ne peut ni défendre ses droits au dehors, ni agir avec indépendance. Dans un pays comme la France, demandez qui est le maître et qui est le serviteur? Quel est le pouvoir qui soit obéi? Tout le monde commande et personne ne veut obéir. La grande nation française est représentée par un gazetier ! voilà l'organe de sa volonté. Le roi doit flatter ses ennemis aux dépens même de ses amis et ses ministres sont, en ce moment, sur une pente de concessions et de libéralisme, qui entraîne tout dans un abîme.

Le libéralisme est à son comble ; tout le monde est dans l'opposition, je ne dirai pas contre le gouvernement, parce que le gouvernement est lui-même dans l'opposition et ils le sont tous ensemble contre le bon sens et la raison ; ils ne savent ce qu'ils veulent ; demandez-leur, ils vous répondront : la liberté, la liberté ! et ils sont sous le joug les uns des autres, parce qu'il n'y a plus de confiance et qu'il n'y a plus qu'égoïsme.

27 mai.

Il est donc décidé que nous aurons Laval-Montmorency. Caraman aura le titre de duc, à quoi il a visé depuis longtemps et qu'il n'aurait jamais eu sans ce changement. Il va à Vienne pour prendre congé de l'Empereur et de la société ; je conçois que cela lui fasse beaucoup de peine. Un séjour de douze ans, si agréable, doit l'attacher à une ville où il a été si bien traité. Caraman est fort attaché au roi et celui-ci le paye de retour ; mais, nous sommes venus à un point de désordre tel que les amis doivent être sacrifiés aux ennemis. Ce n'est pas trop encourageant pour les amis de la royauté.

Le parti libéral trouve que la nomination de Chateaubriand à l'ambassade de Rome, n'est rien qu'un commencement, et un nouveau pas dans la carrière qui doit lui être réservée. C'est une petite marque de bienveillance due à un homme de son mérite. Les royalistes, d'un autre côté, prétendent que Chateaubriand est dégoûté de la continuelle opposition dans laquelle il se trouve vis-à-vis du gouvernement et qu'il n'a brigué le poste de Rome que pour s'éloigner de Paris et de son parti. Il voit que son parti marche droit à la révolution et ce n'est pas ce qu'il lui faut ; il veut des places, il veut de la considération.

Lui et Mme de Chateaubriand vont à Rome avec les meilleures intentions du monde, pour plaire à la société, au pape et aux cardinaux. Madame veut toujours rester chez elle, avec la porte ouverte pour tout le monde ; elle crache le sang et ne peut pas sortir. On aime assez à fréquenter une maison dans laquelle on peut entrer quand on veut, et de laquelle on peut sortir de même.

28 mai.

Mme Victor de Caraman, née de Béarn et nièce de Mme de La Ferronnays, est furieuse du changement de position de son beau-père.

— Je n'aurais jamais cru, me disait-elle dernièrement, que ce changement eût lieu sous ce ministère.

Ces mots étaient dits avec une mine qui faisait voir combien elle en était piquée. Je le conçois ; son rêve le plus doux était de se voir à Vienne et d'y faire les honneurs de la maison de son beau-père. Elle est charmante et elle sent qu'elle aurait plu.

Le duc de Laval vient d'arriver ; il a peur de Vienne, cela ne m'étonne pas : bègue, sourd, aveugle et distrait comme il est, sa nouvelle position doit l'embarrasser, d'autant plus qu'il ne s'est pas très bien prononcé en faveur de l'Autriche. A Rome il a fait de véritables contes sur nous et nous a prêté des intentions et ce certain projet de confédération des États en Italie, que nous n'avons jamais eu, et dont les gazettes radotent maintenant. Je le lui pardonnerais, s'il avait agi de bonne foi ; mais, voilà de quoi je doute fort. Il a été trop longtemps en Italie pour ne pas voir son erreur et reconnaître la pureté et la franchise de notre cabinet ; il a craint de déplaire à son gouvernement et non seulement, il a pris le parti de ne pas en rectifier les idées, mais il a même confirmé la France dans ses erreurs. Cela n'est pas correct et c'est tout le contraire de ce que devrait faire un ambassadeur qui, dans sa conscience, doit tout employer pour conserver la bonne intelligence entre les gouvernements, au risque même de perdre sa place. Il peut se féliciter d'avoir affaire au prince de Metternich ; un autre le lui ferait bien sentir ; mais, le prince est au-dessus et je vois d'ici, comme avec son air calme et noble, il aidera notre bon bègue à prononcer les belles phrases qu'il veut dire, ce dont il ne viendrait jamais à bout si on ne les lui arrachait.

Chateaubriand a-t-il vraiment les intentions de changer ses opinions en faveur du gouvernement? Eh bien ! sa position à Rome sera agréable. Pour y être bien, il faut que les ambassadeurs soient amis ; Lutzoff ne pourra jamais l'être de Chateaubriand si celui-ci reste ce qu'il est à présent.

29 mai.

Un livre infâme vient de paraître ; ce sont les *Mémoires d'un Jésuite* : on a su donner à ce qu'on y débite une teinte de vérité qui fait frémir. On parle dans cet ouvrage des déjeuners au chocolat avant la sainte messe, d'une chambre oblique pour faire paraître toute sorte de saints dont on a eu besoin pour faire croire à des miracles. On parle même d'une réception scandaleuse de Mathieu de Montmorency, etc. Jamais un livre plus pernicieux et plus horrible n'a paru, surtout contre le clergé.

Un autre livre, qui fait aussi beaucoup d'effet en ce moment, ce sont les *Mémoires* du duc de Rovigo pour servir à l'histoire de l'empereur Napoléon. Pour donner quelque idée de ce qu'est cet ouvrage et dans quel sens on y parle de personnes vivantes, de deux grands seigneurs de France, dont l'un occupe la première charge de la cour et l'autre une place dans la Chambre des pairs, je dirai que sans prendre la défense du caractère de ces deux personnages, il me semble que le gouvernement dont ils font partie, ne devrait pas permettre pour son propre honneur qu'on parlât ainsi d'hommes qui ont de grandes places et surtout d'amis honorables. Qu'on juge du langage de Rovigo. « Oui, la publicité, véritable garantie des libertés publiques, est encore le moyen le plus sûr de faire luire la vérité dans l'histoire. Elle enseigne aux grands hypocrites, aux apostats de tous les régimes, que la justice aura son tour et que le jour viendra pour chacun où il devra rendre ses comptes et subir la responsabilité de ses œuvres. Répudions donc toute fausse délicatesse, sachons appeler les choses par leur nom. Les *coquins* auraient moins d'impudence, si les honnêtes gens gardaient mieux le sentiment de leur dignité. *Osons démasquer les intrigues...* »

Après cette belle introduction, on cite une lettre de M. de Talleyrand au duc de Dalberg, à l'occasion de la brochure de Rovigo, de l'année 1823, sur l'exécution du duc d'Enghien, dans laquelle Dalberg et Talleyrand furent fortement compromis. On dit même que la grande fortune du duc qu'il a perdue date de là. Talleyrand a su soustraire tous les papiers des archives, qui avaient rapport à cette horrible affaire et à tant d'autres qui ne lui étaient pas favorables. Cependant, Dalberg a su, je ne sais comment, se dérober à l'attention publique et ce n'est qu'aujourd'hui qu'on en parle. A cette occasion, il est aussi question de cette fête que Talleyrand a donnée le soir même de la mort du duc d'Enghien !

Talleyrand est toujours le même ; il va partout comme à l'ordinaire, le jeu des muscles est tout en son pouvoir ; il conserve sa froide impassibilité battant ou battu, et voilà ce qui faisait tenir à Lannes ce propos de caserne :
— Si, pendant qu'il vous parle, son derrière venait à recevoir un coup de pied, son visage ne vous en dirait rien !

Cependant, on m'a dit que quelqu'un avait vu dernièrement ses traits se changer au message de Rovigo. Celui-ci lui a fait dire de ne pas essayer de se justifier, sans quoi il se verra forcé de publier les *fac simile* de toute la correspondance qu'il a dans les mains.

On lit beaucoup les *Mémoires d'une contemporaine*. Cette femme vit et la plupart des faits qu'elle raconte ont véritablement quelque fondement. Elle est actrice dans un petit théâtre près de Montmartre, son nom est Saint-Elme ; on peut la voir en achetant son portrait qu'elle vend elle-même dix francs. Elle est au moment d'aller en Égypte chez le pacha, qui la fait venir à son usage, à ce qu'on prétend. Comme elle a été philhellène prononcée et que son entrée au service du pacha d'Égypte serait un peu en contradiction avec ses opinions, elle a cru devoir faire cadeau de dix de ses portraits au comité grec de Paris, et voilà donc sa conscience acquittée, à raison de cent francs !

Cette contemporaine parle aussi de Talleyrand ; elle a été sa belle dans le temps. Il paraît que ce prince était plus magnifique alors qu'il ne l'est aujourd'hui. Le fait est que tous les matins, à son lever, la contemporaine avait la besogne de lui ôter ses papillotes et chacune était un billet de cinq cents francs, qui, comme de raison, entrait dans le sac de la contemporaine. On en parlait dernièrement chez la princesse de Vaudémont ; le prince de Talleyrand entre.

— Est-elle vraie, l'histoire de vos papillotes? lui demande la princesse.

— Mais comment pouvez-vous croire à un conte pareil? Je n'ai jamais vu cette femme.

Peu de moments après, M. de Mareuil arrive ; la conversation retombe sur les *Mémoires d'une contemporaine* et M. de Mareuil n'a rien de plus pressé à dire que « c'était une bien belle femme ».

— Je l'ai beaucoup vue autrefois, elle ne manque pas d'esprit naturel.

— Où l'avez-vous donc vue?

— Chez M. de Talleyrand.

9 juin.

Nous avons été hier à Aulnay, chez la comtesse Bruce avec Palffy, la princesse Clary, la comtesse de Carneville et Victor. La comtesse Bruce a donné en honneur de notre cousine une fête charmante, arrangée par M. Barberi. Tout le jardin était éclairé ; il y avait une quantité d'hommes et de femmes en paysans romains, qui chantaient des chansons populaires et dansaient la tarentella. Tout ceci a été entremêlé de couplets à notre angélique cousine, musique de Rossini. — On a donné ensuite des scènes et de petits vaudevilles joués à ravir et le tout a fini par un bal. Nous n'étions de retour à Paris qu'à quatre heures du matin.

10 juin.

Aujourd'hui, nous avons signé un acte qui atteste la naissance de Mlle Bagration comme fille de la princesse. Il n'y est pas question du prince ; le médecin Gall l'a signé comme accoucheur de la princesse. Cet acte doit tenir lieu d'extrait de baptême. Le mariage civil doit se faire sous peu ; mais, il y aura plus de difficultés à trouver un prêtre catholique pour les marier à l'église. Caradoc (1) est de retour à Paris depuis quelques jours. Il ne reste ici que huit à neuf jours, et la princesse ne reçoit personne pendant tout ce temps. La princesse Clary a dit sur cela très ingénument qu'elle tenait la neuvaine.

11 juin.

Hier, le maréchal de Lauriston a été frappé d'apoplexie foudroyante. La mort l'a surpris chez la danseuse Legallois de l'Opéra. Cet événement a fait un grand chagrin à sa famille et surtout à sa fille, la comtesse de Hocquart. Elle était si peu préparée à ce terrible malheur, qu'elle voulait jouer la comédie ce même jour. J'étais invité à passer cette soirée chez elle, à Lucienne ; elle répétait un vaudeville lorsqu'elle a eu la nouvelle de sa perte.

(1) Général Caradoc, lord Howden, mari morganatique de la princesse Bagration.

13 juin.

La princesse de Bauffremont m'a raconté hier un trait de distraction parfait de la vieille baronne de Crussol. Cette dame a quatre-vingts ans et il se trouve que sa nièce, qui loge avec elle, vient d'accoucher d'un garçon. La bonne vieille est dans la ferme persuasion que c'est elle-même. Elle reçoit donc tout le monde qui vient féliciter sa nièce, en assurant qu'elle n'a presque pas souffert, mais qu'elle est désolée de ne pas avoir de quoi nourrir son enfant ; elle dit en pleurant :

— Voyez-vous, je n'ai pas de lait ; il faut que je prenne une nourrice.

15 juin.

Hier, la duchesse de Broglie est venue chez notre cousine pour lui montrer une lettre d'une baronne de Staël, veuve depuis quelques mois, et qui lui demande du secours pour ses deux filles qui n'ont absolument rien, car son mari a été au service chez nous et ne vivait que de sa paye de capitaine. La duchesse de Broglie est la fille de la fameuse Mme de Staël ; c'est la meilleure des femmes. Cette baronne de Staël-Holstein, qui vient de lui écrire, est une Hongroise. Son nom de famille est Pasztory. La duchesse a voulu prendre des informations sur sa malheureuse parente, dont elle ignorait absolument l'existence ; elle est prête à la secourir.

17 juin.

On a réussi enfin à ôter l'instruction publique aux Jésuites en France et l'on finira par donner le ministère des cultes à un laïque. Jamais une ordonnance n'a fait plus d'effet que celle du 16 juin. L'opposition est triomphante et les royalistes sont battus ; c'est ainsi que ce ministère va d'une soumission à l'autre. Les cardinaux ont pris le parti de quitter la capitale. L'archevêque de Paris et les autres se sont donné le mot pour ne plus mettre le pied dans la maison du ministre des cultes et, en effet, il a voulu donner aujourd'hui un dîner d'évêques et pas un seul ne s'est rendu à son invitation.

19 juin.

Nous avons été hier à Neuilly, chez le duc d'Orléans pour prendre congé. Heureusement pour nous, ils ne viennent qu'au mois d'août à la ville d'Eu ; c'est à dix à douze lieues de Dieppe. Il aurait fallu faire au moins trois fois ce chemin, ce qui aurait beaucoup fatigué notre excellente cousine. Il y a toujours encore des bals, des soirées et des dîners. J'en suis tellement rassasié que je meurs d'envie de partir pour Dieppe.

22 juin.

Je m'occupe maintenant sérieusement de mon départ pour Dieppe. Je prends beaucoup de livres, d'albums pour dessiner, des crayons, des couleurs et tout ce qui s'ensuit. Je me propose de beaucoup dessiner d'après nature. Nous partirons d'ici le 25 ; nous allons coucher à Rouen. Victor nous rejoindra à Dieppe sous peu de jours. On nous écrit de Londres que le prince Esterhazy avait l'intention de venir nous voir ; mais, je crois que c'est un de ces mille projets qu'il n'exécute pas.

Rouen, 25 juin.

Tout le pays que nous avons parcouru jusqu'ici est charmant. Nous avons passablement souffert de la chaleur, quoique nous ayons tenu fermées les jalousies de notre landau. Je reviens en ce moment d'une promenade qui m'a fait interrompre pour un moment le récit de ce voyage. Nous avons été dans la ville, dont la situation est admirable. La ville ancienne n'est pas belle, les rues sont étroites et presque toutes les maisons sont construites en bois. La cathédrale et l'église de Saint-Ouen sont d'architecture gothique, tout ce qu'on peut voir de plus magnifique et les vitrages en couleurs sont d'une richesse et d'une conservation sans égale. J'ai contemplé avec effroi et horreur la place de la Pucelle, où elle fut brûlée par les Anglais ; on voit encore le balcon d'où le duc de Bedfort a regardé cet horrible spectacle. Le palais de justice est aussi intéressant par son architecture gothique et par une grande salle dans laquelle on a jugé Jeanne d'Arc et ce qui l'est plus encore, c'est que Guillaume le Conquérant rassembla dans cette même salle ses officiers pour délibérer sur la conquête de l'Angleterre et c'est de là qu'il est parti pour faire cette expédition.

Dieppe, 26 juin.

Nous sommes arrivés ici entre quatre et cinq heures. Le chemin de Rouen à Dieppe est délicieux ; tout le pays n'est qu'un jardin. On m'a dit qu'en général, la Normandie était des provinces de France, celle qui ressemble le plus à l'Angleterre. Je ne saurais dire si la comparaison est juste, n'ayant jamais été en Angleterre ; mais ce qui est bien sûr c'est que toute la partie de la Normandie que j'ai parcourue est charmante et très bien cultivée. La vue sur Dieppe, de la route de Rouen, est fort pittoresque, mais un peu triste. Les bâtiments sont d'une couleur fort sombre, presque tous couverts d'ardoise. La tour gothique de la cathédrale est agréable à voir ; mais, ce qu'il y a de plus pittoresque, c'est la mer qui fait le fond du tableau.

Dieppe, 1er juillet.

Hier, le comte et le baron de Gersdorff sont arrivés. Ce sont tous deux de bons garçons, que je connais assez de Paris. Le baron est attaché à la Légation de Saxe ; c'est surtout un excellent jeune homme. Il n'est ni joli, ni très élégant ; mais il a un grand fond de bonté dans le caractère et beaucoup d'esprit ; malgré ces deux grands avantages, il est un peu sauvageon en société. Je suis charmé de leur arrivée. Ce sont de ces personnes qui ne gênent pas ; ce ne sont pas du tout de ces merveilleux pour lesquels il faut faire des frais et dont on n'a nullement besoin à la campagne.

Dieppe, 2 juillet.

On ne peut s'imaginer combien ce séjour de Dieppe nous fait du bien. Pas de visites, pas de raouts, pas de sociétés. Ah ! quel repos délicieux de corps et d'esprit ! Qu'il est doux de ne devoir parler que lorsqu'on veut et de ne pas avoir toujours l'esprit en haleine pour amuser des gens ennuyeux ou maussades. Nous verrons combien durera cette charmante solitude.

M. Mourgué, le médecin des bains, qui me paraît une grande bête, se mêle de la santé de tout le monde et finit toujours par envoyer à la mer. Au reste, c'est un avantageux de la province, jeune, assez bien, souriant toujours pour montrer ses belles dents et débitant des lieux communs avec un air important, comme s'il disait la chose du monde la plus nouvelle et la plus extraordinaire. Rien n'est plus choquant que ses manières avec les dames ; c'est comme s'il était leur égal ; c'est plutôt un adorateur qu'un médecin. Je n'ai rencontré ce genre qu'en France.

Dieppe, 4 juillet.

La baronne de Montmorency vient d'arriver avec un M. de Cipière, que je ne connaissais pas, qui a une assez jolie fille avec lui ; tout cela va dans les ondes et je commence à craindre qu'il n'arrive avant notre départ toute une coterie de Paris pour troubler notre repos.

M. de Chateaubriand a pris congé du roi il y a quelques jours. En sortant du cabinet, il rencontre la duchesse de Rohan-Chabot ; il était si enchanté de sa réception, qu'il a dit à cette duchesse :

— Le roi m'a reçu comme son enfant.

— Dans ce cas, lui a répondu la duchesse, il vous a donné le fouet.

3 juillet.

Victor et moi nous avons fait quatre mille coups de volant cet après-dîner ; nous n'en pouvions plus de fatigue et de lassitude. J'ai été aujourd'hui à la pêche au maquereau avec le baron Gersdorff ; nous sommes restés quatre heures en mer sur une petite barque avec une seule voile. Mon compagnon a été malade à la mort et ce qui a été le plus extraordinaire, c'est qu'il n'est pas malade comme un autre : chez lui toutes les écluses s'ouvrent à la fois.

Dieppe, 6 juillet.

Les filles de lady Granville sont à Dieppe et nous apportent tous les jours une grande quantité de roses de leur jardin. Elles sont établies ici depuis plusieurs mois avec leur gouvernante, dans la plus grande solitude ; elles ne voient personne. C'est une exception toute particulière que lady Granville a faite en notre faveur, de permettre qu'elles viennent nous voir.

L'aînée se baigne tous les jours dans la mer et avant d'y entrer, elle se fait jeter un grand baquet d'eau sur la tête. Je trouve que c'est encore plus désagréable que la manière ordinaire dont on prend les bains de mer ici, qui consiste à être plongé par le baigneur, la tête la première. On choisit les baigneurs entre les pêcheurs ; ce sont ordinairement des gens de bonne conduite et outre cela, ils sont jurés ; c'est une espèce d'avancement que de devenir baigneur de simple pêcheur ; c'est plus lucratif à présent que la pêche. On a eu la maladresse de se servir d'une nouvelle espèce de filets, avec lesquels on a pris, il est vrai, beaucoup plus de poissons qu'à l'ordinaire ; mais, on a arraché en même temps toutes les herbes, ce qui fait que les poissons se sont tous transportés vers la côte d'Angleterre.

Les baigneurs ont des vestes et des pantalons bleu foncé avec un chapeau en cuir sur lequel il est écrit : *Baigneur juré*, et une écharpe rouge garnie de franges jaunes. Il y en a pour les hommes et pour les femmes. Comme en tout, il y a aussi ici une vogue ; celui de la duchesse de Berry, qui s'appelle Cosvreau, est le baigneur à la mode ; on se le dispute ; pour les hommes, c'est Fonvite, mon baigneur ; il n'a d'autre mérite que celui d'être plus souvent que les autres dans les vignes de Notre-Seigneur. Les dames ont un costume fort désavantageux : c'est une longue blouse en gros mérinos d'une couleur foncée, un pantalon de la même étoffe avec un serre-tête en taffetas ciré.

Dieppe, 13 juillet.

Aujourd'hui, il y a tout plein de monde arrivé de Paris : c'est le baron de Montmorency, avec son père le duc ; c'est le baron de Maussion avec sa femme, c'est Eugène Anisson avec madame et son frère et enfin la duchesse de Coigny avec ses enfants et ses parents. M. et lady Dalrymple Hamilton ; tout cela est venu chez nous et notre salon, tout grand qu'il est, semblait petit rempli de tout ce monde. C'était à n'en pouvoir plus du bruit qu'on faisait.

Dieppe, 15 juillet.

Je viens du château d'Arques ; j'en ai pris deux vues qui sont assez pittoresques. Ce château a été embelli par Henri IV, qui y demeura avec Gabrielle d'Estrées et c'est dans ce château qu'il a été assiégé par le duc de Mayenne. Mme la duchesse de Berry y a donné l'année dernière des fêtes ; elle y a fait construire un pavillon de fort mauvais goût, où avaient lieu des dîners dont les convives devaient être en costume du temps de Henri IV. Rossini a composé pour ces fêtes des morceaux de musique sur des paroles analogues au temps ancien avec des allusions flatteuses pour Madame. Ces cantates étaient exécutées par des chanteurs de l'Opéra italien et c'était charmant, à ce qu'on m'a dit, charmant.

Dieppe, 16 juillet.

Nous avons eu aujourd'hui des nouvelles de la fête que la princesse Bagration a donnée à l'occasion du mariage de sa fille avec le comte Blome. Il y a eu un grand bal avec souper, le jardin illuminé, concert, etc. Le trousseau superbe a été, comme de coutume, étalé dans une des pièces de l'appartement ; ceci est tout simple ; mais, ce qui a beaucoup étonné les dames françaises et shocking les dames anglaises, c'est le lit des mariés, qui a été placé au milieu, tout en batiste brodé en plein avec des couronnes *royales;* les deux coussins étaient l'un à côté de l'autre, l'un avec le chiffre du mari et l'autre avec celui de l'épouse. Un chapeau d'Herbault en paille d'Italie, orné de plumes blanches, a fait surtout beaucoup d'effet ; il a coûté dix-huit cents francs.

Dieppe, 17 juillet.

Lord et lady Granville sont arrivés à Dieppe aujourd'hui pour passer en Angleterre. Le duc de Devonshire, que nous avons trouvé ici, est allé à la rencontre de sa sœur. Il vient de nous l'annoncer, il y a une heure ; elle est au désespoir de quitter Paris. Je crois cependant que ce qu'elle regrette plus que la société, c'est sa position. Lady Hamilton nous a présenté aujourd'hui son amie, lady Balhaven, et son mari ; cette dame a beaucoup d'esprit, à ce qu'on dit ; mais elle n'est pas aussi jolie qu'aimable.

Dieppe, 18 juillet.

Je suis désolé, nous n'avons que du mauvais temps. Je pars cette nuit pour Brigthon et il me faut encore faire force visites. Le duc de Devonshire passe aussi à Brighton sur le même steamboat que moi. Lady Granville est partie ce matin pour Calais et fera la traversée de là à Douvres. Elle m'a donné rendez-vous à Devonshire House, pour après-demain, à deux heures. Je serai fort exact à m'y rendre.

Londres, 22 juillet.

J'ai fait la traversée de Dieppe à Brighton avec le duc de Devonshire sur un bateau à vapeur, nous avons mis douze heures. Tout le monde a souffert ; on a été, autour de moi, malade jusqu'à la mort ; moi seul je me portais à merveille. Mon compagnon de voyage, le baron de Gersdorff, m'a fait pitié ; c'était des gémissements, des évanouissements continuels : voilà ce qui rend désagréable un pareil voyage, même pour ceux qui n'ont pas le mal de mer. Le duc de Devonshire, qui prétend ne jamais souffrir sur mer, a rendu et gémi comme un autre ; il est vrai que la mer était ce jour-là on ne peut plus agitée.

Londres, 23 juillet.

Le premier jour que j'ai passé en entier à Londres, était un dimanche et cela avec beaucoup de pluie et de brouillards. Je l'ai donc employé à écrire à Dieppe, à faire des visites et à voir quelques églises, des squares, des quais, les ponts de la Tamise et puis je me suis couché de bonne heure pour ramasser des forces en vue du lendemain.

J'ai commencé mes visites comme de raison par le prince Esterhazy. J'étais curieux de voir Shandors House dont nous avons si souvent parlé dans le temps où nous aurions dû l'habiter. A ma question si le prince était chez lui, le portier a répondu négativement ; mais, lorsque je lui ai eu décliné mon nom, sa grosse figure est devenue encore plus large et il m'a introduit avec de profondes révérences dans une grande salle en me disant qu'il allait avertir le prince. Peu d'instants après, le prince est sorti de la chambre à côté de celle où je me trouvais et m'a reçu avec cette amabilité, cette cordialité que je lui connais, mais, qui surprend toujours fort agréablement lorsqu'on le revoit.

— Bravo, bravo, comte Rodolphe ; c'est bien de venir nous voir à Londres ; mais, je suis fâché que vous ayez commencé votre séjour par un si mauvais temps et le dimanche... Je vais aujourd'hui à Windsor, s'il fait beau et si cela vous faisait plaisir d'y venir avec moi... Mais allons dans ma chambre, pour causer un peu. Vous n'avez rien à faire qui presse en ce moment?

— Je suis tout à fait à vos ordres, mon prince, et

pour ce qui concerne votre aimable proposition de me prendre avec vous à Windsor, j'en profiterai avec empressement s'il ne pleut pas.

— Voilà Schwarzemberg, me dit le prince.

La première chose que ce jeune collègue m'a demandée, c'était si je n'avais pas apporté de dépêches.

— Je ne viens pas de Paris, soyez tranquille. Je n'ai rien apporté, absolument rien.

— Alors, soyez mille fois le bienvenu. Je dois vous dire que vous m'avez beaucoup effrayé ; nous n'avons pas même lu les dépêches que nous venons de recevoir de Paris et voilà que je croyais que vous nous en apportiez déjà d'autres.

A ces mots, il s'est remis à lire les dépêches et moi je suis entré en conversation avec le prince. Son esprit est si vif, ses expressions si justes, ses questions si fréquentes et sur tant de sujets intéressants que c'est un véritable plaisir de parler avec lui. Il m'a beaucoup interrogé sur la société de Paris, les opinions et l'esprit qui y règnent ; puis il m'a parlé de lord et lady Granville. Il m'a dit qu'il ne croyait pas que cet ex-ambassadeur eût été jamais rappelé s'il n'avait donné sa démission. Il m'a fait un portrait du caractère de lady Stuart en faisant un parallèle avec lady Granville qui fut fort à l'avantage de lady Stuart ; enfin, il me fit tant parler, parla tant lui-même que nous n'en finissions plus, et que je dus lui rappeler que j'avais rendez-vous à deux heures chez lady Granville. Je pris donc congé de lui. Il a eu la bonté de m'inviter à dîner pour tous les jours et il m'a permis de plus, d'amener avec moi mon compagnon de voyage.

— Ma femme n'est pas à Londres en ce moment,

me dit-il ; nous vivons sans façon ; ne faites donc pas de toilette ; je suis au désespoir de ne pas pouvoir vous loger dans ma maison ; mais le Shandors House n'est pas aussi vaste que l'hôtel d'Eckmühl.

Après avoir exprimé au prince combien je lui étais reconnaissant pour ses bontés, je pris encore une fois congé et je partis après avoir parlé avec Bauer pour me faire assurer un équipage pour le temps que je resterai à Londres. De retour chez moi, je trouvai mon baron de Gersdorff qui m'attendait avec impatience. Je lui ai porté le message du prince qui ne lui donna pas peu de scrupules et il m'a fallu employer toute ma rhétorique pour le faire aller dîner chez notre ambassadeur. Notre tilbury nous attendait déjà à notre porte pour nous mener chez lady Granville.

Nous avons trouvé le salon de lady Granville rempli de monde, quoiqu'elle m'ait dit qu'elle ne vivait à Londres absolument que pour ses amis ; c'est pourquoi je l'ai beaucoup félicitée d'avoir tant d'amis et d'amies ; elle en a beaucoup ri. C'est chez elle, pour la première fois, que la tranquillité des Anglais m'a remarquablement frappé. J'en ai vu beaucoup sur le continent ; mais, c'est tout autre chose. Ils prennent nos mœurs ou les imitent au moins autant qu'ils peuvent ; mais, rien n'est plus solennel qu'une société de dames anglaises ; elles parlent toutes bien lentement et presque à voix basse, ne rient jamais aux éclats et cent Anglaises ne font pas tant de bruit que quatre Françaises. Cependant, avec cette froideur apparente, elles ne sont pas froides le moins du monde ; elles ont beaucoup de rapports avec les Allemandes et accueillent les étrangers extrêmement bien.

Lady Granville m'a présenté à toute sa société ; mais, je ne saurais dire les noms de ces personnes ; il y en avait un si grand nombre. Elles ont eu presque toutes la bonté de me dire bien des choses aimables sur tout ce que leurs amis ou parents, qui avaient fait ma connaissance en Italie ou à Paris, leur ont dit de moi.

Après que la foule a été partie, lady Granville m'a fait faire le tour de l'appartement qui est vraiment magnifique, orné de tableaux superbes, le tout comme en Italie, mais réuni à la propreté et au confortable des Anglais. Lady Granville ne cessait pas, pendant tout le temps, de m'exprimer les regrets qu'elle éprouvait de ne plus être ambassadrice à Paris. Elle me dit qu'elle avait le projet de passer l'hiver en Italie, ou peut-être à Paris.

— En tous cas, nous nous reverrons à Dieppe ; j'espère que vous y resterez encore jusqu'à la fin de ce mois, je compte y aller sous peu ; vous savez mon faible pour Dieppe.

— Je le connais, madame ; mais, je n'y conçois rien, depuis que j'ai vu Brighton.

— Ne me dites pas cela, comte Rodolphe. Si vous aviez suivi le genre de vie qu'on mène à Brighton, vous n'en seriez pas aussi enchanté, c'est tout à fait comme ici et vous m'avouerez que nos heures sont indues.

— Vous me percez le cœur, milady ; je suis tellement ravi de Londres que je trouve tout bon, bien et beau et je compte bien profiter de mon petit séjour.

A ces mots je lui exposai à peu près mon projet.

— Cessez, cessez ! cessez ! Vous m'étourdissez ; ma paresse me fait paraître votre activité monstrueuse : vous suivre en pensée seulement me fait mal. Je ne puis vous dire, comte Rodolphe, combien Londres me paraît triste et ennuyeux. Faites-moi le plaisir d'y trouver tout détestable.

Londres, 24 juillet.

Nous avons dîné chez lady Granville. Ce dîner n'était composé que de jeunes gens qui presque tous ont été ou secrétaires ou attachés à l'ambassade anglaise à Paris. En fait de dames, il n'y avait que la sœur de lady Granville, lady Carlisle, que j'avais connue à Paris, ainsi que son mari et leur fils. Il était un de mes amis à Rome et s'appelait alors Howart; à dîner, je me trouvais assis à côté de lady Carlisle et j'avais à ma gauche Walewski. C'est un jeune homme qui a un très agréable extérieur. Il est fils de Napoléon et il a eu, au commencement de son séjour, des succès inconcevables. Puis, comme cela arrive toujours à Paris où les engouements passent comme ils viennent, on l'a jeté de sa hauteur beaucoup plus bas qu'il ne le mérite. Pour ce qui me concerne, il ne m'a jamais paru une merveille; mais, en revanche, je le trouve encore très bien à présent et point ennuyeux et fat comme il en a la réputation; avant tout, c'est un excellent garçon. Il lui est pardonnable d'être napoléoniste, et d'ailleurs il est trop poli pour m'en parler.

Caradoc était aussi de ce dîner, mais il n'était pas trop bien disposé. Personne n'est prophète dans son pays, on ne l'a trouvé à Londres ni aussi beau, ni aussi aimable que sur le continent, ce qui ne lui fait pas grand plaisir. Mais, ce qui achevait de le mettre de mauvaise humeur ce jour-là, c'était l'arrivée de M. de Blome, qui lui avait annoncé celle de la princesse Bagration. Ceci l'aurait mis dans une position tout à fait fausse et il a donc remué ciel et terre pour contrecarrer ce projet de la princesse ; mais, d'après de Blome, elle était déjà à Calais. Caradoc ne pouvait donc pas savoir si le courrier qu'il lui avait envoyé, était arrivé à temps, et une dame de la société de Paris, que j'ai rencontrée à Londres, a eu le mauvais ton de me dire qu'une petite indisposition de sa part était au fond tout ce qui causait son embarras.

Londres, 25 juillet.

Nous avons dîné chez le prince Esterhazy. Il était encore à la campagne. Nous étions donc tout seuls avec Schwarzemberg et Bauer ; le premier était tout préoccupé ; son adorée devait quitter Londres sous peu de jours. Cela ne l'arrangeait pas trop et il était par conséquent de très mauvaise humeur.

Après dîner, Bombelles est venu nous faire sa visite ; il arrivait dans le moment ; j'ai été bien curieux de voir sa femme ; ma curiosité a été satisfaite dès le lendemain. Je m'attendais à voir une Vénus et je fus bien désappointé, trouvant tout le contraire de la beauté. Après dîner, nous sommes allés au Surry-Théâtre.

Londres, 26 juillet.

Je suis allé à l'ambassade d'Autriche. Le prince Esterhazy était arrivé ce jour-là, et la princesse aussi, de l'île de Wight, mais, elle était à sa toilette. Je n'ai donc vu que le prince et Neumann, qui venait d'arriver aussi. J'ai trouvé à ce dernier un air beaucoup moins grand seigneur qu'il ne l'affichait autrefois ; aussi n'est-il plus dans la société ce qu'il a été dans le temps. Il était un homme important dans les salons de Londres ; un ambassadeur n'aurait pu avoir un plus grand aplomb que ne l'avait Neumann dans ce temps de son brillant à Londres.

La duchesse de Bedfort fut celle qui lui donna le coup mortel dans la société. Il avait eu le malheur de lui déplaire par une plaisanterie qu'il s'était permise avec elle. La duchesse avait donné la commission à quelqu'un à Paris de lui envoyer une riche toque d'Herbault. La boîte fut adressée à Neumann qui était des intimes de la duchesse ; celui-ci se doutant de ce qu'elle contenait, l'ouvrit, en sortit la toque et y substitua un gros bonnet de nuit avec quelques lames d'argent, espérant que la duchesse, fanatique pour les modes de Paris, le mettrait au lieu de sa toque, et, en effet, la mauvaise plaisanterie aurait réussi, si, je ne sais par quel heureux hasard, une de ses amies n'eût eu connaissance de l'affaire et n'eût tout découvert à la duchesse. Celle-ci écrivit un billet foudroyant à Neumann et lui promit de se venger d'un pareil affront. Elle tint parole et mit toute son influence en jeu pour faire du tort à Neumann et pour lui gâter sa position dans le grand monde ; elle y réussit complètement et Neumann, d'enthousiaste Anglais qu'il était, ne désire maintenant rien au monde plus ardemment que de pouvoir partir de Londres.

De chez Neumann, je suis allé chez Schwarzenberg ; il est très bien établi avec Dietrichstein dans une petite maison qu'ils ont prise à eux deux et qui n'est qu'à quelques pas du Shandors House. Schwarzenberg me pria de le conduire au Hyde Parc et y fit amener son cheval ; nous fîmes un petit tour de promenade ensemble dans ce parc ; puis, il monta sur son cheval et moi j'allai à Kensington Garden que je n'avais pas encore vu et qui est remarquable par ses beaux arbres. En allant de là au Green Parc, j'ai passé à côté d'une statue érigée au duc de Wellington, en fer fondu, qui est un peu mieux que son canon, près les horse-guards.

Après cette grande promenade, je rentrai pour faire ma toilette et puis je me rendis pour dîner à Shandors House. La princesse, quoique fatiguée de son voyage et malgré le grand abandon qui régnait dans sa toilette, avait cependant fort bonne mine. Je lui présentai mon compagnon de voyage Gersdorff, qu'elle reçut avec sa bonté ordinaire. Après cela, elle me présenta ses enfants, qui me rendent bien vieux. Marie, que j'ai vue enfant à Vienne, est maintenant une jeune personne de quinze ans, toute formée ; elle serait très belle si elle n'était pas un peu trop petite ; elle ressemble de figure à la princesse Léopoldine Lichtenstein, sa tante ; elle ne pouvait mieux choisir entre ses tantes. Rosa est petite à faire peur, c'est vraiment une naine et avec cela, elle a une figure qui ressemble, mais bien en laid, à sa mère, le nez retroussé et plus plat, la bouche plus grande et elle est noire comme une mulâtresse. Le petit Nicolas est aussi petit de taille, pas joli de figure ; mais, il a une expression de vivacité et d'esprit qui embellit beaucoup ses traits ; c'est un bon garçon, mais son gouverneur m'a dit qu'il avait toute la peine du monde à lui faire apprendre quelque chose, à cause de sa grande vivacité.

Ces enfants sont adorés par leurs parents et surtout le prince ne fait que sauter, crier et se rouler sur tous les divans lorsqu'il joue avec son Nicolas. Ce petit polisson a le talent de contrefaire tout le monde ; il m'a fait voir quantité de figures dont il a attrapé la ressemblance d'une manière vraiment étonnante. Je ne sais pas si cela continue toujours, mais pendant le temps que j'ai passé avec la princesse Thérèse, elle ne faisait que donner des leçons de morale à ses enfants, et comme elle ne manque pas d'esprit, c'était vraiment très bien : j'en fus tout édifié.

Je sortis bientôt après pour aller au Théâtre-Italien. Veluti a chanté sans voix et joué comme un pantin. Mlle Sontag n'était pas non plus très brillante. Du reste, je n'ai pas pris bien garde à ce qui se passait sur la scène ; j'ai trouvé tant de personnes de ma connaissance, que je n'ai fait que jaser tout le temps.

Dans l'entr'acte, j'allai au foyer où j'ai trouvé encore une foule de monde. Tout d'un coup, j'entends derrière moi une voix connue :

— Puis-je en croire mes yeux? C'est le comte Rodolphe.

Je me retourne et je vois lady Londonderry.

— Depuis quand êtes-vous ici?

— Depuis peu de jours, madame.

— Et vous n'êtes pas venu me voir. Ah! c'est bien aimable ; mais, n'en parlons pas. Quel projet avez-vous ce soir?

— Moi, milady? De voir le ballet et de rentrer chez moi.

— Alors, venez avec moi au bal, chez Mme Michels, vous y trouverez la marquise de Nadaillac et sa fille.

— Vous êtes bien aimable, madame ; j'irai avec beaucoup de plaisir.

En voiture, elle m'a fait les reproches les plus aimables de n'être pas venu à Londres pour le bal masqué qu'elle a donné et qui a été la chose la plus magnifique qu'on puisse imaginer. Elle avait pris le costume de la reine Élisabeth ; elle était couverte de diamants et de perles, pour un million sur la tête, pour un autre au cou et pour un troisième sur sa robe. Ainsi rayonnante de magnificence, elle était assise sur un trône superbe, couvert d'un dais surmonté de la couronne royale. Sur les marches couvertes de velours brodé en or, étaient placées toutes les grandes charges de la cour de ce temps, dans leurs costumes. Toutes les dames et hommes qui arrivaient chez elle étaient obligés d'aller jusqu'au trône pour lui faire la révérence et lady Londonderry, comme la reine Élisabeth, ne se levait pour personne et n'inclinait pas même la tête pour rendre le salut.

Mais, revenons à mon bal : nous arrivons à une heure ; il y avait déjà sur l'escalier une presse et une foule à ne pouvoir y tenir et lady Londonderry me dit :

— Je suis toute honteuse de vous avoir amené de si bonne heure ; il n'y a encore personne !

— Et qu'est-ce donc que tout ce qui m'entoure, milady ?

— Ce n'est rien et du moins ce n'est pas assez élégant pour vous. Venez, je vais vous présenter à Mme Michels et à ses filles.

A cette présentation, d'autres succédèrent ; les dames m'amenèrent tous leurs cousins, frères et oncles paternels et maternels, si bien qu'à la fin, je n'en pouvais plus.

Parmi tout ce monde, une dame attira surtout mes regards. C'était lady Ellenborough, une des plus belles femmes que j'aie jamais vues, des cheveux blonds, un teint superbe, des yeux bleus et grands, jeune, dix-neuf ans, une taille de nymphe ; enfin, tout est réuni pour la faire admirer ; c'est elle que Schwarzenberg adore et je n'ai pas manqué de me faire présenter. Elle ne m'a pas enchanté par son esprit, il est vrai ; mais, tout ne peut pas se trouver dans une même personne. L'expression de sa figure est douce ainsi que le son de sa voix et toute sa personne a je ne sais quoi de modeste et de décent qui m'a ravi.

La froideur et le cérémonial d'une première connaissance n'ont pas duré longtemps entre nous ; elle m'a parlé avec beaucoup de franchise de son mari qu'elle accuse d'être jaloux et trop peu indulgent pour elle, ce qui lui plaît à dire ; mais, en réalité, je crois que lord Ellenborough, occupé des affaires que sa place exige, n'a pas le temps de donner de bons conseils à sa jeune femme.

En général, j'ai trouvé la société de Londres charmante, la plus agréable du monde ; mais, je n'y ai pas trouvé la grande décence dont on m'avait toujours parlé. On tient beaucoup aux belles manières, on veut que tout le monde ait un air modeste et sage ; mais, il n'est pas nécessaire qu'on soit vertueuse pour réussir.

J'avais déjà dansé avec lady Ellenborough lorsque Schwarzenberg est arrivé ; madame ne s'est pas vantée d'avoir dansé avec moi et elle l'a chargé de m'engager avec elle pour la première valse ; j'ai accepté avec grand plaisir. J'étais si occupé de la danse et de mes danseuses, que j'en essuyai des reproches de toutes les dames de ma connaissance que je n'avais pas encore approchées. De ce nombre étaient lady Jersey, lady Kooper, lady Charlemont, lady Émilie Kaulfiheld, etc.

Le prince Léopold me demanda si j'étais à Londres incognito.

— Oui, monseigneur, lui répondis-je ; j'ai voulu garder mon incognito jusqu'à demain où j'ai l'intention de faire ma cour à Votre Altesse Royale.

Je suis rentré à cinq heures du matin.

Le lendemain, à mon déjeuner, on m'apporta un billet du prince Maximilien de Bavière ; il me priait de passer chez lui. Je m'y suis rendu à midi. Il m'a reçu comme on pourrait recevoir un ami intime qu'on n'a pas vu depuis bien longtemps, et cependant notre connaissance ne date que de Paris. Il m'a dit qu'il serait venu me voir, mais que son médecin lui avait défendu de sortir.

— J'ai été bien dangereusement malade, poursuivit-il (en effet il avait beaucoup maigri et il était encore bien pâle). Je fais demain ma première excursion, j'irai chez la marquise Devonshire, à la campagne. Voulez-vous être de la partie?

— Je profiterais avec beaucoup de plaisir de vos bontés, monseigneur ; mais, j'ai promis au prince Léopold d'aller le voir.

— C'est à regret que je vous cède au prince Léopold ; je m'étais fait une véritable fête d'aller avec vous chez la marquise.

Il était près de deux heures lorsque j'ai quitté le prince Maximilien. En sortant de chez ce jeune prince, je me suis rendu chez mon baron et nous sommes allés ensemble à Chiswick, campagne du duc de Devonshire, tout près de Londres. Cette superbe maison de campagne est bâtie d'après le modèle exact d'une villa de Paladio, située au bord de la Brenta. Ce chef-d'œuvre d'architecture se trouve entouré d'un parc admirable. Un groupe de cèdres du Liban, les plus grands en Europe, après celui du Jardin des Plantes à Paris, est placé devant ce palais enchanteur ; ils coupent une pelouse qui s'étend comme un immense tapis en velours vert. L'intérieur de cette villa est rempli de chefs-d'œuvre, tous tenus avec cette propreté anglaise inimitable. Les escaliers de marbre blanc sont couverts de tapis superbes, toutes les pièces ornées de cheminées antiques, rapportées d'Italie ; l'intérieur de ce palais est certainement ce qu'on peut voir de plus parfait.

Au premier, on m'a montré la chambre où Fox est mort et, tout à côté, l'appartement de Canning qui y est mort aussi. Il est bien extraordinaire que deux grands hommes d'État aient été surpris par la mort dans la même maison de campagne, chacun d'eux ayant pour ami intime un duc de Devonshire. Les gens de la maison m'ont dit qu'on ne pouvait s'imaginer le désespoir de Mme Canning, maintenant lady. Cette femme, sous un extérieur doux et humble, cache une fierté, un esprit d'intrigue et une impétuosité de caractère qu'on rencontre rarement ; je ne pourrais lui comparer que Mme de Chateaubriand : ces deux femmes, au lieu de modérer l'emportement de leurs maris, n'ont fait que fomenter leurs passions et leur vanité. Lady Canning, depuis son veuvage, est tombée dans un néant qui doit lui être insupportable et qui n'a pas peu contribué à son désespoir.

Dans un cabinet du duc, il y a une collection de portraits de toutes ses amies en Angleterre et sur le continent ; il y en a un grand nombre et j'en ai trouvé beaucoup de ma connaissance, entre autres la princesse Pauline Borghèse. Avant le dîner, chez le prince Esterhazy, j'ai fait encore ma visite au prince Léopold, qui m'a reçu avec beaucoup de bonté ; il m'a montré toute sa belle et grande maison de la cave au grenier ; c'était à ne plus finir, d'autant qu'il m'a énuméré toutes les qualités précieuses qui le distinguent et fait admirer son arbre généalogique.

Après dîner, j'ai passé ma soirée chez lady Salisbury, mère de lady Cowley, l'ambassadeur d'Angleterre à Vienne. C'est une femme très âgée et bien active pour son âge ; mais, ses soirées sont ennuyeuses à périr ; c'est une réunion de vieilles femmes qui sont autant de caricatures en fait de modes et de manières. J'y ai rencontré, de ma connaissance, lord Templetowne avec sa fille, lord et lady Tankerville, sœur du duc de Guiche. On m'a encore présenté à une douzaine de femmes et d'hommes dont je ne me rappelle ni les noms, ni les figures et je suis rentré chez moi à deux heures du matin.

Londres, 28 juillet.

Je suis encore allé voir la princesse de Lieven ; elle m'a reçu avec beaucoup de bienveillance. Elle m'a parlé de son fils Paul qui est en ce moment à Pétersbourg pour arranger les affaires de succession après le décès de sa grand'mère. J'en fus un peu surpris ; mais, la princesse m'assura qu'elle était tout à fait tranquille sous ce rapport. La princesse n'a plus cet air rayonnant de bonheur que je lui avais vu pendant mon séjour à Rome. Sa position a bien changé depuis et je crois que cela lui fait beaucoup de chagrin. Elle s'est conduite inconcevablement pour une femme d'esprit et pour une personne qui, depuis tant d'années, habite Londres ; elle aurait dû savoir qu'en Angleterre, un ministre qui fait place à un autre, n'est point disgracié et surtout le duc de Wellington qui est l'ami intime du roi, et quand même cela eût été, elle aurait toujours manqué de tact en faisant une transition aussi subite de l'amitié la plus intime à la froideur et au dédain le plus offensant pour le duc et en faisant sa cour à Canning d'une manière ridicule. De tels procédés déplaisent partout, mais, surtout à Londres, une pareille conduite devient impardonnable.

La princesse a été bientôt après délaissée de toute la société ; il ne lui reste qu'un petit parti de flatteurs qui voulaient se pousser par son influence auprès de Canning ; mais, après le décès de ce ministre, elle fut réduite à un noyau d'amis les plus intimes de M. Canning. Elle a fait plusieurs tentatives pour revenir à Wellington ; mais, on ne donne qu'une fois dans une semblable attrape. Il n'y a donc plus d'espoir de salut pour elle et depuis ce temps, on ne la voit plus nulle part.

Après dîner, nous sommes rentrés chez nous, le baron et moi, pour faire notre toilette et pour nous rendre à l'Almacksbal (1) dont j'ai tant entendu parler. La princesse Lieven est la présidente du Comité des femmes qui se sont mises à la tête de cette entreprise et y a exercé une tyrannie qui a fait souvent la désolation de toute la société. On n'est pas encore assez libéral pour y admettre des personnes qui ne sont pas de la plus haute fashion ; mais, enfin la princesse s'en occupe moins et les

(1) Société fondée par l'aristocratie anglaise pour donner des bals par souscription. Il était très difficile de s'y faire admettre. Y être admis vous classait dans la haute société.

autres mettent des formes plus polies aux refus. Heureusement pour moi, je connais la présidente et presque tout le comité. Il m'a été donc très facile d'avoir des billets pour moi et mon compagnon qui en fut ravi.

La salle dans laquelle on donne des bals est grande, très bien éclairée, mais mal décorée ; la société est à la vérité fort brillante et il n'est guère possible de voir un plus grand nombre de belles femmes ; c'est grand dommage qu'elles aient si peu de goût pour la toilette ; elles sont quelquefois mises d'une manière incroyable. J'ai beaucoup dansé et de tout mon cœur ; j'y ai fait encore un grand nombre de nouvelles connaissances malgré moi ; je n'en avais pas grande envie, à cause des visites auxquelles ces présentations entraînent et qui sont fort incommodes à faire lorsqu'on reste pour peu de temps dans une grande ville comme Londres. Je suis resté à Almacks jusqu'à quatre heures du matin.

Le lendemain, je me suis levé un peu plus tard qu'à l'ordinaire, car vraiment mes forces commençaient déjà à m'abandonner tant je m'étais donné du mouvement. Cependant, après mon déjeuner, je me suis rendu dans la cité pour voir la boutique de Bridge, boutique d'orfèvrerie unique dans le monde entier. On y voit étalés des bijoux pour des millions ; j'y ai vu deux pendants d'oreilles en diamants du prix de trente mille louis. Mais, ce qui surpasse tout ce qu'on peut imaginer, c'est la vaisselle du roi, en vermeil et or, que M. Bridge a en dépôt. Un seul carafon en forme de vase coûte dix mille louis ; tout est dans cette proportion. Aucun souverain dans le monde ne se permettrait une pareille folie. J'ai vu aussi chez Bridge trois écussons d'Achille en argent fondu d'une grandeur prodigieuse, dont chacun coûte aussi dix mille louis et qui ne sert absolument que pour orner la crédence à un grand dîner. Il en a déjà vendu trois et un quatrième en vermeil au roi, qui a coûté le double de ceux en argent ; il m'a dit qu'il n'était pas du tout en peine de vendre les autres qui lui restent encore. On se demande toujours où va tout l'or et l'argent que produisent les mines de toute la terre ; j'ai eu le mot de l'énigme en Angleterre, en voyant ces boutiques d'orfèvres, dont il y en a tant et tant à Londres et sur la table de chaque particulier, une masse d'argent qui pourrait faire honneur à celle du roi de France.

Ce jour qui fut le dernier que j'ai passé à Londres, il y avait un grand dîner chez le prince Esterhazy pour le prince de Bavière. Le duc de Wellington en a été ; le prince Esterhazy m'a fait l'honneur de me présenter à lui. Il y avait presque tous les ministres, le prince de Cobourg et en fait de femmes mistress Foxlane et lady Jersey.

Dieppe, 6 août.

A mon retour ici, j'ai trouvé une quantité de personnes de Paris comme la duchesse de Maillé, la comtesse Albéric de Choiseul, le duc de Coigny, le prince et la princesse de Bauffremont, Mme la comtesse de Rougé avec sa fille, M. Anisson avec sa femme, Mme de Saint-Aldegonde avec deux toutes petites filles, M. de Dreux-Brézé, fils du grand maître de cérémonies, MM. de Sainte-Maure, le général de Bordesoulle, la comtesse de Chastelux avec ses deux filles et Mlle de Barante et son père le comte de Barante, auteur de l'*Histoire des ducs de Bourgogne*, le comte et la comtesse d'Avaray, Mme de Fourdonnet, la sœur de la pauvre Bourbon-Busset qui est mourante sans espoir.

Dieppe, 15 août.

On nous donne des concerts d'amateurs et d'artistes de Dieppe ; on nous écorche les oreilles, il faut applaudir lorsqu'on serait tenté de siffler. Il y a une cantatrice qui chante faux du commencement à la fin et cela avec une assurance et une fermeté vraiment admirables.

Avant-hier nous avons fait une promenade en mer avec les Bauffremont, les d'Avaray et Mme de Chastelux et sa fille ; cela alla très bien la première heure ; les deux couples Bauffremont et les Montmorency à la seconde ont commencé à se trouver mal et, pour combler notre malheur, le vent nous devint tout à coup contraire et il fut impossible d'entrer dans le port. Il a fallu jeter l'ancre et se faire ballotter des heures entières au grand désespoir de tous ceux qui étaient malades ; c'était vraiment terrible à voir. Enfin, nous sommes parvenus avec des efforts incroyables à revenir. La princesse de Béthune, Mme de Saint-Aldegonde, la duchesse de Coigny se trouvaient sur la jetée à notre entrée au canal ; elles ont pris la corde des mains des pêcheurs, nous ont traînés jusque dans le port ; elles étaient effrayées de la mine de nos malades, il y avait bien de quoi ; ils étaient tous vert et jaune.

Le prince de Saxe-Cobourg (1) nous est arrivé hier de

---

(1) Le futur roi des Belges.

Londres, non dans un yacht royal, comme nous l'avions cru, mais tout simplement par le steamboat. Il part demain pour chez les d'Orléans qui ont eu le malheur de perdre un fils et qui sont par conséquent dans la plus grande tristesse, bien que ce fils ne fût qu'un pauvre d'esprit, qu'il eût de l'eau dans la tête et toutes sortes d'infirmités ; il n'était pas moins leur enfant.

17 août

Le steamboat a manqué périr cette nuit, une tempête effroyable s'étant élevée pendant la traversée. Tous les voyageurs sont arrivés presque morts de frayeur et de souffrances. Lord Shesterfield avec mistress Fox, qu'il adore, étaient à bord ; ils m'ont dit qu'ils étaient tous préparés à la mort ; on avait fait les prières en commun avec tout le monde qui était sur le bâtiment ; on avait délibéré pour jeter tout dans la mer comme voitures, chevaux, etc. Il y avait un des voyageurs qui se trouvait dans une des voitures qu'on voulait jeter à la mer et qui était mourant depuis le départ. En entendant parler de ce projet, il fut guéri.

Nous partirons d'ici le 19 de ce mois. Gall ne sera probablement plus lorsque nous arriverons à Paris. Il est décidé que Koreff deviendra notre médecin, c'est un homme rempli d'esprit et de connaissances et surtout de mémoire ; il est étonnant et me rappelle beaucoup Bartoldi de Rome. Il est Prussien et a été juif comme lui ; il avait aussi beaucoup d'influence en Prusse, surtout sous le ministère Hardemberg. Il a aussi travaillé à ces fameux mémoires de Hardemberg qui paraissent maintenant sous le nom de *Mémoires d'un homme d'Etat*. Ses succès et la prépondérance qu'il a eus dans son pays, tout cela lui donne un air arrogant. On le voit bras dessus, bras dessous, avec les plus grands seigneurs ; il les traite comme ses égaux ; il est libéral au suprême degré. Ce portrait d'un médecin paraîtra singulier. Mais voilà ce que peut l'esprit réuni à une bonne dose d'effronterie.

Paris, 21 août.

Nous voilà de retour à Paris. Je suis bien aise de me retrouver ici et de reprendre mes anciennes habitudes. Nous avons couché comme la première fois à Rouen. Il y avait en ce moment beaucoup de voyageurs de Paris et de notre connaissance. Ils sont venus nous voir et tous ensemble ont formé un petit raout fort agréable.

Gall n'est plus ; après avoir pris congé de sa femme, il lui a dit :

— Dans une demi-heure, je perdrai connaissance ; les médecins voudront encore me tourmenter avec des remèdes et des cataplasmes ; tout cela est inutile et ne servira qu'à rendre ma mort plus douloureuse. Ne souffrez donc pas qu'on me martyrise et faites-leur mes adieux, car je ne les verrai plus.

Et, en effet, peu de moments après, il est tombé dans un assoupissement dont il n'est plus revenu. Il a laissé dans son testament qu'il voulait qu'on l'enterrât sans pompe, que son corps ne fût pas exposé dans l'église, en y ajoutant que ce n'était pas par une vaine ostentation d'impiété : « Au contraire, dit-il, dans son testament, je rêve de tout ce que notre sainte religion me prescrit et je déplore même de ne pas pouvoir partager avec mes autres coréligionnaires les consolations que l'Église nous offre ; mais, j'en suis exclu par elle-même ; mon ouvrage a été mis à l'index à Rome et je ne puis rentrer dans le sein de l'Église que sous la condition de révoquer ce que j'ai dit dans mes ouvrages. J'en suis trop convaincu pour dire le contraire : ce ne serait qu'une lâche hypocrisie. »

Il a été exposé dans sa chambre ; personne ne priait autour de lui et, au lieu de la croix, signe de la rédemption, on a mis une espèce de soleil en papier mâché qui ne signifiait rien.

Il est à plaindre et non à condamner ; espérons en bons chrétiens que la miséricorde divine lui pardonnera son aveuglement, en faveur du bien qu'il a fait à l'humanité pour laquelle il a sacrifié sa fortune et sa vie entière. Il est mort plus pauvre qu'il n'était au décès de son père qui avait été marchand ; il a tout dépensé pour son ouvrage qui, seul, lui a coûté cinq cent mille francs et une acquisition de crânes dont il a laissé une collection qui s'élève à des sommes très considérables. Pour la compléter, il a aussi laissé sa propre tête, qui, en effet, a été coupée, bouillie, pelée et brille maintenant entre les têtes de tant d'hommes d'esprit, le tout pour confirmer son système.

ANNÉE 1829

Sommaire résumé : La Congrégation. — Mlle Alix de Montmorency épouse le duc de Valençay. — Une lecture de Mlle Delphine Gay chez la comtesse de Chastenay. — Mort de la vieille duchesse de Montmorency. — La grande-duchesse douairière de Bade. — Élévation du cardinal Castiglione à la papauté sous le nom de Pie VIII. — Le cardinal Albani secrétaire d'État. — Vieille aventure du comte d'Artois et du duc de Bourbon. — Une lecture d'Alfred de Vigny chez la vicomtesse d'Agoult. — Le duc de Laval et le ministre des affaires étrangères. — L'amiral de Rigny. — Séjour à Dieppe. — Talleyrand et le second mariage de Napoléon. — Formation du ministère Polignac. — La grâce et l'esprit de Mademoiselle de France. — Rentrée à Paris. — Le nouveau nonce. — Les étrangers à Paris. — Une lettre de Chateaubriand. — Le ministère Polignac et la situation politique. — Le bec jaune aux pages.

6 mars.

On parle beaucoup de la Congrégation. Ce n'est point une chimère ; elle existe tout aussi bien que l'Association bretonne et autres. J'en connais plusieurs membres et ses deux présidents même : l'archevêque de Rohan et le duc de Doudeauville. Elle n'est pas aussi hostile à la Charte et à ses institutions que le parti libéral voudrait le faire accroire. Cependant, il est sûr que souvent, son zèle poussé trop loin fait bien du mal là où, par une modération sage, elle pourrait remédier aux abus et ramener dans la bonne voie, ceux qui se sont égarés et qui ne demanderaient pas mieux que d'y revenir, si trop de sévérité ne les repoussait. Ces associations, ces congrégations, etc., ne sont que les suites, que les petites maladies d'un corps mal organisé où chaque remède qu'on lui donne est un nouveau poison qui le tue s'il n'est pas contre-balancé par un autre. Cette multitude de maux amène donc une multitude de poisons et de contrepoisons qui finiront par l'envenimer.

11 mars.

Voilà donc Alix duchesse de Valençay (1)! J'ai assisté à la bénédiction nuptiale; mais, je ne suis allé ni à la signature du contrat, ni à la soirée de noces. J'ai pris un prétexte et je me suis rendu le lendemain chez la duchesse de Montmorency dans l'intention de faire mes excuses; mais, au lieu de me recevoir, elle m'a fait dire de remettre ma visite à un autre jour, ce que je n'ai pas fait, ne voulant pas la voir en particulier avant de lui avoir parlé dans une grande réunion. Cela s'est fait hier à une soirée qu'elle a donné.

Toute la famille y était réunie ce soir; on m'a traité avec beaucoup de distinction. Mme de Valençay m'a

(1) Fille du duc de Montmorency, duchesse de Valençay par suite de son mariage avec le duc de ce nom, fils aîné de la duchesse de Dino. Il avait dix-huit ans lorsqu'il se maria, et sa femme dix-neuf. Les commentaires du comte Rodolphe Apponyi sur cet événement, donnent à penser qu'il s'était flatté de l'espoir de devenir l'époux de Mlle de Montmorency.

présenté elle-même son mari et la duchesse de Montmorency m'a fait les reproches les plus aimables. Le duc de Valençay, qui ne se doute de rien, m'a dit que sa femme lui avait beaucoup parlé de moi et qu'il désirait infiniment être un jour au nombre de mes amis. Le prince et la princesse de Bauffremont avaient l'air très à leur aise avec moi, et la baronne de Montmorency me serra la main comme pour dire qu'elle n'était pour rien dans tout ce qui est arrivé. Les époux Dino, à présent les beaux-parents d'Alix, restèrent toujours à une distance respectueuse l'un de l'autre. Ils me dirent avec un air distrait qu'ils étaient heureux d'avoir Alix pour belle-fille.

Le hasard voulut que la duchesse de Valençay et moi nous trouvâmes ensemble, à plusieurs reprises. Effrayé de ce hasard, j'étais au moment de m'éloigner. Mais, la duchesse fit tant de questions sur différentes choses, auxquelles il me fallait répondre, que je fus forcé de rester. Je remarquai que plusieurs personnes me fixèrent d'une manière malicieuse. Cela me donna de l'humeur et me décida à quitter ce salon pour me rendre chez la duchesse de Maillé. Mais voilà que M. Pasquier et le duc de Talleyrand m'arrêtèrent et entamèrent avec moi une longue conversation : sur la cour de Rome, le conclave, les cardinaux *papegianti*, etc.; enfin, je parvins à m'en débarrasser, et certainement personne n'aurait pu m'arrêter cette fois-ci, excepté Mme de Valençay ; mais, je la rencontrai à la porte. Comment aurais-je pu passer à côté de la maîtresse de la maison sans lui dire un petit mot ; la simple politesse l'exige. J'épiai donc le moment favorable pour m'éclipser. Mais, elle ne quittait pas la place ; elle ne me perdait pas de vue. J'y serais encore, je crois, si je n'avais consulté autre chose que des devoirs de politesse et les manières du grand monde. Il m'a donc fallu appeler au secours un *bonsoir, dormez bien, madame!* fort bourgeois, en effet, auquel bonsoir, la duchesse répondit avec la même phrase, mais un peu accentuée, pour, je le crois du moins, se moquer de moi.

Le prince de Bauffremont est bien affligé de la perte qu'il a faite de sa tante, la princesse de Carignan ; il l'a beaucoup aimée. Elle a péri tout dernièrement d'une manière affreuse, par un accident, qui malheureusement ne se répète que trop souvent en France. Elle était auprès de sa cheminée à écrire au roi de Sardaigne ; elle lui exprimait dans cette lettre toute sa reconnaissance pour lui avoir procuré les moyens d'aller voir sa fille à Rome, mariée au prince Arsoli, fils de la Massimo. Elle était donc, comme je l'ai dit, près de sa cheminée, à écrire, lorsque sa robe ouatée prit feu.

25 mars.

François Lichteinstein vient de passer par Paris. Il est arrivé à Londres et loge à Shandors House, ambassade d'Autriche, tout près de l'appartement de la princesse. Laval, qui se meurt d'amour et de sentiment pour la belle Thérèse, ce dont Mme de Lieven est toute jalouse, passe sa vie à l'ambassade. Je ne sais pas comment la princesse fait pour s'arranger avec toutes ces passions et avec tant d'autres qui viennent à l'improviste ; ce qui me semble surtout très dangereux, c'est une brouillerie entre ses adorateurs qui pourrait facilement entraîner les partis ennemis à quelque esclandre.

Le procès de lady Ellenborough contre Schwarzenberg indigne toute la société de Londres. En attendant, il fait ici la cour à la vie et à la mort à la comtesse de Hatzfeld. Le prince Esterhazy est, dit-on, furieux contre notre attaché et pendant que les journaux anglais contenaient des articles fort désagréables pour la princesse, il l'enferma dans son appartement pour que du moins elle ne fît pas scandale en se montrant dans le monde. Du reste, je n'en crois rien, ayant trop bonne opinion des manières du prince et le jugeant incapable d'être brutal à ce point.

26 mars.

Je me suis beaucoup lié avec le petit duc de Valençay ; c'est un excellent jeune homme ; il met tant de prix à mon amitié que je serais bien ingrat si je la lui refusais. Il n'a que dix-huit ans ; nous rions beaucoup avec lui, sur son nom respectable d'époux, de père, l'année prochaine et peut-être de deux enfants même, me disait-il. Si cela était, il me demanderait pour parrain. Il m'a raconté les choses les plus amusantes sur ses débuts dans son nouvel état et bien des fois, en me parlant de sa femme, il l'a nommée Mlle Alix. Aux noces, j'ai vu moi-même qu'il a donné la main gauche au lieu de la droite.

La vieille duchesse de Montmorency, la mère du duc père de la Valençay, est morte hier ; cela fait mon désespoir. Voilà toute la famille de Montmorency, de Bauffremont, etc., en deuil. A ce propos, la duchesse de Dino me dit, vendredi dernier au dîner chez le prince de Talleyrand, que son fils devait se préparer à être toujours en deuil; appartenant maintenant aux Périgord et aux Montmorency, il n'aura presque jamais de carnaval.

Quelle femme que Mme de Dino! c'est certainement celle des filles de feu la duchesse de Courlande qui a le moins de cœur (1) ; cependant c'était la fille chérie de sa mère. Pour moi, je préfère infiniment la duchesse de Sagan (2). Je veux citer un propos de Mme de Dino, qu'elle m'a tenu sur son fils, à un de nos dîners. Ayant été assis à table à côté du duc de Valençay, il était tout simple que j'aille dire à sa mère après dîner, quelque chose aimable sur son compte.

— Oui, me dit-elle, c'est un bon garçon ; il sait se taire à propos.

Cette phrase m'a glacé, d'autant que le petit Valençay se prodigue en tendres égards pour sa mère.

29 mars.

La comtesse de Chastenay nous a invités à une soirée qui a eu lieu hier. Mlle Delphine Gay (3) a récité le dernier chant de sa *Madeleine;* l'invention a beaucoup frappé les Français et surtout ceux qui ne connaissaient pas notre

(1) Le comte Rodolphe aurait prononcé un jugement moins sévère s'il avait connu le journal de la duchesse de Dino, publié récemment par la princesse Antoine Radziwill.
(2) Sœur aînée de la duchesse de Dino, avait épousé tour à tour un émigré français, Henri de Rohan, et un prince Troubetskoï. En 1814, alors qu'elle était à Vienne, la police lui prêtait les propos suivants : « Je me ruine en maris. Je ne me passerai plus cette fantaisie et jamais plus, je ne me marierai. » A supposer que le propos fût vrai, elle ne tint pas l'engagement et épousa le comte de Schulenbourg qui lui survécut. Elle mourut à Vienne en 1839, sans avoir eu d'enfants d'aucun de ses mariages
(3) Elle épousa un peu plus tard Emile de Girardin.

littérature. Mlle Delphine a eu l'idée de représenter l'enfer à l'imitation de la *Messiade* : les diables, jaloux de la perfection de la sainte Madeleine, font une conjuration contre elle ; ils vont la tenter sous mille formes différentes ; ils n'y réussissent point et se replongent dans les flammes éternelles. Il y a dans ce poème des vers délicieux, de bien beaux tableaux. Mlle Gay, toute grasse qu'elle est, a un air inspiré lorsqu'elle récite ses ouvrages et, dans sa bouche, ils gagnent beaucoup en vigueur.

4 avril.

Aujourd'hui, à deux heures, viendra chez nous la grande-duchesse douairière de Bade, pour chanter avec notre cousine. Paër sera au piano, Mme de Caraman, MM. de Tellier, de Rayneval et de Bourgeau feront les chœurs. En fait d'auditoire, il n'y aura personne que moi, la princesse d'Yzembourg avec sa fille et sa mère, amies intimes de la grande-duchesse, et puis Mme Walsh, sa grande maîtresse.

5 avril.

La matinée d'hier a été charmante. Ces dames et ces messieurs ont chanté comme des anges, c'était véritable jouissance. Je me suis placé entre les deux jeunes amies la princesse Louise de Bade et la princesse d'Izembourg ; nous avons causé et ri dans les entr'actes et chuchoté pendant que les autres chantaient. La princesse Louise est charmante de figure et de manières ; elle est gaie, aimable, spirituelle, naïve en un mot. J'en suis enchanté ; elle partira mardi prochain, ce qui me fait beaucoup de peine.

La grande-duchesse est fort contente de son séjour à Paris ; elle est encore belle femme et surtout remplie de grâce et d'esprit. Le roi et Madame la dauphine l'ont accueillie de la manière la plus affable ; ces dames en sont revenues tout enchantées. Mme la duchesse de Berry a moins plu. La grande-duchesse surtout a été frappée de sa mauvaise grâce. Cela ne m'étonne pas ; la duchesse de Berry est dans le monde la femme la plus empruntée que je connaisse. Elle est parfois d'une gaucherie qui fait pitié ; la grande-duchesse est aussi bien souvent embarrassée ; mais, en ce cas, elle prend des manières froides et solennelles, comme on dit ici des manières de princesse allemande, qui auront encore augmenté l'embarras de Madame. Ceci explique que ces deux princesses se sont séparées très peu satisfaites l'une de l'autre.

Je suis ravi de l'élection du nouveau pape, ne fût-ce que par reconnaissance pour la belle réponse qu'il a faite au discours de M. de Chateaubriand, qui s'est montré dans cette occasion ce qu'il est toujours : homme de parti. Le cardinal Castiglione, maintenant pape Pie VIII, était l'ami intime du cardinal Consalvi et il serait devenu pape déjà au dernier conclave, s'il ne s'était pas prononcé aussi ouvertement pour Consalvi. Il a mieux aimé ne pas signer l'acte qui l'aurait forcé d'éloigner de sa cour le cardinal que de devenir pape ! Il l'est devenu maintenant ! C'était un des cardinaux que nous voyions le plus souvent au palais de Venise, non seulement parce qu'il était ami de Consalvi et très attaché à l'Autriche, mais aussi parce qu'il aimait notre cousin et qu'il connaissait son incomparable compagne depuis sa plus tendre jeunesse. On comprend que tous ces liens rapprochent beaucoup, de sorte que j'ai souvent vu le cardinal, qui d'ailleurs n'a rien de commun avec les grands Castiglione de Gênes, qui sont très illustres ; lui au contraire n'est pas même gentilhomme. Autant que je me le rappelle, il est devenu cardinal par une espèce d'inspiration de Pie VII, qui un beau jour, sans le connaître, l'a fait cardinal de simple curé. Il était donc, dès son élévation au cardinalat, entouré d'une espèce de prestige et l'on voyait en lui un pape naissant.

M. de La Ferronnays a donné sa démission et l'élection du pape hâtera probablement la nomination de M. de Rayneval au ministère des affaires étrangères, parce qu'on a peur de M. de Chateaubriand, qui menace de revenir en France. S'il venait avant que l'autre ne fût nommé, il prendrait ce portefeuille pour lui, malgré tout ce que l'on pourrait faire pour l'en empêcher. Quel triste état que celui d'un gouvernement dont l'ambassadeur peut quitter son poste sans permission pour troubler la monarchie, ose le dire, menacer même, où le roi doit trembler devant un de ses sujets et le ministre devant son sous-ordre.

La nomination du cardinal Albani à la charge de secrétaire d'État, a fait une grande sensation ici. On sait que ce cardinal est tout dévoué à l'Autriche et l'on croit que cela augmentera encore notre influence en Italie. Ils n'ont pas tort et c'est cette influence qu'ils redoutent, car elle est contraire à leurs projets criminels de bouleverser l'ordre des choses actuel.

7 avril.

On m'a donné des détails sur un duel qui eut lieu avant la Révolution entre le comte d'Artois (maintenant Charles X) et le duc de Bourbon, maintenant prince de Condé ; ils m'ont paru trop intéressants pour les passer sous silence.

Louis-Henri-Joseph de Bourbon, fils de Louis-Joseph de Bourbon, prince de Condé, avait épousé Mlle d'Orléans, sœur du malheureux duc d'Orléans, qui a joué un rôle si odieux pendant la Révolution. Parmi les femmes attachées à la princesse, était une jeune et jolie personne nommée Mme de Canillac ; elle plut au jeune duc de Bourbon, qui ne prit pas la peine de cacher cette intrigue, de sorte que son épouse, qui en fut indignée, témoigna son mécontentement à sa rivale, ce qui obligea cette dernière à se retirer.

Cette histoire, qui fit quelque bruit, inspira au comte d'Artois le désir de connaître cette beauté, qui excitait une aussi grande jalousie : il fit plus, il en devint amoureux et remplaça facilement le duc de Bourbon, qui d'ailleurs n'y pensait peut-être plus. Le comte d'Artois, se trouvant un soir avec elle au bal de l'Opéra, elle lui désigna au passage la duchesse de Bourbon qui s'y trouvait et qu'elle reconnaissait sous son domino. La tête un peu échauffée par le vin, à ce que l'on assure, il dit à sa maîtresse :

— Je vais vous venger.

Effectivement, il entreprit de paroles le masque qui conduisait la princesse, et c'était précisément le beau-frère de Mme de Canillac. Il feignit de croire que la dame était une fille de la pire espèce et lâcha en conséquence des propos outrageants. La duchesse furieuse, ne sachant absolument à qui elle avait affaire, voulut le voir en levant la barbe du masque du comte ; celui-ci, bouillant de colère, prit le masque de la duchesse à deux mains et le lui brisa sur le visage.

La duchesse avait reconnu l'Altesse Royale, qui, croyant ne pas l'être, avait jugé prudent de s'en tenir là. Malheureusement, il se vanta de ce qu'il avait fait. Toute la famille entière de Condé prit fait et cause ; et les princes allèrent demander au roi satisfaction de l'insulte. S. M. Louis XVI répondit que son frère était un étourdi et n'ordonna pas de réparation. Mme la duchesse de Bourbon crut ne devoir plus se montrer en public. Le prince, son époux, alla trouver M. de Maurepas, lui remit son mémoire au roi et ajouta que, si Sa Majesté ne jugeait point à propos de lui donner satisfaction, il regarderait ce refus comme une permission de la prendre lui-même.

Il y a encore une autre version : Mme de Canillac étant au bal avec le comte d'Artois et ayant reconnu la duchesse de Bourbon, aurait poussé le prince à lutiner sa cousine. Ce jeu aurait d'abord amusé la duchesse ; mais, à la fin, les propos qu'on lui tenait seraient devenus si piquants et si particuliers qu'elle aurait voulu savoir à qui elle avait affaire. S'imaginant peut-être que sa qualité la mettait au-dessus des lois du bal, elle aurait soulevé légèrement la barbe du masque et reconnaissant le prince, aurait tenté de se perdre dans la foule ; mais, le masque outré d'une telle audace, l'aurait poursuivie, arrêtée, et oubliant à son tour que c'était une femme et une femme de son sang, n'écoutant que sa fureur, il lui en aurait fait ressentir les effets en brisant son masque sur sa figure.

La scène s'était passée avec tant de rapidité que la chose n'avait causé aucune rumeur dans le bal et que peu de personnes s'en étaient aperçues. On ajoute que le comte d'Artois ne se vanta point de son étourderie chez Mme Jules de Polignac et que la duchesse de Bourbon ayant gardé le plus profond silence, l'outrage qu'elle avait reçu aurait été absolument ignoré, si la marquise de Canillac, enflée de cette espèce de triomphe, ne l'eût divulgué, ou si, plutôt, les gens attachés aux princes du sang et à leurs démarches, n'eussent confié indiscrètement cette aventure à des personnes qui d'abord la répétèrent tout bas, et ensuite lui donnèrent de la publicité. Enfin, on trouve dans les mémoires récemment publiés que Mme la duchesse de Bourbon, qui avait cru pendant quelque temps que le comte d'Artois pensait à elle, sentit s'accroître sa haine contre Mme de Canillac quand elle vit que le prince n'avait d'attentions que pour cette rivale. L'auteur de cette version ajoute que ce fut la duchesse de Bourbon qui tourmenta au bal le comte d'Artois et Mme de Canillac et que celle-ci chercha même en se retirant, à éviter les persécutions de la duchesse.

Quoi qu'il en soit de ces différents récits, les menaces et les démarches du duc de Bourbon faisant craindre au roi quelque malheur, il ordonna au chevalier de Crussol, l'un des capitaines des gardes du comte d'Artois, de ne pas le quitter.

Cependant, ce prince sentit enfin ses torts ; il consentit à faire à Mme la duchesse de Bourbon une réparation d'honneur convenable, en déclarant qu'il n'avait jamais eu l'intention de l'insulter et qu'il ne l'avait pas reconnue. Cette déclaration fut faite à Versailles en présence de la famille royale d'une part et des princes du sang de l'autre. Ce fut d'autant plus humiliant pour le comte d'Artois qu'il fut établi que c'est chez la duchesse de Polignac, favorite de la reine, qu'il s'était vanté de l'insulte, parce qu'il savait que la reine n'aimait pas la duchesse de Bourbon.

Mais, comme cette réconciliation ne pouvait avoir lieu à l'égard du duc de Bourbon, ce prince, dans l'entrevue de Versailles, fit connaître formellement, par un geste provocant, son mécontentement. Le comte d'Artois se rendit alors à l'avis de son conseil et même aux insinuations du chevalier de Crussol, qui en lui communiquant l'ordre qu'il avait reçu du roi, ajouta :

— Si j'avais l'honneur d'être le comte d'Artois, le chevalier de Crussol ne serait point vingt-quatre heures mon capitaine des gardes.

En conséquence, le prince fit savoir au duc de Bourbon ou par une lettre ou par un tiers, qu'il se promènerait un tel jour, le matin, au Bois de Boulogne. Le duc s'y rendit dès huit heures ; mais, le comte n'y arriva qu'à dix. Ils commencèrent en chemise un combat dont beaucoup de gens furent témoins ; il dura dix minutes, et cependant avec tant d'adresse et d'égalité qu'il n'y eut pas une goutte de sang répandue. Alors, le chevalier de Crussol intervint et leur ordonna de la part du roi de se séparer. Ils s'embrassèrent. Dans l'après-midi, le comte d'Artois alla voir Mme la duchesse de Bourbon.

Pendant le combat, on avait fermé les portes du Bois de Boulogne. Mais, il était déjà plein de monde. Le duc de Chartres était occupé dans la plaine des Sablons à tracer un emplacement pour les courses, et le duc d'Orléans faisait une répétition de comédie avec Mme de Montesson, lorsqu'on leur apprit le duel. La nouvelle en fut bientôt répandue dans Paris ; la duchesse de Bourbon, qui n'avait reçu personne jusque-là et faisait prendre du suisse par écrit, contre l'étiquette, tous les noms de ceux qui se présentaient à son palais, sortit de sa retraite et se montra à la Comédie-Française où tous les spectateurs l'applaudirent avec des battements de mains si prolongés, si généraux et si marqués qu'elle en versa des larmes d'attendrissement. Cet enthousiasme fut surtout attribué aux propos de cette princesse au roi. On rapporte qu'elle dit à Sa Majesté qu'elle demandait moins une réparation comme princesse que comme femme et citoyenne, dont la plus ordinaire devait être respectée partout et principalement sous le masque.

La reine, qui vint quelques minutes après à la comédie avec Madame, ne fut applaudie que faiblement en comparaison de Mme de Bourbon ; on sut que la reine avait déclaré ne pas vouloir se mêler de cette querelle. Le duc de Bourbon et le prince de Condé arrivèrent à leur tour pour recueillir les hommages du public. A peine parurent-ils derrière Mme la duchesse de Bourbon que les battements de mains recommencèrent plus fortement, accompagnés d'exclamations, de *bravo, bravissimo*... Monsieur fit peu de sensation et le comte d'Artois, qui arriva le dernier, ne recueillit que des battements de mains de décence, et dont la plupart, provenant du parterre, semblaient mendiés : la reine témoigna beaucoup d'humeur pendant tout le spectacle.

La tragédie finie, le duc de Bourbon se rendit à l'Opéra. Les *bravo, bravissimo* reprirent à ce spectacle et complétèrent la satisfaction du prince. Le duc de Chartres ne se montra pas à la comédie ; il craignait, avec raison, de n'y point jouer un beau rôle. Le public était indigné de ce que, après l'aventure de sa sœur, il eût continué de vivre avec le comte d'Artois dans la même intimité et se fût même montré avec lui en public dans une partie de chasse ; on caractérisa les personnages principaux figurant dans cette grande scène par les quatre vers suivants, historiques et sans aucune poésie :

> Bourbon se tait et se lamente ;
> L'épouse menace et se présente ;
> D'Artois se vante et puis mollit ;
> De Chartres rit et s'avilit.

Comme ce dernier en tout avait joué un fort vilain rôle dans l'affaire, on dit hautement qu'il n'y avait que lui qui fût sorti blessé du combat : il disait pour s'excuser que la duchesse de Bourbon n'était ni sa fille, ni sa femme et c'est ce qui lui fit refuser la porte du Palais-Bourbon lorsqu'il s'y présenta pour voir sa sœur. Le roi, pour punir les deux combattants de l'infraction à la loi contre le duel, exila le comte d'Artois à Choisy et le duc de Bourbon à Chantilly, où ils ne restèrent que très peu de jours.

Le chevalier de Crussol ajoute aux particularités qui précèdent celles qui sont spécialement relatives au combat :

« — Ce matin, dit-il, avant de partir de Versailles, j'ai
« fait mettre secrètement sous un coussin de la voiture
« la meilleure épée du prince : nous sommes venus tête à
« tête et croyant que j'ignorais tout, non seulement il ne
« m'a parlé de rien, mais, même, il ne lui est pas échappé
« un seul mot qui eût pu me donner le moindre soupçon.
« Il a été fort aimable et n'a cessé de faire des plaisan-

« teries. Quand nous sommes arrivés à la porte des
« Princes, où nous devions monter à cheval, j'ai aperçu
« M. le duc de Bourbon, avec assez de monde autour de
« lui. Dès que M. le comte d'Artois l'a vu, il a sauté à
« terre et, allant droit à lui, dit en souriant :

« — Monsieur, le public prétend que nous nous cher-
« chons.

« M. le duc de Bourbon a répondu en ôtant son cha-
« peau :

« — Monsieur, je suis ici pour recevoir vos ordres.

« — Pour exécuter les vôtres, a repris le comte d'Artois,
« il faut que vous me permettiez d'aller à ma voiture...

« Et étant retourné à son carrosse, il y a pris son épée ;
« ensuite, il a rejoint M. le duc de Bourbon ; ils sont allés
« dans le bois, où ils ont fait une vingtaine de pas ; M. le
« comte d'Artois a mis l'épée à la main et M. le duc de
« Bourbon, en adressant la parole au comte d'Artois, lui
« dit :

« — Vous ne prenez pas garde, monsieur, que le soleil
« vous donne dans les yeux.

« — Vous avez raison, a répondu le comte d'Artois ; il
« n'y a point de feuilles aux arbres, cela est insuppor-
« table, nous n'aurons d'ombre qu'au mur ; et il n'y en
« a que pas mal loin d'ici ; mais n'importe ! allons.

« Sur cela, chacun a mis son épée nue sous son bras,
« et les deux princes ont marché l'un à côté de l'autre
« en causant ensemble, moi suivant le comte d'Artois, et
« M. de Vibraye le duc de Bourbon, dont il est capitaine
« des gardes. Tout le monde est demeuré à la porte des
« Princes.

« Arrivés au mur, M. de Vibraye leur a représenté qu'ils
« avaient gardé leurs éperons qui pourraient les gêner :

« — J'ai ôté ceux de M. le comte d'Artois et M. de
« Vibraye ceux de M. le duc de Bourbon, service qui a
« pensé lui coûter cher, car, en se relevant, il s'est blessé
« sous l'œil à la pointe de l'épée de M. le duc de Bourbon
« qu'il avait, comme je l'ai dit, sous son bras ; un peu
« plus haut, il avait l'œil crevé.

« Les éperons ôtés, le duc de Bourbon a demandé per-
« mission au comte d'Artois d'ôter son habit, sous pré-
« texte qu'il le gênait, M. le comte d'Artois a jeté le sien,
« et l'un et l'autre ayant la poitrine découverte, ils ont
« commencé à se battre. Ils sont restés longtemps à fer-
« railler ; tout à coup, j'ai vu le rouge au visage du comte
« d'Artois, ce qui m'a fait juger que l'impatience le
« gagnait ; en effet, il a pressé plus vivement le duc de
« Bourbon pour lui faire rompre sa mesure. Dans cet
« instant, le duc de Bourbon a chancelé, et j'ai perdu de
« vue la pointe de l'épée du comte d'Artois, qui très pro-
« bablement a passé sous le bras du duc de Bourbon ;
« je l'ai cru blessé et me suis avancé pour prier le prince
« de suspendre :

« — Un moment, messeigneurs, leur ai-je dit, si vous
« n'approuvez pas la représentation que j'ai à vous faire,
« vous serez les maîtres de recommencer ; mais, à mon
« avis, en voilà quatre fois plus qu'il n'en faut pour le
« fond de la querelle et je m'en rapporte à M. de Vibraye
« dont l'opinion doit avoir du poids en pareille matière.

« — Je pense absolument comme M. de Crussol, a
« répondu M. de Vibraye, et qu'en voilà assez pour satis-
« faire la délicatesse la plus scrupuleuse.

« — Ce n'est pas à moi à avoir un avis, a repris le
« comte d'Artois ; c'est à M. le duc de Bourbon à dire ce
« qu'il veut ; je suis ici à ses ordres.

« — Monsieur, répliqua le duc de Bourbon en baissant
« la pointe de son épée, je suis pénétré de reconnaissance
« de vos bontés, et je n'oublierai jamais l'honneur que
« vous m'avez fait.
« Le comte d'Artois ayant ouvert les bras, a couru
« l'embrasser et tout a été dit. »
Je trouve ces détails bien chevaleresques. Ils ressemblent tout à fait à Charles X.

20 avril.

Nous avons été priés ces jours-ci à une petite soirée chez la vicomtesse d'Agoult dont le mari est le neveu de feu le vicomte d'Agoult, pour entendre lire un petit poème qui s'appelle *la Frégate*. L'auteur nous a fait lui-même cette lecture ; c'est le comte de Vigny, le même qui a écrit *Cinq-Mars* qui a eu tant de succès. *La Frégate* est aussi fort gentille : c'est le capitaine de la frégate qui raconte l'histoire de son navire depuis sa construction jusqu'à sa fin glorieuse où il coule à fond dans une bataille navale ; ce marin appelle la frégate sa belle, il la trouve gracieuse, svelte, gaie et docile ; il en est amoureux et, après sa perte, il la pleure comme une maîtresse que la mort lui aurait arrachée. Le tout est écrit avec sentiment et gaieté, il y a de bons vers et beaucoup de tableaux. L'auteur est un peu maniéré. En lisant, il prenait différentes attitudes ; il n'est pas très beau, cependant ses yeux ont je ne sais quoi d'inspiré qui ferait quelque effet si les grimaces qu'il fait avec la bouche ne le gâtaient pas.

25 avril.

Je reviens d'une tournée de visites ; entre autres nouvelles, j'ai su celle de la nomination probable du duc de Laval au ministère des affaires étrangères. Le duc de Laval ! Quelle disette d'hommes dans le pays où l'on est obligé de recourir à une telle médiocrité : il est bègue et il doit parler à la tribune ; il est sourd et aveugle et il devra entendre tout, voir tout ce qui se passe en Europe ; il est distrait plus que personne au monde ; il a une tête embrouillée et beaucoup de vanité : ce dernier défaut est surtout très mal placé dans un ministre en France, car Dieu sait que ces messieurs doivent en entendre de belles dans la Chambre.

On s'étonne beaucoup ici de ce choix, surtout les gens qui ne savent pas que M. de Laval est ami de M. de Chateaubriand et que ce cher ambassadeur, voyant que ses intrigues ne le conduisaient cependant pas au ministère, a déclaré qu'il donnerait sa démission si l'on ne faisait pas ministre quelqu'un qui lui convînt ; on fait donc Laval ministre, mais sans doute avec l'arrière-pensée qu'il n'acceptera pas ce portefeuille. Alors on dira à M. de Chateaubriand qu'on a tout fait pour lui donner un chef qui pût lui être agréable, mais que devant le refus de celui-ci, on se voit forcé d'en choisir un autre et ce sera, je le crois du moins, M. de Rayneval.

26 avril.

Le pauvre duc de Laval est bien maltraité par les journaux. Mon cousin est, en ce qui le concerne, très content de ce choix. Ses rapports avec le duc seront on ne peut plus agréables, étant avec lui sur un pied de très grande intimité. Hier, au cercle diplomatique, j'ai entendu le roi dire à mon cousin avec une grande assurance :

— Vous savez, monsieur l'ambassadeur, que vous allez perdre à Vienne M. de Laval.

Cela prouve donc que le roi ne doute pas qu'il n'accepte. Il lui a écrit lui-même ; il lui a dit qu'il ne voulait pas des phrases évasives. Le duc a été invité à ne pas arriver à Paris avant la clôture des Chambres.

23 mai

On m'écrit de Londres que le duc d'Orléans et le duc de Chartres s'y amusent à merveille ; je suis bien curieux de revoir ce dernier, j'ai été chez lui, à Neuilly, la veille de son départ ; je suis enchanté de ses succès à Londres, c'est le plus aimable jeune homme du monde, un modèle de prince d'exemple à tous les jeunes gens en général. Bien qu'on ne puisse pas reprocher aux jeunes Français d'être mal élevés, ils sont fort polis non seulement avec les dames jeunes et vieilles, mais même avec les hommes ; cependant le duc de Chartres les surpasse tous.

28 mai.

Hier, l'amiral de Rigny (1) a fait visite à l'ambassadeur.

(1) Entré dans la marine sous le Directoire, nommé contre-amiral sous la Restauration, il fut ministre en 1831 et ambassadeur à Naples.

En descendant au jardin, je l'ai trouvé se promenant avec mon cousin. C'est un homme d'une taille moyenne, fortement constitué, entre quarante et cinquante ans ; du moins il en a l'air. Sa figure brunie par le soleil a une très bonne expression et surtout celle de la plus grande franchise ; il est très simple dans ses manières, doux et causant avec les hommes, embarrassé avec les femmes, ne sachant ni entrer, ni sortir d'un salon ; en un mot il a les manières de son état. Mon cousin le trouve très spirituel et amusant. Son aversion pour les Grecs et tout ce qu'il nous en a dit m'a beaucoup diverti. Au reste, je n'y ai rien entendu de nouveau ; j'étais fixé sur le caractère de cette nation. Mais, j'ai été content d'entendre tout cela de la bouche de l'amiral de Rigny.

30 mai.

A notre dernier déjeuner, une dame anglaise que je ne connaissais pas, me demande avec instance de lui donner le bras pour la conduire près de ma cousine, en me disant qu'elle avait quelque chose à lui remettre de la part de Mme de Genlis.

— Oserai-je vous demander, madame, ce que c'est? Est-ce peut-être la couronne qu'elle a promise à ma cousine, il y a deux ans?

— Non, monsieur, reprit la dame en souriant, ce sont les six tablettes de chocolat que voilà, dont chacune est ornée d'une fleur dont les lettres initiales forment le nom de Mme de Genlis.

En effet, ces tablettes étaient enveloppées dans du papier qui était déjà tout sale et sur lequel il y avait des fleurs en mauvaise gravure et mal enluminées ; j'en ris aux éclats.

Peu de jours après cet entretien, j'ai rencontré Mme de Genlis à la bibliothèque particulière du roi. Elle y était venue avec Mme de Choiseul-Gouffier son amie, qui la soigne comme si elle était sa mère. Mme de Genlis n'a pas manqué de me faire voir l'album rempli de fleurs dessinées par elle avec des papillons de toutes les couleurs et le tout enrichi de petites phrases au-dessous de chaque bouquet, écrites sur un petit ruban dessiné qui forme un nœud. Elle a fait hommage de cet album au roi ; c'est une véritable horreur que tous ces dessins. Ne voulant, ne pouvant pas m'extasier sur une chose que j'étais loin de trouver jolie, je n'en dis rien, d'autant plus que Mme de Genlis ne cessait pas de se prodiguer à elle-même toutes sortes de louanges.

— Il est impossible, me dit-elle, de mieux rendre la nature que je ne l'ai fait en dessinant cette rose et la phrase écrite sur ce nœud est toute nouvelle ; en général, j'ai ce talent-là ; j'ai toujours les idées les plus heureuses et les plus nouvelles. Tout dernièrement, par exemple, j'ai écrit sous une petite gravure qui représentait un chien quelque chose de délicieux et de tout nouveau ; si j'avais parlé de la fidélité, de l'attachement, cela aurait été commun ; j'y ai mis, sans beaucoup réfléchir, cela coulait du bout de ma plume : *Je crains ce que j'aime!*

Cela dit, elle continue à tourner une feuille après l'autre ; tout à coup, elle s'arrête :

— Voilà un papillon fait à ravir ; avouez, monsieur, que personne au monde ne dessine mieux les papillons que moi. On craint d'approcher la main de peur qu'il ne s'envole, c'est charmant !

Après s'être louée à satiété, elle nous montra la facilité avec laquelle elle sait se lever de sa chaise.

— Voyez-vous, c'est inconcevable. Qui dirait que je suis une octogénaire? Et se levant de sa chaise sans l'aide de ses bras : — Me voilà ; c'est comme si je n'avais que soixante ans.

M. de Valéry, le bibliothécaire, Mme de Choiseul et moi, nous admirions sa souplesse et surtout la fraîcheur de son esprit qui, en effet, est extraordinaire à un âge aussi avancé. Écrire, c'est pour elle une nécessité ; elle ne pourrait vivre sans cela. Elle continue ses mémoires et, outre cela, elle a en train un gros volume auquel elle ajoute de temps en temps de petites histoires gaies, scandaleuses, même obscènes parfois, ce qui l'empêche de les publier, mais, elle veut qu'elles paraissent après sa mort. Elle dicte tout à sa femme de peine qui ne sait autre chose que former les lettres ; Mme de Genlis est par conséquent obligée de lui dire une lettre après l'autre, il est donc étonnant que ce qu'elle dicte de cette manière, ait encore un peu de sens.

Je me suis informé auprès d'elle, de la couronne en question, à quoi elle m'a répondu :

— J'ai du malheur avec ce dessin ; il n'est pas réussi, c'est mal commencé, ce n'est ni bouquet ni couronne, c'est une touffe de fleurs, c'est je ne sais quoi ; enfin cela devrait être autrement.

— Mais non, madame, reprit Mme de Choiseul, c'est très joli et je suis persuadée que Mme l'ambassadrice en sera fort contente.

M. de Valéry et moi nous faisions chorus avec Mme de Gouffier, de peur de ne jamais avoir ce dessin, si nous voulions attendre qu'il soit un chef-d'œuvre ; mais, il n'y a pas eu moyen de décider Mme de Genlis à l'achever et nous ne sommes guère plus avancés à l'heure qu'il est.

3 juin.

M. de Portalis est ministre des affaires étrangères. Quel changement y a-t-il à cela, si ce n'est qu'il habite l'hôtel des affaires étrangères, rue des Capucines, au lieu de la chancellerie de France, place Vendôme? Il est tout aussi inaccessible qu'auparavant ; il n'a pas même fait sa visite aux ambassadeurs ; il croit peut-être les traiter comme ses avocats. Voilà ce que c'est de faire un homme du barreau, ministre des affaires étrangères.

9 juin.

Je viens de Neuilly, le duc d'Orléans est déjà de retour de Londres. Pour célébrer son arrivée, ses enfants lui ont donné la représentation d'un petit vaudeville. Il nous a donné des détails très intéressants sur la petite reine de Portugal, Donna Maria da Gloria (1).

— Rien au monde n'est plus imposant, nous dit-il, que de voir entrer cette petite reine entourée de ses chambellans et maîtres de cérémonies par lesquels le roi d'Angleterre la fait accompagner. Toute petite qu'elle est, elle porte sa tête bien haute, elle marche avec majesté et salue lentement, pas plus qu'il ne faut pour une reine ;

---

(1) Fille de Dom Pedro, empereur du Brésil. Héritier de la couronne de Portugal, il y renonça en sa faveur. Elle avait dix ans.

trois plaques sont brodées sur le corsage de sa robe, un grand diadème brille sur son front et beaucoup de perles et de chatons sont suspendus à son cou ; les barbes, les plumes, le manteau de cour, tout cela lui donne un air extraordinaire. Ajoutez-y le profond respect avec lequel le roi d'Angleterre et tous ses ministres la traitent et l'air de dignité que cette enfant prend et vous concevez que cela impose beaucoup plus que de voir entrer une reine ou un roi d'un âge mûr. Elle joue fort bien le rôle qu'on lui a appris, aussi longtemps qu'elle peut garder le silence. Mais, lorsqu'elle doit répondre à la moindre question, la pauvre petite s'embarrasse ; elle rougit et redevient enfant, ce qui fait un grand contraste avec ses manières de reine.

A propos du bal d'enfants que le roi d'Angleterre a donné en l'honneur de la jeune reine et de la petite princesse Victoire qui portera un jour la couronne d'Angleterre, le duc d'Orléans nous a dit que ce fut superbe, et que la petite reine s'est beaucoup amusée. Cependant, je ne sais comment, tout à coup, elle s'embarrasse dans son manteau de cour, elle glisse, enfin elle tombe et cela un peu durement. La douleur, ou l'embarras peut-être, lui arrache des larmes. Cependant, on parvient à la calmer et elle continue à danser de tout son cœur. Cependant, la grande maîtresse, ne s'amusant pas autant que sa reine, trouve bon de dire que Sa Majesté était fatiguée et qu'Elle voulait se retirer. A ce propos, Donna Maria proteste solennellement, assurant qu'elle n'était pas le moins du monde fatiguée et que tout au contraire, elle désirait rester jusqu'à la fin du bal, comme la princesse Victoire. Mais sa grande maîtresse n'était pas de cet avis, et bon gré mal gré, la pauvre reine fut obligée de partir. Elle en versa des torrents de larmes et se comporta en cette occasion comme un enfant de son âge.

Dieppe, 4 août.

Mme la duchesse de Berry vient d'arriver ; la joie du peuple a été grande. On l'aime beaucoup ici, elle fait tant de bien à la ville, par ses fréquents séjours ; elle est prodigue et cela rend populaires les princesses. Je l'ai rencontrée dans la grande rue ; une foule innombrable la suivait. En m'apercevant, elle eut la bonté de s'arrêter et de me demander des nouvelles de notre cousine. Elle m'obligea à lui donner quantité de détails sur la vie que je menais à Dieppe et elle m'exprima de grands regrets lorsque je lui dis que la mer était excessivement froide cette année.

— Cela fera, me dit-elle, que je ne pourrai pas me baigner souvent, à cause de ma malheureuse goutte.

J'accompagnai encore Madame jusqu'au port ; là je me perdis dans la foule pour rentrer chez moi ; les vaisseaux étaient tous pavoisés. A l'approche de Madame, elle fut saluée avec des coups de canon et les matelots firent retentir les « Vive Madame ! Vive le roi ! » Le soir, la ville a été illuminée ; il y a eu spectacle en honneur de la duchesse. Des couplets ont été chantés pour elle et l'on a donné une comédie de circonstance passablement ennuyeuse. On applaudit beaucoup et Madame nous dit dans notre loge qui était à côté de la sienne :

— Ces bons Dieppois me reçoivent toujours très bien !

Dieppe, 7 août.

Notre journée d'hier s'est passée en visites aux personnes de la cour de Madame, qui sont venues chez nous avant-hier. La duchesse est accompagnée de Mme de Noailles et de Mme de Bouillé, la première dame d'atours et la seconde dame pour accompagner, et de son premier écuyer, le comte de Mesnard. Avec Mademoiselle, il y a la duchesse de Gontaut, sa gouvernante et deux autres institutrices ; j'ai trouvé Mademoiselle de fort bonne mine et très gaie. Nous la trouvâmes avec une couronne de fleurs blanches sur la tête. Elle me dit qu'elle avait représenté une rosière. Elle loge à l'Hôtel de Ville, avec Mme de Gontaut, tandis que sa mère, avec les autres dames, occupe une maison attenante, réunie à l'Hôtel de Ville par une galerie de charpente. Le maire ou le sous-préfet ont eu l'attention de faire mettre dans son appartement les portraits en gravure de Mademoiselle et du duc de Bordeaux.

— Il faut que je vous montre, monsieur, me dit la petite princesse, mon portrait et celui de mon frère Bordeaux.

A ces mots, elle m'emmène par la main dans la chambre voisine ; en un saut elle est sur la chaise qui se trouvait sous cette gravure encadrée.

— Regardez la figure qu'on m'a faite !
— Et ce chapeau, en peluche bleu clair avec une rose sur l'oreille, lui dis-je ; je n'ai jamais vu Mademoiselle aussi belle ! Ce peintre est décidément un flatteur !

— Vous trouvez ! soit ! me dit-elle d'un air malin ; mais, avouez, monsieur, qu'il s'est entièrement corrigé de ce défaut en faisant le portrait de mon frère.

Ce propos m'a fait beaucoup rire et surtout le ton avec lequel elle cherchait à donner à sa phrase le sens contraire.

— J'ai fait faire une copie de cette gravure, a-t-elle ajouté, et je l'ai envoyée à Saint-Cloud pour faire voir à mon frère quelle idée on se fait de sa figure en province.

Le soir, il y a eu grand bal, que la ville donnait à Mme la duchesse de Berry.

Dieppe, 10 août.

Au cercle d'hier, il était beaucoup question du bal à la salle du spectacle que la ville donnera pour Madame la dauphine. Dans ces sortes d'occasions, il y a un drôle d'usage en France dans les villes de province. Le maire, qui fait la liste du bal, arrange aussi trois contredanses de cérémonie composées de quatre couples chacune. C'est lui aussi qui nomme les personnes appelées à y figurer et ordinairement ce sont les autorités, femmes et hommes de la ville, qui doivent danser avec les étrangers et étrangères de distinction.

— Vous danserez probablement, comme première puissance, avec la fille du maire, me disait la princesse de Béthune.

— Non, maman, interrompit sa fille, ce sera avec la sous-préfète que le comte Rodolphe dansera, car elle a le rang avant la fille du maire.

— C'est cependant fort extraordinaire de me faire

danser avec des personnes que je n'ai jamais vues.

— Ne vous en plaignez pas, car elles sont, heureusement pour vous, toutes les deux assez jolies ! Voilà la sous-préfète, cette femme en rose placée vis-à-vis de nous, c'est la première dame de Dieppe.

— Je lui en fais mon compliment, elle est assez jolie, je crois, mais je ne la distingue pas bien d'ici. Comment saurai-je quand et avec qui danser?

— Ce sera écrit sur votre invitation.

Dieppe, 11 août.

Aujourd'hui, nous avons eu la visite des dames de charité de Dieppe, qui ont demandé ma cousine pour faire la quête à l'église de Saint-Rémy dimanche prochain, jour où Madame la dauphine et Mme la duchesse de Berry avec Mademoiselle, assisteront à la messe ; moi, je suis obligé de donner la main à l'ambassadrice ; cependant, nous ne quêterons qu'à la messe basse.

Dieppe, 13 août.

Aujourd'hui, j'ai dîné chez Mme Alfred de Noailles. M. de Bonnard (1), homme de beaucoup d'esprit, Mme de Chastelux, fille du duc Charles de Damas, femme fort brillante, étaient de ce dîner. Dieu ! qu'on y a fait de

---

(1) Célèbre géologue, né en 1781, mort en 1857.

l'esprit, sur chaque côtelette, sur chaque gigot de veau ou de mouton. Cependant, malgré ces tentatives pour se surpasser les uns les autres, on a fini par s'amuser. Comme on parlait de quelqu'un qui a le talent de raconter des histoires et de les improviser au moment de les raconter, j'ai dit à Mme de Noailles que j'en avais entendu raconter une charmante au prince de Talleyrand.

— Ah ! je vous réponds qu'il ne l'a pas inventée, répliqua Mme Alfred. Tous les propos que l'on cite de lui, sont toujours préparés d'avance. Le grand talent qu'il a, c'est de faire en sorte que la conversation tombe sur le sujet pour lequel il s'est préparé.

Sur ce propos, M. de Bonnard prend la parole et dit :

— Pour confirmer ce que vient de vous dire Mme la vicomtesse, je m'en vais vous narrer ce dont j'ai été témoin chez Mme de Vaudémont, Il était tard ; tout le monde nous avait quittés, il ne restait que le prince de Talleyrand, M. de Saint-Simon et moi. M. de Saint-Simon qui, vous le savez, n'aime pas à attendre la réponse qu'il désire avoir, s'efforçait de rompre le morne silence de M. de Talleyrand. Il fit tant que, tout impassible qu'il est, le prince fut forcé de parler. Mais, à notre grand étonnement à tous, il resta tout court plusieurs fois et tout ce qu'il disait était bien faible. Cependant, c'est un homme d'un esprit prodigieux.

A ce sujet, je me suis rappelé que lorsque Bonaparte eut décidé de se séparer de Joséphine, il en parla à M. de Talleyrand et lui demanda conseil sur le choix qu'il devait faire entre une princesse de Russie, sœur de l'empereur Alexandre, et une archiduchesse d'Autriche. M. de Talleyrand lui conseilla fortement — il avait bien des raisons pour cela — de demander l'archiduchesse Marie-

Louise. Napoléon le chargea de lui faire une note sur ce sujet. M. de Talleyrand fit cette note que j'ai lue, un véritable chef-d'œuvre et qui décida Napoléon à prendre pour femme Marie-Louise. Peu de temps avant la guerre avec la Russie, Bonaparte fit demander M. de Talleyrand et lui montra cette même note qui l'avait décidé, en lui exprimant toute sa reconnaissance.

— Vous êtes l'auteur de mon bonheur, lui dit-il.

Et il donna au prince son portrait entouré de diamants.

Napoléon avait penché d'abord pour la princesse russe. Talleyrand, en cette circonstance, se livra à des intrigues qui lui rapportèrent des millions et l'amitié des deux souverains. Voilà le moyen qu'il employa pour y parvenir. Il fit entrevoir à l'empereur Alexandre l'immense avantage qu'il pourrait tirer en mariant une de ses sœurs à Napoléon ; il le lui démontra avec tant d'esprit et d'une manière si judicieuse que l'empereur promit tout à M. de Talleyrand s'il voulait faire en sorte que Napoléon acceptât la main de sa sœur. Napoléon, qui avait à son tour invité M. de Talleyrand à sonder l'empereur de Russie sur cette même affaire, eut pour toute réponse de son ministre adroit, que l'empereur n'était nullement disposé à contracter cette alliance et que surtout il était influencé contre par ses alentours. Napoléon, piqué par cette réponse, chargea M. de Talleyrand de corrompre tout ce qui entourait l'empereur Alexandre. Vous devinez l'usage que ce prince a fait de cet argent. Il tenait le même langage à l'empereur d'Autriche et en tira aussi de fortes sommes ; enfin il les trompa tous deux.

Cette double intrigue le força plus tard à conseiller à son maître d'épouser une princesse d'Autriche. C'est ainsi que, souvent, bien des petites raisons enfantent de grands événements. Si Napoléon avait épousé une princesse de Russie, il serait encore empereur aujourd'hui.

Dieppe, 16 août.

Nous sommes restés hier sur la terrasse jusque après dix heures ; il y faisait froid et humide. La ville de Dieppe a donné en l'honneur de Madame la dauphine un feu d'artifice sur la mer et la frégate de Madame était illuminée avec des lampions et des chiffres en feu ; le tout fut bien mesquin ; mais, comme toujours dans ces sortes d'occasions, il faut admirer. Madame la dauphine fut pour nous d'une grâce parfaite, elle était aux petits soins pour ma cousine et lui parla d'une manière si affectueuse que je ne reviens pas de mon étonnement.

Cette princesse est toujours polie pour les ambassadeurs et ne manque jamais de leur marquer les distinctions dues à leur rang ; mais, elle est ordinairement froide ; elle reste toujours princesse dans ses manières. Cette fois-ci, elle a été tout à fait amicale avec ma cousine. Ce matin, Madame la dauphine a tenu cercle à la sous-préfecture où elle est descendue. Nous nous y sommes rendus : à notre arrivée, elle est venue au-devant de l'ambassadrice en lui disant qu'il n'avait été nullement dans ses intentions de la recevoir avec tout le monde ; elle lui en fit toutes sortes d'excuses et nous invita à la suivre dans le second salon où elle causa assez longtemps avec nous ; puis elle se leva en disant :

— Permettez, madame l'ambassadrice, que je finisse mon cercle pour pouvoir revenir auprès de vous.

M. le premier chevalier d'honneur de Madame la dauphine et la première dame d'atours, Mme de Sainte-Maure, restèrent auprès de nous jusqu'à ce que Madame la dauphine nous eût rejoints. Après avoir expédié tout son monde, elle revint et, en nous disant combien elle avait été bien reçue à Dieppe, elle dit au duc de Ventadour qui était là présent :

— Voulez-vous nous apporter la cassette en ivoire que la ville de Dieppe m'a donnée et que vous trouverez dans la salle où j'ai tenu cercle.

Le duc nous l'apporta. Le travail de cette cassette est vraiment admirable ; nous étions encore à l'examiner en détail lorsqu'on annonce à Madame la dauphine les poissardes. Elle nous engagea à l'accompagner dans la salle attenante où nous trouvâmes ces femmes placées en demi-cercle. La plus vieille offrit un grand bouquet de fleurs naturelles à Son Altesse Royale et commença à chanter des couplets dont le refrain : *Nous sommes heureux, notre dauphine est parmi nous*, fut répété par toutes les autres. Madame la dauphine donna, tout le temps que dura ce chant inconcevable, la mesure avec la tête et le bouquet qu'elle tenait dans la main. Cela m'a paru d'autant plus drôle que cette princesse n'aime pas la musique. Elle les congédia en leur disant :

— Je vous remercie beaucoup, mes bonnes vieilles, pour vos vœux, et je désire que vous soyez toutes toujours contentes et heureuses.

Nous restâmes encore quelque temps chez Madame la dauphine ; puis, on lui annonça sa voiture pour aller à la revue de la garde nationale, ce dont nous nous sommes dispensés.

Dieppe, 17 août.

Hier soir nous avons eu la nouvelle du changement de ministère ; le voilà : M. de Bourmont, ministre de la guerre, M. de Chabrol, ministre des finances, La Bourdonnaye, de l'intérieur, le prince de Polignac, ministre des affaires étrangères et M. Mangin, directeur de police. Il y a encore Montbel, Courvoisier et Rigny ; on ne sait pas si ce dernier acceptera. Je ne connais personnellement que fort peu de ces messieurs ; mais, j'entends avec un plaisir extrême qu'ils sont tous royalistes. Mme de Castelbajac, qui les connaît tous et dont plusieurs sont les amis intimes de son mari, m'a dit qu'elle avait eu des nouvelles de leurs amis communs qui lui disent que MM. les nouveaux ministres comptaient être fermes dans leurs principes et qu'il ne sera plus question de faire des concessions au parti libéral.

Dieppe, 18 août.

Hier soir, nous avions grand spectacle pour Madame la dauphine ; elle fut reçue à merveille et en parut fort touchée. Ce matin aussi sont arrivées Mme de Nesselrode et sa sœur, Mme de Schwertskoff. Ces dames me l'ont fait dire par leur valet de chambre ; je m'y suis rendu dans la matinée. Ces dames trouvent l'appartement que je leur ai choisi au premier et au second, très humide malgré les boiseries dont les murs sont couverts et les gros tapis tendus dans tous les appartements. Mme Nesselrode a eu pitié de mon désappointement et m'a soutenu contre la fureur de sa sœur, la petite Schwertskoff, qui a l'air d'un cosaque habillé en femme pour sa figure, et son corps bossu ressemble à celui de la petite fée malfaisante dans *la Belle au bois dormant.*

Madame la dauphine est partie ce matin. Je vais tous les jours, lorsqu'il n'y a point de bal, passer ma soirée dans l'un ou l'autre salon des dames qui restent chez elles, comme Mme de Noailles, Mme Standish, Mme Anisson, Mme de Nadaillac et les Castelbajac. Mme de Chastelux est déjà partie et je me suis dispensé d'aller toutes les fois chez les Montbreton et les Lauriston.

Dieppe, 22 août.

Le duc de Chartres vient d'arriver d'Eu ; il ne s'arrêtera que quelques heures à Dieppe. Il a eu la politesse de venir nous voir ; je lui ai trouvé une mine excellente Son voyage en Angleterre lui a fait un plaisir au delà de toute expression ; c'est un excellent jeune homme ; son âme est encore bien fraîche et reçoit les impressions avec vivacité. Il part bientôt pour les manœuvres de Lunéville, où, pour la première fois, il paraîtra à la tête de son régiment. Il m'a avoué que cette idée seule le rendait heureux. Il passera l'hiver à Paris

— Comme je suis cette année, me disait-il, déjà tout à fait mon maître, je resterai plus longtemps au bal que l'année dernière.

Dieppe, 23 août.

Aujourd'hui, nous avions notre malheureuse quête à l'église de Saint-Remy ; c'était vraiment bien embarrassant. Je donnais la main droite à ma cousine ; je la conduisais comme le sénéchal dans l'opéra de *Jean de Paris*. Elle tenait la bourse dans sa main gauche. Dès que nous fûmes entrés, l'ambassadrice commença à trembler en voyant tout un corps d'officiers debout, formant un grand demi-cercle. Mme la duchesse de Berry était sur son prie-Dieu couvert de velours rouge ; à côté d'elle, Mademoiselle de France et derrière ses dames d'atours, son premier écuyer et les gentilshommes honoraires de la chambre, puis Mme la duchesse de Gontaut et enfin le sous-préfet et le maire de Dieppe.

Nous commençons par faire deux profondes révérences au maître-autel, puis nous en faisons une autre comme à la cour, à Madame, puis à Mademoiselle en recevant de chacune deux pièces de vingt francs ; puis, nous quêtons les dames d'atours et les autres personnes de la cour, enfin le sous-préfet et le maire.

Lorsque nous vînmes à celui-ci, il dit bien bêtement à ma cousine :

— Votre Excellence est au moment de se trouver mal.

Cette phrase acheva de nous déconcerter tous les deux. Jusqu'à ce fatal moment, je soutenais toujours l'ambassadrice en lui disant de prendre courage, que la cérémonie n'était pas aussi imposante que je me l'étais figuré. Je croyais avoir réussi, lorsque le gros maire renverse avec son mot tout mon édifice. Je regarde ma cousine et vraiment je la vois toute pâle. Pour comble de malheur, j'avais oublié de prendre le flacon de senteur ; mais, un petit courant d'air nous sauva, je crois, d'une grande scène. Enfin, nous fîmes très heureusement notre quête dans toute l'église, ce qui n'est pas peu fatigant ; mais, au moins, elle fut la plus brillante de toute l'année, bien que nous n'ayons pas eu plus de cinq cents et quelques francs en tout. Nous avions un suisse pour nous faire faire place dans la foule et un abbé était chargé de dire pour nous : *Pour les pauvres, s'il vous plaît.* C'était lui aussi qui portait le sac dans lequel ma cousine versait sa petite bourse lorsqu'elle était remplie.

Ma cousine devant faire une visite à Mademoiselle de France, je l'ai accompagnée. A notre arrivée à l'Hôtel de Ville, la sentinelle qui était à la porte ne voulut pas nous laisser entrer, en nous disant qu'il fallait avoir une carte de Mme de Gontaut.

— C'est l'ordre qu'on m'a donné.

— Mais, monsieur, lui dis-je, cet ordre n'a pas le sens commun ; comment voulez-vous que nous ayons une carte de visite de Mme de Gontaut, lorsque nous allons chez elle?

Sur cela, je vais dans la loge du portier, j'y trouve une petite fille à laquelle je dis d'aller chez Mme la duchesse de Gontaut pour l'avertir que nous assiégeons sa porte et que nous n'étions nullement disposés à lever le siège, qu'elle ferait par conséquent beaucoup mieux de se rendre. Mme de Gontaut nous envoie sur ce message, des Basques de Madame qui traitent la pauvre sentinelle d'imbécile et nous font entrer. Mme de Gontaut vient à notre rencontre, nous fait mille excuses et se fait informer sur-le-champ de qui venait cet ordre qui la mettait tout bonnement en prison.

— C'est M. de Monti, capitaine de la garde de Mademoiselle, lui dit-on.

— Ah! je comprends, répliqua Mme Gontaut ; c'est une niche qu'il me fait parce que je l'ai prévenu hier qu'il ne trouverait pas à Dieppe, comme à Saint-Cloud, tous les jours chez moi sa tasse de thé ; je fais de longues promenades et je rentre pour me coucher ; je ne puis donc recevoir personne.

— Oui, amie chérie, interrompit Mademoiselle, c'est cela ; mais, nous devrions aussi lui jouer quelque tour ; qu'en pensez-vous? Si nous lui mettions à sa porte une sentinelle avec l'ordre de ne pas le laisser sortir de sa chambre.

— Ce ne serait pas une grande pénitence, répond Mme de Gontaut, puisqu'il ne sort jamais que pour aller dîner.

— C'est justement à cette heure-là qu'il faudrait le faire, continua Mademoiselle.

Sur-le-champ, ces ordres furent donnés, ce qui amusa beaucoup Mademoiselle. Elle était justement occupée à faire des croquis pour le bazar pour les pauvres. Elle les faisait très joliment. En les admirant beaucoup, je lui dis :

— Je n'ai rien à offrir de mes ouvrages au Bazar, mais cependant j'ai aidé les demoiselles Gent à faire une scène de baigneuses très bien rendue avec de petites poupées que ces demoiselles ont habillées dans le costume de bain et les baigneurs avec le leur. Ni le galet, ni la tente ne sont oubliés.

— Cela doit être fort joli. Vous me donnez grande envie de l'acheter.

— Nous en serions très flattés, mais je dois vous prévenir, mademoiselle, qu'il y a déjà grande concurrence entre les personnes qui ont vu cette petite bagatelle, et à moins que vous n'alliez au Bazar le premier jour qu'il sera ouvert et avant ces dames, vous ne trouverez plus notre petit chef-d'œuvre.

Dieppe, 24 août.

Hier soir, les miss Gent ont fait répétition de chant chez nous, parce qu'elles se feront entendre aujourd'hui chez Mme la duchesse de Berry. L'ambassadrice a fait tant d'éloges de leur talent que Madame l'a priée d'amener ces demoiselles chez elle. Mme de Gontaut ne savait rien de ce projet; ce n'est qu'aujourd'hui qu'elle en a entendu parler et cela comme d'une chose arrêtée. Sa vanité en a été piquée; elle voudrait que rien ne se fît chez Madame sans son agrément, ce qui n'était pas le cas, puisqu'on n'avait pas demandé son avis. Comment faire pour conserver, auprès des étrangers surtout, l'opinion de sa toute-puissance à la cour! Un billet à ma cousine, dans lequel elle propose aux demoiselles Gent de faire une répétition chez elle, doit remédier à tout; de cette manière, c'est elle qui protège ces demoiselles; c'est de son consentement qu'elles paraîtront devant Madame et cette idée a rendu à la duchesse de Gontaut la tranquillité.

Dieppe, 25 août.

La soirée d'hier chez Madame a été charmante; ces deux demoiselles ont chanté à ravir. Madame était dans l'enchantement. Elle aime beaucoup la musique, et ce qui l'a rendue surtout de bonne humeur, c'est qu'elle était tout à fait dans l'intimité. Il n'y avait que les personnes de sa maison et nous. En ces circonstances, elle devient tout à fait comme la femme d'un particulier ; elle fait les honneurs de son salon avec bonté et prévenance ; c'est elle qui sert le thé ; on n'ose pas se lever lorsqu'elle passe ; elle vient parler avec les dames ; elle est debout devant elles, celles-ci ne se lèvent point. Il y avait Naderman Bohrer et une des institutrices qui se faisaient entendre. Je racontai à Madame le grand embarras que la quête nous a causé.

— Cela m'étonne, dit-elle, que Mme d'Appony ait eu peur, elle qui est accoutumée à la représentation ; je vois bien que je ne suis pas la seule qui soit embarrassée. C'est au reste bien flatteur pour les Dieppois que l'ambassadrice d'Autriche ait eu peur d'eux ; la comtesse leur fait trop d'honneur ! car je me flatte que ce n'est pas moi qui lui en ai imposé.

— Certainement pas, madame ; ma cousine compte trop sur votre indulgence et Votre Altesse Royale lui a donné tant de preuves de ses bonnes grâces qu'elle ne peut en douter.

Mais une autre scène attira notre attention dans l'autre chambre ; c'était celle d'une reconnaissance entre M. de Mesnard, premier écuyer de Son Altesse Royale, et Mme Gent, mère des demoiselles ; il l'avait connue à Brigton il y a trente ans ; elle était séduisante alors et maintenant elle est vieille, borgne et parlant d'une voix nasillarde.

— Ah ! mon Dieu, nous dit M. de Mesnard, si elle me trouve autant changé que je la trouve elle, cela doit faire pitié.

Lorsque nous sortîmes de chez Madame, elle nous fit l'honneur de nous prier à dîner pour le lendemain.

Dieppe, 26 août.

A sept heures hier, nous nous sommes rendus à notre dîner chez Madame. C'était immédiatement après la visite de Mme de Nesselrode et une infinité d'autres personnes qui sont venues nous voir à cause de notre départ fixé pour aujourd'hui. Mme la duchesse de Berry n'était pas encore rentrée parce qu'elle prend des douches, Mme de Noailles vint nous en avertir et nous tint compagnie. C'est une excellente personne; elle n'a pas infiniment d'esprit, mais la grande habitude de vivre à la cour et de voir chez elle beaucoup de monde, lui donne du tact et une conversation agréable sans qu'elle soit précisément piquante. Elle a une tournure charmante, elle tient très bien sa tête et ses mouvements lents lui donnent beaucoup de noblesse. Elle est la fille du duc de Talleyrand, par conséquent la sœur du duc de Dino; elle nous parla beaucoup de sa belle-sœur et du malheur d'en avoir une de ce caractère dans la famille.

— Cela brise tous les liens les plus sacrés, nous disait-elle; dès que l'intrigue prend racine dans une famille, le charme de l'intimité disparaît et l'on peut dire qu'il n'en reste plus autre chose que le nom. Croiriez-vous que je ne vois ma belle-sœur qu'une ou deux fois par an et tous les membres de la famille de même? Elle vit dans une société incroyable; je ne me soucie donc pas d'aller la voir le soir, d'autant plus qu'elle ne vient jamais chez moi.

Cependant, Mme la duchesse de Berry arriva avec M. de Mesnard et Mme de Bouillé. Elle se plaignit de la manière peu agréable dont les douches de Dieppe sont arrangées.

— Figurez-vous, disait-elle, que la pauvre femme qui dirige le tuyau de la douche avait fait aujourd'hui ce service à soixante autres personnes ; elle était tellement fatiguée qu'elle n'en pouvait plus, de sorte que j'ai été obligée de me mettre à genoux et de tenir moi-même avec une main le tuyau, ce qui ralentissait beaucoup cette ennuyeuse opération, et puis il n'y a pas de rideaux dans la chambre où je prends mon bain, de sorte que je puis dire que j'ai pris mon bain aujourd'hui en public. On aurait bien pu me faire des rideaux pour la quantité d'actions que j'ai prises.

— Et qui ne rapportent qu'un pour cent, à ce que l'on m'a dit, observai-je.

— Non, monsieur, l'année dernière, j'ai eu cinq pour cent et c'était une mauvaise année ; j'espère que cela sera mieux cette année-ci.

M. de Mesnard était de fort mauvaise humeur, parce que le dîner se faisait attendre ; enfin, on l'annonce. M. de Mesnard me dit de donner la main à Mme la duchesse de Berry et il la donna à ma cousine. Mme la duchesse fit placer à table l'ambassadrice à sa droite et moi à sa gauche, puis M. de Mesnard se plaça à côté de moi et Mme de Noailles à côté de ma cousine, vis-à-vis de la duchesse de Berry; entre M. de Mesnard et Mme de Noailles s'assit Mme de Bouillé.

La duchesse de Berry fit les honneurs avec beaucoup de gaieté et de grâce ; elle nous dit qu'on lui avait écrit de Saint-Cloud la prochaine arrivée du roi de Prusse.

— Ah! il ne nous incommodera pas beaucoup aux Tuileries, me dit-elle ; il n'aime que les petits spectacles. Le roi d'Angleterre avait le projet, il y a quelque temps, de venir à Paris, et il a écrit au roi à ce sujet pour lui demander la grâce de ne pas s'inquiéter de lui et de le laisser vivre comme un simple particulier. « J'irai voir Votre Majesté le matin et sans cérémonie, » disait-il dans sa lettre au roi ; mais, je ne crois pas, continua Madame, qu'il vienne maintenant, infirme comme il est. J'ai encore un petit espoir auquel je n'ose pas me livrer entièrement de peur qu'il ne se réalise pas, c'est de voir mon père à Paris ; il compte accompagner ma sœur en Espagne, mais comme je vous dis, ce n'est qu'une petite ombre d'un espoir qui m'est bien cher.

Il y a eu de la très bonne musique pendant tout le dîner ; au dessert, arriva Mme de Gontaut avec Mademoiselle ; j'offris à celle-ci des bonbons qui étaient devant moi ; elle en prit avec beaucoup de grâce. J'ai surtout admiré son entrée et sa sortie, la manière dont elle salua tout le monde, toujours en nommant la personne à laquelle elle faisait sa révérence. J'étais occupé à faire faire le beau au petit chien de la duchesse de Berry en lui donnant un biscuit. Je ne voyais donc pas Mademoiselle lorsqu'elle me fit son salut. Elle éleva sa petite voix en me disant :

— Monsieur, j'ai l'honneur de vous saluer.

Ceci fit rire tout le monde et moi aussi. Pour réparer ma distraction, je me levai de ma chaise et faisant une révérence plus profonde qu'à l'ordinaire :

— Pardon, Mademoiselle, dis-je, les gentillesses de Foolish m'ont fait oublier un moment mon devoir.

Après dîner, la musique continua encore à jouer et

Madame nous fit exécuter sa marche favorite ; puis Madame et les autres dames prirent leurs châles et leurs cottage-bonnet pour aller au feu d'artifice que la ville donnait en l'honneur de Madame sur le château. C'était assez joli : on avait représenté ce château au moment d'être bombardé ; la mer, les rochers et la nuit obscure contribuèrent beaucoup à la beauté de ce spectacle. Nous prîmes congé de Madame qui exprima avec beaucoup de bienveillance les regrets qu'elle éprouvait d'avoir été si peu de temps avec ma cousine.

A notre retour à la maison, nous trouvâmes le salon déjà rempli de monde. La société de Dieppe s'était donné le mot de passer la dernière soirée chez nous ; j'ai fait les honneurs jusqu'à la fin et ce n'est que lorsque tout le monde fut parti que je me rendis chez la marquise de Loulé qui avait eu l'attention de donner une soirée en mon honneur, à laquelle elle n'invita que les personnes qui étaient au château de Montpinson et la princesse de Béthune avec sa fille pour laquelle j'avais demandé. Ces dames ont la manie de vouloir être partout et m'ont dit que si elles n'étaient pas priées à une soirée qu'on donnait pour moi, elles m'en voudraient toute la vie.

Paris, 15 octobre.

M. de Rayneval est nommé ambassadeur à Vienne. La dauphine est peu contente de cette nomination ; elle trouve qu'il aurait fallu y envoyer un homme d'un grand nom, et ce n'est pas là ce qui distingue M. de Rayneval. On l'a fait comte l'année dernière, il est vrai ; mais, comme l'on dit ici : le roi peut faire des comtes, des marquis et des ducs, mais pas d'anciens gentilshommes. Voilà ce que M. de Rayneval n'est pas ; avec cela il n'a pas une bonne tournure, il a l'air d'un paysan et avec tout l'esprit qu'il a, il ne fait pas de frais dans la société ; s'il en fait, ses plaisanteries sont presque toujours de mauvais goût ; enfin, il est laid à faire peur. Mais, il a une bonne expression dans sa vilaine figure et quelque chose de fin et de pénétrant dans ses yeux ; il est petit de taille, large, mais assez bien fait. Sa femme fut belle dans le temps, elle a gardé de beaux traits, mais son teint s'est altéré ; elle est couverte de couperose au point qu'il y a des jours qu'elle ne peut pas se montrer en public. Elle est plutôt forte, peu prévenante de manière, froide de caractère, ce qui lui donne un air de fierté qui n'est pas en elle.

M. de Rayneval est un des plus habiles hommes d'affaires de toute la France ; le prince de Metternich en sera content, voilà l'essentiel ; mais, la société ne le sera pas de même. Ce nouvel ambassadeur aime beaucoup la musique ; il donnera beaucoup de concerts ; il joue fort bien du piano et chante le bouffe très agréablement ; il déchiffre tout à livre ouvert. Il était un de ceux qui venaient chez nous le matin pour faire de la musique avec Mme de Caraman, Tellier, Bourgeau, Kalkbrenner, Mlle Sontag, Cherubini, etc.

Mme Molly Zichy traitera indignement M. de Rayneval, je le prévois malgré tout ce que notre cousine son amie, essayera pour mettre cet ambassadeur dans ses bonnes grâces. Cependant, M. de Rayneval est homme à s'en moquer ; il est supérieur à ces petitesses et s'il n'est pas compté parmi les élégants de notre capitale, il sera utile à son roi et à son pays.

On aurait beaucoup désiré, surtout nos dames élégantes à Vienne, que M. de La Ferronnays soit nommé ambassadeur, mais sa santé et sa grande dévotion peut-être lui ont fait préférer le poste de Rome. Depuis sa dernière maladie, un grand changement s'est opéré dans sa manière de voir en fait de religion : il était incroyant jusqu'à l'athéisme, s'il est possible ; mais, se voyant aux bords de la tombe, il a cédé aux instances de sa famille et bientôt de meilleurs sentiments l'ont emporté sur son impiété ; il a fait une confession générale, dévotion qu'il ajournait depuis trente ans, et, dès ce moment, il est tombé dans la plus haute piété, à ce que l'on m'a dit. Même ses opinions politiques que caractérisait parfois un excès de libéralisme se sont changées en des maximes plus dignes d'un homme d'État.

Monsignor Ostini (1) est arrivé ici, il y a quelques semaines ; il fut du grand dîner du 4 octobre pour l'Empereur. Il eut un tel plaisir à me revoir qu'il m'embrassa en public. Cette accolade parut fort extraordinaire. Quel effet cela doit produire dans le monde où tout contraste frappe, de voir un jeune homme dans son brillant uniforme de hussard, symbole d'étourderie et de vanité humaine, embrassé par un petit monseigneur tout noir avec la croix pastorale suspendue sur la poitrine, qui n'a rien du mondain dans toute sa personne. On n'en revenait pas de me voir sur un pied d'intimité avec un archevêque de Furse :

— Cela vous va si peu, me disait-on

Dans le monde, on s'étonne de l'amitié d'un élégant qui danse et fait la cour à toutes les jolies femmes, pour

---

(1) Nommé nonce à Paris, en remplacement de Mgr Lambruschini promu au cardinalat.

un prêtre qui ne paraît avoir tourné la tête que vers le ciel. Eh bien ! j'aime l'esprit et la conversation du nonce ; il aime à m'écouter aussi et pour l'un et pour l'autre de nous deux, la manière d'envisager le monde et les affaires doit être piquante à entendre.

24 octobre.

Nous avons maintenant ici grand nombre de Russes ; nos salons en sont remplis. Mme de Nesselrode est encore à Paris, c'est une femme de mérite et sa manière d'être me plaît malgré son air un peu bourru, à cause de sa grande franchise. La pauvre petite Schwertskoff passera l'hiver ici, mais elle n'ira pas dans le monde à cause de son état nerveux ; quelquefois, elle rit et pleure en même temps ; il est presque impossible de ne pas en rire. Qu'on se figure une petite personne toute bossue avec une figure de Kalmouck, un menton barbu et une bouche large comme une porte cochère ; voilà Mme Schwertskoff. Elle se trouva placée un jour chez nous vis-à-vis de moi ; les pleurs ordinairement n'embellissent pas ; on conçoit donc quel effet ils produisaient dans une pareille figure ; je ne savais pourquoi elle pleurait aussi peu qu'elle le savait elle-même ; cependant, je faisais une physionomie convenable à semblable occasion et j'étais en train de chercher la raison de ses chagrins lorsque tout à coup j'aperçois que cette bouche se contractait et que cette figure devenait tantôt large, tantôt étroite. Mme de Nesselrode, en voyant faire à sa sœur toutes ces grimaces, lui dit avec son calme ordinaire :

— Ma sœur, si j'avais pu prévoir toutes les contorsions que vos nerfs vous font faire, je vous aurais engagée à venir un autre jour chez la comtesse, car de cette manière, Mme l'ambassadrice, avec toute sa bonté, toute son indulgence, ne pourra pas désirer une autre de vos visites.

M. de La Ferronnays vient d'arriver à Paris; il n'y passera que fort peu de temps, il va à la campagne. Madame passera tout l'hiver à Paris avec sa fille, les uns disent que c'est pour la marier et les autres parce que M. de La Ferronnays avait envie de redevenir ministre des affaires étrangères, cela me paraît même assez probable. Cet ambassadeur ne va voir ici que Mme de Boigne; cela me fait craindre que sa conversion politique ne soit pas aussi sincère que celle qui s'est opérée en lui, j'aime à m'en persuader, en matière de religion. Mme de La Ferronnays ne manquera pas de pousser son mari, on la dit fort ambitieuse. Que l'extérieur est souvent trompeur! Elle a l'air d'une sœur grise.

Ce pauvre Livio Odeschalchi est bien tourmenté par B*** qui est ici sous le nom déguisé de baron d'Alpen; il vit avec la femme d'un marquis Milanais qu'il a enlevée; elle est Française. B***, de son côté, se trouve avec cette belle dame dans une très fausse position; il veut l'épouser, mais, comme elle a un mari qui est bien vieux, il est vrai, mais qui se porte à charme et qu'elle est de religion catholique, elle ne peut pas devenir sa femme; cependant, ils ont un petit enfant de deux ans, ce qui rend la chose très sérieuse.

Le vieux marquis voudrait bien ravoir sa femme, moins pour sa beauté que pour se rendre maître de la fortune qu'elle aura un jour et qui doit être fort considérable ; le malheureux ne sait pas que sa femme et le ravisseur sont ici ; il est par conséquent du plus haut intérêt pour B*** que le marquis n'en soit point instruit ; c'est pourquoi le baron d'Alpen ne va pas en société, ne sort qu'au crépuscule ou à huit heures du matin où il peut être sûr de ne rencontrer personne ; mais, cela fait aussi qu'il s'ennuie à la mort et pour rompre un petit peu sa triste solitude, car je crois qu'il ne sait plus que dire à sa bienaimée, il a imaginé de faire de Livio son confident. Celui-ci est obligé à ce titre d'aller le voir très souvent, cela l'ennuie beaucoup, de même les visites à sept heures du matin de M. Eugène, qui se place près du lit de Livio en faisant la belle conversation ; cela dure jusqu'au moment où du bruit se fait entendre dans ma chambre ; alors le prince mystérieux se sauve à toutes jambes pour ne pas me rencontrer, il a une peur de moi inconcevable ; je n'entreprendrai rien pour l'en guérir ; j'aime mieux faire le croquemitaine que d'être son confident comme le pauvre Livio, car il ne me convient nullement de faire et de recevoir des visites à sept heures du matin.

3 novembre.

Quoiqu'on dise qu'il n'y a encore personne à Paris, il y a déjà tant de monde que nous ne pouvons plus recevoir les lundis, parce que les quatre salons du petit appartement ne peuvent plus contenir tous ceux qui viennent nous voir. Ma cousine est donc obligée de rester presque tous les soirs chez elle pour recevoir les personnes qui veulent profiter de sa société ; un jour dans la semaine ne suffit plus. C'était hier le dernier lundi, on a fait de la musique ; Mlle Sontag, Mme Wetzlar ont chanté à ravir et Kalkbrenner a été au piano admirable comme toujours ; un Anglais, M. Bligh, a aussi passablement bien chanté ; mais, ce qui a mis tout le monde dans un véritable ravissement, c'étaient deux chœurs de *Guillaume Tell* exécutés par la marquise de Caraman, Mme la comtesse d'Oudenarde, ma cousine, Mlle Gent, Mlle Sontag, Mme Wetzlar, le comte de Rayneval, M. Bligh, Kalkbrenner et Barberi. Il a fallu répéter chaque chœur deux fois.

Hier, fut le traitement de l'ambassadrice d'Espagne. Sa belle-fille, c'est-à-dire la fille de la première femme du comte Offalia (1), fut présentée d'après l'étiquette avec sa mère et elle a eu les mêmes honneurs. La petite ambassadrice, toute laide qu'elle soit à côté de ce beau colosse de fille, avait cependant grand air. Sa toilette était très belle grâce aux soins de notre cousine ; elle a fort bien dit son petit discours et pas moins bien fait ses révérences en saluant bien lentement.

Madame la dauphine a dit :

— Voulez-vous savoir quelque chose, mesdames, c'est que j'aime mieux l'ambassadrice et je la trouve même mieux que sa fille.

Au dîner, les enfants de France ont eu la permission de Madame la dauphine de regarder ce repas splendide par une porte entr'ouverte, ce qui leur a fait grand plaisir.

Pour prouver combien M. de Chateaubriand admire Mme de Genlis, je donne ici copie d'un petit billet de M. de Chateaubriand à cette femme auteur, qu'il lui

(1) Cet homme d'État, qui fut plusieurs fois ministre dans son pays, était ambassadeur d'Espagne à Paris, depuis l'année précédente.

a écrit quelques semaines après son arrivée de Rome et que j'ai par hasard entre les mains.

« J'ai été très souffrant, madame la comtesse, et je le suis encore ; Mme de Chateaubriand est malade ; tout notre ermitage est en désarroi ; il n'y a que nos *malades* (ici il fait allusion à son hospice de Sainte-Thérèse) qui se portent bien. Nous irons, madame, vous offrir nos chapelets, quand nous serons guéris de toutes nos misères. Nous vous demandons votre bénédiction, en échange de notre admiration. Si vous comptez, madame, vos années par votre gloire, je vous accuse de vous être rajeunie dans votre lettre. Recevez, madame, je vous prie, l'hommage empressé de mon respect.

« CHATEAUBRIAND. »

La princesse de Polignac est fort aimable ; elle reçoit chez elle avec beaucoup de prévenance ; elle est Anglaise de naissance et veuve du comte de Choiseul ; elle en a une fille. Le prince de Polignac, de son côté, fut aussi marié avant avec une autre dame anglaise, il en a deux enfants et avec celle-ci, il en a aussi deux, de sorte que ces deux époux ont trois espèces d'enfants, mais qui ressemblent tous au père. Mme de Polignac se sert de moi comme cicerone en société ; elle m'a assuré que depuis qu'elle a quitté Paris, la société s'est entièrement changée.

4 novembre.

Le roi, au cercle diplomatique d'aujourd'hui, a été gracieux et aimable comme toujours, Madame la dauphine, majestueuse, resplendissante de diamants et bien gracieuse pour moi, ce dont je suis bien fier par la raison qu'elle ne l'est pas d'ordinaire avec les jeunes gens. Le dauphin était gauche et embarrassé comme de coutume et Mme la duchesse de Berry est absente, comme vous le savez. Le nonce a tenu son discours ordinaire d'étiquette et qui, heureusement, par extraordinaire, n'avait pas le sens commun. Le roi lui a répondu à merveille ; seulement à sa dernière phrase, il s'est un peu embrouillé et au lieu de dire : *et le Saint-Père aidera le fils aîné de l'Église par ses saintes prières*, il a dit *lumières*.

— C'est du nouveau, disait derrière moi notre consul à quelqu'un ; les lumières du pape, qu'ont-elles à faire avec le roi de France?

Dans sa bêtise, il s'est livré à des commentaires également inconvenants pour le pape et pour le roi. A cela, je me retourne et je lui dis assez haut pour que ceux qui nous entourent, aient pu le saisir :

— Le Saint-Père aimerait autant entendre prononcer son nom dans cette salle par toute autre personne que par vous, cher baron, et moi de même, je vous l'avoue ; par conséquent vous feriez mieux de changer de conversation.

On rit de ce propos et le baron se tut.

Mme de Nesselrode est allée avec notre cousine faire sa cour au roi, n'ayant point l'ambassadrice pour l'introduire. En descendant de voiture, notre cousine s'aperçoit que la comtesse n'avait point de barbes et lui dit :

— Madame, vous avez oublié vos barbes.

— Non, chère comtesse, point du tout, répliqua Mme de Nesselrode dans son calme, c'est que je n'en ai point et que je n'ai pas voulu en acheter ; on ne s'en apercevra pas.

— Mais vous serez la seule, chère comtesse.

— Eh bien, cela ne me fait rien du tout, absolument rien.

Effectivement, la comtesse a suivi l'ambassadrice dans la salle du trône sans barbes ; ma cousine ne revient pas de son étonnement.

On nous annonce ici le général Church (1) ; je suis curieux de le revoir et ce qu'il nous dira de la Grèce.

M. de Capo d'Istria (2) ne sera pas peu désappointé lorsqu'il verra que l'on s'occupe de donner pour souverain aux Grecs tout autre que lui, car je crois que lorsqu'il nous parlait de son amour pour sa patrie, des prétendus sacrifices qu'il a faits à son honneur et de son existence, la perspective de la royauté y entrait pour beaucoup.

On commence à parler de M. de Villèle, qui doit entrer au ministère. Si les journalistes en apprennent la moindre chose, ils auront de quoi criailler. Je ne sais pas quel nom ils donneront alors au ministère, puisqu'il sera composé de celui qu'ils appellent le déplorable et du présent auquel ils ont donné l'épithète de l'impossible.

(1) Nommé en 1827 généralissime de l'armée grecque par la Convention nationale. Il était Anglais de naissance, né en 1780. Le roi Othon le nomma conseiller d'État.
(2) Né à Corfou en 1776, naturalisé russe en 1811, ministre des affaires étrangères en Russie, en 1819 et en 1827, président de la Convention nationale hellénique. Il fut assassiné en 1830 par deux fanatiques au cours d'une insurrection.

10 novembre.

Ce que j'ai prévu, arrive. Mme de Lieven a préparé à M. de Laval un bien mauvais accueil à Londres en le ridiculisant. De plus, elle a fait entendre qu'il détestait l'Autriche et qu'il est de cœur et d'âme pour la Russie, sans toutefois se déclarer ouvertement ; ceci lui a gâté sa position dans la ville et chez MM. les ministres. Malgré cela, elle fait la coquette avec lui, et l'a subjugué entièrement. Il n'existe pas de femme plus méchante au monde et plus fausse surtout ; elle verse des larmes quand elle veut Mme de Vaudémont, cousine de M. de Laval, qui déteste Mme de Lieven, sachant ce dont cette femme est capable, a eu soin de la faire surveiller à Londres pour avertir son cousin des menées de cette charitable ambassadrice, afin qu'il puisse s'en garantir. Elle s'est flattée de pouvoir de cette manière défendre M. de Laval ; mais, je le crois perdu maintenant ; il a donné complètement dans le piège de la princesse et tout ce qu'il pourrait faire pour se défendre, ne fera autre chose qu'augmenter encore les griefs que l'on a conçus contre lui.

Pour comble de malheur, il vient de perdre sa mère qu'il adorait ; cela trouble encore plus son esprit qui d'ailleurs n'est pas fait pour résister à tant d'intrigues. Bien d'autres plus forts que lui de caractère et d'esprit auraient de la peine à s'en tirer.

21 novembre.

La pauvre comtesse de Foucault, fille de la fameuse Mme de La Rochejacquelein, la treizième de nos dames dans notre quadrille hongrois, a passé avant-hier à l'éternité. Quel ange de moins dans ce bas monde ! Toujours douce, charmante, pieuse, sensible, mais toujours malheureuse, elle jouira maintenant du repos, du bonheur qui ne lui est pas tombé en partage ici-bas.

Elle était souffrante de la poitrine depuis longtemps et a succombé enfin dans un moment où pour la première fois dans sa courte vie, le bonheur semblait lui sourire ; elle n'avait que vingt ans. Son mari qu'elle adorait, absent depuis deux ans en Morée, est revenu pour la trouver mourante. Le chagrin, les inquiétudes causés par le départ de son époux qui fut obligé de la quitter peu de semaines après leur mariage, ont beaucoup contribué à l'achever. Cette âme délicieuse se trouve maintenant réunie à celle de son amie, Mlle Somter, autre charmante jeune personne du même âge qui l'a précédée d'un an et était morte dans ses bras. Mme de Foucault avait gardé de cette scène des souvenirs déchirants, qui ne l'ont plus quittée.

Mme de Villèle et sa fille, Mme de Neuville, se meurent en ce moment, aussi de la pulmonie et, dans le même cas, se trouvaient, il y a quelques jours, Mme Sheldon, Anglaise, avec sa fille. Cette dernière est morte hier ; mais l'on conçoit un peu d'espoir pour la mère. La comtesse d'Auteuil, toute jeune femme mariée depuis quelques mois, fille unique du marquis de Lillers, a aussi succombé avant-hier à une fluxion de poitrine.

23 novembre.

Je suis fort occupé maintenant le matin avec nos affaires et les après-dîner à suivre la princesse Esterhazy; elle est d'un mouvement qui fait perdre la respiration. La princesse de Polignac nous a donné un dîner en honneur de son ancienne collègue ; mais, il était de la plus grande intimité : il n'y avait que Livio et moi de notre hôtel. En fait de femme, personne que la princesse Esterhazy et Mme d'Oudenarde. Le prince de Polignac lui-même n'en fut pas, parce que c'était un jour de conseil. Les soirées aussi sont déjà en train ; il y en a chaque jour quantité, trois, quatre, cinq par jour.

On craint beaucoup l'ouverture des Chambres ; le ministère Polignac n'est pas le moins du monde dans son assiette ; la sortie de M. de La Bourdonnaye (1) ne fait qu'augmenter la hardiesse des libéraux. On ne peut se faire une idée de ce qu'est la France en ce moment.

1er décembre.

Le ministère Polignac n'est rien moins que solide. Ce que certains appellent fermeté n'est autre chose qu'un

---

(1) Ultra-royaliste, il était entré dans le cabinet Polignac et en sortit, effrayé par l'imprévoyance du président du Conseil.

petit essai de celle qu'on devrait déployer et devient par conséquent une raideur mal combinée et intempestive. Je crois la chute de ce ministère infaillible avec la Chambre telle qu'elle est en ce moment. En la dissolvant, on aura d'autres députés qui seront encore plus mal pensants que ceux d'aujourd'hui et cela, grâce aux fameuses associations, dont celle qu'on appelle « Association bretonne » est la première et qui, comme de raison, fut forgée à Paris. Je crois que depuis cet inconcevable abus qui n'a pu être réprimé légalement, il n'y a plus de ministère qui tienne sans coup d'État. Polignac n'a aucun parti pour lui ; le roi est le seul qui le soutienne et on sait ce qu'est de nos jours l'appui du roi de France.

Si l'on avait eu la bonne idée de dissoudre la Chambre à l'avènement du nouveau ministère, on aurait peut-être réussi à avoir la majorité ; mais, on a perdu ce bon moment et l'opposition, effrayée du danger qu'elle a couru et pour en conjurer un nouveau, invente ces associations qui menacent de devenir toutes-puissantes. Bientôt, ce seront elles qui domineront la Chambre, qui s'opposeront au vote des contributions. Que faire sans budget dans un gouvernement représentatif et dans tout autre ?

La Chambre des pairs est aussi mal composée que celle des députés ; elle devrait former l'aristocratie et il n'y en a presque pas en France ; l'opposition tend principalement à détruire le peu qui en reste. L'aversion qu'on a ici pour cette classe de la société, provient non seulement des mauvais souvenirs que l'on garde de l'ancienne noblesse en France, qui n'a jamais rien fait pour le bien public. Mais, cette vraie aversion résulte surtout de l'épouvante que cause la force disproportionnée des aristocrates en Angleterre comparativement aux autres classes de la société. Les Français, pour éviter ce mal, tombent dans un autre qui n'est pas moins grave et si la chute du gouvernement anglais est produite un jour par le pouvoir trop étendu des grands du royaume, ce sera bien le contraire qui entraînera la France à sa ruine.

L'Angleterre a pour elle encore bien des ressources qui manquent entièrement à la France, comme la religion et les mœurs dans les basses classes. Je ne parlerai ni de Paris, ni de Londres; les grandes villes sont toujours un gouffre pour la moralité; il n'y en a donc ni dans l'une, ni dans l'autre de ces capitales; mais, je parle ici des habitants des provinces. En France ceux-ci ne cèdent en rien aux Parisiens; ce n'est pas de même en Angleterre où toutes les classes observent scrupuleusement les devoirs que la religion leur impose, où le respect pour les anciennes institutions est inné, où bien souvent les habitudes mêmes tiennent lieu de vertu; rien de tout cela n'existe en France, ni religion, ni institutions, ni habitudes; la révolution a tout bouleversé et c'est sur les décombres d'un État sans mœurs, sans vertu, sans religion que l'on veut en reconstruire un autre qui approche d'une république, forme de gouvernement qui demande le plus toutes ces vertus! Voilà en deux mots la France sous Napoléon et la France sous Charles X, position d'autant plus funeste pour tous les peuples que ce pays par sa situation géographique devrait, pour le salut général de l'Europe, avoir un gouvernement assis sur des bases solides pour assurer la tranquillité du monde civilisé.

2 décembre.

Il n'y a qu'une voie de salut pour le ministère Polignac, c'est de dissoudre la Chambre et de faire une nouvelle loi électorale par ordonnance. Ce serait un coup d'État, il est vrai ; mais les choses en sont venues à ce point qu'une pareille mesure s'imposera tôt ou tard. Maintenant, le roi a encore l'armée pour lui ; mais, quelle garantie a-t-il de conserver ce bon esprit dans un corps qui compte tant de chefs, dans le fond de l'âme, hostiles aux Bourbons ?

14 décembre.

En faisant hier matin quelques visites pour présenter le petit Szapary dans différentes maisons, nous avons rencontré chez la marquise de Dolomieu M. de Juigné. Il a un fils aux pages et, à ce propos, il nous a donné quelques détails sur les excès que ces jeunes gens se permettent entre eux. Lorsqu'un nouveau arrive, il est voué à toutes sortes de vexations, obligé d'abord de monter sur un échafaudage de chaises où les anciens l'entourent, le contraignent à tenir un discours à leur éloge et à dire toutes sortes d'horreurs des nouveaux, telles que : « Les nouveaux ne sont que des imbéciles, des bêtes, des gueux indignes de se trouver dans la compagnie des anciens et si ceux-ci leur donnent des coups, des soufflets, ils leur font encore trop d'honneur, etc. » Si l'un des anciens trouve que cette harangue n'est pas encore assez humiliante pour les novices, il pousse avec son pied la chaise qui soutient les autres sur lesquelles le nouveau se trouve placé, et tout l'échafaudage s'écroule avec le pauvre malheureux qui est dessus. Quelquefois, des chutes semblables ont eu des suites fort graves.

Au jeune de Juigné qui vient d'entrer aux pages, on a bandé les yeux; on l'a mené ainsi au jardin, puis les anciens lui ont ordonné de sauter pour le roi, ensuite pour le dauphin, la dauphine, etc. Le pauvre jeune homme, tout en faisant comme on le lui ordonnait, arrive sans le savoir jusqu'à un bassin; là, on lui dit de sauter pour les anciens; il saute et, en même temps, deux des anciens lui mettent un gros bâton entre les jambes, de manière qu'il a fait une culbute, la tête la première, dans l'eau toute glacée. Quand on l'a retiré, il avait perdu connaissance.

Ces abus ont existé de tous temps en France, dans les collèges et les instituts de jeunes gens. M. de Juigné m'a cité à ce propos un souvenir fort curieux de son frère. Celui-ci se trouvait dans une académie militaire en même temps que Bonaparte; le futur empereur des Français était le nouveau de M. de Juigné; il n'y a sorte d'injures, de coups de poing et de cravache, que le jeune Bonaparte n'ait endurés, surtout au manège. Un jour, il prit la fantaisie à un de ses anciens de se servir de lui comme d'un cheval. L'ancien qui était grand et fort, se mit donc sur le dos de Bonaparte et comme celui-ci, peu leste et agile de son naturel, ne faisait pas bien les grands et petits tours que son cavalier voulait qu'il fît, il en eut des coups d'éperons jusqu'au sang. M. de Juigné eut pitié de Bonaparte et déclara à ses compagnons qu'il ne leur était plus permis de toucher à Napoléon, parce que lui-même le prenait pour son cheval. Il lui mit la bride et l'attacha à un arbre. C'est ainsi que Bonaparte a passé les heures de récréation tout le reste de l'année de son noviciat, trop heureux d'échapper, au prix de sa liberté, aux coups de cravaches et d'éperons. Devenu empereur, il se souvint toujours de la générosité de M. de Juigné, le protégea beaucoup et dit bien souvent à ses maréchaux :

— Je dois beaucoup de reconnaissance à M. de Juigné ; il m'a épargné autant de coups de poing que j'ai de cheveux sur la tête.

Sous Louis XIV, aux jours de grandes fêtes à Versailles, les pages étaient obligés de passer la grande cour du château pour arriver de leurs appartements à l'œil de bœuf ; lorsqu'il faisait sale, les nouveaux étaient obligés de porter les anciens sur le dos jusqu'à l'antichambre du roi, humiliation inconcevable pour un gentilhomme ; cela prouve bien les préjugés de nos lois d'honneur. Le même page qui souffre toutes les humiliations inimaginables de son ancien, des soufflets, des coups de poing et de pied, n'oserait passer sous silence la moindre petite menace de son supérieur sans être déshonoré. A Saint-Cyr, tout récemment, un officier dans un accès de colère a levé la canne en menaçant un des jeunes élèves ; celui-ci a porté plainte au général et l'officier fut obligé de se retirer.

16 décembre.

Mlle de Lacrotte vient d'épouser M. le comte de Montcu, elle s'appelle donc Lacrotte de Montcu. On dit que le jeune époux a l'intention de demander au roi de changer son nom en Cumont, faveur qu'une autre branche de sa famille a déjà obtenue de la cour. Je ne doute pas que S. M. Charles X, le plus chevaleresque de tous les rois, n'accède à la demande de la belle dame, qui ne peut ne pas rougir à chaque billet ou lettre qu'elle est obligée de signer.

ANNÉE 1830

Sommaire résumé : Un duc endetté. — Les noces de la reine d'Espagne. — Le roi et la reine de Naples. — Une liaison du duc de Chartres. — Une soirée au Salon des étrangers. — Excès de quêtes. — Propos de Mme de Polignac. — Au bal masqué. — Intrigues de Mme de Feuchères. — L'adresse de la Chambre des députés. — Les concerts du lundi à l'ambassade d'Autriche. — Lamartine à l'Académie française. — L'expédition d'Alger. — Annonce de l'arrivée du roi de Naples à Paris. — Son séjour à la cour d'Espagne. — Préparatifs de fête en son honneur au Palais-Royal. — Le prince de Cobourg candidat au trône de Grèce. — L'expédition d'Alger. — Les souverains de Naples à Paris. — Une fête en leur honneur au Palais-Royal. — Un séjour au château de Maintenon. — Séjour à Dieppe. — Mort du roi d'Angleterre. — Vilain tour joué à Chateaubriand. — Dissolution de la Chambre des députés. — La révolution de 1830, vue de Dieppe. — Charles X à Rambouillet. — Une lettre de Mademoiselle de France. — Louis-Philippe, roi des Français. — Mésaventure du cardinal de Rohan. — Les Bourbons en marche pour l'exil. — L'embarquement à Cherbourg. — Retour de l'auteur à Paris. — La mort du prince de Condé. — Propos de l'ambassadeur de Naples. — Détails rétrospectifs sur la chute de Charles X. — Agitations ministérielles. — Une fonte tragique. — Menaces anarchistes. — L'ambassadeur d'Autriche chez le roi. — Un dîner au Palais-Royal. — Le duc de Chartres devenu duc d'Orléans et ses audiences. — Le maréchal Maison et le portefeuille des affaires étrangères. — Colère de soldat. — A l'approche du procès des ministres de Charles X. — Les inquiétudes des Parisiens. — Charles X et son confesseur. — La journée du 22 décembre 1830. — Paris rassuré.

2 janvier.

On me tourmente du matin au soir avec des demandes d'invitations pour notre bal qui aura lieu après-demain ; c'est tantôt pour un cousin, un frère, un ami, une nièce, un père, un oncle, une belle-sœur, etc., etc. ; je ne sais où donner de la tête pour répondre à tout ce monde.

Mme de Valençay ne va presque pas dans le monde cette année ; c'est triste pour une jeune femme qui a tous les moyens pour s'y plaire et pour plaire ; mais elle a des chagrins domestiques. Le duc de Valençay est allé rejoindre son père à Bruxelles, où celui-ci se trouve en ce moment, après être sorti de la prison de Londres où il était retenu pour dettes. Le duc de Dino étant persécuté par ses créanciers à Paris, s'était réfugié en Angleterre. Pour se tirer d'affaire, il emprunta une somme de trois cent mille francs ; mais presque aussitôt, il en perdit soixante mille au jeu ; ses nouveaux créanciers qui en furent informés, exigèrent le remboursement du capital qu'ils lui avaient confié et comme il y manquait les soixante mille francs perdus, ils usèrent de prise de corps envers lui. L'ambassadeur de France, Laval, se crut obligé d'intervenir et d'essayer de sauver M. de Dino. Il alla chez le duc de Wellington et lui demanda conseil.

— On m'a rapporté dit-il au premier ministre, que

Votre Seigneurerie se trouvant un jour dans un cas semblable, avec un de ses compatriotes, déclara qu'il appartenait à votre ambassade et que par ce moyen, il fut délivré.

— Oui, monsieur, répondit le duc de Wellington avec dignité ; mais je payai.

Cette réponse si simple et si piquante toucha M. de Laval. Il rentra chez lui et sur l'heure, les soixante mille francs furent payés.

La princesse de Vaudémont m'a dit qu'il n'y avait maintenant plus de salut pour le duc de Dino et qu'il passera le reste de ses jours en prison.

Quelle horrible position pour son fils, le duc de Valençay qui nage dans les richesses et auquel il est défendu, par sa mère et son grand-oncle, le prince de Talleyrand, de secourir son père ! Avoir trois cent mille livres de rentes en perspective, jouir déjà en ce moment de tout le luxe, de toute l'aisance proportionnés à une aussi grande fortune et avoir un père à Sainte-Pélagie pour le reste de sa vie, je crois que c'est se trouver dans la plus affreuse de toutes les positions.

5 janvier.

Notre bal d'hier a réussi à merveille, le souper de quatre cents personnes fit l'admiration de tout le monde. Le duc de Talleyrand a dit à Pierre d'Aremberg, qui me l'a redit, qu'il trouvait que nos fêtes étaient les plus belles de Paris.

— L'ambassadeur d'Autriche est d'une magnificence,

étonnante, continua-t-il, et ce qui fait surtout le charme de cette maison, c'est la manière dont on y est reçu ; avec cette politesse, cette amabilité rare, on se croit le plus distingué, le mieux traité, ce qui fait que toutes les personnes sont ici plus animées qu'ailleurs.

Je relate ce jugement parce que c'est celui d'un homme qui a vu bien des fêtes dans sa vie, qui est juge compétent des grandes manières parce qu'il les possède au plus haut degré. C'est le modèle et le reste de l'ancienne noblesse française ; il marche ; il salue, il parle autrement, je veux dire plus noblement, avec plus de grâce, que tout le monde.

Hier matin le duc de Chartres m'a envoyé son aide de camp pour nous faire ses excuses de ne pouvoir venir à notre bal : il s'était foulé le pied en descendant son escalier. J'ai passé chez lui aujourd'hui pour savoir de ses nouvelles ; il était au lit et son pied est tout enflé.

6 janvier.

Je viens de recevoir une lettre de l'envoyé de Saxe à Madrid, qui me donne des détails attristants sur les fêtes qui ont eu lieu à l'occasion des noces du roi d'Espagne (1). Il n'y a eu, en fait d'amusements, autre chose que des baise-mains sans fin. Quatre mille personnes furent admises chaque fois à ces cérémonies. Le corps diploma-

---

(1) Ferdinand VII, n'ayant pas d'enfants, bien qu'il se fût marié trois fois, épousa, en 1829, la princesse Marie-Christine, fille de François I*er*, roi de Naples, et sœur de la duchesse de Berry. Il en eut une fille, qui fut la reine Isabelle.

tique était rangé du côté du trône et les ministres et les charges de cour, de l'autre. La tête couronnée qui avait à subir cette terrible cérémonie était sous le dais. Il y a eu quatre de ces baise-mains pour le roi d'Espagne, pour la jeune reine, pour le roi de Naples et pour la reine ; chacun a duré six heures. Ce fut d'un ennui à périr. Il y a eu encore à cette occasion nombre de spectacles espagnols, des comédies et des tragédies d'un mauvais goût et d'une longueur dont on ne se fait pas idée. Tout le monde luttait avec le sommeil.

Le roi et la reine de Naples s'ennuient donc passablement, et si bien qu'ils viendront à Paris encore avant le printemps et peut-être même avant la fin du carnaval. Le roi de France compte leur donner un bal pareil à celui qu'il a donné à l'occasion du sacre dans la salle de spectacle aux Tuileries. Ce sera plus beau à voir que gai pour la danse, vu que les hommes seront à ce que l'on prétend obligés de danser avec leurs armes et les dames en manteau et en diadème. La duchesse de Berry veut aussi en donner plusieurs ; mais j'espère, pour elle et pour nous, que le roi lui cédera la salle des Maréchaux, sans quoi nous étoufferons dans ses petits appartements.

Mme de Podenas, dame d'honneur de Madame, m'a raconté que toutes les dames de la cour de la duchesse sont dans l'effroi de la cour de Naples, du roi et de la reine. Le roi est tout courbé ; sa tête se trouve sur sa poitrine, au point qu'il est obligé de tourner la tête de côté pour regarder les gens auxquels il parle. La reine a une tournure de l'autre monde ; elle est large comme un tonneau avec un teint d'acajou. Madame a conjuré sa mère et sa sœur, ainsi que toutes les personnes de la cour de Naples, de laisser à la frontière, lorsqu'elles viendront à Paris, leurs bonnets, chapeaux, robes, etc. Ces dames, dit-on, ont l'air de folles échappées ; elles sont d'une laideur et d'une tournure à faire peur. Les dames de Madame ont refusé de dîner avec les dames d'honneur de la reine de Naples, parce que celles-ci exigent de leurs filles des services auxquels des femmes de chambre, dans tout autre pays, se refuseraient ; un certain meuble très privé de la reine est aux soins de Mlles de Monteleone, Medici et autres de familles non moins illustres.

Le prince Dentice, Napolitain, m'a dit qu'il connaissait presque toutes les personnes qui accompagnent son roi et sa reine et qu'en effet, on avait eu la maladresse de choisir tout ce qu'il y a de plus laid, de plus ridicule d'esprit et de tournure dans tout Naples. J'en suis fâché ; les Français, qui d'ailleurs sont si vains, auront de quoi se vanter et se trouver supérieurs ; ils diront, ils disent déjà :

— Voilà ce que c'est que les autres cours de l'Europe.

23 janvier.

Mme de Girardin, femme du vice-grand veneur du roi, une des dames du Comité pour le bal des pauvres qu'on a le projet d'arranger et connue par son esprit, est intime avec la comtesse Sobanska, Polonaise ; femme assez belle encore et très souvent séduisante. L'année dernière, le duc de Chartres fut à ses pieds et il l'est encore un peu cette année-ci. La belle comtesse, heureuse comme une déesse, d'avoir captivé ce jeune prince et ne voulant cependant pas se gâter sa position dans la société et à la cour où elle est assez bien vue à cause de son père, le comte Severin qui reçut Madame la dauphine avec beaucoup d'égards sur ses terres pendant son émigration, la comtesse Sobanska donc, pour arriver à son but sans nuire à sa position, n'hésita pas à se résigner à un acte d'humiliation que je trouve bien fort. Elle alla chez Mme la duchesse d'Orléans, lui montra les lettres que le duc de Chartres lui avait adressées et demanda à Son Altesse Royale si elle n'avait rien à objecter contre cette liaison. Mme la duchesse d'Orléans répondit à la comtesse qu'elle aimait mieux que le duc de Chartres s'adressât à une femme de la société que de s'amouracher d'une danseuse de l'Opéra. Mme Sobanska trouva cette réponse *satisfaisante* et depuis ce temps, elle ne dissimula plus sa passion pour ce beau prince du sang.

Cependant, le duc de Chartres, ainsi que tous les jeunes gens dans une pareille position, a trouvé qu'il avait fait excès de fidélité en honorant de ses attentions Mme Sobanska pendant un an entier ; il se relâcha donc un peu de son ardeur et la comtesse, s'apercevant de sa tiédeur, chercha vainement à découvrir sa rivale.

— Cela doit donc être, se disait-elle, dans une autre société que je dois chercher.

Dès le lendemain, elle sut que c'était Léontine Fay, très jolie actrice du Gymnase, qui lui avait enlevé à moitié le cœur de sa chère Altesse Royale. Elle ne fit semblant de rien vis-à-vis du volage ; mais, elle confia ses ennuis à Mme de Girardin.

Celle-ci lui promit de lui rendre le cœur du duc.

— Je ferai en sorte que le bal pour les pauvres soit

masqué afin que vous puissiez intriguer le duc sous le masque, lui faire des tendres reproches sur son inconstance et peut-être parviendrez-vous, madame, par ce moyen, à ranimer sa flamme pour vous.

Je sais ces détails de Mme Sobanska elle-même, dont je suis, on le voit, le confident. Si l'on s'étonne de cet abandon de la belle dame envers moi, on doit être assuré que je l'étais bien plus, lorsqu'elle me donna cette preuve de sa confiance.

25 janvier.

Mme Karolyi trouve qu'on ne la traite pas assez amicalement dans la société ; je trouve moi qu'elle est injuste ; elle veut être à Paris comme elle est à Vienne où elle est née et a été élevée.

— On vous gâte à Vienne, lui dis-je avant-hier, ce qui est fort simple ; vous y avez autant d'adorateurs que vous voulez. Ici, vous n'en manquiez pas non plus ; mais, lorsqu'une étrangère arrive à Paris, jeune, jolie, faisant des frais, en un mot telle que vous, les hommes la trouvent charmante, les femmes aussi ; on n'a qu'à prononcer son nom et tout le monde répète : « Elle est charmante, charmante. » Ce mot vole de bouche en bouche ; dans tous les salons, la belle dame jouit de son triomphe. comme vous l'avez fait madame ; mais, c'est aussi le signal du déchaînement de toutes les jalousies féminines. Les hommes sont sermonnés par leurs belles et, le lendemain, aucun d'eux n'osera vous approcher, de peur de se brouiller avec son objet.

— Vous croyez?

— J'en suis sûr, comtesse, vous le savez vous-même par expérience ; cela vous est arrivé pas plus tard qu'hier.

3 février.

Cette année-ci, on ne fait que quêter pour les pauvres dans tous les salons ; c'est très louable, mais fort ennuyeux pour ceux qui sont obligés de payer une entrée de vingt francs à la porte de chaque salon où, souvent, on s'ennuie par-dessus le marché. Si l'on continue de ce train-là, bientôt les pauvres seront riches et quêteront pour nous. Il y a des spectacles, des bals, des concerts, des raouts pour les pauvres ; bientôt, pour être à la mode, il faudra dîner et souper pour eux. Voici ce que j'ai fait avant-hier pour les pauvres. Si quelque jour, ils en font autant pour moi, je suis sûr de ne pas mourir de faim.

Dès le matin, charmante lettre de Mme de Gabriac, fille du duc de Gramont, chargée de quêter et nécessité de mettre mon esprit en quatre et ma bourse en vingt pour répondre à la politesse de la dame et pour avoir le bonheur de secourir les pauvres du cinquième arrondissement qui, à ma connaissance, est déjà le sixième qu'on m'a dit être le plus indigent de Paris ; le même jour, à midi, souscription pour un bal encore pour les pauvres et à raison de vingt-cinq francs ; à trois heures, loterie de bienfaisance chez Mme de La Rouillerie ; obligé de prendre quatre billets à cinq francs pièce. A dix heures du soir, tout content de l'avoir échappé belle pour une autre quête où on avait eu la bonté de penser à moi, j'arrive chez la duchesse de Maillé. Il y avait grande réunion. Ne voilà-t-il pas qu'elle vient à moi avec une bourse de quête à la main.

— Ah! pour le coup, madame, on ne manque pas l'occasion d'exercer la charité chrétienne à Paris!

Et je fus encore plus pauvre de vingt francs.

Ce qu'il y a de plus triste dans tout cela, c'est que je regrette cet argent, que je n'en ai aucun mérite, ni devant Dieu ni devant les hommes.

6 fevrier.

Mme de Girardin, une des patronnesses du Comité pour le bal des pauvres, a voulu que les dames y fussent en domino ou autre costume, avec le masque sur la figure, et les hommes en frac. Le duc de Chartres, président du Comité, ne voulut point de ce projet, disant que ce bal était trop nombreux et qu'il pourrait y avoir du désordre. La duchesse de Guiche, Mme de Flahault, Mmes Alfred et Juste de Noailles et autres furent aussi de cet avis, et Mme de Girardin a été obligée, quoique bien à regret, de céder, ce qui ne lui arrive pas souvent. Dans son dépit elle jura d'organiser un bal masqué à elle seule. Ce bal par souscription doit avoir lieu avant celui des pauvres ou du duc de Chartres, comme on l'appelle.

7 février.

Mme de Girardin a réussi ; je viens de recevoir dix-huit billets pour le bal masqué ou costumé que donnent vingt dames et autant d'hommes et qui aura lieu dans la salle des concerts de la rue Taitbout, le 9 de ce mois, au lendemain de celui que donne notre ambassade pour la fête de l'Impératrice. Mais, il y a un complot entre les femmes du faubourg Saint-Germain ; elles ne veulent pas aller au bal costumé. Celles du faubourg Saint-Honoré s'en trouvent offensées et les appellent des prudes, et celles de la Chaussée d'Antin font, au contraire, tout au monde pour y être admises ; mais, on n'en veut point parce que l'on désire qu'il n'y ait pas de roturiers. Il n'y aura d'exception qu'en faveur de Mme Vatry et cela à cause de sa beauté. Ce bal costumé, tout compris, éclairage, buffet, etc., ne coûtera que deux mille trois cents francs ; il n'y aura pas de souper. Le bal pour les pauvres rapportera cent mille francs nets, tous les frais décomptés. Le roi donne huit mille bougies pour éclairer la salle de l'Opéra et il a envoyé deux mille francs. C'est pourquoi on appelle ce bal : *le bal riche des pauvres*, et l'autre, le *bal pauvre des riches*.

9 février.

Notre bal a réussi à merveille, il était magnifique ; tous les neuf salons étaient éclairés à jour, c'était vraiment éblouissant. Il y avait quantité de belles toilettes, les manches à bérets sont encore toujours fort en vogue : le blanc était la couleur dominante. L'ambassadrice d'Espagne et sa grosse fille, tout en noir, firent tache. On a dansé jusqu'à cinq heures. Le duc de Chartres n'a dansé qu'une seule fois avec Mme Sobanska et ne s'est pas beaucoup occupé d'elle le reste du temps. Elle en était furieuse ; ce qui me prouve bien que tout va de travers.

10 février.

Au milieu des plaisirs du carnaval, les intrigues du parti libéral ne cessent pas un instant. Malgré cela, il paraît certain que le budget sera voté, ce qui est la grande question. Ces messieurs ne poussent pas leur prétendu patriotisme plus loin qu'il ne faut, soucieux avant tout de ne pas compromettre leurs intérêts particuliers. MM. les banquiers, qui composent et soutiennent en grande partie le libéralisme, feraient tomber, en refusant le budget, les fonds publics au point que plusieurs d'entre eux perdraient la plus grande partie de leur fortune. Donc, M. de Polignac, tout en ayant contre lui l'opinion publique, se maintiendra ; mais, il ne pourra faire discuter devant les Chambres autre chose que le budget.

Mme de Polignac me dit il y a huit jours :

— Mon mari, depuis qu'il est de retour en France, est un autre homme ; il se porte à merveille, il se trouve heureux de pouvoir partager les peines du roi, son maître, cette idée le soutient, tandis qu'à Londres, entouré de bonheur, ayant une existence tranquille et brillante, il était toujours malade.

« — J'ai trop de chagrins, me disait-il alors, le roi est
« mal entouré ; les affaires vont pitoyablement et mon
« maître n'a personne auprès de lui pour épancher
« son cœur, personne qui puisse partager sincèrement
« ses ennuis, ainsi que je le ferais si j'étais auprès de
« lui ; mon bonheur me devient à charge parce que mon
« royal ami est malheureux. Depuis qu'il est à Paris,
« poursuivit la princesse, il est content de pouvoir souf-
« frir toutes sortes d'injures pour le roi, son maître, son
« unique ami. C'est un caractère digne d'admiration. »

Si M. de Polignac avait autant d'esprit qu'il a un excellent cœur et du dévouement pour son roi, les affaires iraient bien en France.

Il y aura, à ce que l'on m'a dit, encore quelque changement dans le ministère. Parmi ceux qui doivent y entrer, on nomme M. de Vitrolles qu'on a fait pair de France depuis peu ; homme de beaucoup de moyens ; il fut ministre plénipotentiaire du roi à Florence. Les amis de Martignac se flattent aussi qu'il attrapera un des portefeuilles.

11 février.

Le bal masqué a duré avant-hier jusqu'à trois heures et demie. Je l'ai enterré. Le duc de Chartres me reçut à l'entrée sous la double colonnade avec sa bonté et sa grâce ordinaires.

— Je vous ai attendu, comte Rodolphe, avec impatience, me dit-il ; mettez en train ce bal, animez-le, je compte sur vous, on ne peut pas être gai sans vous.

Mme Alfred de Noailles, grâce à l'indiscrétion d'un de mes amis, m'intrigua pendant une heure entière. Je reconnus au premier mot qu'elle proféra la princesse de Léon ; je lui offris mon bras et elle me pria de la conduire dans la loge de Walewski qu'elle intrigua à merveille parce qu'il ne la connaît point. Je suivais cette intrigue avec intérêt, lorsqu'un domino vient à moi et me demande le nom du jeune homme avec lequel nous parlions tout à l'heure.

— Je ne fais que d'arriver de Lyon, me dit le domino ; je connais fort bien tous les hommes de la société de Paris... Ce monsieur est peut-être le seul que je ne connaisse point.

— C'est le comte Walewski, on l'appelle le fils naturel de l'homme, parce que Napoléon, dit-on, est son père ; mais, mon beau masque, si vous ne le connaissez pas, vous ne me connaissez pas non plus.

— Ah ! ce serait fort. Qui ne vous connaît point à Paris ? Je vous en dirai plus encore : j'ai été hier à votre bal.

— Je crains fort, mon aimable dame, que vous ne disiez pas en ce moment tout à fait la vérité. Si vous y avez été, à qui ai-je fait ma cour hier ?

— Pas à moi certainement, car depuis quelque temps vous me traitez d'une manière fort singulière ; l'année dernière, vous valsiez, vous dansiez avec moi ; vous me faisiez même fort assidument la cour. J'y fus fort sensible, je vous avouai même que je vous aime... Avouez à votre tour que vous étiez ce que l'on appelle à mes pieds ; vous vîntes chez moi bien souvent ; mais vous êtes un ingrat ; malgré ma tendresse, vous ne venez presque plus et si vous venez, c'est pour rencontrer une autre personne. Mais, j'ai le courage de cacher ma douleur aux yeux de ma rivale... Pourquoi passez-vous cette année si souvent devant moi sans me saluer ? Et pourtant il y a encore des jours où vous êtes à mes pieds, tout à fait à mes pieds.

— Madame, je dois vous avouer que d'après le portrait que vous me faites de moi, je ne me comprends plus moi-même, je me deviens une énigme. Vous me dites des choses trop flatteuses pour que je puisse les accepter ; mais, d'un autre côté, permettez-moi, mon aimable masque, de me justifier en ce que vous me dites de blâmable pour ma conduite envers vous. D'abord, vous m'accusez d'inconstance, soit, c'est un défaut que j'ai de commun avec tous les autres jeunes gens ; mais personne ne peut me reprocher l'inégalité de caractère.

— Oui, monsieur, tout le monde vous rend justice ; moi seule je fais exception à ce qu'il paraît et cela ne me flatte guère ; mais, nous avons causé trop longtemps ensemble ; on commence à s'en apercevoir ; je tiens trop à ma réputation pour vous intriguer dans un endroit où nous sommes entourés de dames du faubourg Saint-Germain et vous savez combien elles sont prudes. Si vous voulez, vous me trouverez au prochain bal de l'Opéra, à trois heures après minuit. C'est là que je vous ouvrirai mon cœur en entier et nous verrons si vous êtes digne de ma confiance. Voilà une branche, gardez-la bien : la dame qui vous la redemandera sera celle que vous chercherez.

Après cette singulière conversation, la dame, malgré

tous mes efforts, me quitta. Si j'avais été au bal de l'Opéra, ce langage ne m'aurait point étonné ; mais, à un bal masqué où il n'y avait que des dames de la plus haute société de Paris, cela m'étonna. Cependant, à la tournure et au langage, je crus reconnaître la duchesse d'E***. Je me livrais à des conjectures lorsque Mme de Léon me demande à voix basse :

— Connaissez-vous ce masque qui vient de vous parler. C'est la duchesse d'E***. Ne vous fiez pas à ce qu'elle vous dit ; elle vous trompe ! Elle dit à tout le monde la même chose.

— Mais, madame la princesse, à quoi bon me dire cela? On vient au bal masqué pour être trompé.

— C'est que je vous veux du bien, cher comte.

Dans ce moment, on me prend par la main et on me la serre au point que si je m'étais abandonné au premier mouvement, j'aurais crié.

— C'est à coup sûr un homme, pensai-je, et je me retourne.

C'était encore mon domino, je le reconnus au superbe bouquet qu'il tenait à la main.

— J'ai entendu, me dit-elle, prononcer le nom de Mme d'E***. Si la princesse de Léon vous en a dit du mal, sachez qu'elle est l'ennemie jurée de cette dame.

A ces mots, mon masque me quitta encore et Mme Alfred de Noailles, s'approchant de moi, me demande si je n'avais pas reconnu parmi les masques la duchesse d'E***, parce qu'on lui avait dit qu'elle était au bal. A ces mots, j'entends un cri perçant, c'était encore mon domino que je vis se sauver en gagnant la foule, si bien que je n'ai pu le retrouver.

Vingt masques au moins m'ont intrigué ce soir. Ils m'ont donné mille détails, j'ai valsé avec eux, dansé le galop sans jamais pouvoir les reconnaître. Cependant, on voulait avoir vu la duchesse de Berry :

— Ce sont ses pieds, sa tournure, ses cheveux, me disait-on.

— Ah! pour le coup, celle-là je vais la reconnaître sur-le-champ, dis-je.

Et sans perdre un instant, je m'approche d'elle ; je lui dis quelques mots ; elle me demande le bras, je la mène dans une loge, je voyais bien qu'elle connaissait tout le monde ; mais, elle affecta de ne point connaître les personnes de la cour et lorsque je lui fis la proposition de la conduire auprès du duc de Chartres, elle me dit qu'elle n'oserait jamais intriguer un prince du sang. Elle ne voulut point danser avec moi, malgré mes instances réitérées. Enfin, je lui dis encore quelque chose, sur quoi elle s'élança hors la loge, se précipita en bas des escaliers et avant que j'aie pu l'atteindre, j'entendis rouler sa voiture.

18 février.

Il y a des royalistes qui disent qu'il n'y a plus moyen de défendre le ministère Polignac.

— On s'expose trop, prétendent-ils, et si le ministre croule, nous sommes perdus dans l'opinion publique et il n'y a plus moyen de se rendre utile au roi.

La confusion est au comble en France ; tout le monde est alarmé de la tournure que prennent les choses. Il paraît que la Chambre des pairs est aussi contre le ministère. Je ne vois pas trop où M. de Polignac trouvera sa majorité. Tout le monde est curieux de l'ouverture des Chambres.

Félix Schwarzenberg fait sa cour à Mme de H***, ils sont inséparables dans les salons. Mme d'O***, à laquelle notre attaché a adressé ses premiers hommages, en est fort jalouse et ne conçoit pas comment on peut la quitter pour une Allemande à cheveux rouges. Quoi qu'on en dise, Mme de H*** a très bon air ; elle est aimable, surtout avec les hommes, elle est fille du prince de H*** que nous avons connu à Vienne, mais elle me plaît beaucoup mieux que ses trois sœurs, Hélène, Louise et Claire ; elle a épousé son cousin, un comte de H***, petit, avec une figure de singe et un pied de bouc comme celui du prince de Talleyrand. On m'a dit qu'il avait beaucoup d'esprit ; mais je le connais trop peu pour pouvoir en juger.

24 février.

Il y avait quantité de bals le mardi gras, mais je n'ai profité que de deux de ces fêtes, l'une fut chez Hope (1), où je ne suis resté que jusqu'à deux heures, et l'autre un bal masqué au Salon des étrangers, fameuse maison de jeu, dont la réputation est universelle. Il y avait toutes les grandes danseuses de l'Opéra ; elles y avaient arrangé et exécuté un quadrille à la satisfaction de

---

(1) Financier hollandais, d'origine anglaise, gendre du général Rapp, établi à Paris et célèbre par son luxe et la magnificence de ses réceptions.

tout le monde, moi excepté ; ces femmes ont, je trouve, un air trop libre pour le salon où l'on est accoutumé à voir un autre genre de coquetterie ; la leur consiste dans des mouvements de corps, elles lèvent leurs jambes si haut que mon nez courait de grands dangers ; ajoutez à cela des robes qui dépassent de très peu les genoux et vous concevrez facilement que cela m'ait déplu, le premier charme d'une femme étant la modestie.

Heureusement pour ces dames, très peu des jeunes gens qui ont été à ce bal partagèrent mon opinion ; ils les trouvèrent charmantes et les firent danser, à mon grand étonnement, se trouvant très flattés si l'une ou l'autre de ces belles leur souriait.

Un autre spectacle s'offrit encore à mes yeux. Dans les salles à côté de celle où l'on dansa, étaient dressées des tables pour le Rouge et Noir et pour le jeu de la roulette ; des monts d'or s'élevaient et disparaissaient tour à tour. Cette terrible passion du jeu animait tout le monde. Les uns, absorbés dans leur calcul, piquaient avec une épingle la carte qui était devant eux, pour suivre telle ou telle marche qui leur semblait infaillible. Le mécompte ou la réussite s'exprimait sur les traits des joueurs tandis que les croupiers impassibles jetaient aux heureux des louis qui retombaient comme une pluie d'or sur les carreaux de la table verte. Mais, ils retiraient doucement des billets de banque petitement pliés qui ont plus de valeur que ces monts d'or qui attirent toujours et séduisent souvent des jeunes gens ou des avares imprudents, car la passion du jeu a presque toujours sa source dans l'avarice ou dans le besoin d'éprouver des émotions. Comme je ne suis ni avare, ni blasé, toute espèce de jeu me déplaît ; ces montagnes d'or m'ont par conséquent très peu tenté, si peu qu'à deux pas de là, je restai assis avec un masque, de trois jusqu'après six heures du matin. Je n'ai pas encore pu découvrir quelle fut la petite personne remplie d'esprit qui, sous ce domino, m'a tant amusé ; la seule chose dont je suis sûr, c'est qu'elle est une femme de la société.

25 février.

On me parle beaucoup de la présentation à la cour de Mme de Feuchères. Elle est la maîtresse en titre de M. le duc de Bourbon, exerçant sur lui un pouvoir extrême ; il n'y a rien que ce prince refuse à cette femme ; elle s'est mise en tête tout à coup de vouloir être présentée à la cour. Comment atteindre un semblable but lorsqu'on est dans sa position? Voyons comment elle s'y est prise. Elle a commencé par faire dire à Mme la duchesse de Berry que si Son Altesse Royale voulait user de son influence auprès du roi afin que Sa Majesté permît qu'elle fût présentée à la cour, elle, de son côté, userait de son influence auprès du duc de Bourbon pour faire passer le riche héritage de Monseigneur à Mademoiselle ou bien au duc de Bordeaux.

Madame fut outrée de l'audace de cette femme et lui fit exprimer son indignation avec force et noblesse.

— Je ne suis pas faite, dit-elle, pour être protégée par une femme du bord de Mme de Feuchères. Je trouve sa proposition aussi téméraire qu'elle est insolente ; non seulement, je ne ferai jamais aucune démarche auprès du roi pour obtenir sa présentation, mais, au contraire, j'opposerai tout mon pouvoir pour empêcher un pareil scandale.

Mme de Feuchères, tout étonnée de voir refuser une offre de tant de millions, en fut fort piquée ; mais, loin de s'en effrayer, elle fit faire la même proposition à Mme la duchesse d'Orléans pour le duc de Nemours. La duchesse, influencée par le duc, son mari, accepta. Mme de Feuchères, toute glorieuse de cette réponse du Palais-Royal, demanda la permission d'y faire sa cour. Cette seconde demande fut aussi agréée ; mais, l'on fixa le jour de réception au lendemain de celui où le testament en faveur du duc de Nemours serait signé par le duc de Bourbon. Tout arriva ainsi. Mercredi dernier, au concert au Palais-Royal, on me montra la dame en question. La duchesse et toute la famille la comblèrent d'attentions, excepté cependant le duc de Chartres.

Mme la duchesse d'Orléans, ainsi qu'il était convenu, se rendit, le surlendemain de la signature du testament, chez le roi, lui exposa que la fortune du duc de Nemours dépendait d'une grâce que le roi accorde à tant d'autres qui ne valent pas mieux que Mme de Feuchères ; enfin, la duchesse, après une assez longue résistance de la part du roi, finit par obtenir son consentement.

A la veille du dernier cercle, qui a eu lieu pendant le carnaval, le roi dit aux princesses :

— Mesdames, vous recevrez demain à votre cercle Mme de Feuchères.

Les princesses firent une très profonde révérence au roi et ne dirent pas un mot.

Mme Alfred de Noailles, qui se croit obligée d'être de tout, alla au cercle le jour de la fameuse présentation.

— Le roi, me dit l'aimable vicomtesse, l'a reçue avec bonté en lui parlant du temps froid que nous avons ; le dauphin ne lui dit rien, mais il la salua, et comme je suivais la Feuchères, le dauphin me demanda si je connaissais la dame qui venait de passer avant moi.

— Il faut bien connaître les personnes qui marquent, répondis-je à Monseigneur.

Une fois Mme de Feuchères arrivée chez Madame la dauphine, celle-ci lui fit un certain mouvement avec son éventail, que notre héroïne parut comprendre, car elle ne s'arrêta point. Mme la duchesse de Berry ne reçut ce jour que les duchesses ; lorsque le tour vint aux dames non titrées, elle se fit annoncer sa voiture et partit dans la nuit pour son château de Rosny.

27 février.

Il y a plusieurs dames et jeunes cavaliers même, qui sont malades jusqu'à garder le lit, des suites d'un cotillon que j'ai dirigé dimanche gras chez Mme la duchesse de Berry. Les courtisans qui ne sont plus dans l'âge de pouvoir me suivre à mes exercices et qui cependant ne veulent pas manquer une occasion d'être agréables à Madame, désirent bien souvent m'envoyer à tous les diables. Pour être bon courtisan à la cour de France, il faut avant tout avoir de bonnes jambes. Le pauvre Pierre d'Arenberg a tous les membres rompus ; il est tout éreinté par suite de ce fameux cotillon.

Au spectacle, à la cour, comme notre loge touche à celle du roi, Madame, en entrant, me demanda si je vivais encore.

— Certainement, madame, et si bien que je suis prêt à recommencer aujourd'hui. Si Votre Altesse Royale, continuai-je, se trouvait en force demain, elle devrait donner un bal dans ses appartements, ou bien dans ceux du premier gentilhomme de la chambre du roi.

— Je vous avoue que je me sens fatiguée.

— Si vous aviez vu Madame ce matin, me dit la duchesse de Regio, vous ne lui feriez pas une pareille proposition.

— Il n'y paraît pas ce soir, répondis-je.

— J'aime cependant mieux me reposer aujourd'hui, répliqua la duchesse de Berry, tandis que vous irez ce soir encore chez la duchesse de Montmorency.

— Oui, madame.

— Vous y trouverez le duc de Chartres ; saluez-le de ma part.

2 mars.

Aujourd'hui a eu lieu l'ouverture de la Chambre. Le roi, comme toujours dans de pareilles occasions, a été couvert d'applaudissements ; jamais aucun souverain n'a eu meilleure tournure ; il est impossible de mieux saluer, de mieux parler que ne le fait le roi Charles X ; c'est une noblesse sans fierté, chacun de ses mouvements est gracieux, rempli de dignité et bienveillant. Les gens de l'opposition aiment à prouver dans ces occasions qu'ils distinguent le roi du gouvernement, distinction fausse autant qu'elle est malveillante. Le roi, dans son discours, a dit à la fin une phrase bien forte et il l'a prononcée avec cette fermeté que doit lui donner le sentiment de son droit et de sa dignité sacrée et suprême. « Pairs de France, a-t-il dit, députés des départements, je ne doute pas de votre concours pour opérer le bien que je veux faire ; vous repousserez avec mépris les perfides insinuations que la malveillance cherche à propager. Si de coupables manœuvres suscitaient à mon gouvernement des obstacles que je ne veux pas prévoir, je trouverais la force de les surmonter dans ma résolution de maintenir la paix publique, dans la juste confiance des Français et l'amour qu'ils ont toujours montré pour leurs rois. »

Tous les officiers de l'armée sont enchantés de la force que le roi vient de déployer ; les libéraux en sont furieux.

— Nous avions l'intention, disent-ils, d'être très modérés ; mais, nous voyons bien qu'il n'y a pas moyen.

— Tant mieux, disent les royalistes, il vaut mieux que la guerre soit ouvertement déclarée ; on sait au moins à quoi s'en tenir ; nous saurons nous ranger autour du trône.

Beaucoup de personnes voient bien noir dans cette occasion ; moi, tout au contraire, je crois qu'il n'y a jamais du danger pour un gouvernement qui montre de la force ; s'il continue ainsi, tout ira bien.

10 mars.

Les journaux ne savent que dire ; le seul but qu'ils poursuivent c'est de gâter l'esprit dans les provinces afin qu'il y ait de mauvaises élections si la Chambre était dissoute. Le ministère de son côté travaille pour s'assurer de bons députés ; il destituera les mauvais préfets et les remplacera par des royalistes. Ce serait certes le meilleur moyen ; mais, malheureusement, le ministère se laisse influencer par le côté gauche, qui pour détourner son attention sur ce point, pour paralyser au moins momentanément ses mouvements lui fait accroire une prétendue fusion du parti antiministériel avec le côté gauche et lui fait, sous ce rapport, toutes sortes de propositions qui sont autant de pièges.

16 mars.

La Chambre est prorogée, l'opposition est bouleversée, elle ne sait que dire, que penser. Cet acte d'autorité légitime fait la meilleure impression et donne surtout de la confiance aux royalistes.

L'ambassadrice d'Angleterre s'occupe maintenant d'un bal pour les pauvres anglais. Il y a douze patronnesses et chacune choisit son chevalier : la duchesse de Hamilton a bien voulu de moi. Je suis très honoré de la confiance de Mme Hamilton, mais cela me donne beaucoup à faire, à écrire, à courir à droite et à gauche ; je ne sais où donner de la tête.

18 mars.

L'adresse de la Chambre des députés au roi, en réponse au discours de Sa Majesté, a passé dans le Comité secret avec une majorité de quarante-huit voix. Elle est très impertinente : ces messieurs demandent tout simplement le renvoi des ministres.

— Cette adresse, disent les libéraux, est un monument admirable de sagesse et de joyeux *attachement au roi* et à la Charte ; elle met dans tout son jour cette vérité : qu'il n'y a pas d'accord possible entre le ministère et la France, c'est à dessein que nous disons la France ! Que le ministère dissolve maintenant la Chambre : la majorité peut se présenter sans crainte devant les électeurs : sa réélection se fera aux acclamations générales.

Si jamais attentat fut commis en France contre les prérogatives de la couronne, certainement, cette adresse sera le plus marquant. Le roi recevra la députation aujourd'hui même. Les membres qui la composent ont été tirés au sort ainsi que cela se pratique toujours. Les royalistes qui se trouvent dans le nombre, ont refusé de paraître devant le roi avec une adresse aussi insolente. Le roi, dit-on, ne leur fera aucune réponse, ni verbale, ni par écrit ; il prendra la feuille de la main du député sans permettre que celui-ci en fasse la lecture, puis le roi dira :

— J'en connais le contenu et je charge mon ministre de répondre à la Chambre.

27 mars.

Mme Catalani a chanté hier chez nous, sa voix est étonnante encore. Pendant tout le carême, il y a quantité d'excellents concerts le matin et le soir. Ceux au Conservatoire sont uniques pour l'ensemble et l'exécution ; les symphonies de Beethoven enlèvent tous les auditeurs. Les lundis soir, il y a concert chez nous : Mme Malibran, Kalkbrenner, Liszt, Hummel, les deux Bohrer, Mlle Mock, de Bériot, Carafa, Meyerbeer, les chanteurs du Théâtre Italien, etc., etc., voilà les sujets qui en font les délices. Quelquefois, il y a après dîner des quatuors et des trios instrumentaux ; ils commencent à huit heures et durent jusqu'à dix heures, où nous allons dans le monde.

On exécute à ces concerts de la musique la plus difficile, c'est ce qui fait qu'il y a très peu de personnes qui en sont dignes ; il y en a tout au plus une vingtaine qu'on admet à ces réunions musicales ; pour les autres, la porte est défendue. Le duc et la duchesse de Noailles, le comte de Marmier, le comte et la comtesse de Rastignac, la comtesse de Lostange et sa fille, la comtesse de Virieu, le comte de Martignac l'ancien ministre en sont. La princesse de Vaudémont et l'ambassadrice d'Angleterre forcent quelquefois la consigne. On les reçoit en soupirant un peu, surtout l'ambassadrice qui nous désole avec son bavardage, tout spirituel qu'il soit. Dans ces occasions, c'est surtout moi qui suis à plaindre. L'ambassadrice, se voyant abandonnée par le maître et la maîtresse de maison, qui, dans leur passion pour la musique, ne lui répondent pas, ne me lâche plus ; elle sait bien que je ne puis faire comme les autres ; la seule liberté que je prends, c'est de l'inviter, de temps en temps, à parler un peu plus bas.

2 avril.

M. de Lamartine est donc membre de l'Académie. Le discours qu'il a tenu à cette occasion a eu beaucoup d'admirateurs et, en même temps, bien d'autres l'ont critiqué à outrance. On a trouvé l'attitude qu'il a prise en lisant son discours trop affectée, trop théâtrale ; entre ceux qui l'attaquent le plus, se trouvent les membres de la famille du comte Daru, son prédécesseur à l'Académie ; ils prétendent que M. de Lamartine n'a pas assez fait valoir le mérite de M. Daru ; ils ont cru même remarquer une espèce de malveillance dans les expressions et dans la manière dont ce discours a été prononcé par le nouveau membre de l'Académie. D'autres ont trouvé que M. de Lamartine avait mal fait d'entretenir ses nombreux auditeurs de ses chagrins qui pouvaient l'intéresser lui et sa famille, mais pas tout le public.

A mon avis, le nouveau membre a eu raison de ne pas louer M. Daru plus qu'il ne le mérite et il n'a pu faire moins que de consacrer quelques lignes dans son discours à la mémoire de sa mère chérie. C'était d'autant plus indispensable qu'il était obligé de motiver le retard de sa réception dont, effectivement, la perte douloureuse qu'il venait de faire, était la cause.

Mme de Lamartine a l'air plus jaloux que jamais. La jalousie est toujours un mal affreux ; mais la femme de Lamartine doit en être bien tourmentée, son mari étant aimé de tout le monde. Toutes les femmes lui disent des douceurs, et si, par hasard, quelque charitable personne lâche un petit mot de tendresse à madame, elle doit s'avouer que ce n'est qu'en faveur de son mari. Si Mme de Lamartine était la femme d'un autre homme moins illustre, on la trouverait spirituelle et aimable ; mais, on ne parle que de sa jalousie.

4 avril.

Les journaux sont vides en ce moment ; ils ne savent plus que dire ; c'est du véritable rabâchage. Dans la société, on s'occupe des plaisirs et de l'expédition d'Alger. Les jeunes femmes dont les maris vont à la guerre ne font que pleurer ; les mères et les sœurs se désolent aussi ; mais, cela n'empêche pas que les militaires, jeunes et vieux, sont dans la joie de leur cœur. On soigne beaucoup tous les détails de l'expédition ; on a inventé une nouvelle espèce de vaisseaux pour faciliter l'embarquement et le débarquement des troupes, on les appelle vaisseaux plats et ils sont, à ce que l'on m'a dit, admirables. Un bateau à vapeur arrangé pour recevoir, à raison de treize francs par jour, des voyageurs amateurs du spectacle de la guerre, longera les côtes d'Alger pendant la durée de l'expédition.

Ce petit navire sera armé de plusieurs canons pour sa défense en cas d'attaque des pirates ; un télégraphe sera établi sur mer pour faire parvenir les nouvelles d'Alger à Paris en peu d'heures. Ce même bâtiment contiendra aussi une typographie moyennant laquelle on fera paraître un journal, deux feuillets par semaine, qui ne parlera que de ce qui concerne l'expédition. Les moindres détails y seront relevés ; nous serons instruits de chaque mouvement de l'armée, ce qui ne doit pas plaire aux chefs. Mais, il faut qu'ils s'y accoutument. Un militaire constitutionnel est exposé à bien pis que cela, puisque chaque simple soldat a le droit de s'opposer à son chef s'il trouve qu'il ne le traite point selon la Charte.

Ce sera d'ailleurs une guerre comme on n'en a jamais vu : des ducs, des marquis, des comtes et pairs de France seront là comme simples soldats, et tandis que les uns vont avec le plus grand enthousiasme au-devant de la gloire, d'autres considèrent l'expédition comme une nouvelle manière de s'amuser.

10 avril.

On a voulu loger le roi de Naples à Meudon (1), cela ne lui a point convenu ; il a préféré l'hôtel de l'Élysée-Bourbon, rue du Faubourg-Saint-Honoré, hôtel qui fut

(1) Le roi de Naples, père de la duchesse de Berry et beau-frère du duc d'Orléans, était attendu à Paris où il devait séjourner en revenant d'Espagne.

habité par le duc de Berry. On l'arrange en ce moment et ce sera un véritable Élysée pour le roi et sa suite, en comparaison de l'habitation dont il a dû se contenter pendant son séjour à Madrid. Il trouvera à l'Élysée-Bourbon toute l'aisance et le luxe le plus recherché. Sa Majesté et les personnes de sa cour y trouveront de quoi bien se nourrir ; les équipages du roi de France seront à leur disposition et cela ne sera pas comme en Espagne, où le roi n'a que trois voitures dans ses remises, ce qui a fait qu'un jour, à une partie de promenade, il n'y en avait point, pour placer dedans, les premières charges des deux cours d'Espagne et de Naples, qui cependant ne pouvaient se dispenser de suivre Leurs Majestés. On fit part de cette difficulté au roi d'Espagne, qui répondit en ces termes :

— Que voulez-vous que je fasse, mes chers amis ; on a oublié de faire venir les deux voitures qui sont à Aranjuez, de sorte que nous n'en avons que trois à notre disposition.

On fut obligé de chercher sur la place deux fiacres, dans lesquels on plaça les dames d'honneur et d'atours, les grands écuyers, etc., etc.

16 avril.

La fête que le duc d'Orléans compte donner au roi de Naples, dans son superbe Palais Royal, sera quelque chose de merveilleux. La grande cour du palais et le jardin seront illuminés avec des lampions ; toutes les galeries et terrasses ouvertes, seront ornées de bosquets d'orangers et de fleurs, derrière lesquels il y aura des harmonies d'instruments et des chœurs de voix. Tous les appartements seront ouverts jusqu'à ceux de Mlle d'Orléans. Ce que l'on appelle le jardin du Palais-Royal, cette grande cour entourée de boutiques, de galeries, d'arcades, etc., sera livrée au public ; les personnes invitées au bal verront, des appartements et des terrasses qui auront l'air des jardins suspendus de Sémiramis, la foule des curieux circuler dans ce vaste bâtiment. Ce sera une fête de cour et populaire en même temps.

Le duc d'Orléans ne manque jamais l'occasion de faire de la popularité et à plus forte raison dans un moment où il va étaler toute sa grandeur, toute sa magnificence. Il croit par là faire taire, en quelque sorte, la masse des envieux qui est grande partout, mais surtout en France. Le duc d'Orléans, tout libéral qu'il paraisse, est plus fier que tout autre, et je conçois qu'il aime à montrer un luxe éblouissant pendant le séjour du roi de Naples à Paris ; il veut prouver par là, à son beau-frère, que l'établissement de Mme la duchesse d'Orléans, quoiqu'elle n'ait pas épousé un roi, était bien préférable à celui de la princesse napolitaine, qui vient de monter sur le trône d'Espagne.

18 avril.

Je fus tant occupé à faire les honneurs à notre bal de mardi que je n'ai pas eu le temps de parler un peu longuement avec le prince souverain de la Grèce (1) ; j'ai été plus heureux hier soir chez Mme du Cayla (2) où il y avait grand concert en honneur de ce prince ; il m'a paru bien triste et lorsque je lui ai fait mes compliments sur sa souveraineté, il m'a répondu que cela n'était pas encore tout à fait décidé.

— Vous savez, me dit Son Altesse, qu'il y a quelques arrangements encore à prendre relativement aux troupes que je demande et à l'argent ; j'ignore si les puissances voudront y accéder.

A la manière dont le prince m'a dit ce peu de mots, il m'a paru presque souhaiter un refus à sa demande. Lord Seymour (3), qui avait été longtemps en Grèce et qui, avant son voyage, était philhellène, en est revenu entièrement désenchanté. Pas plus tard qu'hier, il a eu une conversation très longue avec le prince de Cobourg, dans laquelle il a conjuré le prince de ne pas accepter le trône qu'on vient de lui offrir. Je ne sais ce que va faire Son Altesse ; mais, ce qui est bien sûr, c'est qu'elle a l'air plus triste que jamais et n'accepte aucune lettre qui lui est adressée sous le titre de Majesté.

On dit que le prince Soutzo (4), qui est ici depuis quelques mois, que l'on voit dans tous les salons en costume oriental, va avoir un des portefeuilles dans le nouveau royaume. Je crois que ce qui fait principalement hésiter

---

(1) C'est du prince Léopold de Saxe-Cobourg qu'il s'agit. Le trône de Grèce lui avait été offert, et après avoir paru disposé à l'accepter, il le refusa.
(2) L'ancienne favorite de Louis XVIII.
(3) Diplomate anglais, fils du premier marquis d'Hertford.
(4) Alexandre Soutzo, poète grec, l'un des artisans de l'indépendance hellénique.

le prince Léopold à accepter le trône qu'il avait recherché dans les commencements avec tant d'ardeur, c'est la maladie grave du roi d'Angleterre ; il espère être nommé régent du royaume après le décès du roi, surtout si le duc de Clarence (1) renonce ; alors la duchesse de Kent (2) le devient et transmettra peut-être cette suprême dignité à son frère ; dans tous les cas, il exercerait une grande influence ; certes, cela vaudrait bien un trône épineux, entouré de poignards menaçants. La perspective de cette régence d'Angleterre fait aussi qu'il ne veut pas renoncer à sa qualité d'Anglais, car ce n'est que comme tel qu'il peut aspirer à cette dignité.

22 avril.

Le roi d'Angleterre va toujours de mal en pis, les amateurs de fêtes en sont au désespoir, le duc de Chartres à la tête. Il m'a avoué aussi que son père ne serait pas moins contrarié de ne pouvoir donner son bal. Cependant on redouble d'ardeur afin d'achever l'aile gauche du Palais-Royal, qui établira une parfaite symétrie entre les différents corps de logis de la petite cour. L'on parle d'un grand déjeuner que Mademoiselle (3) donnera au roi

---

(1) Troisième frère de Georges IV, auquel il succéda sous le nom de Guillaume IV.
(2) Sœur de Léopold, roi des Belges, veuve du quatrième frère de Georges IV et mère de la reine Victoria.
(3) Fille de la duchesse de Berry.

de Naples à Bagatelle ; il doit y avoir quinze cents personnes. Si le roi de France y va, nous serons en uniforme.

30 avril.

Je viens de Neuilly, où j'ai été prier le duc de Chartres à notre déjeuner de lundi prochain ; malheureusement, je ne l'ai point trouvé, il était à Paris. Cependant je suis descendu de voiture et je me suis promené dans le parc. Une partie en est tout inondée, au point que l'on m'a proposé de faire une petite promenade en bateau dans les allées où ordinairement on se promène en souliers de soie. Le duc de Chartres et ses frères profitent de ce désastre ; encore hier, le premier et le duc de Nemours, en habiles rameurs, ont parcouru dans tous les sens la partie du parc inondée, ayant dans leur barque Mlle de Valois Mlle de Beaujolais et le prince de Joinville.

3 mai.

La princesse de Castel-Cicala est d'une humeur de chien, à cause de l'arrivée de Leurs Majestés Siciliennes ; elle a surtout peur pour son gros mari que la fatigue tuera à ce qu'elle craint :

— *Il principe,* me dit-elle, samedi dernier, *va passare*

nel altro mondo per la fatica. Le chevalier Médici (1), continua-t-elle, ne me sort pas de la pensée ; aussi ai-je appelé à l'aide de leur père, mes deux fils le duc de Calvello, ministre de Suisse, et le marquis Ruffo de Berlin.

Pendant que la pauvre ambassadrice de Naples me faisait sa jérémiade sur l'ennui que l'arrivée de Leurs Majestés lui causait, le duc de Luxembourg s'approche de nous et dit à la princesse :

— Puis-je, madame l'ambassadrice, vous faire mes compliments sur la prochaine arrivée de Leurs Majestés le roi et la reine de Naples?

— Je ne vous en empêcherai point, monsieur le duc, répliqua la princesse ; mais, je suis trop franche pour vous cacher combien cette arrivée me cause d'ennui et combien je voudrais qu'elle n'eût jamais lieu.

5 mai.

Nous avons dansé lundi jusqu'à huit heures. Le duc de Chartres n'a pu rester que jusqu'à cinq heures pour être de retour à Neuilly, à six heures, pour le dîner. Il m'a dit que le prince de Salerne (2) devait arriver

---

(1) Don Louis de Medici ou Medicis, ministre et favori de Ferdinand Ier, roi de Naples. Il venait de mourir subitement à Madrid, où il avait accompagné la princesse Marie-Christine, qui allait épouser Ferdinand VII.

(2) Frère du roi régnant de Naples, François Ier. Il avait épousé une archiduchesse d'Autriche et fut le père de la duchesse d'Aumale.

demain. Le prince de Partana (1) et la princesse de Floridia sont aussi attendus tous les jours ; le prince doit être nommé ambassadeur en Espagne. En se rendant à son poste, il fera sa cour au roi, son demi-frère. On se formalise beaucoup à Paris de l'abolition de la loi salique en Espagne. On croit que la France avait perdu par cette nouvelle ordonnance le droit de succession en Espagne ; on ignore qu'il existe un acte par lequel la France renonce à cette succession. Ce traité date du temps de Louis XIV ; l'abolition de la loi salique en Espagne ne regarde donc nullement la France. Les journaux libéraux, comme à tout propos, se déchaînent contre le ministère ; l'ambassadeur d'Autriche et l'affaire des titres y sont aussi touchés.

15 mai.

En revenant aujourd'hui de Suresnes, où l'ambassadrice et moi avons été faire visite à la princesse de Vaudémont, nous nous sommes trouvés présents à la barrière de l'Étoile, au moment de l'entrée du roi de Naples. Il était dans la même voiture que le roi de France, avec la reine, Mme la duchesse de Berry et le duc de Bordeaux. Ils sont tous descendus à l'hôtel de l'Élysée-Bourbon.

(1) Fils de Ferdinand Ier et de la duchesse de Floridia que ce prince avait épousée morganatiquement après la mort de la reine Marie-Caroline. La princesse de Floridia, dont il est ici question, était née aussi de ce mariage.

Le roi et Madame y ont mis les pieds pour la première fois depuis l'assassinat du duc de Berry ; aussi ont-ils été d'une tristesse affreuse. Madame en fut d'un changement extrême, elle avait l'air plus vieille de dix ans. Monseigneur le dauphin et Madame la dauphine y sont arrivés un quart d'heure après l'arrivée du roi de Naples. On m'a dit que le dauphin était très content de son voyage à Toulon et que dans le conseil prochain, la mesure de la dissolution de la Chambre sera décidément prise ; on fixe même le jour de la publication de cette grande résolution au 17 de ce mois.

17 mai.

Je viens en ce moment du cercle diplomatique du roi de Naples ; on a cru au commencement que Leurs Majestés recevraient les dames et les hommes à la fois ; cependant, ce ne fut pas le cas ; nos dames seront reçues à part. Les ambassadeurs furent invités par le prince de Castel-Cicala à passer chez le comte de Castellamare, chose fort singulière, car certes, il ne pouvait recevoir le corps diplomatique que comme roi de Naples.

Sa Majesté est excessivement courbée ; elle a l'air du père de Charles X, tant elle est décrépite ; avec cela, elle est aimable, causant à merveille. La reine est très forte, avec une figure laide et commune, des pieds difformes, deux raquettes bien larges et plates, couvertes d'un soulier en satin blanc. Elle est grosse à ce que l'on dit et voilà ce qui peut expliquer son gros ventre ; mais les rotondités du côté opposé à celui-ci égalent celles du devant. Malgré cela, la reine a bonne façon, bon air, quelque chose de bienveillant et de noble en même temps ; je crois qu'elle doit cela aux mouvements lents et surtout à la manière dont elle salue, dont elle fait ses révérences. La duchesse de San Valentino, première dame d'honneur de la reine, est inconcevable de tournure, de figure, de manières, de tout enfin ; ce qui me désarme, c'est qu'on la dit être la meilleure femme du monde. La toilette de la reine était très soignée. Le prince de Cassaro, maintenant ministre des affaires étrangères et autrefois ministre plénipotentiaire à Vienne, est très bien de tournure et de manières. Ce soir, il y a spectacle aux Tuileries, l'on donnera *le Comte Ory* et *la Belle au bois dormant*.

Les nouvelles d'hier nous disent que le roi d'Angleterre est à toute extrémité. La fête qui aurait dû avoir lieu à Bagatelle, est remise à cause de cela.

Nous avons été hier chez la duchesse de Gontaut à Saint-Cloud ; on m'a cité une phrase que cette dame a dite à propos de la première entrevue des deux souverains, phrase que l'on trouve fort spirituelle : la voilà textuellement : « Le roi de France a dit au roi de Naples tout ce qu'il voulait dire à cette occasion, et le roi de Naples a dit tout ce qu'il pouvait dire. » J'avoue que je n'ai pas assez de finesse pour saisir l'esprit de ce mot.

18 mai.

L'ordonnance de dissolution de la Chambre a paru hier soir ; c'en est fait. Le prince de Polignac se flatte d'avoir dans la nouvelle Chambre une majorité de trente voix ; il en est sûr même.

On commence à croire maintenant que l'expédition d'Alger ne sera pas chose aussi facile qu'on a pensé dans les premiers moments ; cependant, tous ceux avec lesquels j'ai parlé et qui s'y entendent, m'ont assuré que la chose était immanquable. Mais, la guerre finie, que fera-t-on du territoire conquis ? Le rendra-t-on au dey, et les dépenses de cent millions seront-elles faites seulement pour donner un moment de popularité au ministère, dont il n'a pas besoin et qu'il n'acquerra jamais ? Ou bien veut-on en faire une colonie ? Ceci certes donnerait de la force au ministère Polignac ; mais, l'Angleterre et les autres puissances de l'Europe, que diront-elles de cette augmentation de territoire et de puissance maritime ? Ce sont des nuages épais qui se lèvent sur l'horizon politique. Espérons que la Providence tournera tout au bien de l'humanité ; mais, les faibles lumières de l'homme ne peuvent y voir autre chose qu'une nouvelle source de guerre et de bouleversement bien dangereux au repos de l'Europe.

20 mai.

Déjà hier, on parlait d'un changement partiel du ministère ; les bruits d'hier se confirment aujourd'hui ; Peyronnet est appelé à l'intérieur et Chantelauze à la justice, Montbel a eu l'administration des finances et Courvoisier et Chabrol se retirent, le premier est devenu ministre d'État, le second, qui l'est déjà, n'a pas eu de nouvelles dignités. Je serais tenté de comparer M. de Chabrol à la chauve-souris de la fable, qui n'a pu se décider à aucun parti.

Ces nominations tout à fait antipopulaires me prouvent que le ministère se soucie peu de la majorité ; sans cela il n'aurait pas fait un pareil coup avant les élections.

22 mai.

Au dernier spectacle de la cour, je me suis amusé à faire mes observations sur ce qui se passait dans la loge royale. Elle avait été agrandie, devant contenir non seulement la cour de Naples, mais même la famille d'Orléans, qui ordinairement, n'y est point admise. Ces puissances furent placées dans l'ordre suivant : la place la plus rapprochée de notre loge fut occupée par Mlle d'Orléans, sœur du duc ; à sa droite se plaça le prince de Salerne et derrière ces deux, le duc de Chartres et le duc de

Nemours; à côté du prince de Salerne s'assit Madame, duchesse de Berry, puis Madame la dauphine, puis le roi de Naples. Le dauphin prit place à côté de la reine et offrit la chaise à sa droite à la duchesse d'Orléans. Mlle d'Orléans et sa sœur, Mlle de Valois, se placèrent à côté de leur mère et les deux dernières chaises du devant furent occupées par le duc d'Orléans et le duc de Bourbon.

Madame la dauphine me parut de très mauvaise humeur; elle parla peu et ce qu'elle dit fut dit en grognant. Le roi de Naples lui adressa plusieurs questions avec beaucoup de grâce; mais, Madame la dauphine lui répondit d'une manière fort brusque en criant dans les oreilles du roi, comme s'il eût été sourd. Dans les entr'-actes, elle ne s'est pas approchée une seule fois de la reine de Naples. Le roi de France a été charmant avec ses illustres hôtes, il l'est toujours. Sa Majesté causa avec gaieté, tantôt avec la reine, tantôt avec le roi de Naples; la reine parut très contente du spectacle et en exprima son contentement au roi de France et à son mari auquel elle fit remarquer mille petits détails de peur qu'ils ne lui échappassent. Elle a l'air bien bonne personne, bien aux petits soins pour le roi.

Mme la duchesse de Berry est dans la joie de son cœur depuis l'arrivée de ses parents; pendant tout le spectacle, elle adressa avec sa vivacité napolitaine la parole à son oncle et, dans les entr'actes, elle causait avec son père et sa belle-mère d'une manière fort intime. Les rapports entre le roi et la reine de Naples et la duchesse d'Orléans me parurent beaucoup moins cordiaux; il y a quelque chose de guindé, de forcé; ils paraissent se revoir avec moins de plaisir; aussi y a-t-il des raisons pour cela.

Le duc et la duchesse d'Orléans ont voulu arranger un mariage entre le duc de Chartres et la jeune reine d'Espagne ; il paraît que la famille n'en a point voulu ; de nouvelles tentatives d'alliance et pas plus heureuses que les premières furent faites de la part de Mme la duchesse d'Orléans en faveur de Mlle Louise d'Orléans pour la marier avec le prince de Calabre (1) ; le roi fit cette proposition à son fils, mais celui-ci déclara que jamais de sa vie, il ne prendrait pour femme une petite-fille de l'Égalité. Tout cela ne fit qu'ajouter aux ressentiments que le duc d'Orléans garde depuis longtemps à la famille de Naples et surtout à son beau-frère qui, dans le temps où le duc demanda au feu roi de Naples Mme la duchesse d'Orléans d'aujourd'hui pour femme, se prononça contre ce mariage de sa sœur, le trouvant trop mesquin. Effectivement, à cette époque, le duc d'Orléans n'était rien moins qu'un brillant parti pour la princesse de Naples, vu qu'il n'avait alors pour tout cortège qu'un seul domestique et très peu de chances de revenir en France. Heureusement pour ce prince, les jours se sont suivis et ne se ressemblent point ; d'un émigré bien pauvre, sans avenir, il est devenu plus riche que son père et Altesse Royale depuis le sacre de roi Charles X. Maintenant il veut se montrer aux yeux de son beau-père en prince le plus magnifique de l'Europe.

Le bal qui aura lieu aujourd'hui chez Madame, bien qu'il doive être superbe, ne sera qu'une ombre en comparaison de la fête du Palais-Royal. Déjà, depuis des semaines, on la prépare ; les terrasses sont converties en jardins ; une nouvelle façade a été construite en toute

---

(1) L'un des fils du roi de Naples.

hâte comme par enchantement. Il n'y a pas quinze jours, il y avait à la place de la superbe galerie qu'on peut voir maintenant, quantité de chétives maisons bien sales, habitées par de pauvres ouvriers. Ces humbles demeures où régnait la plus profonde misère, sont converties en une pompeuse salle ; enfin cent cinquante mille francs doivent être dépensés pour éblouir le roi de Naples pendant quelques heures.

26 mai.

Tahir Pacha (1) vient d'arriver à Toulon, les curieux espèrent le voir à Paris. Il est envoyé par la Porte pour traiter avec le dey d'Alger ; mais, la flotte française ne l'a point laissé passer. L'ambassadeur d'Angleterre en est furieux ; il croit et avec raison que son gouvernement le trouvera tout aussi mauvais que lui et qu'on lui en donnera tous les torts. La guerre d'Alger déplaît souverainement au ministère anglais. Le duc de Wellington a chargé plusieurs fois l'ambassadeur d'Angleterre à Paris de demander quelques explications sur ce que la France compte faire avec le pays une fois conquis. La réponse fut que la France ne ferait aucune démarche sans avoir consulté préalablement la Russie et l'Angleterre et en avoir obtenu leur consentement ; mais, il paraît que cette promesse ne suffit point au gouvernement anglais et que

(1) Le gouvernement ottoman avait voulu, au moment de l'expédition d'Alger, intervenir en faveur du dey. Mais cette tentative n'eut pas de résultats.

son ambassadeur près la cour de France, ne peut en obtenir une autre plus positive. Le refus du prince Léopold met le ministère anglais dans de nouveaux embarras; l'opposition, qui paraissait être vaincue, vient de reprendre toute sa force; il paraît que lord Aberdeen (1) s'est aventuré un peu par son discours contre le prince Léopold et que celui-ci est porté maintenant par le parti Whig. Il paraît aussi que la Russie et l'Angleterre sont d'accord sur le choix d'un nouveau prince souverain pour la Grèce; mais, la France veut aller de son côté. Voilà de nouveaux embarras dans la question grecque déjà si compliquée. La Russie promet d'évacuer toute la Grèce et tout le territoire qu'elle avait occupé; même Erzeroum doit être abandonné aux Turcs sans aucune indemnité : ceci rapproche la Russie de l'Angleterre et éloigne cette dernière de la France. M. de Polignac, quoique ministre des affaires étrangères, est tellement occupé de l'intérieur qu'il ne paraît pas voir ce qui se passe dehors; il s'en apercevra trop tard. Je crois que la guerre d'Algérie lui cassera le cou.

29 mai.

Le bal de Mme la duchesse de Berry a parfaitement bien réussi; ce fut une fête superbe. J'ai dirigé, comme à

(1) Pair d'Angleterre, l'un des adversaires les plus ardents de Canning, ministre des affaires étrangères dans le cabinet Wellington; il fut, sous Louis-Philippe, l'un des artisans de l'alliance franco-anglaise. Guizot en parle longuement dans ses Mémoires.

l'ordinaire, la dernière danse avec Madame. Nous avons commencé par un galop avec des figures de cotillon ; puis, je proposai à la duchesse le cotillon même, ce qu'elle accepta avec plaisir et, pour finir, nous avons fait danser le *grand-père;* tout cela a duré une heure et demie. Il faisait grand jour et je crois que nous aurions dansé jusqu'à midi si, le même soir, il n'y avait pas eu jeu à la cour.

— Il faudrait cependant finir, me dit Mme la duchesse de Berry ; pensez donc que nous sommes déjà au dimanche et que ce soir, nous sommes obligés d'assister au jeu du roi.

31 mai.

Il y a eu hier grand dîner pour la famille de Naples, chez le prince de Castel-Cicala. Voici la liste des invités : le roi et la reine de Naples et le prince de Salerme, M. le duc et Mme la duchesse d'Orléans, ses deux filles et sa belle-sœur ; des jeunes princes, il n'y avait que le duc de Nemours ; le duc de Chartres étant un peu indisposé a voulu se soigner pour le bal d'aujourd'hui, qui ne sera pas peu fatigant pour lui ; du corps diplomatique, il n'y avait que les ambassadeurs de Russie, d'Autriche d'Angleterre, de Sardaigne, d'Espagne.

Jamais, on n'a vu faire de plus grands préparatifs pour une fête que ceux qui se font pour le bal du Palais-Royal : quatre cents personnes y travaillent pour achever les décorations destinées à la fête.

Revenons maintenant à quelques petits détails d'étiquette du dîner que l'ambassadeur de Naples a donné à son maître et souverain. Le prince et la princesse de Castel-Cicala avec leurs deux fils, en allant au dîner, ont précédé la cour comme pour lui indiquer le chemin et cela aux sons des fanfares. Une fois arrivés dans la salle du dîner, la princesse s'est mise derrière la reine avec une assiette en or à la main comme pour la servir ; le prince fit de même ; comme de raison ni le roi, ni la reine n'ont accepté. Alors le prince s'est assis à un bout de la table et la princesse à l'autre, se levant de temps en temps pour demander à Leurs Majestés si elles n'avaient pas besoin de leurs services. On a bu aux santés des rois de France, de Naples et d'Espagne, de notre prince impérial et du duc de Chartres, des deux Ferdinands. Après le dîner, le prince et la princesse de Castel-Cicala et leurs deux fils, le prince de Calvello et le marquis Ruffo, ont encore reconduit la cour, chacun une bougie à la main, ainsi que le demande l'étiquette.

2 juin.

Voici quelques détails sur la fête donnée par le duc d'Orléans et qui complètent, en la rectifiant sur certains points, la relation assez exacte qu'en donne le *Journal des Débats*.

J'ai fait le tour de la galerie avec la cour de France, donnant le bras à la princesse de Bauffremont ; je ne fus séparé du roi Charles X que par les princes, par Mme de Bethisy, dame d'atours de Madame et par la duchesse de San Valentino. J'ai donc tout vu, tout entendu. Lorsque le roi fut arrivé vis-à-vis du jet d'eau, il salua le peuple et il en fut beaucoup applaudi. En ce moment, un coup d'air s'éleva et arracha quelques petits cris de détresse à nos dames qui se voyaient déjà toutes défrisées avant d'avoir dansé. Le roi, qui est la grâce et la bonté même et qui craignit peut-être que ce vent, s'il continuait, éteignît les lampions et dérangeât la fête, dit en riant au duc d'Orléans et à nous autres qui étions présents :

— Messieurs, ce vent est bon pour ma flotte d'Alger.

Ce mot rendit la gaieté à la société ; la phrase vola de bouche en bouche, le vent cessa aussi et le calme se rétablit dans l'air et dans l'âme de nos belles dames. En lisant le *Journal des Débats*, on le croirait le plus royaliste de tous les journaux. *Des enfants se jetèrent en signe de joie des chaises à la tête.* Le mensonge est trop absurde ! Voilà le fait : Je dansais dans la galerie du Théâtre-Français lorsqu'on vint me dire qu'il y avait tumulte au jardin du Palais, qu'on se jetait des chaises à la tête. La contredanse finie, je m'y rends. Qu'on se figure une immense place remplie de monde qui se presse, se foule ; c'est le mouvement de la mer orageuse, mais plus effrayant encore, car toutes ces vagues vivantes sont animées de la plus horrible malveillance : *A bas les habits galonnés! à bas les aristocrates!* crie-t-on de tous les côtés. Cependant, un grand feu s'élève autour de la statue d'Apollon ; on le nourrit avec des chaises, on les y jette les unes après les autres ; déjà les flammes s'élèvent plus haut que les combles du Palais-Royal. Quel spectacle ! Cette clarté effrayante, cette fumée qui monte en tourbillon jusqu'aux nues, ces murmures, ces cris de femmes qu'on écrase, tout cela dans ce palais superbe, garni de lampions de toutes les couleurs, tout illuminé intérieurement, au milieu d'une fête ! Ces cris de révolte se marient aux sons de la musique, des contredanses et des valses ; plusieurs vieux Français, témoins des scènes de l'année 91 et 92 et qui se trouvaient en même temps que moi sur cette galerie, en frémirent ; ils cherchèrent en vain à cacher leur terreur ; elle était peinte sur leur figure. Cette frayeur se communiqua aux autres personnes présentes ; et point de troupes, point de gendarmes n'arrivent.

Comme sous la Révolution, un homme monte sur une tribune faite avec des planches qui avaient servi pour l'illumination du jardin, et commence à haranguer le peuple ; mais, il ne peut se faire entendre ; le tumulte devient plus grand de seconde en seconde ; enfin, quelques gendarmes arrivent. Mais, comment contenir une foule aussi immense ? Aussi sont-ils bousculés, poussés ; des débris ardents de chaises, des lampes allumées leur volent à la tête, les inondent de suif et d'huile bouillante ; bientôt, ils sont séparés les uns des autres et le peuple acharné parvient à désarmer un de ces malheureux. Il est jeté par terre, foulé aux pieds, rossé, abîmé ; on l'aurait achevé sans doute ; mais, heureusement pour lui, la garde d'honneur du Palais-Royal vint à son secours ; on l'emporte sans connaissance. D'autres troupes arrivent presque en même temps avec la garde d'honneur et parviennent bientôt à déblayer tout le jardin. Sept ou huit des principaux meneurs sont arrêtés, le harangueur en tête : c'est un rédacteur du *Corsaire*, archilibéral ou révolutionnaire.

Un officier anglais donnant le bras à deux de ses cousines, se trouva en même temps que moi sur la galerie ; il se distingua parmi nous autres curieux par sa curiosité au point de se faire remarquer du peuple massé dans le jardin. Mille voix font chorus en criant : *A bas l'Anglais! A bas l'Anglais!* et il fut sifflé et hué ; cette démonstration peu bienveillante le rendit furieux et il n'en fut que plus comique.

— Il ne vous reste rien de mieux à faire, monsieur, lui dis-je, que de rentrer dans le palais et nous serons sifflés tous en masse, ce qui est moins désagréable parce qu'on se trouve en bonne compagnie ; mais, si vous essayez de braver le bon peuple de Paris, il n'en finira pas jusqu'à demain.

Le duc d'Orléans a été bien fâché, bien puni des scènes qui ont eu lieu dans son palais. Son projet de se rendre encore plus populaire, a été entièrement déjoué. Ce n'est pas la manière de le devenir que de faire chasser le peuple de son propre palais, à coups de baïonnettes.

— Faites attention, dis-je à Mme de Gourgue, une des dames de la duchesse de Berry, en lui donnant le bras sur une des terrasses ; il y a ici quelques inégalités de terrain.

— Oui, monsieur, je m'en aperçois et cela m'étonne, puisque nous sommes sur le territoire de l'Égalité.

Chemin faisant, nous rencontrâmes à l'un des buffets qui donnaient sur la terrasse, Mme de Puisieux, sœur de Mme de Gourgue et toutes les deux filles de feu Mme de Montboissier, fille de M. de Malesherbes. Toute cette famille est un véritable dépôt d'esprit ; mais, ces dames n'épargnent pas toujours leur prochain. Mme de Puisieux donnant le bras à son gendre, le prince d'Hénin, nous aperçoit, vient à nous et nous fait mille petites remarques un peu méchantes, mais fort spirituelles. Nous étions à en rire lorsqu'un des valets de pied s'approche de nous et dit d'une manière solennelle :

— Messieurs, mesdames, voilà un monsieur qui a son chapeau sur la tête ; que dois-je faire?

Mme de Puisieux prend la parole et dit de la manière la plus sérieuse du monde :

— Comment ! vous ne savez pas que les grands d'Espagne ont le droit de se couvrir devant le roi même, à plus forte raison en présence de quelques meringues ; sans aucun doute, ce monsieur est grand d'Espagne.

Le valet de pied fut satisfait et laissa en repos son prétendu grand d'Espagne. Nous en rîmes comme des fous.

8 juin.

La santé du roi d'Angleterre va toujours bien mal ; on attend à tout moment la nouvelle de son décès.

Mme de Bourmont est fort en peine de la flotte ; une brise contraire la retient toujours à Palma. Il ne fait que pleuvoir cette année, c'est un été qui ne nous promet pas un très agréable séjour à Dieppe ; au moins, nous trouverons-nous en nombre, car je ne sais qui n'y va pas.

Il n'y a pas de misanthropie qui tienne à l'accueil qu'on nous a fait à Maintenon ; le duc et la duchesse de Noailles, Mlles de Beauvilliers et de Mortemart vinrent à notre rencontre et nous dirent mille choses bienveillantes et aimables. Les premiers jours, le temps fut affreux, nous fûmes confinés dans l'intérieur du château et réduits aux plaisirs d'un salon de Paris. La petite société qui s'y trouvait était composée de plusieurs parents et parentes des Noailles ainsi que le vicomte

Henri de Mortemart, le duc de Mortemart; la comtesse de Saint-Aldegonde, belle-sœur de ce dernier, avec ses deux filles, le comte Maurice de Noailles, neveu du duc, Mlle de Girardin, gouvernante de Mlle de Beauvillers, et M. Mazas, auteur d'un ouvrage qui vient de paraître, intitulé : *la Vie des grands capitaines français du Moyen âge*. Du matin jusqu'à cinq heures et demie où l'on alla faire sa toilette pour le dîner, nous avons causé, nous avons ri, nous sommes allés et venus des salons dans nos appartements, de nos appartements dans la galerie. J'ai donné aux demoiselles des leçons de valse et de galop ; nous avons dessiné, on a fait la lecture, etc.

Un jour, Mme de Saint-Aldegonde nous a donné des détails sur la cour de Napoléon ; mais, pour nous les donner, elle choisit le moment où les jeunes personnes étaient à leur toilette, car, ils ne sont pas faits pour être entendus d'elles. Mme de Saint-Aldegonde a été une des dames du palais de Marie-Louise ; son premier mari vivait encore et Mme de Saint-Aldegonde d'aujourd'hui était alors la maréchale Augereau, duchesse de Castiglione.

— Napoléon, nous dit-elle, était insupportable dans l'intérieur en ce qu'il se mêlait de tout et qu'il se donnait la peine de nous gronder en personne. Il choisissait ordinairement pour cela un cercle ou autre réunion à la cour, ce qui amenait des scènes incroyables ; aussi en avions-nous une peur indéfinissable. Mais, ce à quoi je ne puis pas encore m'accoutumer, poursuivit Mme de Saint-Aldegonde, c'est de voir Mme Juste de Noailles tout aussi bien en cour, tout aussi attachée aux Bourbons qu'elle le fut autrefois à Napoléon, à Marie-Louise et à toute la famille Bonaparte. La reine de Naples était la plus difficile à vivre. Dès que quelque chose lui déplaisait dans une des personnes des différentes cours réunies, elle allait sur-le-champ chez l'empereur et faisait un paquet ; comme toutes ces dames étaient sœurs ou belles-sœurs de Napoléon, elles exerçaient sur lui une double influence qui se manifestait dans ces occasions d'une manière bien cruelle pour l'objet de haine, désigné par une de ces dames. La princesse Borghèse, sous ce rapport, était la meilleure de toutes ; elle ne faisait de mal à personne, mais aussi, sans contredit, elle était de ces dames la plus dévergondée ; elle m'aimait beaucoup ; j'étais sa confidente et je sais par conséquent tout ce qui s'est passé chez elle, c'est à ne pas croire. Une des choses les plus étonnantes était la manière dont elle prenait ses bains.

Ici, Mme de Saint-Aldegonde entra dans des détails. Je les savais depuis longtemps ; mais je n'y croyais pas. J'ai bien vu son pied nu qu'elle nous montra à Rome pour le faire admirer ; mais, il me semblait impossible qu'une femme ose se faire servir, dans son bain, par un nègre qui la frotte de la tête aux pieds et cela toujours devant ses amies et ses amis.

Mme de Saint-Aldegonde n'assista qu'une seule fois, à ce qu'elle dit, à ce bain inouï ; le maréchal, son mari, lui défendit d'y retourner. Il trouvait en général beaucoup à redire sur l'intimité de sa femme avec la princesse Pauline ; mais comment l'en empêcher ? Il était bon mari, mais encore meilleur courtisan.

Pendant notre séjour à Maintenon, Mme la duchesse d'Escars avec sa sœur la comtesse de Lorge et Mme la comtesse de Cossé vinrent faire visite aux Noailles ; nous eûmes tous grand plaisir à recevoir ces dames ; la duchesse m'invita avec tant de grâce à passer quelques jours dans son château que je ne pourrai résister à une aussi aimable proposition.

Nos soirées se passaient agréablement ; on faisait de la musique, la lecture ; on racontait des histoires de revenants, on jouait aux proverbes, on chantait ; enfin on s'amusait comme l'on s'amuse à la campagne. Tout le monde était en train de gaieté, excepté Henri de Mortemart, qui avait la mine d'un amoureux jaloux. L'objet de son admiration est Mlle de Beauvilliers et celui de sa jalousie votre très humble serviteur qui, tout bêtement, ne s'en est pas aperçu ; ce n'est qu'ici qu'on m'a mis sur la voie.

A notre retour de Maintenon, nous nous sommes arrêtés à Rambouillet, château royal, avec un parc superbe planté par Le Nôtre ; nous avons vu la laiterie que Louis XVI a fait construire et son appartement si modeste : il ne pouvait être autrement pour convenir aux goûts simples de ce roi. Quel contraste avec Louis XIV qui aima tant la magnificence et Louis XV qui fut le prince le plus voluptueux de son siècle ! Mais ce qu'il y a de plus amer dans la suite de ces souvenirs, c'est que ce bon Louis XVI a dû expier avec son sang, celui de sa femme, de sa sœur et de son fils, les fautes de ses ancêtres.

22 juin.

Rien au monde ne fut plus beau que la fête de l'ambassadeur d'Espagne, qui a eu lieu dimanche dernier, c'était magique. Ciceri, fameux décorateur, a changé l'hôtel de l'ambassade en un palais de fées, transformé la grande cour d'entrée en une immense salle toute pareille à la cour des Lions du palais de l'Alhambra à Grenade, et d'un grand chantier fait un grand jardin. Du jour à la nuit, un demi-siècle parut avoir passé sur ce terrain. Peu d'heures avant la fête, il n'y avait que du bois rangé sur un mauvais pavé, et le soir, on admira un jardin magnifique, de grands arbres s'élevaient, entourés de bosquets, de touffes de fleurs ; au milieu de cette petite forêt, se trouve un délicieux pavillon gothique orné des armes de Naples et d'Espagne transparents ; tout le jardin était éclairé avec des lampions de toutes les couleurs, de manière que les arbres paraissaient porter des fruits en saphirs, en émeraudes, en diamants, en rubis. Des bosquets montaient des gerbes ardentes et les touffes de fleurs brillaient d'une clarté si parfaite qu'elles éclairaient à jour tout le jardin.

L'hôtel de l'ambassade d'Espagne, que je connaissais jusqu'à ce jour comme très petit, était devenu pour cette fête un palais immense, si immense que, depuis que j'ai quitté le palais de Venise, je n'ai pas vu de salles d'une telle grandeur, d'une telle élévation. De ma vie je n'oublierai l'impression que j'ai éprouvée en entrant dans cette salle de l'Alhambra : tous les Almanzors paraissaient m'entourer, je voyais les Abencérages se promener sous ces voûtes en marbre blanc, ces colonnes mauresques si sveltes, si élégantes ! Cette architecture si bizarre, ornée de ces ciselures à jour, exécutées en marbre, me transportèrent dans un climat plus doux, dans un temps bien reculé, dans ce temps romantique des troubadours de la chevalerie arabe. J'étais à Grenade à l'époque des kalifes, je voyais des Maures en guerre avec les Espagnols, le Cid, doña Chimène et doña Uranie, que sais-je moi encore : j'y serais resté toute la nuit si Mme la duchesse de Berry, en me faisant demander pour danser avec elle, ne m'avait pas rappelé que j'étais à Paris ! La reine de Naples en fut aussi frappée que moi ; elle y retourna le lendemain et fit prendre un dessin sur les lieux.

23 juin,

M. de Saint-Cricq, l'ancien ministre du commerce, et le lieutenant général de Lamarque sont destitués de leur titre de ministre d'État et perdent par là une pension de dix mille francs pour avoir adressé des lettres très inconvenantes aux électeurs de leur département. Je suis enchanté de cet acte de sévérité ; il rendra plus circonspects les autres ministres d'État ; par exemple M. Hyde de Neuville qui, jadis, fut un des plus dévoués serviteurs du roi et qui, depuis qu'il a été ambassadeur en Portugal, a tout à fait changé. La raison qui l'a engagé à agir ainsi est trop plaisante pour ne point la rapporter ici : feu la reine de Portugal, femme la plus fière de l'Europe, crut ce que M. Hyde aime à rappeler, c'est-à-dire qu'il descend d'une branche cadette de la grande famille anglaise des Clarendon.

— J'aime, dit la reine, un jour, à un Français de distinction, j'aime que les puissances étrangères, mes alliées, m'envoient pour ambassadeurs des gens de grande naissance, et, à ce point, je n'ai qu'à me louer des cours amies.

Ici, elle énuméra tous les arbres généalogiques de chacun

des ambassadeurs ; lorsque le tour vint à M. de Neuville, elle parla de la maison Clarendon.

— Comment, Clarendon ? reprit l'étranger. Votre Majesté est dans l'erreur ; je connais la famille de M. l'ambassadeur de France comme la mienne, et je sais qu'il n'a pris le nom qu'il porte que depuis très peu ; son père a fourni les boutons à notre armée ; par cette entreprise, il s'est fait quelque fortune avec laquelle il a acheté sa noblesse.

La reine, depuis ce temps, traita avec dédain M. Hyde de Neuville ; il s'en aperçut facilement, et prit des informations indirectes sur la raison de ce changement subit de la reine à son égard ; il sut que Sa Majesté ne voyait en lui qu'un marchand de boutons ; ce propos piqua au vif la vanité de l'ambassadeur de France ; il en perdit la tête complètement, devint l'ennemi juré de la reine et fit pour la perdre toutes les folies qui furent la cause de son rappel et de sa défection du parti royaliste (1).

La convocation des collèges électoraux des vingt arrondissements a été retardée de dix-neuf jours. Quelqu'un qui s'entend aux affaires des provinces, m'a dit que M. de Peyronnet n'aurait pu mieux faire ; il obtient par là la revision des collèges par la cour de cassation. Quelles que soient, d'ailleurs, les élections, le roi tiendra ferme et si les 221 reviennent à la Chambre, il la dissoudra de nouveau et gouvernera par ordonnances. On n'est pas inquiet pour Paris, sous le rapport des désordres, mais

---

(1) A peine est-il besoin de faire remarquer que la malveillance le dispute ici à la vérité. Dans la querelle portugaise, l'Autriche avait pris parti pour dom Miguel et la reine de Portugal, qui soutenait son fils contre son mari, le roi Jean VI, ne pardonnait pas à Hyde de Neuville de s'être rangé du côté de celui-ci.

bien pour le Midi ; cependant je m'attends à Paris aussi aux pétards et aux illuminations pendant les élections.

25 juin.

Les élections des petits collèges sont détestables ; l'on devait s'y attendre, les 221 reviennent presque tous dans la Chambre l'un après l'autre.

Les Algériens se défendent très bien, à ce qu'il paraît ; ils forment avec des chameaux des espèces de murs mobiles derrière lesquels ils se cachent pour tirer sur les Français ; parfois ces animaux s'élancent ventre à terre dans les rangs français et percent les lignes. M. de Bourmont fut obligé d'y rendre attentives ses troupes auxquelles ces manœuvres imposaient beaucoup. L'artillerie d'Alger doit être excellente, à ce que l'on dit.

Le roi d'Angleterre est au plus mal.

28 juin.

Hier le télégraphe nous a donné la nouvelle du décès du roi d'Angleterre. Il passa, le 26, à trois heures un quart du matin. Cet événement, bien que l'on s'y attendît depuis longtemps, a fait quelque sensation. C'est une perte pour l'Autriche ; le feu roi aimait beaucoup notre empereur ; le duc de Clarence nous aimait moins peut-être. Nous aimera-t-il davantage comme roi Guillaume d'Angleterre ?... Si le nouveau roi change son cabinet, comme on le dit, ce ne sera ni agréable, ni utile au ministère Polignac.

Dieppe, 15 juillet.

Les derniers jours avant notre départ pour Dieppe, je fus si occupé qu'il me fut impossible de continuer mon journal. Le 7 et le 8, tout Paris fut en alarme ; on croyait l'armée perdue. L'amiral Duperré, dans son rapport, déclarait que la baie où il se trouvait, n'était pas tenable, ayant le vent contraire ; qu'il serait par conséquent obligé d'abandonner cette position. En ce cas, l'armée serait sans vivres, sans munitions de guerre, ce qui serait d'autant plus fâcheux que des milliers d'Arabes et de Bédouins accourent de tous côtés pour fondre sur l'armée française. Ces bruits bouleversèrent toutes les têtes. Le 8, j'ai passé ma soirée chez Mme de Bellissen, femme très bien pensante et réunissant chez elle tout ce qu'il y a de plus royaliste au monde ; le duc de Rauzan en fut, et c'est même lui qui vint nous détailler, avec une figure longue d'une aune, tout ce qui est arrivé à l'armée et surtout ce qui lui arrivera encore.

— Le royalisme, dit-il, est perdu, et si nos soldats périssent à Alger, ma foi, le roi n'aura rien de mieux à faire que de s'en aller, les Bourbons n'ont pas un parti ; M. de Polignac ne pourra défendre le roi contre les libéraux, c'est-à-dire contre l'opinion de toute la France, car enfin, il faut nous l'avouer, toute la société s'est énoncée dans ce sens, et si M. de Polignac veut lutter contre elle en restant à sa place, il mériterait d'être pendu.

Les fonds publics, sur les bruits désastreux venus d'Alger, ont baissé de 2 pour 100. Encore, le 9 juillet, à dix heures du matin, la consternation dans Paris a été générale. Mais, à deux heures, les canons des Invalides nous annoncèrent à coups redoublés la prise d'Alger. Dès ce moment, tout a changé de face ; M. de Rauzan, qui, la veille, voulait pendre M. de Polignac, fut le premier à complimenter ce ministre ; l'ambassadeur l'y trouva à midi.

Ce même jour parut dans l'*Universel* un article de M. de Chateaubriand, qui était une espèce de profession de foi. A l'en croire, il aurait changé subitement d'opinion ; il serait devenu ardent royaliste, se déclarant contre la licence de la presse et prouvant, comme deux et deux font quatre, qu'une nouvelle loi était absolument nécessaire. L'étonnement a été général ; l'ambassadeur en fit compliment au ministre, qui l'accepta avec plaisir, tout en disant qu'il n'avait aucune connaissance de cet article. Cependant, notre cousin descendit chez la princesse de Polignac pour lui faire visite et pour y trouver le prince Esterhazy, auquel il avait donné rendez-vous. Il fut encore question de cet article et les deux ambassadeurs exprimèrent leur étonnement de ce que le ministre des affaires étrangères ne le connût pas.

— Si vous voulez prendre patience un instant, leur dit la princesse de Polignac, je vous donnerai là-dessus les éclaircissements que vous désirez. Je vais faire venir un jeune homme de nos bureaux, qui est rédacteur à l'*Universel*.

Il ne tarda point à arriver. On le questionna, et il déclara que le tout n'était autre chose qu'une mystification, que l'article était bien de M. de Chateaubriand, mais de l'année 1816 ou 1817 ; qu'on y avait simplement changé les noms propres et les dates.

Jamais M. de Chateaubriand n'a été plus cruellement joué ; tout le monde, jusqu'à ses amis les plus intimes, a été la dupe de cette mauvaise plaisanterie, car, certes, c'en est une bien cruelle. Je n'aime pas M. de Chateaubriand ; mais, je désire que justice se fasse également pour tout le monde ; il n'est pas loyal de falsifier un acte. M. de Chateaubriand ne pense plus ainsi qu'il pensait dans le temps où il a écrit cet article ; il ne peut l'avouer aujourd'hui, tant pis pour lui ; mais, cela ne donne pas le droit aux autres de l'humilier publiquement.

Le prince Esterhazy a été, pendant son séjour à Paris, de la meilleure humeur du monde, c'était des éclats de rire, des *shake hands*, des embrassements de tous côtés ; il a eu beaucoup de bonté pour moi et m'a invité à plusieurs reprises à venir le voir à Londres. Cet ambassadeur a quitté Paris la veille de notre départ pour ici et après un dîner qu'il fit chez nous avec lord et lady Stuart, la princesse de Vaudémont, le ministre des Pays-Bas, la duchesse d'Escars et encore quelques hommes dont il ne me souvient plus. Le soir, nous avions quelques visites qui vinrent pour nous faire leurs adieux ; parmi ces personnes étaient le duc et la duchesse de Rauzan, la marquise de Podenas et autres. Le comte Litta, Milanais et grand chambellan de Russie, qui se trouve en ce moment à Paris, fut aussi une des visites de ce soir ; il vint avec son neveu de ce nom, qui est attaché aspirant et qui travaille en attendant dans notre chancellerie d'État. Il a eu la permission de passer quelque temps à Paris.

Le comte Litta avait épousé la mère de la princesse

Bagration (1); il a perdu sa femme depuis peu et est venu à Paris pour voir sa belle-fille et pour lui remettre les superbes diamants de sa mère. La comtesse Samoïloff, petite-fille de la comtesse Litta, se trouve aussi en ce moment à Paris; elle est séparée de son mari, à cause d'un esclandre tragi-comique, dont voici l'histoire en peu de mots. Le comte Samoïloff est l'homme le plus aimable, le plus beau qu'il y ait, mais roué et mauvais sujet autant qu'on peut l'être. Sa femme suivit son exemple et eut une liaison fortement prononcée avec le fils d'un diplomate qui était dans le temps ambassadeur à Saint-Pétersbourg. Un jour, M. de Samoïloff, après avoir toléré depuis près d'un an l'intelligence de sa femme avec ce jeune homme, eut la fantaisie de la trouver mauvaise au point de faire une grande scène à celle-ci, qui pour toute réplique, lui donna un soufflet, auquel M. de Samoïloff n'ayant pu le parer à temps, se contenta de faire une double riposte. Un acte aussi positif devait naturellement amener une rupture complète entre les parties.

Pendant que cette scène se passait à l'hôtel Samoïloff, on attendait le noble couple chez la comtesse Litta, où il y avait grand dîner pour le corps diplomatique. Tout le monde était rassemblé depuis une heure, et le comte et la comtesse Samoïloff n'arrivaient pas. On se mit à table. A la seconde entrée, Mme Litta reçoit un billet; elle reconnaît l'écriture de sa petite-fille, ouvre, lit et s'évanouit. Le grand chambellan se lève, vient, non pas

---

(1) La comtesse Skavronska, née Engelhart, nièce de Potemkine, dont, avant son mariage, et, comme ses sœurs, elle avait été publiquement la maîtresse. Mariée au comte Skavronsky, à qui fut donnée, à cette occasion, l'ambassade de Russie à Naples, et devenue veuve prématurément, elle épousa le comte Litta.

au secours de sa femme, mais bien pour lire cette lettre, la cause du désastre ; dans un de ces moments de trouble, de distraction, il lit tout haut ce qu'il aurait dû garder pour lui, les détails du fait que je viens de vous raconter. Jugez de l'embarras de M. l'ambassadeur, de Madame et de leur fille, qui étaient de ce dîner ; ils prirent le parti de s'éclipser. L'ambassadeur, de retour chez lui, fit venir son fils et le mit en voiture. Mme Samoïloff partit aussi peu de jours après pour l'Italie, où elle s'amouracha du chanteur David. La femme de l'artiste en mourut presque de jalousie et fit des scènes affreuses à son mari et à Mme Samoïloff. Celle-ci, loin de se laisser intimider, proposa à Mme David une forte somme d'argent si elle voulait ne pas se fâcher des infidélités de son mari. Mme David, prévoyant que si elle refusait cette proposition, elle n'aurait ni mari, ni argent, accepta les quarante mille francs, et, depuis ce temps, Mme Samoïloff jouit en tranquillité de son chanteur. Elle lui fait des cadeaux superbes, se promène avec lui publiquement en voiture ; c'est ce qui nous donne aussi le plaisir de la voir à Paris. J'ai passé chez elle avant mon départ de la capitale ; elle était souffrante et dans son lit tout en batiste brodé et garni de dentelles de Bruxelles ; il n'y avait que David et moi.

 Le pauvre Amédée de Bourmont a été bien grièvement blessé, une balle lui a traversé le corps ; le roi, à cette occasion, a fait complimenter sa malheureuse mère ; on a cependant des nouvelles plus rassurantes sur son compte et il est même tout à fait hors d'affaire, à ce que l'on dit.

Dieppe, 19 juillet.

M. de Vogüé, fils de Mme de Chastelux de son premier mariage, vient d'arriver. Je n'ai encore nommé ni la princesse de Béthune et sa fille, ni M. et Mme de Bongars et Mlle de Montaigu, sœur de madame, ni M. et Mme de Montbreton, qui sont tous de notre société de Paris, mais qui n'appartiennent pas à la fashion et qui, par conséquent, ne sont pas de la société de Mme de Jumilhac.

Jamais je n'ai vu Dieppe avec un plus beau temps ; ordinairement il y pleut, il y fait froid. Hier, la ville nous a donné un grand bal ; toute la société, excepté notre ambassadrice, s'y est portée ; cependant nous étions rentrés tous à onze heures.

Nous venons de recevoir la déchirante nouvelle du décès du pauvre Amédée de Bourmont ; sa mère ne s'y attendait pas le moins du monde.

Le soir, on se réunit chez l'une ou l'autre de ces dames ; de toutes ces réunions, sans contredit, celles de chez Mme de Chastelux sont les plus amusantes. Elle n'en exclut personne de sa connaissance, ce qui rend ces réunions plus nombreuses et plus gaies surtout ; l'on cause, l'on fait de la musique et l'on finit toujours par un petit cotillon. Gérard de Rohan et Bongars font alternativement l'orchestre et s'en acquittent à merveille.

21 juillet.

Aujourd'hui nous sont arrivés la duchesse de Fitzjames et Florestan de Bellemont; la dame n'est pas trop gaie, mais le jeune homme est un bon garçon fort aimable, bien qu'on en fasse *fi* dans notre société archi-élégante. Mmes Léon et Micislas Potocka ne vont pas dans le monde; l'une s'occupe de ses enfants et l'autre qui n'en a point (elle est toute jeune encore), passe son temps à gémir du départ de son mari et à copier des tableaux; c'est une fort jolie femme, elle ne manque pas d'esprit, sans être très brillante. M. de Flahaut, en lui adressant ses hommages l'hiver dernier, a fait par là une infidélité à Mme de N***, qui aime ce général autant qu'elle peut aimer quelqu'un; c'est ce qui fait qu'elle juge un peu sévèrement Mme Potocka et celle-ci se trouve par là dans une position un peu fausse avec elle.

22 juillet.

Lady Frédéric Benting vient de nous quitter après avoir passé quelques jours à Dieppe; c'est de toutes les femmes de la société, celle qui a le plus de talent pour le dessin; un artiste serait fier de pouvoir montrer un album d'esquisses, semblable à celui qu'elle vient de remplir pendant ses voyages en Italie et en France.

Elle m'a donné d'excellent papier anglais pour peindre à l'aquarelle.

Mme Récamier se cache comme l'année dernière à la vue de tout le monde, nous exceptés. Hier est arrivée la comtesse Alopeus, femme du ministre de Russie à Berlin ; elle vient ici pour prendre quelques bains de mer en attendant que le trousseau de sa fille, qu'elle vient de commander à Paris, soit terminé. Cette jeune personne, qui est avec sa mère, épouse le prince Repnin, attaché à la Légation russe à Berlin. Mme Alopeus est une des beautés célèbres de l'Allemagne ; c'est à cause d'elle que le comte Zichy n'a pas voulu quitter son cher Berlin ; elle a, malgré ses quarante ans, des restes de beauté et surtout beaucoup de charme dans l'expression de sa figure. Mme de Sémonville, femme du président de la Chambre des pairs, qui est aussi d'une autre société à Paris, moins élégante que tout ce que nous avons ici, se trouve par conséquent un peu isolée.

24 juillet.

Je viens d'une partie de campagne que le monde fashionable vient de faire au château d'Eu. Nous étions quatre voitures ; dans la première, étaient placés Mmes de Crillon, de Choiseul, de Karoly et moi dans l'intérieur et le marquis de Crillon sur le siège ; dans la seconde, Mmes de Noailles et de Jumilhac, Mlle Cécile, M. Anisson et le duc de Richelieu sur le siège ; dans la troisième étaient la princesse de Léon, la comtesse de La Marche et le prince de Léon et son frère Gérald de Rohan sur le siège, et enfin dans la quatrième, Mmes de Vogüé, de Chastelux, sa fille, et le comte de Vogüé sur le siège.

Dieppe, 26 juillet.

Entre les personnes marquantes qui se cachent à Dieppe, il y a Mme Alopeus et Mme Récamier. Mme Alopeus prétend que toutes nos grandes dames l'effrayent; il n'y a vraiment pas de quoi. Lorsqu'on est douce et sans prétention comme elle, qu'on ne cherche pas à enlever à une amie quelque adorateur, alors on est très bien reçu par nos dames; mais, il faut renoncer à avoir un salon rempli d'aspirants, de soupirants et d'expirants, ainsi que cela est le cas chez Mme Alopeus à Berlin. A la voir, on le conçoit : sa douceur charme et son organe jeune et sonore vous fait oublier qu'elle a quarante ans ; ma vue basse me fait encore plus d'illusion.

S'il n'y avait pas tant de polissons à Dieppe, j'aimerais beaucoup à dessiner d'après nature ; mais, ils m'entourent, me gênent beaucoup et cependant je ne puis me résoudre à les gronder ou à les chasser parce qu'ils sont heureux ; c'est une fête pour eux de me voir dessiner ; ils ont si peu de plaisir dans le monde qu'il serait cruel de ma part de les en priver par la simple raison que cela m'ennuie. Demain, il y a grand bal que la ville nous donne.

Dieppe, 28 juillet.

Nous venons de recevoir de Paris la nouvelle que la Chambre des députés est dissoute, avant de s'être réunie. Les journaux sont supprimés, il n'y a donc plus de licence de la presse ! La loi d'élection est changée. Voilà des événements qui bouleversent tous les calculs des libéraux. Cependant le remède est trop fort, il me semble, pour ne pas laisser craindre une forte crise ; enfin pour sauver tout le corps, quelques membres doivent souffrir.

M. de Chateaubriand qui arrive en ce moment de Paris, ne savait encore rien de la grande nouvelle tant on a tenu cette mesure secrète. Figurez-vous sa stupéfaction ; encore un peu et il aurait eu une attaque d'apoplexie à aller rejoindre ses chers amis consternés. Je ne doute point qu'il n'y aille autrement que pour agir.

M. et la marquise de Crillon, tous les deux archilibéraux, nous ont fait visite ce matin. Vous auriez dû voir leur figure longue de deux aunes. M. Anisson ne voit que révolution, que massacre partout où il se trouve.

— Il est triste pour moi, me disait-il, de voir recommencer des révolutions après en avoir vu pendant trente ans de ma vie ; je croyais finir mes jours en repos ; au lieu de cela, ne voilà-t-il pas que le gouvernement provoque lui-même des scènes sanglantes et cela sans aucune raison ; jamais la France n'a été plus tranquille, plus heureuse qu'en ce moment ; jamais il n'y a eu plus de prospérité, plus d'aisance réelle. Eh bien, de plein gré,

pour soutenir M. de Polignac, on use de rigueur envers un peuple qui ne demande que le repos.
— Vous croyez donc, lui demandâmes-nous, qu'il y aura des scènes sanglantes?
— Indubitablement.

Nous fûmes interrompus dans notre conversation par le sous-préfet de Dieppe qui s'efforçait de nous convaincre de ses sentiments royalistes ; cependant, cela ne partait pas du cœur, et lui aussi, ce me semble, penche un peu pour le libéralisme. M. de Crillon qui pendant toute notre conversation ne faisait autre chose que soupirer sans nous régaler de ses idées, profita de l'arrivée du sous-préfet pour s'esquiver.

Nous avons eu des nouvelles par une lettre de l'ambassadeur ; la capitale, au moment où il l'écrivait, était dans la plus parfaite tranquillité. Cette lettre est datée du 26, à cinq heures du soir. On craignait cependant qu'il n'y eût quelques troubles pendant la nuit, surtout dans les rues où se trouvent les hôtels des ministres ; déjà, dans la journée on avait cassé quelques vitres et insulté la voiture du prince de Polignac ; mais, ces attroupements ont été très facilement dissipés.

Sur la terrasse, M. de Léon vint à moi en me disant que, dans ce moment, arrivait un valet de chambre de Mme de Biron qui est parti de Paris le 26, à huit heures, et qui prétend que toute la capitale est en révolte, que les rues étaient encombrées de monde, qu'on avait été même obligé de tirer sur le peuple. Je crois, que dans tout cela, il y a beaucoup d'exagération ; cependant, ces bruits vrais ou faux nous inquiètent tous beaucoup.

M. de Polignac après qu'une de ses voitures eut été assaillie par la populace, et couverte de boue, qu'on eut lancé des pierres sur les domestiques et que les vitres de sa voiture eurent été brisées, écrivit une lettre au préfet de police l'invitant à prendre les mesures nécessaires pour empêcher de pareils excès. Mais, il n'y eut pas moyen de faire parvenir cette lettre à la police. Les domestiques, tout effrayés du traitement que venaient d'éprouver leurs camarades, ne voulurent point s'en charger.

— Si c'est ainsi, leur dit M. de Polignac, j'irai moi-même.

Et il l'exécuta. Heureusement, il ne fut point reconnu, sans quoi c'en aurait était fait de lui ; la populace montée comme elle l'est en ce moment, l'aurait mis en lambeaux. Cependant, non content d'avoir remis sa lettre, il parcourut à pied toutes les rues où il y avait des attroupements, c'est-à-dire au Palais-Royal, à la place des Victoires, dans les rues Saint-Honoré, de Rivoli, etc., et revint sain et sauf chez lui où il trouva tous ses gens en larmes ; ils croyaient qu'il ne pouvait rentrer. Les fabricants qui sont dans l'opposition tels que M. Ternaux, etc., ont congédié leurs ouvriers pour augmenter le nombre des mécontents. Malheureusement, cela ne leur réussira que trop bien ; mais, aussi seront-ils autant de victimes, car, cette fois-ci, il paraît qu'on a pris d'avance des mesures assez fortes pour réprimer ces perturbateurs du repos public. Ce ne sera pas comme sous Louis XVI, qui, en voulant épargner quelques misérables, s'est livré lui-même, sa dynastie, tous ses amis et toute l'Europe à la fureur d'un peuple effréné. Il n'y a point à se faire illusion, nous revoilà à la veille d'une révolution. On voudrait bien faire une répétition des années 90, 91, 92, etc. ; mais cette fois-ci, je l'espère, la royauté sortira triomphante de la lutte.

L'on prétend ici qu'on avait proposé au duc d'Orléans de monter sur le trône de France, mais qu'il ne l'avait point accepté. Le roi a voulu que le duc de Bordeaux, comme à son ordinaire, allât faire sa promenade à Bagatelle ; la populace de Paris le sut et aussitôt une immense quantité de gens armés s'y porta ; heureusement, un régiment de la garde, instruit à temps, parvint à couper l'enfant de France de la horde sanguinaire et il put se sauver auprès du roi qui le croyait perdu. Je tiens ces détails d'un rapport que le comte de Well, commandant de place à Paris, a fait au général Coutard qui était ici à prendre des bains de mer :

La consternation est à son comble ; le steamboat est parti aujourd'hui de notre port surchargé de monde, surtout d'Anglais qui se sauvent dans leur pays ; les changeurs d'ici ne veulent plus accepter l'argent français en échange de celui d'Angleterre. Le général de La Fayette, le duc de Choiseul, le duc de Broglie et M. de Montesquiou sont à la tête de cette immense conspiration, car, en ce moment, on ne doute plus que cela a été mené de longue main.

Une estafette arrivée au général Coutard au moment où il montait en voiture pour Paris, lui apporta une lettre du commandant Well dans laquelle il dit :

« Depuis deux heures, nous avons le dessus ; nos troupes se battent bravement, les renforts nous arrivent de tous les côtés ; nous en avions grand besoin. »

Malgré tout cela, il invite cependant le général Coutard à se rendre le plus vite possible sur les lieux. Dans quel temps vivons-nous ! Le nombre de tués et de blessés est incalculable. Les premières scènes ont commencé sur la place des Victoires et dans les environs, notamment dans la rue Saint-Honoré ; on y a abattu les réverbères et des gens armés ont tué tous ceux qu'ils rencontraient dans les rues ; on a emporté plusieurs cadavres de femmes même, tout couverts de coups de poignards et de sabres. Quatre gendarmes ont été pendus aux lanternes, comme dans la première révolution. L'ambassadeur, dont nous avons eu des nouvelles aujourd'hui, nous mande que le faubourg Saint-Germain était tranquille jusqu'à présent ; mais, on n'est pas sûr de ce qui arrivera d'une heure à l'autre ; je crois qu'il faut se préparer à tout.

Dieppe, 30 juillet.

Ce matin, je suis sorti, à neuf heures, pour aller à la terrasse ; j'y ai trouvé Gérald de Rohan, Biron et le frère cadet des Bongars ; les dames de ma connaissance étaient à prendre leur bain de mer. Nous parlâmes des tristes événements du jour, on ne pense plus à autre chose ! Cependant, la société depuis hier a changé d'aspect, les opinions sont plus tranchées et on est beaucoup à s'observer ; chacun regarde avec méfiance autour de soi ; on a peur de se compromettre.

— Eh bien, Gérald, dis-je à Rohan, n'allez-vous pas à votre régiment?

— Que voulez-vous que j'y fasse ; je reste ici, à moins que je reçoive des ordres de mon colonel.

— Et vous, comte Biron? J'entends que votre régiment est en marche sur Paris.

— Oui, comte, mais précisément pour cela, je ne saurais où le rejoindre.

Sont-ce là des raisons valables? Non, ces messieurs ont peur de se compromettre, voilà le fin mot; ils craignent que le ministère ne change et que le nouveau ministre de la guerre ne retarde leur avancement. Le roi ne peut compter que sur bien peu de personnes. En voici une preuve. Faisant hier quelques visites avec l'ambassadeur, nous allâmes chez Mme Alfred de Noailles; elle n'y était point; mais, comme il n'y avait pas de domestique non plus, nous montons et nous trouvons dans le salon Mlle Cécile :

— Savez-vous les terribles nouvelles que nous avons eues de Paris, nous dit-elle, les canons grondent dans la ville; il y a massacre général : c'est bien triste. Enfin, lorsque toute la France est contre *une famille*, il faut bien qu'elle cède!

Ce sont les propres paroles de Mlle Cécile; il faut avoir seize ans et peu de mesure pour les prononcer devant l'ambassadeur d'Autriche. Sa mère ne l'aurait pas dit devant nous; mais, n'empêche qu'elle le pense aussi bien que sa fille. Celle-ci bien évidemment tient cette phrase de sa mère, laquelle est d'accord sur ce point avec son père le duc de Mouchy, l'un des capitaines des gardes du roi.

Mme Récamier est partie hier soir, probablement pour ouvrir son salon au club révolutionnaire qui se réunit toujours chez elle. Aujourd'hui, l'on paraît inquiet de la populace de Paris, on craint le pillage. Jusqu'à présent, Rouen est tranquille; on est parvenu à mettre la presse hors d'état de nuire. Malgré cela, le *Journal de Rouen* a reparu. Ces gens, prévoyant qu'ils ne pourraient lutter longtemps avec la gendarmerie, avaient eu soin d'imprimer d'avance trois éditions qui sont remplies de mensonges dans le but d'alarmer la province. Dieppe jouit encore de la plus parfaite tranquillité.

4 heures.

La poste ne nous est point arrivée, nous sommes donc sans nouvelles. Nous apprenons par la diligence de Rouen que cette ville est tranquille; mais, ce qui m'attriste, c'est que M. de Clermont-Tonnerre y est venu de Paris, sans troupes, et avec l'ordre de laisser paraître *le Journal de Rouen*, ce qui prouve qu'on a été obligé de faire des concessions.

10 heures.

Je viens de la terrasse; deux messieurs du Trésor anglais sont arrivés, ils nous ont donné des détails qui font frémir. La ville de Paris est cernée; on ne laisse plus sortir en voiture, ni entrer qui que ce soit. Un vague affreux règne en ce moment sur la destinée de cette malheureuse capitale. Les uns disent que le roi avait envoyé des ordres, le 29, à cinq heures du matin, pour faire cesser le carnage qui durait depuis le 27 à trois heures après midi, où ces horreurs commencèrent, et que Sa Majesté voulait prendre la ville par la faim; d'après d'autres versions, le roi après avoir tenu conseil, avait décidé de faire des concessions. Si c'est vrai, quel exemple pour tous les peuples de l'Europe! Espérons que le roi n'en est pas encore réduit à cette extrémité; il ferait mieux, ce me semble, d'abdiquer.

Presque toutes les rues de la rive droite de la Seine sont dépavées, c'est-à-dire le faubourg Saint-Honoré, la chaussée d'Antin, les boulevards, le boulevard Saint-Jacques, Saint-Denis et Saint-Antoine; la populace s'était armée des pavés et de tous les étages une grêle meurtrière tombait sur les malheureuses troupes du roi; un régiment des lanciers de la garde est anéanti, de même tous les régiments suisses qui étaient à Paris. Cette ville est, à ce que l'on assure, comme un champ de bataille après le combat le plus horrible. Les libéraux chassés deux fois de l'hôtel de ville sont parvenus à s'en emparer pour la troisième fois. Tous les gendarmes pris ont été pendus aux lanternes, les gens que les gardes nationaux rencontraient dans les rues étaient forcés de se joindre à eux et s'ils résistaient, on les achevait. On dit que le drapeau tricolore flotte sur le pavillon de l'Horloge.

Le duc d'Orléans est tout tranquillement à Neuilly; il me semble, sa place en ce moment serait auprès du roi à Saint-Cloud. Le général Gérard (1) qui est à la tête de la garde nationale est le *seul* et *unique ami intime* du duc d'Orléans; ce mot me vient d'un cousin du général.

Des élèves de l'École polytechnique sont parvenus, je ne sais pas comment, à s'emparer de quelques pièces

---

(1) Il avait fait sous l'Empire une brillante carrière. Resté sans emploi sous la seconde Restauration, il fut député de 1827 à 1830. Il prit une part active à la révolution de Juillet. En 1831, Louis-Philippe le nomma maréchal de France. Il commanda l'expédition de Belgique. Il mourut en 1859.

d'artillerie et en font maintenant le plus diabolique usage, à la tête de la garde nationale.

Mme de Laborde, femme archilibérale et tante de Mme Alfred de Noailles, se trouve à Paris en ce moment ; elle écrit à sa nièce que la cause des libéraux était menée avec une telle adresse, une telle prévoyance que cela surprend même ceux qui désiraient le plus cette marche des affaires. Les arbres des Champs-Élysées et des boulevards ont été abattus pour faire des barricades. Pendant plusieurs heures de suite, la troupe a tiré dans les croisées des maisons ; un jeune Anglais que nous avons vu ici, il y a cinq jours, qui était venu de Brighton pour voir Dieppe et avait eu la malheureuse idée d'aller à Paris, y a trouvé ainsi la mort dans un hôtel garni de la rue de Richelieu. M. de Polignac et tous les autres ministres sont encore à l'hôtel des Affaires étrangères avec canons devant la porte, Mme de Polignac et ses enfants sont à la campagne à quelques lieues de Paris. Les ambassadeurs avec leurs secrétaires sont aussi chez eux sans pouvoir en bouger.

Les billets de banque sont en ce moment hors de tout cours. J'ai voulu en faire changer un de 500 francs et on n'a pas voulu m'en donner cinq sous.

— Ce n'est qu'un chiffon, a-t-on dit à notre valet de chambre.

Dieppe, 31 juillet, 11 heures matin.

Point de lettres, point de courrier ce matin ; les seules nouvelles qui circulent aujourd'hui sont puisées dans le détestable *Journal de Rouen*, qui déjà parle d'échafauds et dans un *Moniteur* publié à Paris pour un *Gouvernement provisoire*. Voici un extrait de ce *Moniteur*, reproduit à Dieppe :

Dépêche officielle : Ministère des finances. — Direction générale des Postes, n° 210, Moniteur Universel, Jeudi 29 juillet 1830. Gouvernement provisoire. — « Les députés présents à Paris ont dû se réunir pour remédier aux graves dangers qui menaçaient la sûreté des personnes et des propriétés. Une commission a été nommée pour présider aux intérêts de tous dans l'absence de toute organisation régulière. Ce sont MM. Andry de Puyraveau, comte Gérard, Jacques Laffitte, comte de Lobau, Casimir-Périer, de Schonen. Le général de La Fayette est commandant en chef de la garde nationale. La garde nationale est maîtresse de Paris sur tous les points. »

Le *Journal de Rouen* ajoute :

« Nous joignons ici un extrait de la lettre d'envoi de M. Chardel, député :

« Vous remplirez les vœux du *Gouvernement provisoire*.
« Il faut que la province seconde les intentions des
« sauveurs de la patrie. *Signé :* CHARDEL, député. Paris, 29 juin 1830, à six heures du soir. »

« Cette dépêche timbrée de la Direction générale des postes, nous a été remise au nom du directeur des postes et l'on a exigé un reçu. Nous croyons entrer dans les vues de l'autorité locale en faisant cette publication. »

Pareille dépêche est arrivée à la mairie. « Résumé des indications données par M. Mainot, conducteur des diligences Laffitte et Caillard, aux principales autorités réunies dans une des salles de la mairie. » Cette publication est autorisée par le maire :

« Nous venons de recevoir de Paris des nouvelles très importantes. La ville est au pouvoir de la garde nationale. Les troupes ont été repoussées du Carrousel et des Tuileries. Les Suisses ont été massacrés.

« Une commission municipale, en l'absence de toute autorité, a pris soin de veiller au salut de la ville de Paris. Le roi, qui est à Saint-Cloud, a consenti à recevoir M. Casimir-Périer. »

Ceci a été imprimé à Dieppe. Il n'y a donc plus aucune autorité ; le sous-préfet d'ici n'a eu aucun ordre ni de direction du gouvernement du roi.

On dit, et c'est même malheureusement fort probable, que le maréchal Marmont a été tué pendant les massacres par un élève de l'École polytechnique. Le duc de Choiseul, Casimir-Périer et Laffitte sont allés, dit-on, à Saint-Cloud pour traiter avec le roi. Le parti révolutionnaire croit que le roi fera toutes les concessions possibles pour se maintenir sur le trône ; les royalistes disent que si cela arrive, le roi est perdu, c'est mon opinion aussi. Il vaut mieux pour lui qu'il abdique en faveur du duc de Bordeaux et qu'il nomme un régent.

Au reste, tout va absolument comme sous la première révolution, mais avec plus de rapidité et d'une manière plus cruelle, plus horrible encore. Il est donc à craindre que le roi ne s'engage dans la même voie que Louis XVI. On croit qu'il y a eu six mille hommes tués dans Paris ; les troupes étaient déjà sorties de cette malheureuse ville que l'on s'égorgeait encore. On a vu des femmes bien mises arracher les pavés des rues pour les lancer des toits sur les soldats du roi. Les mal pensants, en répandant aujourd'hui les bruits de leurs victoires, se disaient tout bas que le maréchal Bourmont marchait à la tête de vingt-cinq mille hommes sur Paris et les royalistes se flattent que le roi n'a reçu la députation des révoltés que pour gagner du temps. Ce ne sont là que des conjectures ; nous ne savons rien de positif. Exister comme nous le faisons en ce moment sans savoir ce qui arrive à celui que nous aimons avant tous les autres, ce digne et vertueux représentant de notre cher empereur, cela ne s'appelle pas vivre : c'est pire que la mort.

Le drapeau tricolore flotte en ce moment sur les Tuileries, sur la colonne de la place Vendôme, sur l'Hôtel de Ville et dans les bras de la statue de Louis XIV, place des Victoires. La nouvelle de la mort du colonel des gendarmes, comte de Foucault, paraît se vérifier.

Notre petite société parisienne à Dieppe est déjà toute divisée ; les opinions sont fort tranchées, et avant-hier soir, spontanément, la partie de cette société qui tient au roi s'est réunie chez la princesse de Léon et les autres chez Mme Alfred de Noailles. Le duc de Richelieu s'est si mal prononcé dernièrement que M. de Biron nous disait :

— Ma foi, il n'y a qu'une femme qui puisse lui répondre ; un homme devrait lui casser le crâne.

Dieppe, 2 août.

Mgr le duc d'Orléans, nommé par le gouvernement provisoire lieutenant général du royaume, a publié une proclamation dans laquelle il dit que la Charte dorénavant ne sera plus un mensonge, mais une vérité. Il a nommé pour ministres : Sébastiani, affaires étrangères ;

Gérard, guerre ; Broglie, justice ; Louis, intérieur. Truguet ? Dupin ? Guizot (réformé), instruction publique.

Le roi est parti, il y a quelques, jours de Saint-Cloud, s'est rendu à Versailles et de là à Senlis pour se rapprocher, dit-on, des camps de Saint-Omer et de Lunéville. Madame la dauphine n'a pas encore pu rejoindre le roi. Mme la duchesse de Berry a congédié, à ce que l'on dit, ses dames d'honneur.

Le cousin nous écrit de Paris que les balles sifflaient dans notre cour de tous les côtés, au point qu'on n'était sûr nulle part de n'être pas atteint ; cependant, personne de nos gens n'a été blessé. Nous avons été ici pendant trois mortels jours sans nouvelles de Paris ; la tranquillité n'a pas été troublée un moment à Dieppe.

Dieppe, 6 août.

Les événements se succèdent si rapidement qu'on peut à peine les noter. Que de malheureux autour de moi ! Que d'existences détruites ! Il est presque certain qu'il n'y aura plus de pairs héréditaires ; ce sera la Chambre des députés, dit-on, qui nommera les pairs à vie ; ce sera une belle réunion de gens !

M. de Chateaubriand se prépare en ce moment à nous jouer une belle comédie bien sentimentale. Il veut porter le duc de Bordeaux devant la chambre héréditaire ; il fera de superbes phrases ; ce seront de belles paroles, tout cela pour nous jeter la poudre aux yeux. M. de Chateaubriand, nous diront ses amis, couronne sa belle vie ; il est le seul qui défend la famille royale, cette famille qui s'est montrée si ingrate envers lui. Tout cela est préparé d'avance ; il est sûr de ne point se compromettre par une semblable démarche ; elle ne peut avoir aucun résultat.

Le duc d'Orléans est un roi de paille ; une pareille souveraineté cache mal l'anarchie. On nomme tous les jours un autre ministère : aujourd'hui le maréchal Jourdan est ministre des affaires étrangères. Charles X n'a pas encore quitté la France et déjà on court après des charges à la nouvelle cour, si jamais il y en a une.

M. de Flahaut (1) vient d'arriver de Brighton pour se rendre à Paris, c'est un grand libéral et ami des d'Orléans. Malgré cela, il trouve que l'on est allé trop loin et qu'il aurait mieux valu brider Charles X que faire le duc d'Orléans roi. Mme de Flahaut, née lady Keith, une véritable tricoteuse, a sauté de plaisir au reçu de la nouvelle de la révolution. Elle est devenue insupportable, même à son mari qui s'en est plaint à Mme Potocka.

Dernièrement, un marchand de coco offrit un verre de cette boisson au duc d'Orléans qui se promenait avec le duc de Chartres ; le duc l'accepta, en but la moitié, donna le reste à son fils qui la partagea avec le coconier ; depuis ce temps, ils appellent le duc Coco Ier.

Après la séance royale, la duchesse d'Orléans se rendit avec sa famille dans la salle attenante à la Chambre des députés pour y attendre le duc ; plusieurs pairs la trou-

---

(1) Le général de Flahaut, tout dévoué à la cause napoléonienne, réfugié en Angleterre après les Cent-Jours, s'y était marié avec une riche héritière dont il est souvent question dans le *Journal* du comte Rodolphe. Il était le fils de la fameuse Mme de Flahaut. Sous le second Empire, il fut ambassadeur de France en Angleterre ; il avait été l'amant de la reine Hortense, et de cette liaison naquit le duc de Morny.

vèrent dans cette salle et lui firent leurs compliments ; un des premiers fut le duc de Caraman.

— Je vous remercie bien, cher duc, lui dit la duchesse d'Orléans, de cette preuve de votre attachement. Vous connaissez mon cœur et vous concevez combien il doit souffrir de tout ce qui se passe.

On dit que cette princesse ne fait autre chose que pleurer toute la journée.

Dieppe, 7 août.

Le prince de Bauffremont, aide de camp de Mgr le duc de Bordeaux, a quitté la famille royale à Rambouillet ; il est allé chercher sa femme à Courtalin et nous l'amena à Dieppe par mille détours pour ne point passer par Paris. Le roi a quitté Rambouillet avec six voitures, à peine suffisantes à les contenir tous ; le prince de Bauffremont s'était offert de les accompagner ; mais, Mme de Gontaut lui dit qu'il n'y avait pas de place.

Le prince prit donc la résolution de chercher sa femme et ses enfants à Courtalin, de les transporter ici pour pouvoir se rendre, en cas de besoin, en Angleterre.

— Les membres de la famille royale, me dit M de Bauffremont, sont comme des personnes tombées du cinquième étage, tout étourdies, ne pouvant encore se retrouver dans leur position, ne sachant que faire, quel parti prendre. Madame voulait aller à Rosny prendre congé de sa chapelle où se trouve le cœur du duc de Berry et faire encore quelques arrangements dans l'hospice qu'elle y a fondé. On le lui déconseilla.

Mademoiselle vient d'écrire une lettre d'adieu à Mme de Léon et ses enfants ; la princesse m'a dit que c'était l'épître la plus touchante possible. La duchesse de Berry a congédié Mme de Gourgue et Mme de Meffray qui voulaient absolument aller avec elle ; il n'y a que Mme de Bouillé qui l'accompagnera, la seule de ces dames qui n'ait point d'intérêts en France. Cette même considération fait aussi que Madame la dauphine fera venir Mme d'Agoult qui est veuve sans enfants et qui, déjà une fois, l'accompagna dans l'exil. Mme de Sainte-Maure, qui est, en ce moment, auprès d'elle, l'accompagnera jusqu'à l'endroit où la famille royale s'établira définitivement ; alors elle retournera auprès de sa famille et Mme d'Agoult, trop vieille et trop délicate pour être d'aucune utilité à sa maîtresse pendant le voyage, la rejoindra directement au lieu de sa retraite.

Le cardinal archevêque de Besançon, duc de Rohan (1). est, à ce que vient de me dire son frère Gérald, parti de Paris, le 27, dans sa voiture avec deux domestiques derrière, quoi qu'on ait pu lui dire. Il fut arrêté à la barrière par la populace ; on voulait le forcer à crier « Vive la liberté », à prendre la cocarde tricolore. Il refusa tout, sur quoi on l'arracha de sa voiture qui fut pillée et brisée ; lui-même a eu trois plaies sur la tête et il aurait été tué si, heureusement pour lui, un adjoint qui l'a reconnu, ne l'avait pris sous sa protection et sauvé

---

(1) Tour à tour comte de Chabot et prince de Léon, chambellan sous le premier Empire, duc de Rohan et pair de France à la mort de son père en 1816, il perdit sa femme, brûlée vive par suite d'une imprudence. A la suite de ce douloureux événement, il entra dans les ordres. D'abord vicaire général à Paris, il fut nommé archevêque d'Auch en 1828, et peu après, archevêque de Besançon. En 1830, il reçut le chapeau de cardinal, et mourut en 1833.

en lui procurant un déguisement. Le cardinal de Rohan se trouve en ce moment en Belgique.

Dieppe, 9 août.

L'entrée du duc de Chartres à la tête de son régiment me fait beaucoup de peine pour lui. Ces embrassades continuelles avec des gens du peuple, ses *shake hands* avec des portefaix sont ignobles au moins. Il n'y a plus de prince en France ; ils gâtent eux-mêmes leur position.

Il paraît cependant qu'il n'est plus question de république ; le parti de ceux qui veulent un gouvernement royal limité, a pris momentanément le dessus. Mais le duc d'Orléans aura-t-il assez de force pour se soutenir ? Aujourd'hui déjà, alors qu'il n'est pas encore monté sur le trône, on lui dit des choses bien dures comme par exemple « de se souvenir combien sont fragiles les grandeurs de ceux dont sont fragiles les serments ». Cela veut dire tout simplement : « Prenez garde à vous, nous allons vous mettre sur le trône, nous pourrons aussi vous en faire descendre. »

Maintenant que le peuple se sent le plus fort, ces messieurs à la tête des affaires en ont peur et ne savent plus comment le contenir. C'est la république que l'on veut d'un côté et un gouvernement monarchique limité, de l'autre. Mais, ce gouvernement qui est beaucoup plus gouverné qu'il ne gouverne, comment fera-t-il pour arriver à sa monarchie toute limitée qu'elle doit être ? Le seul moyen pour y parvenir, c'est d'endoctriner les basses classes, de les flatter et les effrayer avec quelque chose, mais avec quoi? Le peuple est en ce moment tellement rempli de ses hauts faits que tout se présente facile à ses yeux. La seule chose avec laquelle on peut lui en imposer en ce moment, c'est la menace du retour de la branche aînée des Bourbons. Le gouvernement d'aujourd'hui s'en sert donc comme d'un épouvantail vis-à-vis d'une populace qui ne veut plus obéir.

11 août.

La princesse de Léon vient de m'envoyer la petite lettre que Mademoiselle de France vient d'écrire à elle et à ses enfants, la voilà telle quelle :

« Ma chère Osine !

« Je suis bien affligée de tout ce qui se passe ; mais, je le suis doublement quand je pense que je suis éloignée de vous, ce qui m'arrive bien des fois par jour. Votre mère vous écrit. Elle a eu bien raison de vous envoyer Josselin. Vous devez être tranquille à Dieppe. Mon cher petit Fernand, comment se porte-t-il? et les bains de mer lui font-ils du bien? Isabelle, Louise, chères petites, vont bien j'espère. Les bains leur font-ils plaisir? Je leur envoie mes *best love* et vous aime presque plus tous, s'il est possible de vous aimer plus que je ne vous aimais, éloignés si longtemps et nous dans le malheur. Nous rencontrons des gens quelquefois très bons. O Fernand, que tous les malheurs de la France doivent vous faire de la peine ; mais, notre peine est bien grande :

je suis sûre que vous en éprouvez autant que moi ; mes idées se portent souvent sur vous et je suis de cœur, d'esprit et de pensée avec vous ; je vous suis sur le galet et dans la mer. Oh ! je vous aime tant tous.
« Je vous suis toujours attachée.
« *Yours*
« Manelle. »

A Isabelle et à Louise

« Mes chères, j'espère que vous vous portez bien, je pense bien à vous toutes les deux, à Josselin, à Fernand. Je vous aime avec l'amour le plus tendre, le plus vif après la mère et le frère.
« Adieu.
« Toujours vous me retrouverez votre plus tendre amie. — Manelle. »

J'ai conservé fidèlement son orthographe, sa ponctuation et ses alinéas et sa plume était encore un peu plus mauvaise que la mienne.

Cette charte dont les Français étaient si fiers, il y a quelques jours, avec laquelle ils voulaient toujours aller, qu'ils trouvèrent violée parce qu'on en a interprété un de ces articles autrement qu'ils ne le désiraient, vient d'être renversée de fond en comble dans une seule séance. Il n'y a plus de prérogatives royales, le nouveau roi sera leur serviteur très humble, c'est eux qui commandent, et lui qui obéira. Je ne sais comment l'on fait pour obéir à près de quarante millions de maîtres. Il faut que messieurs les sans-culottes nous l'apprennent ; ce sera une rude tâche pour eux qui ne savaient pas obéir à un seul maître. Voilà déjà la pairie à moitié anéantie.

La duchesse d'Orléans court en attendant dans tous les hôpitaux pour se rendre digne de la couronne ; elle veut donc absolument devenir la *reine des Français!* comme cela sonne bien, ce « des Français ».

Il paraît presque certain que M. de Polignac avait eu l'idée qui n'est pas très maligne de faire entourer Paris de la presque totalité de l'armée disponible, mais, que M. Ouvrard, qui faisait des affaires à la Bourse de Paris et de moitié avec le premier ministre, l'en avait dissuadé de peur que cette mesure ne fît baisser les fonds publics ; c'est donc pour un vil intérêt d'argent qu'on a perdu la France entière. Jusqu'à présent, j'ai pris M. de Polignac pour un homme incapable aux affaires, mais moral au moins (1).

Dieppe, 12 août.

Voilà donc le duc d'Orléans roi des Français ! Rien au monde n'est plus ridicule que ce couronnement du nouveau souverain. Sa manière de prêter serment est unique : sans évangile, sans crucifix, dans l'air, ou peut-être sur cet encrier dont il est question dans la description de cette *belle* cérémonie. Comment qualifier ce dévouement du maréchal Oudinot au roi des Français, en lui présentant le sceptre ?...

Le discours du roi des Français est digne de lui : c'est lâche au delà de toute expression de maltraiter un roi

---

(1) On a justement reproché à Polignac son aveuglement et sa maladresse ; mais, on ne peut mettre en doute son désintéressement et sa probité.

fugitif, de le couvrir d'ignominie pour se maintenir sur un trône qu'on a pris à ce même roi qui, au surplus, était votre cousin, votre bienfaiteur, votre ami !

Pour achever cette belle journée, il rentra avec son fils à cheval, sans escorte quelconque. La populace la plus sale, la plus dégoûtante s'approchait du nouveau roi et du prince royal pour leur donner des poignées de main, pour les embrasser. Je tiens ces détails d'une personne témoin oculaire ; elle m'a dit que le duc de Chartres était tout pâle et avait l'air effrayé des horribles gens qui l'entouraient et l'embrassaient. Mme la duchesse d'Orléans, quoique reine, ne fut ni couronnée ni proclamée telle par la Chambre ; elle a assisté au couronnement de son mari avec ses filles et ses petits garçons dans une tribune réservée ; elles étaient toutes en robes de percale bleue et se rendirent du Palais-Royal à la Chambre et de retour, dans une espèce de char à bancs à deux chevaux, sans piqueur, sans domestique en livrée. A cette cérémonie, tout le monde, excepté le nouveau roi, était en habit de ville.

Dieppe, 14 août.

Charles X va à très petites journées ; la dauphine est presque toujours à cheval et Madame en habit d'homme. Elle a été obligée d'emprunter le chapeau d'un des messieurs de la suite, la pluie ayant abîmé son chapeau d'Herbault qui, certes, n'était pas fait pour un aussi rude service, de même ses robes, qui ne pouvaient la garantir ni contre le froid, ni contre la pluie. Elle se fit donc faire pour elle et ses enfants des blouses d'une étoffe très grossière comme les paysans en portent. Le roi, pour se distraire, tire sur des moineaux ; le dauphin est pitoyable, la dauphine pleure beaucoup, Madame est dans un état violent. La famille royale n'a pas encore décidé dans quel pays elle s'établira, et, si elle se décide enfin, est-elle sûre qu'elle y trouvera l'hospitalité? Madame engage beaucoup le roi à aller en Sicile.

La plupart des personnes de la haute société de Paris vont voyager pour se mettre à l'abri des intrigues. Que de fortunes, que d'existences compromises ! Il n'y a presque pas une famille de notre connaissance qui n'ait fait des pertes très sensibles de fortune par la suppression des charges qu'elle avait à la cour ou dans les provinces. Toutes ces belles dames qui vivaient dans le plus grand luxe, entourées d'hommages et de richesses, ont aujourd'hui à peine de quoi vivre. La duchesse d'Esclignac n'a que des dettes, des enfants, un mari désormais privé des appointements qui faisaient vivre sa famille et avec une jambe de moins dont on a été obligé de lui faire l'amputation, par suite d'une blessure qu'il a eue dans Paris à la tête de son régiment. La duchesse de Guiche, aussi une de nos grandes élégantes, est entourée maintenant d'un tas de nippes, d'inutilités pour lesquelles personne ne lui donnera un sou et qui contrastent singulièrement avec son désespoir, avec ses larmes. Elle cherche à vendre ses diamants. Cette famille se trouve dénuée de tout. Maisons, équipages, domestiques, tout venait du dauphin dont M. de Guiche était second menin et premier favori. M. Standish, qui a vu notre belle duchesse, dit qu'elle est changée à ne plus la reconnaître.

Dieppe, 16 août.

Le nouveau roi reçoit dans son Palais-Royal, qui veut y monter. Aussi, ce superbe escalier autrefois si soigné, a-t-il une mine incroyable ; toute la boue des rues y est portée. La reine reçoit dans une pièce qui, autrefois, était une de ses antichambres ; on va chez elle sans la moindre cérémonie, en bottes toutes crottées. M. Standish, qui vient de Paris, m'a dit qu'on ne s'en fait aucune idée.

— J'ai vu de mes yeux, a-t-il ajouté, le comte Molé, ministre des affaires étrangères, entrer avec son portefeuille sous le bras à dix heures du soir, chez le roi, en redingote, avec des bottes malpropres, comme un homme qui est venu à pied. La reine était présente. Il y avait encore une cinquantaine de personnes dans la chambre, toutes mises de même. Moi seul j'étais en habit. La reine était assise avec Mademoiselle d'Orléans autour de cette table ronde que vous connaissez. Excepté la famille, je ne connaissais pas une âme de tous ceux qui étaient présents. La reine se leva pour aller chercher quelque chose dans la chambre voisine. Instinctivement, je m'élançai pour faire passer la reine et lui ouvrir la porte ; mais, Mme de Monjoye me retint, en me disant que « ce n'était plus de saison ». Effectivement, personne dans toute la chambre ne se leva et ne bougea d'une ligne.

M. Standish, qui a épousé Mlle de Sercey, nièce de Mme de Genlis, est un des intimes du Palais-Royal et tout en approuvant la marche du gouvernement du jour, il trouve cependant un peu singulière la nouvelle étiquette de la cour moderne. Le nouveau roi et Mademoiselle ne peuvent cacher leur joie ; le jeune duc d'Orléans la partage, à ce que l'on prétend ; mais la reine paraît accablée. Elle a dit dernièrement à une personne de ma connaissance :

— Je passe mes journées à obéir et mes nuits à pleurer.

Dernièrement le roi se trouvant le soir sur cette galerie d'où j'ai vu l'émeute populaire le jour de son bal, y prit des glaces ; une foule de peuple se réunit dans le jardin et se mit à chanter *la Marseillaise*. Le roi trouva bon de chanter avec son cher peuple, en agitant son chapeau tricolore. Je commence à croire qu'il a un mouchoir de poche tricolore, dont il fait un drapeau en cas de besoin. Je tiens ce détail du marquis de Blaisel, qui était présent à cette scène et qui est arrivé aujourd'hui de Paris.

La reine rencontra dernièrement dans la rue Mme de Meffray, une des dames de Madame ; elle s'arrêta pour lui dire qu'elle pleurait beaucoup plus sur ses propres enfants que sur Mademoiselle et le duc de Bordeaux.

Dieppe, 17 août.

Je viens d'avoir un entretien avec le prince de Bauffremont qui arrive de Cherbourg, où il a accompagné la famille royale. Il en est tout triste, tout accablé.

— Ce cortège, me disait-il, avait l'air d'un convoi. Madame la dauphine, lorsqu'elle était avec nous autres, pleurait à fendre le cœur. C'étaient des cris de désespoir ; mais, en passant par les villes et les villages, elle reprenait sa dignité ordinaire.

Madame était dans son costume d'homme. Il fait toujours froid sur les côtes du grand Océan, elle avait donc grand besoin de ce pantalon et de la blouse qu'elle s'est fait faire dans un village.

Mme de Gontaut est la seule personne de toute la cour qui n'ait pas perdu la tête ; elle était toujours de bon conseil ; elle a mis de côté toutes ces petites susceptibilités, ces petites intrigues dans lesquelles elle se complaisait tant lorsqu'elle était au château ; elle expliquait à Mademoiselle tout ce qui se passait autour d'elle ; un jour elle lui a dit :

— Mademoiselle aura soin de plier elle-même sa serviette, parce que nous n'en avons pas d'autres pour demain.

Effectivement, on était obligé de s'arrêter quelquefois deux jours dans un mauvais petit endroit pour faire laver les chemises des princesses et des princes, parce qu'ils n'en avaient point pour changer. Le duc de Luxembourg, un des capitaines des gardes du roi, et M. de Girardin, premier veneur, veulent accompagner le roi jusqu'à l'endroit de son établissement. Ce dernier surtout a poussé son attachement pour son maître jusqu'à lui apporter cinq cent mille francs qu'il avait épargnés sur la somme destinée aux chasses. Ce dévouement de la part de M. de Girardin étonne tout le monde, et Mme de Jumilhac me dit hier :

— Je vous avoue que cette manière d'agir de M. de Girardin me donne beaucoup d'espoir pour la cause du roi ; cela me fait croire qu'elle n'est rien moins que désespérée.

— Les laboureurs qui voyaient passer notre triste cortège, me dit le prince de Bauffremont, avaient l'air stupéfaits, émus ; les outils leur tombaient des mains ; ils ôtaient leur chapeau avec respect et nous regardaient avec attendrissement.

Madame la dauphine, le roi et Madame ne permirent pas à MM. de Schonen et maréchal Maison, ces commissaires que le lieutenant général leur avait envoyés, de se montrer à leurs yeux ; il n'y a que le dauphin qui leur parla. En arrivant à Cherbourg, le duc de Polignac s'approcha de la voiture où étaient ses neveux, les enfants du prince Jules. Lorsqu'il ouvrit la portière, ces malheureux enfants poussèrent des cris lamentables ; ils croyaient qu'on allait les assassiner. Ils avaient été tout le temps enfermés dans une berline avec les stores baissés ; on les traitait comme des pestiférés, tant M. de Polignac est en exécration même parmi les personnes de la cour.

Au moment de l'embarquement, parmi les gardes du corps qui ont tous suivi le roi à pied pendant son triste voyage, deux sont devenus fous de désespoir, et l'un d'eux s'est donné la mort. Cette brave troupe s'est rangée sur la plage lorsque le roi et sa belle-fille sont montés dans le bâtiment qui devait à jamais les éloigner de la France.

Ces hommes à grandes moustaches, qui paraissaient avoir un cœur de fer, pleuraient comme des enfants ; ils cassaient leurs armes, ils se jetaient par terre de rage et de désespoir. M. de Bauffremont m'a dit que jamais de sa vie, il n'avait vu chose plus déchirante. Madame la dauphine pleurait comme jamais on n'a vu verser de larmes à personne ; c'étaient des cris, des sanglots qui semblaient lui arracher le cœur. Elle exprima sa reconnaissance de la manière la plus affectueuse à tous ceux qui l'avaient accompagnée à Cherbourg ; elle les embrassa et prit congé d'eux comme s'ils avaient été ses frères.

— Quoi qu'il arrive, je ne reverrai jamais plus la France.

Madame était bien plus furieuse qu'attendrie. Le roi donna, en signe de sa reconnaissance, à tous ceux de ses amis qui étaient présents à Cherbourg, l'ordre de Saint-Louis. Monsieur le dauphin était tout à fait stupide, ne sachant que dire, que faire, au point que plusieurs personnes prétendent qu'il avait tout à fait perdu la raison.

Chacun des membres de la famille royale fugitive, veut s'établir ailleurs que les autres. Madame la dauphine est pour la Saxe, le dauphin pour le Danemark, Madame pour la Sicile et le roi pour l'Écosse ou Klagenfurt en Carinthie. Je ne conçois pas ce qui peut l'engager à s'établir dans la plus triste de toutes les villes que j'aie jamais vues.

La conduite de M. et Mme Sauton, maître d'hôtel et première femme de chambre de Madame, duchesse de Berry, a été un prodige d'ingratitude. Elle les avait comblés de ses bontés au point qu'on la soupçonna de protéger M. Sauton plus qu'elle ne le devait. Ce qui est sûr, c'est qu'il avait avec Madame un air qui m'a bien des fois étonné; il lui répondait d'une manière fort insolente et s'oubliait jusqu'à la gronder, à la brusquer, ce que la duchesse, il est vrai, prenait fort mal; mais, cela n'empêchait pas qu'il ne fît la même chose le lendemain. Mme Sauton de même avait aussi toute la confiance de la duchesse. C'était elle qui réglait les comptes, qui payait tout; c'était une véritable puissance au château, que la duchesse de Gontaut même croyait devoir ménager. Eh bien, ces vilaines gens ont abandonné leur maîtresse, et pour comble d'infamie, ils se sont emparés de quantité d'effets ainsi que du linge et d'une partie de la garde-robe de Madame, qu'ils firent transporter sous escorte hors la barrière et là, ils se les partagèrent avec les autres domestiques, ce qui a fait que Mme la duchesse de Berry s'est trouvée dénuée de tout. La ménagère de Rosny, femme que cette princesse ne protégea pas moins que le ménage Sauton, ne s'est pas mieux conduite pour elle.

Mme de Mun vient d'arriver ici avec Mme d'Astorg, sœur de Mme d'Oudenarde. M. et Mme d'Astorg ont aussi tout perdu ; il ne leur reste que des dettes et des enfants. Une chose bien triste pour tout ce monde, c'est qu'il doit se dire que tout a été perdu par un manque de réflexion, par un moment d'indécision. Si l'on avait donné des ordres aux troupes qui étaient réunies en ce moment aux camps de Lunéville et de Saint-Omer, elles auraient au moins entouré le roi ; il aurait pu se retirer dans quelque place forte et il aurait pu traiter ; mais, on avait perdu la tête. L'armée en grande partie est au désespoir, et honteuse d'avoir été battue par la populace de Paris, par les étudiants, par des tailleurs et des cordonniers. C'est des mains de ces misérables qu'elle a dû accepter la cocarde tricolore.

Le roi était encore à Rambouillet et déjà on vendait à Paris les caricatures les plus infâmes, les plus indécentes qui représentaient ces malheureux souverains fugitifs. Il n'y a que Madame qui y a échappé. Il y a encore, tous les jours, des attroupements dans Paris. Ce sont des ouvriers qui demandent tous les jours autre chose. Le gouvernement en a fait expédier six qui doivent avoir été les principaux moteurs de ces rassemblements ; on les a exécutés en cachette de peur d'exciter du mécontentement. Voilà des traits de ce gouvernement éminemment libéral. Un despote de l'Asie à peine se permettrait chose semblable.

Dieppe, 20 août.

J'ai été hier chez M. de Biron, qui m'a donné lecture d'une lettre que son beau-père, M. de Mun, lui a envoyée. Celui-ci la tenait de M. Molé lui-même à qui elle a été adressée par M. de Polignac. Elle est conçue à peu près dans ces termes :

« Mon cher collègue, me voilà votre prisonnier ; faites donc finir ces petites plaisanteries. Je veux me retirer des affaires, je ne veux plus que la tranquillité ; je compte m'établir à la campagne en France ou en Angleterre. Je préfère la France.

« J'ai laissé au ministère des *bas* et différentes choses que je vous prie de m'envoyer à la campagne. *Signé :* POLIGNAC. »

Cette lettre prouve qu'il a perdu la tête entièrement ; elle est datée de Saint-Lô, où on l'a arrêté. Il a fait mille maladresses pendant sa fuite. Rien au monde n'eût été plus facile pour lui que de se sauver, d'autant plus que le ministère actuel ne demandait pas mieux que de le savoir libre, le nouveau gouvernement ayant intérêt à éviter un procès dont le dénouement lui sera toujours funeste. M. de Polignac avait poussé la pruderie jusqu'à ne pas vouloir habiter la même maison que Mme de Saint-Fargeau, bien qu'il se fît passer pour le domestique de cette dame. Il se logea donc dans une autre maison. Comme il était un peu souffrant, cette bonne, mais imprudente Mme de Saint-Fargeau passa sa journée à le soigner. Cette circonstance, jointe à un gros diamant que ce prince-domestique portait sur une bague, le fit découvrir.

Le dauphin s'est conduit pendant toute cette affaire d'une manière peu chevaleresque, ainsi que le prouve la scène affreuse qu'il fit au maréchal Marmont. Il le traita de lâche, lui arracha son épée que le maréchal, peu d'heures auparavant, avait tirée pour le défendre et voulut la casser ; mais, malgré tous ses efforts, il n'y parvint pas et la jeta dans un coin de la chambre. On peut juger de l'état du maréchal maltraité ainsi par ceux auxquels il s'est dévoué au péril de sa vie. Pour comble de malheur, il a dû se mettre sous leur protection, afin de ne point tomber dans les mains de ses plus implacables ennemis.

Le duc de Polignac est tout aussi irréfléchi que son frère. Voici un détail que je tiens du prince de Bauffremont, qui était présent à la scène que je vais rapporter. C'était encore à Saint-Cloud, la cour était au moment de quitter ce château ; M. de Hocquart et autres étaient à parler des terribles événements du jour, et celui-ci, sans remarquer que le duc de Polignac était présent, dit :

— Il est incroyable que, dans un gouvernement représentatif, on veuille rendre le roi responsable de ce qui s'est passé ; ce sont les ministres qui en ont toute la responsabilité, qui doivent en être punis.

— Oui, répliqua M. de Polignac, ce sont les ministres qui doivent être punis et non pas le roi.

— Oui, dit un autre, qu'on les pende, qu'on en fasse ce que l'on voudra, cela me sera fort égal.

— Oui, dit Armand de Polignac, qu'on les pende.

Il avait tout à fait oublié en ce moment que son frère était parmi eux.

Le général Belliard (1), avant son départ pour Vienne, est venu chez l'ambassadeur pour demander ses ordres ; il était pendant sa visite d'un trouble et d'un embarras à faire pitié. Nous ne pourrons faire autrement que de reconnaître ce gouvernement, tout misérable qu'il soit ; l'ambassadeur d'Angleterre a la reconnaissance en poche et Pozzo di Borgo ne quitte pas le Palais-Royal ; il y passe sa vie, ce qui prouve qu'il doit être sûr de son gouvernement. Les gens qui sont maintenant à la tête des affaires sont des amis qu'il voyait constamment.

Le Comité secret a fait moins de mal à la France que cette malheureuse Congrégation, dont j'ai déjà parlé. Le fondateur de cette réunion a certainement eu les meilleures intentions ; mais, il y en avait d'autres qui n'étaient guidés que par une insatiable cupidité. C'est la Congrégation qui a fait agir M. de Polignac. L'évêque-président de cette institution vient de mourir et l'on a trouvé dans sa cassette quinze cent mille francs ; et le parti révolutionnaire dit avec raison de ce prélat : « Il donna beaucoup aux pauvres, mais ils n'en ont jamais rien vu. » Jamais, on n'a fait de plus odieux abus de la religion que pendant les derniers temps du règne de cette association. Tous ceux qui voulaient de l'argent ou des charges, se faisaient membres de la Congrégation. Les officiers de la Garde payaient leurs subalternes pour qu'ils allassent à confesse afin de se faire une réputation de bon pasteur, qui contribuait beaucoup à leur avancement. Pour être

---

(1) Un des plus illustres généraux de la Grande Armée, pair de France sous la Restauration. Rallié à Louis-Philippe, il venait d'être nommé ambassadeur.

bien reçu à la cour, il fallait être congréganiste. Enfin, c'était une véritable école d'hypocrisie.

Dieppe, 24 août.

Mme Charles de Gontaut, sœur du duc de Rohan, avait un gouverneur auprès de ses enfants. Cet homme, pendant les journées des 27, 28 et 29, est resté absent de la maison ; on le croyait tué lorsque, tout à coup, il reparaît le quatrième jour, harassé de fatigue, tout couvert de poussière et de sang ; on l'entoure, on le questionne.

— J'ai été assez heureux, leur dit-il, pour tuer neuf gendarmes.

Figurez-vous l'horreur, l'indignation de Mme de Gontaut ; elle se sauva de la chambre pour se soustraire à cette horrible présence et lui fit dire de ne plus se montrer devant elle et de quitter la maison dans la journée. Le gouverneur du petit de Mun, figura aussi dans ces malheureuses journées, mais d'une manière fort honorable : ce fut pour sauver autant de personnes qu'il pouvait et au risque de ses jours.

Dieppe, 26 août.

Le Palais-Royal offre certainement le spectacle le plus étrange en fait de résidence de souverains. Partout, l'on voit des placards ignominieux, des caricatures indécentes sur le gouvernement de Charles X. Ce malheureux roi et sa famille sont livrés à la merci des pamphlétaires, à la vile spéculation de ces indignes pour lesquels rien n'est sacré lorsqu'il s'agit de leurs intérêts. Le Palais-Royal est le centre, le foyer d'où émanent tous ces ouvrages impies et obscènes; l'aristocratie et le clergé y sont surtout diffamés et livrés au mépris public. Voici les titres de quelques-unes des brochures que les colporteurs crient dans le Palais-Royal et vendent deux sous : *Histoire du bonnet trouvé dans l'appartement de l'archevêque de Paris; les Amours de Mme la duchesse d'Angoulême avec Mgr l'archevêque de Paris; les Amours secrètes de Mme la marquise de Podenas, dame d'honneur de Mme la duchesse de Berry; les Amours de Mme la duchesse d'Angoulême et de Charles X; l'Histoire d'un jupon de la duchesse d'Angoulême et d'un polisson de la duchesse de Berry, trouvés aux Tuileries.* Voilà les beaux ouvrages du jour, voilà les progrès que la civilisation a faits depuis la glorieuse révolution des 27, 28 et 29 juillet. Les spectacles aussi deviennent insupportables ; on y chante des hymnes nationaux pendant lesquels on force le public à s'agenouiller devant le drapeau tricolore.

Dieppe, 28 août.

Décidément, nous quittons Dieppe lundi prochain. Mme Karolyi nous précède d'un jour ; elle part demain, elle dînera chez nous mardi à l'hôtel d'Eckmühl où nous arriverons à six heures, tout juste pour le dîner, car de Rouen à Paris, il y a seize postes à faire ; il nous faudra donc partir du Grand Hôtel de Rouen à six heures du matin pour arriver à Paris à six heures du soir.

A propos de l'acte de violence commis par le duc d'Angoulême contre Marmont, on raconte que le roi, instruit de l'affaire et voulant rapprocher les parties brouillées, pria le maréchal d'aller faire des excuses au dauphin. Marmont ayant refusé, le roi lui dit en l'embrassant :

— Cher duc, c'est le dernier acte de dévouement et d'obéissance que vous accomplirez pour votre roi Charles X.

Marmont ne put résister davantage et alla faire acte de présence chez le dauphin. Celui-ci vint à sa rencontre et lui dit en dandinant :

— J'ai été un peu vif avec vous, cher maréchal ; vous me le pardonnerez, n'est-ce pas? Voyez-vous, je me suis fait bien du mal en voulant casser votre épée ; je suis donc assez puni de mon emportement ; il faut avouer que votre épée coupe bien.

Les cinquante sans-culottes qui sont allés chercher le nouveau roi dans son château de Neuilly sont encore dans son antichambre au Palais-Royal ; il n'y a pas moyen de les en faire sortir, tant ils s'y trouvent bien. Cependant, ce régiment de la Charte, voilà le nom qu'ils ont pris, était si peu vêtu, que c'était indécent, surtout pour les princesses qui devaient tous les jours passer devant lui. Le roi Philippe prit donc la liberté de faire faire à ces soldats des uniformes bleus. Quelquefois, ils l'appellent à grands cris : le roi citoyen est obligé de descendre dans le grand vestibule où ils se trouvent et il boit avec eux à la santé des héros de Paris.

Mme Merlin, femme du général de ce nom, qui par sa position se trouve dans le cercle le plus libéral de Paris et est l'amie intime, comme elle me disait elle-même, de tous les mauvais journalistes du royaume, qu'elle voit sans cesse chez elle, m'a assuré que ces gens, tout prudents qu'ils étaient avant la révolution, en perdaient la tête maintenant ; ils sont fous de leur succès et gâtent eux-mêmes leur propre ouvrage.

— Je ne me gêne pas avec eux, je leur ai dit mon opinion ; je leur ai dit qu'ils ne savent plus ce qu'ils veulent et que leurs journaux n'avaient plus le sens commun : vous voulez défendre la Charte et vous la détruisez vous-même ; sous Charles X, elle pouvait être violée, cela prouve qu'il y en avait une. Philippe Ier ne pourra jamais la violer parce qu'il n'y a plus de Charte. Le jour où j'avais cette conversation avec ces messieurs, continua Mme Merlin, le chef des rédacteurs du *Figaro* me montra quantité de lettres qu'on avait trouvées dans l'appartement de Madame. Cette correspondance était fort compromettante pour Madame, et ces messieurs voulaient à toute force la publier. Je parvins cependant à leur prouver l'indignité d'un semblable projet.

Madame, ce me semble, est très vulnérable lorsqu'il s'agit de lettres. Lorsque la nouvelle du pillage des Tuileries arriva à Saint-Cloud, Madame en perdit tout à fait la tête, elle pleura, elle ne put cacher son agitation, son trouble ; enfin, elle exprima les plus vives inquiétudes sur le sort d'une cassette qu'elle disait avoir laissée dans son appartement. Un des gardes du corps s'offrit à la rapporter à Son Altesse Royale, si elle voulait bien lui en indiquer la place. Il s'en fallut de peu que Madame n'embrassât ce brave garde du corps. Muni d'instructions, il se déguisa en charbonnier et se rendit au château. On le laissa entrer sans obstacle ; il trouva la cassette, la prit sous son bras, la cacha dans son sac et courut pour atteindre la porte ; mais, on ne laissait sortir personne sans une visitation préalable.

— Si l'on me prend la cassette, pensa-t-il, je suis perdu.

La fuite était la seule chance de salut. Il prit donc son élan, donna des coups de poing à qui voulait l'arrêter et passa heureusement sans qu'on pût l'atteindre. Mais on le poursuivait toujours ; il traversa en courant la place du Carrousel et arriva en fuyant jusqu'au quai, se voyant au moment d'être atteint. Mais loin d'en perdre la tête, il jeta la cassette dans la Seine. Peu de secondes après, il est pris et fouillé ; mais, ne trouvant rien sur lui, on le laissa continuer son chemin. Madame, en apprenant que la cassette était noyée, parut être soulagée d'un grand poids ; elle prit la main du garde du corps en lui exprimant tous ses remerciements pour cette preuve de son dévouement et celui-ci embrassa la main de la duchesse avec respect et attendrissement.

On me raconte encore que le lendemain de la publication des ordonnances, Mme de Gontaut alla chez le roi et lui exprima de la manière la plus forte combien elle était contre ces mesures et que Sa Majesté ferait bien de les révoquer en changeant son ministère. Le roi offensé répliqua qu'elle n'était pas appelée à donner des conseils à son roi. Peu de jours après, la duchesse de Gontaut reparut devant Sa Majesté.

— Savez-vous, madame, lui dit le roi en se souvenant de la scène qu'il avait eue avec elle, savez-vous, que je devrais vous exiler pour les propos que vous avez eu l'audace de tenir il y a quelques jours?

— Je voudrais bien, Sire, que vous en eussiez le droit, je quitterais la France, heureuse ; vous seriez son roi. Il n'en est plus ainsi en ce moment, le roi a oublié qu'il y a un gouvernement provisoire à Paris et qu'il n'a plus aucun pouvoir sur les Français.

Dans le conseil, où la mesure des ordonnances fut décidément adoptée, M. le dauphin fit des propositions qui n'avaient pas le sens commun ; les ministres ne pouvaient absolument pas y accéder et comme le dauphin ne voulait pas en démordre, le roi lui dit :

— Mon fils, vous n'entendez rien à la politique ; contentez-vous d'être le plus grand capitaine de votre siècle.

Le cardinal de Croy ne s'est pas démenti pendant les troubles à Rouen, où il est archevêque. Il fut des premiers à saluer le drapeau tricolore et le fit hisser sur l'archevêché ; il alla ensuite, la mitre en tête, donner la bénédiction à la foule attroupée à sa porte et lui fit distribuer des vivres dans sa propre cour. Ce n'est pas ainsi qu'aurait dû agir le grand aumônier de France.

Paris, 1er septembre.

Me voilà de retour à Paris, je ne croyais pas revoir aussitôt cette ville autrefois si attrayante pour moi. En y entrant cette fois, elle m'inspira d'autres sentiments. Cette capitale si brillante, il y a quelques semaines, d'un aspect si heureux, si florissant et sous un gouvernement qui inspirait la confiance, est maintenant un gouffre, un repaire d'immoralité, de révolte, de scission, de discorde. Comment un tel état de choses pourrait-il inspirer la confiance à qui que ce soit? Aussi les fonds publics baissent-ils tous les jours. A la barrière de l'Étoile, au lieu de la belle troupe de ligne, qui gardait ce poste, un homme en habit bourgeois, avec un fusil sans baïonnette, défend la principale entrée de la capitale de la France. De tous côtés, des maisons criblées de balles, des arbres coupés, leurs troncs encore couchés par terre, restes de barricades, s'offraient à nos yeux.

Mais, comment pourrai-je jamais trouver des mots assez forts pour esprimer ce que j'ai éprouvé en arrivant à la place Louis XVI, à ce monument expiatoire à demi achevé? Le piédestal destiné à recevoir la statue du roi martyr, est profané par le drapeau de la révolte et condamné à être un monument à la Charte.

Ce fait me rappelle un propos de M. de Chabrol, frère du ministre, et qui, dans le temps, fut préfet de la Seine. Ce préfet usa de toute son influence pour contrarier le projet de Madame la dauphine qui désirait vivement que ce monument pour son père fût érigé sur la place appelée alors Louis XV. Elle fit appeler M. de Chabrol et lui dit très sèchement que telle était sa volonté et que M. le préfet n'avait qu'à s'y soumettre. Alors M. de Chabrol, dans un accès d'impatience, dit à cette princesse :

— Je forme les vœux les plus ardents pour que ce que je redoute ne se réalise jamais ; mais, Votre Altesse vivra assez longtemps pour voir flotter le drapeau tricolore sur ce monument.

M. de Chabrol encourut par cette réponse la disgrâce complète de Madame la dauphine.

Le jeune duc d'Orléans hier encore duc de Chartres, n'est pas encore fait à sa nouvelle position ; il oublie à tout moment le rôle qu'il doit jouer. Dernièrement, Mme de Meffray se trouvait dans la rue à causer avec Mme de Lauriston lorsqu'il passa tout près d'elles.

D'abord, il ne reconnut point ces dames ; mais, à quelque distance, il se retourne comme quelqu'un qui croit avoir rencontré une personne de sa connaissance, sans en être bien sûr et qui se retourne pour s'en assurer. A peine l'a-t-il fait, qu'il avance de quelques pas vers ces dames et met la main au chapeau ; mais, voyant que Mme de Meffray affectait de ne pas le regarder, il se souvint que ce qu'il allait faire n'était plus de saison et que sa position vis-à-vis d'une amie d'enfance de Mme la duchesse de Berry, était changée entièrement. Il se retourna donc brusquement et continua son chemin.

3 septembre.

La marquise de Ferrari, présente à la revue de la garde nationale, a vu de ses propres yeux M. de La Fayette s'appuyant tout le temps sur l'épaule du duc d'Orléans. C'est dans cette attitude qu'il laissa tomber son mouchoir. Louis-Philippe Ier, roi des Français, le lui ramassa. Un quart d'heure après, même chose arriva à ce général et le roi, une seconde fois, s'empressa de le lui ramasser.

Le parti de Napoléon II devient tous les jours plus fort. Ceux qui ont mis Philippe sur le trône et qui sont en ce moment à la tête des affaires sont tous des créatures de Napoléon ; ils se sont servis du roi actuel pour prévenir l'anarchie et pour paralyser le parti républicain ; ils n'attendent que le moment favorable pour détrôner ce nouveau venu et pour proclamer Napoléon II. Le pauvre roi lui-même, sans le savoir, doit les aider dans leurs projets.

4 septembre.

Cette ville est dans un calme semblable à celui que précède un orage ; on n'a confiance en personne ; on craint de se compromettre, l'on cherche à vendre ce que l'on possède en immeubles pour pouvoir émigrer en cas de nécessité. Il est à la vérité des personnes qui préfèrent se défendre jusqu'à la mort plutôt que de quitter le sol français ; mais, c'est le petit nombre ; au surplus, tout le monde est inquiet. Cette belle liberté n'inspire pas beaucoup de confiance, et si sous un gouvernement despotique, on est sujet à la volonté d'un homme, c'est bien pire sous celui-ci ; on y est esclave de la peur.

On nous a donné quelques détails sur l'horrible fin du prince de Condé. Il s'est pendu, paraît-il, du moins est-ce ainsi qu'on l'a trouvé à la croisée de sa chambre à coucher. Mais on croit généralement qu'il a été assassiné. On l'a étouffé à ce qu'il paraît avec les coussins dans son lit, car les draps, la couverture, les oreillers, tout a été trouvé dans un affreux désordre, comme s'il eût beaucoup résisté avant de succomber. Il est constant que son cou n'avait pas ces taches bleues si marquées chez les gens que jusqu'à présent on a trouvés pendus, et ce qui est surtout contraire à cette supposition, c'est l'attitude dans laquelle était le corps de ce malheureux prince, les pieds tout à fait relevés sur le dos et, malgré cette position forcée, les genoux touchant presque le parquet. On n'a jamais vu quelqu'un se pendre de cette manière (1).

(1) A peine est-il besoin de rappeler qu'une étude plus approfondie

La veille de sa mort, le prince a fait sa partie, comme à son ordinaire. Il s'est trouvé qu'il a perdu et que n'ayant pas d'argent sur lui, il n'a pu acquitter sur-le-champ sa dette, chose qu'il faisait régulièrement tous les jours et qu'il poussait souvent jusqu'à la minutie. S'il avait cru mourir, certainement il aurait été plus scrupuleux que jamais à s'acquitter envers ses amis. Au lieu de cela, il leur demanda gaîment de lui faire crédit jusqu'au lendemain. Il aurait laissé quelques lettres après lui, au moins pour Mme de Feuchères, cette femme qu'il aimait tant. Enfin un bien aussi cher que la vie, ce bien dont Mgr le duc de Bourbon jouissait plus que personne, dont il a appris à connaître le prix pendant sa longue carrière, ce bien, on ne le quitte pas avec tant de légèreté ainsi que le prince l'aurait fait. Il n'y avait pas de raisons. La nouvelle révolution était certes un événement grave pour lui ; mais que perdait-il par ce changement? Rien ; ses biens lui restaient et le nouveau roi est son propre neveu ; il était devenu premier prince du sang, ce qu'il n'était pas sous Charles X. Enfin, on ne peut fournir aucune raison propre à expliquer un suicide. On allègue encore qu'il est devenu fou ; soit, mais, il faut au moins avouer qu'il est mort très à propos pour certaines gens.

Peu de jours avant ce terrible événement, M. de Cossé a fait visite au prince de Condé et a employé toute son éloquence pour le déterminer à refaire son testament en faveur du duc de Bordeaux. Il a représenté au prince que le duc d'Aumale en avait bien moins besoin, puisque son père avait une fortune immense et maintenant comme roi des Français, tous les moyens pour faire un

des faits a eu pour conséquence d'éloigner l'idée d'un assassinat et de faire admettre très justement qu'il y a eu suicide.

sort à ses fils. Le duc de Bourbon parut pénétré de la justesse des réflexions de M. de Cossé et promit de s'ocucuper de cette affaire ; il engagea vivement M. de Cossé à passer encore quelques jours à Saint-Leu et apprit avec regret que ce seigneur, attendu par Charles X, devait le rejoindre à l'île de Wight. On prétend que le duc, peu de temps après le départ de M. de Cossé, écrivit pendant plusieurs heures et que Mme de Feuchères lui ayant demandé à voir ce qu'il mettait sur papier avec tant d'ardeur, il n'avait absolument pas voulu le lui montrer. C'est le lendemain matin qu'on l'a trouvé pendu.

Dans tout le testament, il n'est pas question du prince Louis de Rohan, cousin germain du duc de Bourbon ; il a fait pendant toute sa vie la cour à ce parent, croyant que celui-ci le ferait son héritier ; mais, il a été trompé par le prince et par Mme de Feuchères. Louis de Rohan ménageait beaucoup cette femme ; elle lui fit accroire qu'il figurait dans le testament de Monseigneur. Je tiens ce détail du prince Louis lui-même.

— Cette diable de femme, me disait-il, m'a joliment trompé. Mais, qu'elle soit tranquille ; elle ne l'emportera pas en paradis ; je lui intenterai un procès à elle et au roi Philippe ; il faut qu'on me donne la dot de la mère du prince de Condé, qui était sœur de mon père : ceci m'appartient de droit.

6 septembre.

J'ai été hier chez la princesse de Castel-Cicala ; cette ambassadrice se trouve dans une position très embarrassante avec la cour d'Orléans. Elle était intime au Palais-Royal comme ambassadrice du frère de la duchesse d'Orléans ; d'un autre côté, elle était tout aussi bien avec la duchesse de Berry, la fille de son roi. J'ai été donc curieux d'entendre de sa bouche quelle attitude le prince et la princesse de Castel-Cicala avaient prise vis-à-vis du Palais-Royal couronné.

— Celle de ne point y mettre le pied, me dit la princesse ; je déteste de tout mon cœur le duc ; je ne m'en cache point ; j'ai été depuis les événements deux fois chez la duchesse parce qu'elle m'a fait appeler et cela, sous la condition de ne point passer par le grand escalier, ni les appartements, ne voulant pas traverser par toute une haie de sans-culottes qui les gardent comme des prisonniers d'État. La duchesse m'a envoyé un valet de chambre de confiance à la petite porte de la rue de Valois ; il m'a fait monter par un escalier dérobé qui ne communique qu'avec les appartements de la duchesse, et encore ne suis-je entré qu'après m'être assuré que la duchesse était toute seule, que le duc n'y était point. La duchesse, en me voyant, m'embrassa et pleura beaucoup. Elle paraît fort inquiète sur son avenir et celui de ses enfants. Cependant, je suis tout aussi persuadée que vous qu'elle est enchantée d'être reine, d'être appelée Majesté. Par exemple je ne lui ai pas fait ce plaisir-là. Le prince et moi nous l'appellerons duchesse jusqu'à ce que le roi de Naples nous ait envoyé la reconnaissance.

7 septembre.

Sur tous les théâtres, on donne en ce moment des pièces patriotiques, inspirées par les circonstances du jour. Il n'est pas jusqu'aux anciennes pièces qui ne subissent des changements dans le sens des idées nouvelles ; elle sont sûres alors d'un nouveau succès. Nous sommes avancés d'un siècle ; ce qui aurait été scandaleux, révolutionnaire et blasphématoire, il y a quelques semaines, est piquant, patriotique et religieux même, sanctifié par la tolérance qui consiste maintenant en outrages, en invectives obscènes contre les prêtres catholiques. Les rôles d'intrigants, de fourbes, de malfaiteurs, dans les comédies ou mélodrames sont toujours représentés par des jésuites. Le plus grand outrage qu'on puisse faire à quelqu'un, c'est de l'appeler jésuite.

Sur la scène, on chante *la Marseillaise, la Parisienne, le Drapeau tricolore* ou autres chants patriotiques. Ces manifestations finissent toujours par une quête pour les victimes des glorieuses journées. Dans les commencements, le parterre forçait à grands cris tout le reste des spectateurs à s'agenouiller ; si l'on s'y refusait, on vous mettait à coups de poing à la porte ; maintenant, on se contente de vous faire lever.

8 septembre.

Le duc de Chartres, en allant rejoindre son régiment, rencontra en route Madame la dauphine. En l'apercevant, il descendit de son carrosse, s'approcha de celui de Madame la dauphine et lui donna des détails sur tout ce qui s'est passé à Paris. Le duc de Chartres, en faisant ce récit, fondit en larmes. Mme la duchesse, très touchée, l'embrassa et lui demanda où il allait, quel parti il prendrait.

— Je vais rejoindre mon régiment pour le contenir, afin qu'il n'aille pas secourir la révolte de Paris.

Mme la duchesse ne trouva pas de mots assez forts pour exprimer sa reconnaissance à son protégé. On sait que le duc de Chartres a amené son régiment à Paris. La conduite du duc d'Orléans d'aujourd'hui me fait beaucoup de peine, car j'aimais beaucoup ce jeune prince que j'ai toujours connu droit et franc. Les principes qu'il professait en causant avec moi étaient dignes de lui et de son rang dans la famille royale. Faut-il croire que ce n'étaient là que de vaines parole, un rôle bien étudié?

Mme de Podenas, qui s'est trouvée assise à côté de lui aux dîners pendant le séjour de la famille de Naples, dans le château de Rosny, m'a dit qu'on ne peut se faire une idée, à moins de les avoir entendus, des propos qui échappaient à ce prince dans la chaleur de la discussion. La marquise qui, jusqu'à ce jour, avait entièrement partagé mes opinions sur lui, fut effrayée de le voir transformé en véritable sans-culotte, en digne petit-fils de l'Égalité.

Avec cela, il manifeste un orgueil, une susceptibilité inconcevables. Étant encore duc de Chartres, il a fait une scène à son père parce qu'il voulait absolument avoir le rang et le pas sur son oncle, le prince de Salerne. Son père avait beau lui expliquer que cela ne se pouvait pas, vu que le prince Léopold était plus âgé, qu'il était établi, marié, que ses titres seuls suffisaient pour que le jeune duc de Chartres dût lui céder le pas, mais que la considération que le prince Léopold était son oncle, fils de roi et étranger, rendait sa demande non seulement inconvenante, mais même absurde. Malgré tout cela, le jeune prince ne voulut absolument pas en démordre et força son père à en causer avec M. de Mesnard. Celui-ci fut de l'avis du duc d'Orléans, et déclara que ce serait contre toutes les règles de l'étiquette et de simple hospitalité même, qu'il ne pouvait absolument rien faire dans cette occasion qui puisse être agréable au duc de Chartres.

— Eh bien, mon cher comte, fit le duc d'Orléans, dites cela à mon fils, il en perd la tête tout à fait. Je lui ai dit tout ce que j'ai pu dire, tout ce que j'ai dû dire, mais sans pouvoir l'en persuader.

M. de Mesnard, pas plus heureux auprès du duc de Chartres que son père, se vit forcé d'en parler au roi qui fit venir ce prince et lui dit, avec sa bonté ordinaire, mais avec force et fermeté, qu'il ne pouvait pas accéder à ce caprice, ce qui ne consola pas beaucoup le duc de Chartres. Il en garda rancune à M. de Mesnard et fut de la plus mauvaise humeur du monde pendant tout le reste du séjour.

9 septembre.

Félix Schwarzenberg m'a dit qu'il avait vu hier soir chez Mme de Girardin, M. de Girardin, cousin du premier veneur de Charles X. Il a été question des serments qu'on est forcé de prêter maintenant. M. de Girardin a déclaré qu'il l'avait prêté parce qu'il trouve que le gouvernement actuel était ce qu'il peut y avoir de mieux en ce moment, mais, que si, dans quelques mois, un autre gouvernement lui paraissait meilleur, il n'hésiterait nullement à faire la même chose. Voilà les Français modérés d'aujourd'hui.

Quoi qu'on en dise de cette modération pendant les *glorieuses journées*, j'ai cependant eu des détails par des témoins oculaires qui me prouvent que ce cher peuple de Paris s'est livré à des excès affreux.

Le prince Gagarin, de sa croisée qui donne sur le pont des Arts, a vu jeter deux malheureux Suisses du haut du pont dans la Seine, aux grands cris de joie et d'applaudissements des spectateurs rassemblés sur les quais. L'un de ces malheureux, ne sachant pas nager, a péri sur-le-champ; l'autre, voulant se sauver à la nage, fut tué à coups de fusil au moment où il allait atteindre le rivage.

Au milieu de tant d'horreurs, il y a eu bien des scènes comiques aussi; en voilà une que j'ai retenue parce qu'elle est arrivée à une personne de ma connaissance. Le ministre de Toscane à la cour de France, M. le commandeur Berlinghieri, est un personnage de l'extérieur le plus ridicule. Son nez démesurément long est maigre et écarlate; sa bouche en proportion avec le nez, mais non avec le reste de sa figure; elle touche presque les deux oreilles; ses yeux sont tout près l'un de l'autre, tout petits et fort rouges, au point qu'ils disparaissent presque entièrement dans la couperose qui couvre les joues. Ces traits peu jolis ne peuvent cependant être jugés à leur juste valeur, car ils changent de position d'un moment à l'autre ; ce mouvement continuel, qui donnerait peut-être de l'expression à une autre figure, devient dans celle-ci une continuation de grimaces qui excitent l'hilarité de toutes les personnes qui voient notre commandeur pour la première fois. Ajoutez à cela des bras qui lui descendent jusqu'aux genoux et au delà, qu'il remue sans cesse dans tous les sens et avec une telle vitesse qu'ils paraissent se multiplier à l'infini et vous voyez notre héros. M. de Berlinghieri, sous cet extérieur burlesque, cache une âme sensible, un esprit cultivé et un caractère qui le fait aimer de tous ceux qui le connaissent.

Lors des événements de Paris, il parcourut avec son secrétaire de légation, le chevalier Peruzzi, toute la ville et cela dans les meilleures intentions possibles, celles de secourir les malheureux. Ces deux messieurs se trouvaient entre le passage de Lorme et le pavillon Marsan au moment même où l'on pillait les Tuileries. Le commandeur, tout absorbé dans ses tristes réflexions, ne disait pas un mot ; mais, il gesticulait ainsi qu'il a coutume de faire lorsqu'il se parle à lui-même ou à d'autres personnes qu'il se figure présentes. Tout à coup, quelque chose du haut d'un étage tombe sur lui et le tire de sa rêverie. Par une sorte d'instinct, il replie sur lui ses énormes bras ; mais ce mouvement fait avec véhémence et le poids du corps qui venait de tomber sur lui, font perdre l'équilibre au commandeur ; il pousse un cri et le voilà assis par terre. Mais il tenait l'objet de sa sollicitude fortement serré contre sa poitrine.

— L'enfant est sauvé, disait-il au chevalier, l'enfant est sauvé !

Des larmes de joie brillaient dans ses yeux. Mais, le chevalier de Peruzzi, loin de partager la vive émotion, la vive satisfaction de son chef, se mit à rire comme un fou, car le commandeur ne tenait autre chose dans ses bras que la grande poupée de Mademoiselle, qu'on venait de jeter du second étage du pavillon Marsan.

11 septembre.

Le malheureux Charles X serait peut-être encore sur son trône s'il avait fait ce qu'il aurait dû faire, ce que le grand référendaire de la Chambre des pairs, M. de Sémonville, lui proposa avec tant d'insistance. C'était le 29 au soir que M. de Sémonville se rendit à Saint-Cloud avec M. de Mortemart. Dans une des salles de ce château, ces messieurs rencontrèrent le prince de Polignac, qui leur dit :

— Vous allez demander ma tête au roi, je le sais, et le voulez forcer à la révocation des ordonnances et à me destituer. Je pourrais ne point vous laisser passer dans son cabinet ; mais, je veux être généreux ; allez-y.

M. de Sémonville, une fois chez le roi, se prosterna devant son maître et lorsque le roi voulut le relever, le grand référendaire dit au roi, en restant à genoux :

— Ce que je vais dire à Votre Majesté, je ne puis le proférer autrement que dans cette attitude. Et dans son humilité, il lâcha un tas de reproches au roi sur son gouvernement, sur ses ministres et l'aveugle confiance qu'il avait dans cet imbécile de Polignac. — Vous allez perdre, poursuivit-il, vous allez perdre votre existence, celle de votre fils, de toute la dynastie et la France entière, si vous ne révoquez pas vos ordonnances, si vous ne renvoyez pas vos ministres.

Le roi parut étonné et frappé en même temps de la vérité de ce langage et M. de Sémonville continua à battre le fer. Le roi céda enfin, en disant qu'il allait y réfléchir.

— Mais, Sire, il n'y a plus de temps pour cela ; il faut agir ; chaque heure, en ce moment, est un siècle. Veuillez vous décider ; on ne m'a permis de venir auprès de Votre Majesté qu'à condition que je retourne à Paris avec une réponse décisive.

— Eh bien, continua le roi, je parlerai au dauphin.

Effectivement, il le fit chercher ; mais ce prince était sorti à cheval. A cette nouvelle, M. de Sémonville perdit le reste de sa patience.

— Si Votre Majesté, dit-il, ne veut pas prendre cette résolution de son propre chef, Elle est perdue. Demain, Elle n'est plus roi de France.

A ce propos, Charles X, non sans effort, promit à M. de Sémonville de lui donner son plein pouvoir et qu'il pouvait annoncer cette nouvelle au gouvernement provisoire et aux députés et pairs présents en ce moment à Paris. M. de Sémonville demanda de l'encre et du papier et envoya chercher quelque secrétaire apte à rédiger cet acte préalable que le roi voulait signer. Mais, rien de tout cela ne se trouvait en ce moment au château de Saint-Cloud et comme M. de Sémonville avait hâte de rentrer à l'Hôtel de Ville à Paris où ces messieurs l'attendaient, il fit promettre au roi d'envoyer sans retard cet acte signé par lui. Charles X y consentit.

Avant de quitter le cabinet de Charles X, le grand référendaire demanda si Sa Majesté ne voulait point lui permettre de prendre quelques mesures de sûreté pour protéger le voyage de Madame la dauphine, laquelle, vu l'exaspération du peuple, pourrait bien se trouver en danger.

— La dauphine, répliqua le roi, espère en Dieu ; elle ne craint pas les hommes.

— Je suis fâché, reprit M. de Sémonville, de devoir rappeler au roi que Madame la dauphine descend du roi Priam.

A ces mots, Charles X se cacha la figure avec ses deux mains et une longue pause s'ensuivit, dont M. de Sémonville profita pour sortir de la chambre. Arrivé à l'Hôtel de Ville, il trouva la place, la cour et les salles encombrées de gens qui attendaient la réponse du roi. Lorsqu'il leur eut annoncé que le roi cédait, les cris de « Vive le roi, vive la Charte ! » retentirent. Cependant, le gouvernement provisoire ne crut pas pouvoir changer l'ordre des choses et ne voulut entrer dans aucune espèce de négociation avant d'avoir eu un acte légal sanctionnant ce que M. de Sémonville disait être la résolution du roi. Mais, les heures s'écoulèrent et cet acte tant désiré de tout le monde, n'arriva point.

A cinq heures du matin encore, on envoya chez M. de Sémonville, pour savoir si ce malheureux papier était arrivé. Sa réponse fut négative et comme le peuple commençait à craindre quelque trahison ainsi que les personnes qui se trouvaient compromises dans l'affaire, ils demandèrent la république, afin de se garantir contre l'ancien pouvoir. Ce mouvement décida le gouvernement provisoire à ne plus attendre, mais à prendre une résolution afin d'éviter la proclamation de la république, et le duc d'Orléans fut appelé. A sept heures, on envoya la députation à Neuilly et à neuf, arriva l'acte de Charles X. C'était trop tard ; le parti républicain avait déjà pris une attitude formidable et l'on était trop heureux de se tirer de ce mauvais pas en nommant d'Orléans lieutenant général du royaume ; et encore ceci ne réussit-il qu'à force de flatter M. de La Fayette. Le duc d'Orléans alla chez lui et demanda le pouvoir. La Fayette a heureusement le défaut commun à tous les Français, la vanité ; il en fut la dupe.

Je tiens tous ces détails de l'ambassadeur de Russie, qui en venant d'un dîner chez M. de Sémonville, nous les donna ; il les a eus de M. de Sémonville lui-même.

25 septembre.

Nous étions à la veille d'un grand changement dans le ministère. M Laffitte avait déjà fait un projet et l'avait soumis au roi Louis-Philippe. M Bignon aurait été ministre des affaires étrangères, Mauguin de l'intérieur, Laffitte s'était réservé les finances, Sébastiani et Dupont de l'Eure auraient gardé leurs portefeuilles et Casimir-Périer était désigné pour la justice. Mais, à la grande surprise de ces messieurs et du roi surtout, Casimir-Périer refusa, et fit crouler ainsi le projet, vu qu'on le considérait comme la pierre angulaire de ce nouvel édifice. Le roi des Français se mit donc en quatre pour réconcilier les membres de son ministère présent, ce qui n'était pas chose facile, puisque ces messieurs se chamaillaient à toutes les séances du conseil. A celle d'avant-hier surtout, il s'en fallut de peu qu'on en vînt aux mains.

Cette grande brouille eut lieu à propos d'une pétition de la part du commerce, adressée au ministère et ayant pour but l'abolition des clubs. MM. de Broglie, Molé, Guizot étaient pour cette mesure, déclarant que les affaires ne pouvaient aller si le roi sanctionnait un abus aussi subversif et que si, dans cette occasion, le ministère ne pouvait pas compter sur l'appui du roi, ils verraient par là que Sa Majesté ne les honore pas de sa confiance et que, par conséquent, ils devaient donner leur démission.

Le roi voyant que cette affaire prenait une tournure aussi grave, en perdit la tête totalement; il voyait son trône renversé, il ne voyait plus aucun moyen de salut. Comment faire? D'un côté, il mourait de peur que le changement de son ministère ne fît mauvais effet dans le public, et, d'un autre côté, il ne pouvait se résoudre à prendre une mesure aussi forte : il la trouvait même attentatoire à la liberté. Sébastiani et Dupont de l'Eure confirmèrent encore le roi dans cette idée, car eux aussi avaient peur de perdre leur popularité. Sa Majesté prit donc le parti de changer le ministère et Laffitte fit le projet sus-mentionné. Qu'on juge donc de l'épouvante de Philippe Ier lorsque Casimir-Périer lui déclara que la position du gouvernement était beaucoup trop difficile pour ses moyens et qu'en conscience, il ne pouvait accepter : un emploi dans les affaires était au-dessus de ses forces. Ce refus troubla et désespéra tellement le roi que si on l'avait laissé faire, il aurait abdiqué en faveur de La Fayette comme président de la République.

Cependant, le Conseil des ministres se réunit et comme chacun y apportait la bonne volonté de faire ce qu'il pourrait pour remédier à cette nouvelle complication, ils trouvèrent un terme moyen pour se tirer de ce mauvais pas. Il fut unanimement décidé que les clubs devaient être dissous, mais, qu'il fallait en même temps que le ministère se cachât derrière la Chambre afin d'éviter le blâme du peuple tout-puissant. Voilà ce qui a donné lieu aujourd'hui à la discussion extraordinaire et chaleureuse dans la Chambre des députés, où M. Mauguin, se voyant frustré du portefeuille qu'il croyait déjà avoir dans les mains, ne put cacher son humeur contre le ministère subsistant ; il le déclara en guerre contre les vœux de la nation, chose qui n'est pas *encore*, et quand même si cela était ainsi, tous ceux qui tiennent à une espèce d'ordre devraient désavouer ce fait dans un moment aussi critique.

Il n'est donc pas étonnant que toute la Chambre se soit déclarée contre M Mauguin, et que, dès ce moment, ce ministre *in petto* ait formé contre lui-même une barrière insurmontable pour arriver au ministère. Son discours le dépopularisa entièrement auprès des représentants de la nation. Jamais depuis que la Chambre se réunit, il n'y a eu une pareille agitation dans la salle. On croyait voir le moment où MM. les députés se prendraient par les cheveux. Après que Mauguin eut achevé son discours, il regagna sa place à côté de M. Benjamin Constant, son ami intime. Celui-ci le voyant arriver s'éloigna de lui comme s'il était infecté et lorsque Mauguin eut l'effronterie d'offrir à son ancien ami la poignée de main, Benjamin Constant cacha ses mains et lui fit un signe de mépris.

25 septembre.

Les affaires de Belgique prennent une mauvaise tournure. La révolution dans ce pays s'embrouille tous les jours davantage ; bientôt, il sera impossible d'arriver à une issue quelconque, à moins d'une intervention de la Prusse et de l'Angleterre ; c'est tout ce qu'on redoute ici. On veut éviter à tout prix la guerre avec l'Angleterre. M. de Talleyrand n'est envoyé à Londres que pour maintenir la paix avec cette puissance. Tout ce qui exerce une mauvaise influence sur le commerce, doit nécessairement être évité soigneusement par le gouvernement français : une guerre anglaise le détruirait entièrement. L'Angleterre, d'un côté, ne veut pas avoir dépensé pour rien l'argent qu'a coûté la construction des forteresses belges et, de l'autre, une année de guerre lui coûterait bien plus que toutes les dépenses qu'elle a faites pour défendre les Pays-Bas contre une invasion française ; ce pays marchand, pour lequel l'or est tout, pourrait bien pencher en ce moment pour la non-intervention ; nous verrons.

On croyait généralement ici que la révolution de Bruxelles serait à Londres tout aussi populaire que celle de Paris ; on s'est fièrement trompé sous ce rapport. Elle a fait une bien mauvaise impression en Angleterre et a même beaucoup diminué l'enthousiasme et l'admiration qu'on professait jusqu'à présent pour les événements de France. La Prusse a grand'peur pour ses provinces rhénanes; elle est toute prête à s'allier avec l'Angleterre si celle-ci en veut, pour arranger les affaires en Belgique. Supposez que cette alliance se fasse, la Russie et l'Autriche voudront-elles se séparer de ces puissances dans une affaire aussi majeure? L'Angleterre n'a donc qu'à vouloir pour que toutes les puissances de l'Europe fondent sur la France.

Le gouvernement français, si léger qu'il soit, ne peut fermer les yeux sur un si pressant danger. Il fait donc tout son possible pour contracter une alliance avec l'Angleterre et pour éviter d'intervenir dans les affaires belges. Mais, un gouvernement aussi faible que celui de Louis-Philippe pourra-t-il empêcher que le comité directeur fasse des enrôlements, dans Paris même, pour Bruxelles et tous les autres pays? C'est douteux. Tout ce que l'on peut exiger de lui, c'est de ne pas les favoriser; ce qui lui sera difficile, tant il est obligé de flatter le part révolutionnaire, pour ne pas être renversé par lui.

26 septembre.

L'ambassadeur et moi, nous venons d'échapper à l'horrible danger d'être brûlés tout vifs. Voilà le fait; non, pas encore, car il faut que je parle d'abord de Stanislas Leczinski, roi de Pologne et plus tard duc de Lorraine; ce qui remonte bien loin. Il se fit adorer dans son duché par sa bonté, par sa sagesse ; il protégea les arts et Nancy, sa résidence, lui doit tous ses embellissements et Louis XV épousa sa fille. Les Lorrains d'aujourd'hui, tout pleins des beaux souvenirs de leur monarque, ont voulu, en témoignage de leur reconnaissance, lui ériger une statue en bronze, sur la grande place de Nancy. Une souscription a été ouverte à cet effet et bientôt une somme assez considérable fut réunie pour l'exécution de ce monument. Un célèbre artiste de Paris, M. Soyer, en fut chargé ; le moule était fait, il ne manquait que d'y faire couler le bronze, voilà à quoi on nous invita et qui a manqué nous coûter la vie.

Il nous fallait une bonne demi-heure pour arriver au lieu où la fonte devait se faire. MM. les entrepreneurs nous reçurent avec beaucoup de politesse, nous montrèrent leur beau magasin rempli de superbes bronzes, leur salle des modèles et nous firent entrer enfin dans le grand atelier où se trouve placé un immense four tout ardent et rempli de cuivre bouillant. M. Caradoc, de l'ambassade d'Angleterre, M. Artaud (1), que j'ai connu à Rome où il était premier secrétaire de l'ambassade de France, et le marquis de Pange, Lorrain et nommé commissaire de la ville de Nancy pour assister à la fonte, étaient les personnes présentes de notre connaissance ; le reste était des artistes et plusieurs membres de l'Académie des Beaux-Arts. En attendant l'arrivée du duc d'Orléans, qui aussi devait être de la partie, MM. les artistes nous expliquèrent le nouveau procédé d'après lequel la statue devait être fondue. Mais, le duc d'Or-

(1) Le général Caradoc, mari morganatique de la princesse Bagration, dont il a été parlé plus haut. Le chevalier Artaud, diplomate et écrivain, auteur d'une *Histoire de Pie VII*.

léans n'arrivait pas, ce qui ne désappointa pas médiocrement ces messieurs, vu qu'ils avaient préparé un moule pour fondre en sa présence le buste du roi des Français. On procéda à la fonte de ce buste qui réussit à merveille. Mais, il avait une tout autre expression que celle du roi Philippe vivant; au lieu de ressembler au roi, il ressemblait au moule. Je fis cette remarque à l'artiste.

— C'est vrai, me dit-il, le moule que j'ai fait porte une autre expression que celle du roi ; mais, je l'ai changée à dessein, trouvant que les joues pendantes du roi, les os larges de sa mâchoire lui donnent un air trop commun, trop bourgeois pour un buste royal.

Cette manière de changer dans la figure de son roi constitutionnel ce qui lui déplaisait, m'amusa beaucoup. Cependant, on vint nous annoncer que tout était prêt pour commencer la grande fonte. Le moule de cette statue colossale se trouvait placé dans une profondeur de dix-sept pieds au-dessous de nous et du grand four qui entourait le moule. Celle qui en était la plus rapprochée, était couverte de planches pour que les ouvriers pussent approcher de la partie supérieure du moule par où le bronze liquide devait entrer, tandis que par des échelles appuyées contre ce plancher, on pouvait descendre dans la fosse et arriver à toutes les parties du moule, qui pouvaient nécessiter les soins des ouvriers. Ceux-ci et les spectateurs les plus curieux, l'ambassadeur et moi étions du nombre, ainsi que toute la partie mâle de la compagnie, se trouvaient sur ce plancher provisoire, lorsqu'on déboucha la première ouverture du four ardent. Immédiatement, une masse immense de métal liquide se fit jour à travers cette ouverture avec l'impétuosité des torrents de lave que le Vésuve vomit dans sa fureur. J'étais à côté de M. de Pange lorsqu'on déboucha la seconde ouverture ; un nouveau torrent de feu encore plus impétueux que le premier sortit de cet enfer, coula dans le lit que la main de l'artiste lui a tracé, se réunit au premier et tous deux se précipitent avec fracas dans le bassin qui devait le faire passer dans le moule.

Rien n'égale la beauté de ce spectacle ; j'en fus enivré et communiquai à M. de Pange toute mon admiration, pour la puissance de l'homme qui le rend maître des éléments. Tout à coup, une effroyable explosion me donna un démenti formel et terrible. Le torrent de cuivre bouillonnant ne connaît plus de frein ; cette masse de feu déborde de tous les côtés ; le moule saute en l'air avec un épouvantable fracas, ainsi que tous ceux qui l'entourent ; le bronze fondu jaillissant de toutes parts dévore tout ce qu'il atteint ; l'air est obscurci par une fumée épaisse mêlée de cendres ardentes qui nous enveloppent tous dans un tourbillon de flammes. Tout le bâtiment est ébranlé ; les tuiles, les poutres tombent de la toiture ; les cris du désespoir, l'effrayant « sauve qui peut », le gémissement des mourants ou blessés, le hurlement des femmes et de ceux qui cherchaient en vain à ouvrir les portes, augmentaient encore l'horreur de notre situation.

Je ne sais quelle puissance invisible m'a jeté de l'échafaudage par-dessus la fosse de seize pieds de profondeur dans laquelle beaucoup des ouvriers sont tombés. Le fait est que je me suis trouvé debout de l'autre côté de la fosse et que voyant chanceler l'édifice qui menaçait de m'ensevelir sous ses décombres, voyant ce torrent de cuivre ardent qui ruisselait de tous les côtés, j'ai cru ma mort inévitable.

Cependant, je préférais être écrasé par la chute de l'atelier que d'être frit au cuivre ; je pris donc le parti de monter sur une échelle qui se trouvait fort heureusement placée contre une fenêtre pratiquée à une hauteur assez considérable Mais, les carreaux en étaient si petits qu'il me parut impossible de sortir par là ; j'en enfonçai une des vitres, bien plus dans l'intention de crier au secours et de respirer un peu d'air frais que pour me sauver par une aussi étroite ouverture ; je passai ma tête à travers le carreau ; mais, en même temps, je fis comme par instinct un mouvement avec les épaules, ce qui à mon grand étonnement me fit glisser à travers, malgré tous les éclats de verre qui entouraient ce carreau enfoncé ; je me trouvai de cette manière à mi-corps la tête la première en dehors de l'atelier. Je me serais infailliblement cassé le cou sur le pavé, si heureusement pour moi un ouvrier voyant tout le bâtiment en feu n'était accouru à notre secours ; il étendit ses bras en me voyant et me reçut si adroitement que je n'ai eu qu'une très légère contusion aux reins.

Cependant, j'aperçois notre chasseur et je lui demande des nouvelles de l'ambassadeur. Il me dit ne pas l'avoir aperçu. Je cours, je vole vers la porte d'entrée de l'atelier, je la trouve déjà ouverte, j'entre dans ce lieu de désastre ; tout y était en désordre, en feu ; une morne épouvante avait succédé aux cris d'angoisse ; je heurte partout des personnes toutes noires, toutes brûlées et étendues par terre. Et la fosse ! Quel effrayant spectacle ! C'est un gouffre fumant tout rempli de feu et de cendres ; j'y aperçois des malheureux tout abîmés, tout brûlés, qu'on ne peut reconnaître. Je ne doute plus que l'ambassadeur y a trouvé la mort ; je veux y descendre, m'y précipiter ; je ne sais ce que j'ai dit, lorsque, tout à coup, sa voix me rend la vie. Les mêmes inquiétudes que j'avais pour lui, il les éprouvait pour moi et il était revenu, lui aussi, dans cet affreux séjour pour m'y chercher. Quel revoir ! Quel bonheur ! Malgré tout notre effroi, nous ne pûmes nous empêcher de rire de la mine que nous avions, tout couverts de cendres, tout gris, ma redingote, mon pantalon tout brûlés, coupés et déchirés par la vitre, à travers laquelle je m'étais sauvé ; mes mains aussi en étaient tout en sang.

Mais, si nous avions un air un peu extraordinaire, M. Caradoc était plus étonnant encore ; ce héros de Navarin était tout pâle de frayeur. A notre demande s'il n'avait pas eu quelques brûlures ou quelque contusion par tout ce qui nous tombait sur la tête, il nous balbutiait :

— Ma foi, je n'en sais rien.

Il tremblait de tous ses membres ; c'était un homme plus mort que vif.

L'ambassadeur, par un hasard très singulier, se trouvait au moment de l'explosion à une porte par laquelle il s'est sauvé ; il a manqué être tué dans la cour par les décombres de toutes les briques, les lattes et les poutres que l'explosion avait jetées en l'air. Nous étions très pressés de rentrer à l'hôtel avant que la nouvelle de cet horrible événement ne se répandît dans la ville. Grâce à cette précaution, l'ambassadrice n'a su que par nous le danger que nous avons couru.

3 octobre.

M. de Pange est tout ébranlé de sa chute. Tout son corps, de la tête aux pieds ne présente qu'une plaie; les médecins ne veulent répondre de rien. Tous les ouvriers et quantité de spectateurs sont plus ou moins grièvement blessés, la plus grande partie ne survivra pas; mais, il n'y a eu qu'un très petit nombre qui soit resté sur place. Aujourd'hui, entre les crieurs de feuilles au Palais-Royal, il y en avait un qui criait à gorge déployée : « Voilà la mort de l'ambassadeur d'Autriche et de son neveu, jeune homme plein d'espoir, âgé de vingt-six ans, le tout pour un sou. »

Les affaires du gouvernement français ne prennent pas une bien bonne tournure. La proposition de M. de Tracy en faveur de l'abolition de la peine de mort, a eu un effet tout à fait contraire à celui qu'on en avait espéré. M. de La Fayette, qui se croyait tout-puissant, s'est passablement dépopularisé en appuyant la proposition de M. de Tracy. La garde nationale a déclaré que s'il y avait des troubles dans Paris, à propos du procès des ministres, elle ne tirera point sur le peuple; elle allègue qu'elle se dépopulariserait et qu'alors, dans une autre occasion, elle ne pourrait plus être utile au roi. Le Palais-Royal et le ministère sont en alarmes. Le duc d'Orléans a déclaré qu'il fallait sauver à tout prix les ministres de Charles X et que lui-même en donnerait l'exemple en se mettant à la porte du palais du Luxembourg pour les défendre. Tout cela n'est que belles paroles; je suis sûr qu'il n'en fera rien, surtout lorsqu'il verra que sa présence à la porte du Luxembourg, ne fait pas plus d'effet que s'il y avait un simple canonnier.

Pour faire de l'effet dans les grandes occasions, il faudrait une bien autre conduite que celle du duc d'Orléans, qui tous les jours, à sept heures du matin, devant le Louvre, fait l'exercice avec les simples canonniers de la garde nationale ; on le voit toujours sous cet uniforme dans les rues, dans les boutiques ; les gardes nationaux le traitent en camarade, en bon garçon. Comment voulez-vous que sous de tels auspices, il soit question d'imposer à la populace par sa présence, surtout en France. Le duc d'Orléans, en se faisant simple canonnier, n'est pas descendu dans les rangs de ce corps ; mais, il l'a élevé sur les marches du trône.

6 octobre,

On a fait croire à la reine que lors de notre accident à la fonte, on avait préparé un fauteuil pour le duc d'Orléans ; ce fauteuil, que je n'ai pas vu, doit avoir été brisé et brûlé. Le cœur maternel de la reine a frémi à ce récit. Pour la détourner de cette effroyable pensée, on lui raconta mon aventure et ma fuite par le petit carreau d'une fenêtre. Sa Majesté en rit de tout son cœur. Mme la marquise de Ferrari, qui a été reçue ce matin par la reine, m'a donné ce détail qu'elle tient de Sa Majesté qui lui a parlé à cœur ouvert. La marquise, qui part incessamment pour Turin, est chargée par la reine des Français de dire à la reine de Sardaigne combien elle est désolée de tout ce qui s'est passé en France et surtout de sa position. La reine, pour excuser son auguste époux, allègue qu'il a été forcé d'accepter la couronne que Charles X avait abandonnée, qu'il l'a fait bien à contre-cœur, et seulement parce qu'il ne voyait aucun autre moyen de sauver la France d'une horrible anarchie.

— Que tous les rois prennent exemple sur ce qui est arrivé à Charles X, ajoute la reine ; la civilisation est arrivée aujourd'hui à un si haut degré que les rois ne peuvent plus exercer sur leurs peuples les droits qu'ils ont eus, il y a cent ans. Maintenant, pour se maintenir, il faut céder et surtout venir au-devant des demandes, afin d'avoir au moins le mérite de donner à qui, quelques mois plus tard, on sera obligé d'accorder.

La position de Charles X, en Angleterre, est aussi bien triste. Il se trouve que toutes les dettes qu'il avait contractées dans ce pays, à l'époque de son premier séjour, n'ont point été payées, de sorte que les créanciers pourraient saisir, s'ils le voulaient, ce roi fugitif.

12 octobre.

Une effrayante opposition se forme contre le nouveau ministère ; déjà il ne fait que végéter. M. Mauguin s'est mis à la tête de cette opposition et son attaque est vigoureuse ; le nouveau ministère qui doit remplacer celui que nous avons, doit être composé de gens de sang et dès lors il y a encore une nouvelle chance pour la république. Parmi les hommes qu'on croit destinés à devenir ministres, on nomme M. de Salverte, qui s'est rendu célèbre par sa proposition dans la Chambre des députés contre l'abolition de la peine de mort. Le gouvernement s'est bien fièrement trompé en pensant que cette proposition passerait et lui permettrait de sauver les anciens ministres de Charles X. Loin de calmer les esprits, elle n'a fait qu'irriter de nouveau la populace et la garde nationale contre les accusés. Effrayé de la tournure dangereuse que prend cet horrible procès, le ministère a fait une seconde gaucherie. On a payé des blessés afin qu'ils jouassent une scène dramatique en demandant la grâce des anciens ministres. La chose était trop claire pour ne point sauter aux yeux de tout le monde. Cette ruse mal réussie a eu encore un autre grave inconvénient, celui de perdre le nouveau ministère; le peuple ne voit plus en lui qu'une réunion d'imposteurs qui le trompera toujours.

Ajoutez à tout cela la licence effrénée de la presse et le mécontentement de tous les journalistes auxquels on n'a pu donner des places puisqu'il n'y en avait plus à la disposition du gouvernement, tant elles avaient été envahies. Un des rédacteurs du *Globe* est le dernier qui ait eu la dernière préfecture disponible. Maintenant, tout le monde prétend avoir contribué à la grande révolution. La garde nationale a déclaré ne pas vouloir tirer sur le peuple. Dès ce moment, cette armée n'est qu'un jeu d'enfants et ne nous donne plus la moindre garantie de sûreté.

14 octobre.

Mme la duchesse de Berry s'amuse à merveille en Angleterre et fait force visites dans les châteaux. Entre autres, elle a été chez le duc de Devonshire où elle a passé trois jours. Le duc lui a donné deux bals et Madame a dansé comme si elle était aux Tuileries. En partant, elle lui dit qu'elle espérait lui rendre sa politesse à Rosny, avant qu'une année ne soit écoulée.

Madame la dauphine, en attendant, est sublime ; c'est un ange de douceur et de résignation. Elle est bien plus grande encore dans son malheur qu'elle ne l'a été, entourée de l'éclat du trône. La famille royale passera l'hiver à Edimbourg ; le roi et le dauphin et Madame la dauphine avec le duc de Bordeaux s'y rendent par mer. Madame, Mademoiselle et la duchesse de Gontaut font ce voyage par terre. Madame doit être en ce moment à Londres ; elle compte y revenir pour la saison, pour y danser.

L'hiver, pour nous autres, à Paris, ne commence pas sous des auspices bien gais. Les rassemblements continuent toujours, ils sont plus ou moins nombreux, plus ou moins tumultueux, selon les circonstances qui les font naître et prouvent toujours l'extrême faiblesse du gouvernement. Ce que j'ai prévu arrive maintenant. Le parti carliste se réunit à celui qui veut la république, c'est tout simple, puisqu'ils veulent avant tout, l'un et l'autre, renverser le gouvernement actuel. Leur réunion les rend formidables, d'autant plus que tous les mécontents, dont le nombre augmente tous les jours, s'y jettent aussi. L'indépendance du clergé de tout pouvoir temporel, prêchée par l'abbé de Lamennais dans *l'Avenir*, journal qui paraît sous sa direction, prouve à l'évidence la réunion de ces deux partis. Ce journal est écrit avec une exaltation religieuse et républicaine en même temps. C'est un triste pays que la France.

16 octobre.

Je lis, depuis les événements de juillet, les journaux allemands avec une grande attention ; je vois beaucoup d'étrangers qui ont été témoins de ces événements, j'en vois d'autres qui sont venus à Paris depuis. Tous, journaux et voyageurs, s'accordent à prendre pour régulateurs de leurs opinions les feuilles publiques d'ici et le langage des révolutionnaires français. Que les gazetiers allemands et autres ne veuillent puiser à d'autres sources, qu'ils passent presque sous silence le langage, encore bien timide, des feuilles royalistes, cela se conçoit ; on sait que grand nombre de ces rédacteurs sont des adeptes du carbonarisme ; que d'autres soient encore sous le charme de cette liberté absolue ; qu'enfin la presque totalité des voyageurs partage les vues politiques des révolutionnaires, cela ne m'étonne pas encore ; qui n'habite la France que peu de temps ne peut la connaître et je ne sais par quel arrangement singulier, les étrangers ne sont ici jamais adressés qu'à des cercles où dominent les opinions subversives. L'homme subit l'influence de ce qui l'entoure. Beaucoup de nos compatriotes prêtent donc une oreille bienveillante aux insinuations perfides des niveleurs de Paris. Mais, que ces articles mensongers ne soient pas réfutés chez nous, voilà ce que je ne conçois pas.

Il a été généralement établi par les journaux anglais et allemands que le roi Charles X et sa famille se sont rendus odieux à la nation, par une suite d'actes tyranniques tendant à détruire toute liberté ; que sous ce règne, le clergé dominait inquisitorialement ; que les ordonnances du 25 juillet étaient un forfait que la nation ne pouvait tolérer ; qu'elle s'est levée en masse spontanément et que sa victoire sans réaction prouve qu'elle est digne de la liberté. On ajoute enfin que l'unanimité de la France en faveur de cette révolution, est tellement effrayante qu'elle commandait l'accession immédiate de toutes les puissances. Ces dires des journaux, menteurs privilégiés, sont en grande partie un tissu de faussetés.

L'état des choses, antérieurement aux ordonnances de juillet, était exactement le même qu'en 1826, 1827, 1828 et 1829, avec cette aggravation, cependant, que la presse, déchaînée jusqu'à la licence la plus inconcevable, pervertissait de plus en plus l'opinion des classes inférieures, et que son action puissante et continue était encore soutenue par les adeptes du carbonarisme, par la jalousie des petits bourgeois à prétention contre la noblesse et la haute bourgeoisie, par la haine acharnée des révolutionnaires contre le clergé catholique auquel sans doute on aurait pu désirer des opinions moins absolues et moins intolérantes surtout. La cour avait bien des formes de dévotion un peu bigotes ; mais, en quoi cela regardait-il le public? Charles X ne gênait nullement les autres cultes. En un mot, sauf le terrible inconvénient de la licence de la presse, instrument d'une conspiration systématique et flagrante, la France, sous Charles X, jouissait du plus grand bonheur possible, d'un haut degré de puissance, de liberté et d'aisance.

Le roi avait formé le ministère Polignac pour conserver ses droits et pour préparer une défense légitime contre les agressions des ennemis du trône. On désirait renfermer cette défense dans les voies légales ; mais la faction conjuratrice, qui connaissait parfaitement son terrain, sut les fermer toutes et ne laissa ouverte que celle des coups d'État dont Charles X alors ne voulait point user.

Quant au ministère Polignac, il faut être juste à son égard. Sa marche fut conforme à l'esprit dans lequel il avait été composé, et sa conduite fut conforme à la raison d'État, jusqu'à y compris les ordonnances. C'est dans les détails d'exécution pour appuyer celles-ci que fut son tort et ce tort fut immense, puisqu'il amena la chute du trône, qu'on pouvait sauver et consolider. Il est vrai que les moyens terribles auxquels les conspirateurs se hâtèrent de recourir, n'étaient pas prévus par ceux qui ne connaissaient point toute la noirceur de leurs projets. Les ordonnances furent hâtées par la connaissance qu'on eut tout à coup de l'explosion projetée d'un complot pour un jour très rapproché.

Une chose dont personne ne doute plus en France et dont conviennent les factieux eux-mêmes, c'est que, depuis 1816, une société secrète enveloppe de son réseau la France, l'Italie, l'Espagne, l'Allemagne et toute l'Europe peut-être. Chassée de chez nous, vertement poursuivie en Italie et en Espagne, elle a concentré son action en France et dans une grande partie de l'Allemagne. En France, elle existe depuis quinze ans. Pendant toutes ces années, elle a préparé le bouleversement de la France, de la Belgique et même de l'Allemagne. Elle est d'autant plus redoutable qu'elle embrasse toutes les autres, et ne connaît point d'entraves. Les associations même, qui devraient lui être contraires par leur organisation et leur but, finissent par devenir ses auxiliaires, comme cela est arrivé en Belgique, de l'influence sacerdotale, comme cela est arrivé en France, de la faction prétendue politique de la Chambre dont elle a exploité le coupable orgueil au profit de ses projets rebelles.

Elle se grossit de tous les mécontents comme elle s'est fortifiée dans le passé des débris de toutes les factions vaincues en Europe. C'est d'elle que les radicaux en Angleterre reçoivent leur impulsion, dont le dernier terme ne sera dévoilé que lorsqu'il ne sera plus temps pour eux de reculer. C'est en elle que s'est fondu tout le parti révolutionnaire en France ; c'est à elle que se sont affiliés en Allemagne les chefs du Tugendbund et d'autres associations secrètes, c'est encore sous ses ailes que sont allés se réfugier les *communeros* et autres démagogues en Espagne. Cette société est celle des Carbonari, dont la hiérarchie est organisée de manière à donner de l'ensemble et de la vigueur à son action. Ses ordres se transmettent, ses membres se reconnaissent par des signes. Rien qu'en France, elle dépensait tous les ans deux millions pour en venir à ses fins. Avec cet argent, on travaillait les élections, on corrompait les fonctionnaires, on achetait des complices pour le jour de l'exécution. L'objet de la société était le renvoi ou la destruction des Bourbons, obstacle définitif à son triomphe.

Ses moyens étaient le groupement de tous les mécontents, l'exploitation du penchant des basses classes pour le nivellement, la presse, l'insurrection et les armes. Depuis plusieurs années, mais surtout depuis 1829 où les premiers soupçons de ses menées firent nommer un ministère royaliste, la société s'était affiliés presque tous les chefs des nombreuses fabriques qui sont dans Paris et dans ses environs. Une correspondance était organisée avec chaque bourg de France et depuis longtemps on faisait, de tous les points, affluer à Paris tout ce que les provinces contenaient de mécontents, de révolutionnaires, d'hommes décidés, qui n'avaient rien à perdre. A mesure qu'ils arrivaient, on les occupait dans les ateliers ou autrement, en sorte que le jour de l'explosion, le comité comptait ici soixante mille hommes sûrs et ardents, qu'il pouvait armer et qui étaient tout à fait à sa solde et à sa disposition, sans être pour cela dans la confidence rigoureuse de ses complots.

Il pouvait ajouter à cette force les oisifs et les mauvais sujets qui battent toujours le pavé de Paris, les nombreux ouvriers étrangers, surtout les Allemands, pour la plupart dupes des opinions révolutionnaires. En cas de succès, quarante mille hommes de garde nationale, licenciés en 1827, auxquels on n'avait pas osé retirer leurs armes, devaient renforcer la troupe révoltée. Ces moyens devaient être prêts pour le 10 août (anniversaire célèbre) et des incidents qu'on devait faire susciter au gouvernement par la Chambre des députés, devaient provoquer le soulèvement général. Mais, l'apparition des ordonnances ayant fait connaître que le complot était découvert, le comité prit le parti de faire éclater la sédition sur-le-champ, pour en finir avec la garnison avant qu'elle pût se renforcer.

Le lundi 26 juillet, dans la matinée même où parurent les ordonnances, tous les chefs d'ateliers furent convoqués à Paris par corporations et il leur fut enjoint par les députés des Ventes supérieures, de lâcher contre le gouvernement les nombreux ouvriers qu'ils avaient à leur dévotion, ce qui fut fait le jour même, avec ordre de former des rassemblements au Palais-Royal et dans les environs.

Chaque ouvrier reçut deux jours de paye, douze francs. On leur en donna autant le mardi soir, avec injonction d'obéir aux chefs qu'on leur avait désignés.

Le lendemain, dans la soirée, les ouvriers de la banlieue paraissent ; la faction se voit en force et prend l'offensive contre les troupes. Dès le mardi soir, celles-ci avaient été obligées de faire feu. Le lendemain, mercredi, quarante mille insurgés, la plupart en armes, marchaient sur les boulevards sous la bannière tricolore ; d'autres aussi nombreux tenaient différents quartiers de la ville, à tel point que les cinq à six mille hommes de la garde royale et de la gendarmerie, qui formaient la garnison, se trouvaient aux prises avec l'émeute sur dix points à la fois. Le reste, composé de troupes de ligne, environ autant, était à peu près vendu aux conjurés, grâce à l'influence des officiers placés en 1818 par un ministre membre de la Haute Vente, en remplacement des officiers royalistes que ce ministre avait mis en réforme au nombre de plusieurs milliers. Ces troupes refusèrent de se battre et gardèrent une neutralité qui fut un encouragement pour les révoltés.

Dans cette journée du 28, les succès furent balancés ; mais, le peuple recevait d'immenses renforts en hommes et en munitions, en armes et en vivres ; on l'encourageait en outre en lui annonçant cinquante mille hommes qui devaient venir de Rouen et de ses environs. La troupe, au contraire, mourait de faim et de soif au milieu de Paris, par vingt-quatre degrés de chaleur, et ne se reposait ni jour ni nuit. Cependant, dès le samedi, jour où furent décidées les ordonnances, on aurait eu le temps de faire arriver le reste de la garde royale, encore quinze mille hommes, de mettre à l'abri le trésor et de pourvoir à la nourriture des troupes ; mais, rien ne fut fait. L'imprévoyance des ministres, sous ce rapport, serait impardonnable, à moins de supposer que leurs dépêches aient été soustraites par quelque traître.

Le roi se trouvait à Saint-Cloud, gardé par environ quatre mille hommes. Lundi, enfin, le combat recommença de bonne heure ; d'immenses renforts arrivaient encore aux insurgés, en bonne partie armés de fusils, et appuyés par de l'artillerie que desservaient des élèves de l'École polytechnique. La troupe, au contraire presque sans renfort, accablée de soif, de faim, et de fatigue, n'était plus en état de tenir. Ce ne fut que par des efforts inouïs qu'elle put se défendre jusqu'à deux heures où elle eut ordre de quitter le Louvre et les Tuileries, que les insurgés pressaient de tous les côtés. Elle se retira par la barrière de l'Étoile et Paris fut livré aux insurgés. Le drapeau tricolore à l'instant flotta partout ; ce fut comme l'arrêt de mort de la monarchie et de la légitimité. Quelques voix bien timides se firent entendre encore pour le duc de Bordeaux, d'autres demandèrent Napoléon II ; mais, les instigateurs du soulèvement n'en voulurent point entendre parler et les hommes qu'ils soudoyaient, dociles à leurs voix, prononcèrent des arrêts de proscription contre l'une et l'autre race, pour donner la préférence à un ordre de choses provisoire, qui devait nous conduire à ce que nous avons.

Tout cela s'est passé, non sans quelques démonstrations en faveur d'une république populaire. Les Bourbons, en attendant, perdirent leur temps en hésitations ; l'expédition contre Rambouillet eut lieu afin d'en chasser le roi, qu'ils ne croyaient plus à la tête de la garde et qui cependant, sur ce seul point, réunissait douze mille hommes de troupes dévouées et cinquante pièces attelées. Cette garde demandait à grands cris à exterminer cette misérable populace. Nul doute que si elle avait pu combattre, le succès eût été complet et que Paris, débarrassé des terroristes, eût accepté le duc de Bordeaux. Mais, tout arriva autrement. La garde et les Suisses furent immobilisés par l'ordre du roi qui s'était décidé à sortir de France. Peut-être le manque d'argent et de vivres, fut-il la cause de ce parti désespéré.

Cette abdication fut d'un secours inespéré pour la révolution ; les provinces furent forcées de suivre l'exemple de Paris ; cette généralisation d'un mouvement exécuté dans la capitale est d'ailleurs chose fort commune en France parce que tous les pouvoirs, tous les moyens de domination y sont concentrés.

Ainsi, sous la direction de la société des Carbonari, une conspiration a été ourdie en France pendant environ quinze ans, d'abord avec de petits moyens, puis, avec plus d'intensité et, toujours pour ainsi dire, au grand jour, mais, de manière que l'autorité ne pût constater légalement la marche des conjurés. Tant que cette autorité voulut s'en tenir aux droits que lui donnait la Charte, elle fut obligée de rester spectatrice impassible de la ruine qu'on lui préparait. Lorsqu'elle voulut la conjurer, il était trop tard.

25 octobre.

La fureur populaire contre les anciens ministres augmente tous les jours. Madame Adélaïde, sœur du roi, dont les fenêtres donnent dans la rue de Valois, a été réveillée l'autre nuit par des vociférations. La foule criait : « Mort aux anciens ministres ou la tête du roi Philippe ! » Elle fut saisie d'épouvante ; elle se voyait déjà déchirée par le peuple. Elle fit éveiller le roi et la reine, et la consternation fut extrême au Palais-Royal. La garde nationale s'est bien montrée.

L'ambassadeur a remis hier ses lettres de créance. Je ne puis exprimer ce que j'ai éprouvé en me retrouvant dans ces salons où rien n'a changé, excepté la dignité du maître. D'Orléans roi ! Il nous reçoit dans ces mêmes appartements où il y a à peine un mois, j'ai dirigé des galops, des cotillons avec Mme la duchesse de Berry en présence du roi Charles X, de Madame la dauphine, de la famille de Naples ; je voyais ces mêmes tableaux de la bataille de Jemmapes qui n'ont pas changé de place ; ils ont vu apporter un trône qu'on a placé dans la salle à côté. Nous avons passé à travers un siècle en quelques jours de temps !

Dans la pièce où j'ai fait ma toilette pour le quadrille hongrois, dans cette même chambre, nous fûmes reçus en cérémonie par Madame Adélaïde, Mademoiselle d'Orléans d'autrefois. Le roi avait l'air radieux et, visiblement, se réjouissait de pouvoir jouer au roi en donnant audience à un ambassadeur d'une aussi grande puissance, Madame Adélaïde de même. Le duc d'Orléans avait bon air, je m'attendais au contraire ; je croyais qu'il aurait pris un peu du corps de garde où il passe sa vie maintenant. Je ne saurais donc dire où il joue la comédie et où il est dans son naturel, si c'est chez les camarades, les canonniers ou dans l'appartement de son père.

La reine était tout émue ; elle avait les larmes aux yeux.

— La lettre de l'Empereur, disait-elle à l'ambassadeur, m'est allée droit au cœur, je m'y attendais. Il a eu toujours beaucoup de bonté pour moi et j'y comptais surtout dans cette pénible occasion.

30 octobre.

Nous avons dîné chez le roi ; nous étions cinquante personnes à table. La société en fut un peu plus choisie qu'à l'ordinaire et cela en notre honneur. Entre les personnes marquantes, je citerai les maréchaux Gérard et Maison et M. d'Harcourt qu'on désigne comme ambassadeur en Espagne ; c'est un homme tout chétif, tout maigre ; je l'avais pour vis-à-vis. Le comte Molé, notre ministre des affaires étrangères, tout chancelant, était à côté de M. d'Harcourt. Notre cher M. Molé, autant que je me le rappelle, a toujours eu mauvaise mine ; mais, sa figure d'aujourd'hui fait pitié ; il n'y a que ses yeux noirs qui dardent et lancent des feux de temps à autre, entourés d'une figure toute décharnée avec un teint sépulcral. Son expression lugubre vous fait entrevoir ses souffrances morales et physiques et vous communique un malaise indéfinissable.

J'avais grand besoin d'entamer la conversation avec ma voisine, Mme de Dolomieu, première dame d'honneur de la reine, pour chasser l'effet du triste aspect que m'offrait la personne de M. Molé. Mme de Dolomieu, si elle n'est pas souffrante, est très aimable ; sa conversation est gaie, elle a toujours un mot pour rire ; enfin, elle est faite pour chasser de tristes rêveries. Mais, il faisait très chaud et elle s'éventait avec un énorme éventail tricolore. Ces trois malheureuses couleurs me rappelèrent toutes les scènes et désastres de Juillet et me parurent menaçantes pour l'avenir. J'en fus glacé d'horreur et je me tus.

Cependant, je promenais vaguement mes regards sur la longue ligne des convives et je m'arrêtai sur la bonne figure de la maréchale Maison. Elle regardait le roi, dont elle ne se trouvait séparée que de fort peu de personnes. Après quelques moments de contemplation, elle lève les yeux vers le ciel en disant :

— Que c'est beau de voir le roi découper !

Cette phrase me fit comprendre les justes motifs de l'extase de la maréchale et son exclamation attira mes regards sur Sa Majesté qui, effectivement, découpait une grosse poularde truffée avec une adresse, une grâce que peu de chefs de cuisine auraient pu atteindre :

— Comte Rodolphe, désirez-vous une aile, une cuisse ou du blanc?

— Si Votre Majesté daigne m'honorer d'une aile, je m'empresserai de mettre mes remerciements aux pieds de Votre Majesté.

— Pour le comte Rodolphe d'Apponyi, dit le roi, en m'envoyant mon aile.

La reine de son côté distribuait des écrevisses.

Il me serait impossible de donner une idée juste de la familiarité que se permit le maréchal Gérard avec le roi. Si Sa Majesté traitait un de ses sujets avec cet air de protection, je la trouverais peu généreuse. Qu'est-ce donc quand c'est le sujet qui se permet vis-à-vis de son roi une telle attitude? Le maréchal Gérard, à chaque mot qu'il adressait au roi, avait l'air de lui dire :

— C'est moi qui vous ai placé là où vous êtes.
La Fayette en fait autant.

Ce qui m'a beaucoup embarrassé, c'est la première conversation que j'ai eue avec Leurs Majestés depuis les événements de Juillet. Elle a eu lieu avant le dîner ; j'étais debout à côté du maréchal Maison lorsque la reine s'approcha de moi en me demandant des détails sur ce que j'ai éprouvé à Dieppe, lors des premières nouvelles de Paris. La question était passablement oiseuse. Je pris le meilleur parti, celui de la franchise et j'exprimai à Sa Majesté combien je fus peiné et terrifié lorsque j'ai su la révolution de Paris.

— Et moi, me dit la reine, je ne saurais vous dire ce que j'ai souffert.

— Je le conçois parfaitement, Madame, et Votre Majesté ne sera point étonnée si je me fais l'honneur de lui dire que pendant les terribles journées et au résultat même qu'elles ont amené, nous avons, l'ambassadrice et moi, constamment pensé à tout le chagrin que ces péripéties devaient causer à la reine.

— J'aime à croire ce que vous me dites, car je tiens beaucoup à l'opinion de la comtesse ; c'est une personne que j'estime beaucoup. Je le lui ai dit à elle et je vous le dis aussi à vous, comte Rodolphe ; la reine et la duchesse d'Orléans sont la même personne et vous la trouverez toujours la même pour vous.

Je fis une profonde révérence. Madame Adélaïde me parla beaucoup aussi des événements ; mais, quoi qu'elle fasse pour paraître affligée, elle ne peut cacher son enchantement d'être appelée Madame, sœur du roi. Cette petite vanité me choqua beaucoup et je ne suis pas assez sûr de moi pour garantir que je ne lui aurais rien dit qui eût trahi ma mauvaise humeur, si, pour mon malheur, on avait encore différé pendant quelques instants d'annoncer que la reine était servie. Le roi donna le bras à Madame Adélaïde, le duc d'Orléans à notre cousine et l'ambassadeur à la reine.

Après dîner, nous passâmes dans la galerie de Valois et nous restâmes tout l'après-midi et la soirée, ce que j'ai trouvé fort long, et fort monotone.

Quelques visites sont arrivées le soir, mais rien de bien intéressant. Molé, pendant que nous étions au Palais-Royal, reçut une dépêche télégraphique annonçant la défaite de Mina en Espagne (1); il la donna au roi qui la communiqua à l'ambassadeur d'Espagne, après quoi le roi s'est rendu au Conseil.

Bientôt la nouvelle se répandit dans la galerie; je la sus par le comte d'Offatia lui-même. Il me dit qu'il s'y attendait déjà depuis longtemps; mais, que le projet de Mina lui avait paru inexécutable.

— La seule chose que je craignais, c'est que cette entreprise n'excitât des troubles dans le sens anticlérical, c'est-à-dire que le parti catholique ne se mît en mouvement et ne voulût essayer de faire tomber le ministère. Effectivement, cela est arrivé; mais, heureusement le coup a manqué et nous l'avons échappé belle.

Je venais de quitter l'ambassadeur d'Espagne et allais rentrer dans la grande galerie, lorsque le duc d'Orléans me barra le chemin et entra avec moi dans une longue conversation. Autrefois, nos colloques roulaient ordinai-

---

(1) Francisco Mina, chef de guérillas, qui avait fomenté une insurrection contre Ferdinand VII. Il était l'oncle de Xaveiro Mina qui, en 1816, avait tenté de soulever le Mexique contre les Espagnols et qui paya de sa vie, en 1817, l'échec de cette entreprise.

rement sur les jolies femmes de la société et autres et sur nos petites aventures dans ce genre, que nous nous communiquions. Cette fois-ci, tout au contraire, il commença à me parler de son *métier de prince*. Je me sers de son expression ; ce métier doit en être un et un bien dur encore, à l'en entendre parler.

— Tous les jours, me dit-il, je donne trois heures d'audience à tous ceux qui veulent venir chez moi ; ce sont des figures de l'autre monde ordinairement et des demandes du même genre ; les trois glorieuses journées sont une source intarissable de pétitions.

— Mais, interrompis-je, comment Monseigneur fait-il pour répondre, pour lire toutes ces suppliques?

— Il y a trois règles à observer, me dit-il, lorsqu'on donne des audiences : 1º ne jamais lire les suppliques ou lettres présentées par le pétitionnaire, car il a eu le temps d'y réfléchir en l'écrivant et il est préparé à toutes les objections que vous pourriez lui faire ; vous devriez donc lui répondre *ex abrupto* sur un discours préparé ; 2º il ne faut jamais rien promettre, les réponses doivent toujours être évasives telles que : *nous verrons, j'y penserai, j'en parlerai en temps et lieu, je m'adresserai à qui de droit*, etc. ; de telles réponses ne vous engagent à rien et si vous êtes dans le cas de pouvoir accorder, ce sera une grâce que vous faites, au lieu que si vous aviez promis quelque chose au pétitionnaire, vos bontés seraient considérées comme un devoir. Appuyez-vous contre une chaise en sorte qu'elle se trouve placée entre vous et le pétitionnaire.

Cette observation me fit faire un mouvement de curiosité très marqué, en partie par courtisanerie, voyant que le duc s'y attendait.

— Vous vous étonnez, comte Rodolphe, reprit-il ; je m'en vais vous expliquer mes raisons. La plupart des gens qui viennent en audience nous approchent à une distance qu'une triste expérience m'a prouvé être trop dangereuse pour m'en trouver à mon aise. Depuis cette découverte donc, je me tiens toujours derrière ce retranchement. Pas plus tard qu'aujourd'hui, un jeune homme entre chez moi et me demande une pension ou quelque emploi lucratif, en récompense d'avoir été le premier qui soit entré au Louvre ; il y en a eu déjà chez moi tant de ces jeunes gens qui tous prétendaient avoir été le premier sous la colonnade de ce palais, que je ne lui dis autre chose si ce n'était que je prendrais note de son héroïsme et je le congédiai. Mais, un autre entre après lui et me dit absolument la même chose. Sans perdre de temps, je fais rappeler sur-le-champ le prétendu héros qui venait de me quitter. Il arrive tout content déjà ; il se croit en possession de sa pension, lorsque je le place vis-à-vis du second pétitionnaire et leur dis :

— Messieurs, chacun de vous me dit avoir été le premier au Louvre ; je ne puis, je n'ose décider, de peur de faire tort à l'un ou à l'autre. Veuillez donc, messieurs, vous arranger entre vous. J'ai souvent, continua le duc, toutes les peines du monde pour me contenir et ne point sourire sur les propos qu'on me tient. Dernièrement, par exemple, un jeune homme, pour appuyer sa pétition, me dit qu'il avait un père *octogone* et que lui-même était hors d'état de travailler, étant *décoré* d'une descente.

Je ris de ces détails comme un fou, au point que la reine m'en demanda la raison. Pour me tirer de ce mauvais pas, je dis à Sa Majesté que ce qui me faisait rire était une confidence dont Monseigneur voulait bien m'honorer et que ce serait en abuser si je la répétais.

— Vous aussi, je le sais, dit le duc d'Orléans en reprenant notre première conversation, vous aussi, êtes tourmenté beaucoup par toutes sortes de gens; vous êtes sujet autant que moi à cette corvée.

— C'est si peu de chose en comparaison de ce qui vous arrive de pétitionnaires, Monseigneur, qu'il ne vaut pas la peine d'en parler.

C'est jusqu'en ses promenades à cheval et en voiture qu'il est poursuivi avec des suppliques; il en revient chaque fois ses poches pleines.

6 novembre.

Encore un changement ministériel, voilà le maréchal Maison (1) aux affaires étrangères; je parie qu'il n'y restera pas un mois; on a eu beaucoup de peine à lui faire accepter ce portefeuille. M. de Chasseloup, son aide de camp, m'a dit que le maréchal avait eu une conversation de trois heures avec MM. Sébastiani (2) et Gérard, qui prièrent le maréchal au nom du roi et de Dieu qui protège la France, d'accepter. M. Maison, lorsqu'il sut

(1) Après une brillante carrière sous la République et l'Empire, il avait été, comme lieutenant général, créé pair de France sous la Restauration. En 1828, au retour de l'expédition de Morée qu'il avait commandée, il fut nommé maréchal de France; il fut ensuite ministre des affaires étrangères, puis de la guerre, et enfin ambassadeur en Autriche et en Russie.
(2) Soldat et diplomate, ambassadeur de Napoléon en Turquie, puis sous Louis-Philippe, ministre des affaires étrangères, ambassadeur à Naples et à Londres; maréchal de France en 1840.

par ces messieurs qu'il ne tenait qu'à lui de sauver sa patrie d'un cruel embarras, accepta le portefeuille. La politique l'épouvante, il y entend fort peu de chose ; d'ailleurs, c'est un galant homme ; mais dans le temps qui court, il faut plus encore que cette précieuse qualité pour être bon ministre.

9 novembre.

L'ancien gouvernement est pleinement justifié en ce qui concerne son système, ses dernières ordonnances et l'emploi de la force, et cette justification, c'est la révolution elle-même qui s'est chargée de nous la fournir. Ce n'est pas le tout d'avoir sonné le tocsin de Juillet, détruit tout le bonheur matériel de la France ; voici que cette révolution s'attaque à l'ordre des choses qu'elle a semblé vouloir fonder, parce que le bouleversement qu'elle a produit ne lui semble pas assez radical. Un roi, quel qu'il fût, pouvait rallier les amis de l'ordre et s'assurer, avec le temps et des lois complémentaires, un état de choses rassurant. Mais, un tel état ne suffit pas à la voracité des meneurs. Ils ont donc poussé à la désorganisation de l'administration nouvelle. De là d'abord, comme première démonstration les récentes émeutes et depuis, la désorganisation du ministère Guizot. Le roi a eu une peine extrême à renvoyer deux de ses ministres qu'il aimait le plus et à se séparer d'eux, parce qu'il avait plu au préfet de Paris de les fronder et à M. Dupont de l'Eure (1), révolutionnaire ardent, de sou-

---

(1) Le rôle de Dupont (de l'Eure) avant, pendant et après la révolution de 1830, est trop connu pour qu'il y ait lieu de rappeler ici les faits

tenir ce dernier. Il répugnait surtout au roi de nommer des ministres dont les principes subversifs étaient à la fois en opposition avec l'intérêt de sa couronne et avec la grande majorité des deux Chambres et l'on peut dire de la nation. Qu'a-t-il fallu cependant pour obtenir un résultat aussi contraire au bon sens et à la sécurité de l'État? Deux mots du représentant du comité directeur.

— Oui, a dit au roi M. de La Fayette, nous n'avons pas la majorité numérique ; mais, nous avons l'ascendant de la raison, et depuis longtemps, vous le savez, nous faisons de la France ce que nous voulons. C'est nous qui vous avons mis là ; c'est à nous à vous conduire dans les voies qui vous sont tracées.

Et toute difficulté s'est trouvée levée, une majorité de bonnets rouges est entrée au ministère. Elle a contre elle les Chambres et la majorité de tout ce qui pense en France ; mais, elle a pour elle sa hardiesse, la décevante générosité des principes, sa popularité et toutes les ressources de l'État dont elle dispose dès ce jour où elle a poussé au gouvernement ses créatures ou plutôt encore des hommes qui ont consenti à occuper provisoirement les places réservées à ces créatures.

Le roi et ses ministres voudraient bien employer tout au monde pour secouer ce joug aussi honteux que peu commode ; mais, avant la fin du procès des anciens ministres, on ne peut rien entreprendre contre la popularité de ce co-régent ; au contraire, on profitera de cette popularité pour s'assurer de la tranquillité indispensable dans un moment aussi critique où la dynastie et la nouvelle

et gestes de ce complice de La Fayette, Laffitte et autres auteurs responsables de la chute de Charles X.

Charte sont en jeu et où il ne faudrait qu'une étincelle pour faire sauter cet édifice sans base quelconque.

17 novembre.

Nous avons ici depuis quelques jours la princesse Thérèse Esterhazy ; les événements à Londres n'ont eu lieu qu'après son départ (1). Mme de Lieven triomphe. Lorsque la princesse prit congé de sa collègue, Mme de Lieven lui dit en la prenant par les deux mains et en levant les yeux au ciel :

— Notre pauvre duc de Wellington !

Déjà on parlait de sa chute.

— Ce jour-là, me dit la princesse, cette ambassadrice était dans un de ses accès de *franchise*, si bien qu'elle a pleuré à chaudes larmes au moment où je la quittais, peut-être pour jamais ! Cette fausseté que la princesse de Lieven aime à afficher m'est intolérable, c'est une vilenie, une perversité qui dépassent toute idée et qui rend méchants tous ceux qui ont le malheur d'avoir affaire avec cette femme.

La chute du ministère Wellington est une bien grande infortune pour l'Europe. Le successeur de ce ministre (2) est une espèce de sans-culotte et le ministère qu'il est chargé de composer, sera de même ; mais, je crois cepen-

---

(1) Il s'agit ici de la chute du ministère Wellington-Robert Peel, qui venait d'être renversé en ce même mois de novembre.

(2) Lord Brougham, l'un des chefs du parti whigh qui, avec lord Grey, fut l'âme du nouveau ministère. Lors du procès en divorce, intenté par George IV à sa femme Caroline de Brunswick, il avait été l'avocat de la reine.

dant que les choses n'iront pas aussi mal que l'espèrent les libéraux anglais et français. J'ai l'intime conviction qu'un ministère dans les principes de Broown ne peut se maintenir. Les torys qui se sont réunis aux whighs pour renverser le ministère Wellington reviendront maintenant sous les bannières du duc et formeront une forte opposition contre le nouveau gouvernement ; il sera renversé à son tour s'il n'a pas l'esprit d'aller dans le sens des torys. Mais, tout cela recule et embrouille toujours de plus en plus la question belge, qui certes n'avait pas besoin de tout cela pour être un véritable nœud gordien. Pour en finir, il faudrait un Alexandre ; mais, le nœud une fois coupé, n'y aurait-il pas grand risque pour une conflagration générale?

Le duc de Valençay a fait sa cour à la vie et à la mort à la princesse Thérèse. J'aurais pu profiter de cet incident et cela sans me faire trop de scrupule ; mais, le bon génie du duc lui a inspiré de me faire son confident et, dès ce moment, ma cause fut perdue devant le tribunal de ma conscience.

Notre maréchal Maison est déjà par terre sans qu'il s'en soit douté le moins du monde. L'intrigue qu'on avait ourdie contre lui vient de Sébastiani, qui avait grande envie du portefeuille des affaires étrangères et il l'a. Le maréchal est furieux, et il y a bien de quoi l'être. Tout ce changement fut arrangé sans lui, sans le prévenir seulement.

— La manière dont on me renvoie, a-t-il dit à ses amis, est le plus sanglant brevet d'incapacité qu'on aurait pu me donner.

Je savais tout cela le dimanche, jour où le maréchal recevait : aussi, fus-je bien étonné lorsqu'en entrant dans le salon du ministère, je trouve le ministre destitué, tout tranquille, recevant son monde, et madame toute riante, toute heureuse, dans sa bergère à côté de la cheminée.

— Ou ils sont dupes, pensai-je, ou bien ils savent dissimuler comme personne.

La chose était trop piquante pour ne point m'en occuper ; il me fallait la tirer au clair. Dans ce but, je m'approchai de M. de Chasseloup, l'aide de camp du maréchal et je l'accoste en ces termes.

— Eh bien ! vous vous êtes rendu à Vienne ! Ne faites point le mystérieux, je sais tout ; on vous rend l'ambassade de Vienne et Sébastiani prend les Affaires étrangères.

— Mais, pas du tout, vous êtes dans l'erreur, comte ; il a été question, en effet, de donner le ministère de la guerre au maréchal et Sébastiani aurait eu alors les affaires étrangères ; mais, cela n'a pu s'arranger, à cause de l'inimitié du général avec l'ambassadeur de Russie.

Sur cette réponse, je vis bien que son maréchal était joué, car je savais positivement que l'affaire entre les deux Corses (1) avait été arrangée le samedi. Mais, je n'en voulus rien montrer vis-à-vis de l'aide de camp du maréchal. Je le remerciai des renseignements qu'il avait bien voulu me donner et je quittai aussitôt le salon pour me rendre chez Laffitte.

Ce ministre était tout rayonnant, tout glorieux.

— Nous sommes d'accord en partie, me dit-il, et bientôt, nous le serons tout à fait au Conseil, tout ira parfaitement bien, nous nous sommes quittés les meilleurs amis avec Molé.

---

(1) Pozzo di Borgo, ambassadeur de Russie, et Sébastiani, tous deux originaires de Corse.

— Sa présence dans ce salon, dis-je, me le prouve suffisamment.

— Bientôt, continua le ministre, la confiance se rétablira et tout ira à merveille.

Le ministre banquier me présenta à sa femme et après lui avoir dit deux mots, je suis rentré à l'hôtel où j'ai trouvé notre salon rempli de monde.

18 novembre.

Rien n'est plus plaisant que la conversation dont on m'a rendu compte hier et qui a eu lieu entre Louis-Philippe et le maréchal Maison. Ce fut après dîner que le roi s'approcha de son ministre de l'extérieur. Le cruel moment était arrivé où il fallait l'instruire de sa chute, et cependant le roi ne savait comment la lui apprendre. La chose était fort délicate, car il fallait donner à entendre au maréchal que son renvoi avait été décidé dans une séance du Conseil, à laquelle il n'assistait pas.

Le roi, avec une mine un tant soit peu sournoise, entama une conversation avec le maréchal, à peu près dans ces termes :

— Je connais, cher maréchal, toute l'étendue du sacrifice que vous m'avez fait en acceptant le portefeuille des Affaires étrangères en échange de la plus brillante ambassade que j'aie pu vous donner... je suis assez heureux aujourd'hui...

— Oui, sire, interrompit le maréchal, ce sacrifice m'a coûté beaucoup ; mais, il doit prouver à Votre Majesté mon dévouement sans bornes et je ferai tout ce qui sera dans mon pouvoir pour me rendre digne de la confiance du roi ; je me flatte que je réussirai toujours à contenter Votre Majesté, afin de me rendre digne des expressions flatteuses dont elle me comble aujourd'hui.

Cette assurance du maréchal déconcerta complètement le roi ; mais, le temps pressait et, pour en finir, Sa Majesté prit le parti d'aborder franchement la question et il dit au maréchal tout simplement ce dont il s'agissait. Maison tomba de son haut ; il ne put cacher son ressentiment contre Sébastiani et quitta le roi rempli de honte et de rage. Il se rendit chez Sébastiani qu'il apostropha de la manière la moins voilée et à qui il déclara ne vouloir plus rien au monde :

— Je me f... de vos ambassades, de votre politique, de vos ministères et de vous tous ; vous m'y avez attrapé une fois, c'en est déjà trop ; je suis un franc militaire, je vide mes questions avec mon épée ; je ne connais ni détours, ni feintes et voilà ce qui m'a fait perdre au jeu avec vous. Messieurs, j'ai l'honneur d'être...

Il quitta Sébastiani, qui n'avait pas proféré un mot et qui riait comme un fou de tout ce qu'il venait d'entendre. Il pensait avec raison que le maréchal après une nuit de réflexions serait plus calme et pourrait alors écouter les conseils de celui qui venait de lui prendre sa place. Tout arriva ainsi qu'il l'avait prévu et le maréchal vient de partir pour Vienne.

24 novembre.

Les concerts ont recommencé à la cour, il y en a toutes les semaines. Mme de Dolomieu a fait tout au monde pour engager les dames du faubourg Saint-Germain à se faire présenter à la nouvelle cour ; pas moyen, on n'a fait que très peu de prosélytes. Je n'ai vu au premier concert que Mme de Chastenay, qui est tout à fait dévouée aux d'Orléans et qui se donne même les airs de protéger la nouvelle royauté ; elle y entraîna sa nièce, la comtesse de Saint-Priest, dont le mari est, d'ailleurs, du mouvement. Mais, ce qui m'a beaucoup étonné, c'est d'y rencontrer la duchesse de Bauffremont, née de La Vauguyon, mère du prince Théodore de Bauffremont, un des carlistes les plus décidés. Comme elle n'a plus ni fils à établir, ni autre chose à chercher au Palais-Royal, toutes ces dames ont pris très mal sa présence. J'ai trouvé simple d'y rencontrer la famille de Caraman, le duc en tête ; cela devait être, d'après sa conduite après les grandes journées.

Une dame que j'ai été étonné d'y voir, c'est la marquise de Bartillat, femme du général qui a été à l'expédition d'Alger. Ce ménage était sous Charles X, de la couleur royaliste la plus prononcée, Madame surtout qui appartenait à la coterie de la vieille duchesse d'Escars et affichait même beaucoup cette amitié. En voyant Mme de Bartillat, je ne pus m'empêcher de lui dire :

— Il me paraît, madame, que vous avez eu un petit moment de faiblesse pour Mme de Dolomieu ; je m'en félicite, car sans cet incident, je n'aurais pas pu espérer vous rencontrer chez Louis-Philippe Ier.

— Je mérite votre reproche, comte ; je sens votre épigramme ; mais, j'aime mieux vous voir en opposition avec mes opinions que de ne pas vous voir du tout ; comme vous ne venez pas chez moi, je vous cherche ici.

— Si je n'étais pas sûr que vous avez l'intention de

me combattre avec votre amabilité ordinaire, en la poussant jusqu'à la flatterie, je devrais être bien fier, madame, de vous voir désavouer vos opinions pour me rencontrer un instant.

La marquise se tut; et moi, appuyé contre une console, tout près de l'orchestre, je contemplais l'immense demi-cercle formé par les dames assises toutes parées, qui se déployait devant moi et qui touchait aux deux bouts de la grande galerie Valois. La reine formait pour ainsi dire la clé de cette arche; elle avait à sa droite Madame Adélaïde, sœur du roi, à sa gauche, ses deux filles et les ambassadrices, chacune d'après l'ancienneté de leur arrivée. A côté de Madame Adélaïde, il y avait la princesse de Vaudémont, puis la princesse de Wagram, avec sa fille, comme princesse de Bavière et la princesse de Vaudémont comme des anciens ducs de Lorraine. Au second rang, étaient les femmes des ministres du pays, ainsi que Mme Laffitte, avec sa fille, la princesse de la Moskowa, et puis Mme Odilon Barrot, très jolie personne, quelques femmes de maires.

La reine a reçu tout le monde comme à l'ordinaire, debout à la porte de la pièce qui précède la galerie de Valois. Elle ne s'est rendue dans la salle du concert que lorsque tous les gros bonnets de la société ont été arrivés et non pas comme autrefois où la duchesse d'Orléans faisait commencer le concert à huit heures précises. Il était bien neuf heures lorsque la reine s'est rendue dans la galerie et comme Mme Dupont de l'Eure n'était pas encore là, elle lui fit garder une chaise derrière la sienne. Lorsqu'elle arriva, la reine lui fit des excuses d'avoir fait commencer sans elle. Cette même politesse de la part de Sa Majesté fut répétée pour M. de La

Fayette. A son entrée, elle se leva au milieu d'un morceau de musique, chose qui ne se faisait autrefois que pour les ambassadeurs et ambassadrices.

Le roi, ne voulant pas faire le cercle et ne voulant pas non plus recevoir en simple particulier, prit le parti de se tenir dans le fond de l'appartement ; comme on l'ignorait, il arriva qu'on lui rendit encore moins d'honneur même qu'à un simple particulier, car on ne le salua pas du tout.

Le reste de la soirée s'est passé comme à l'ordinaire, excepté cependant que quelques personnes ont trouvé bon de venir en frac, tandis que tout le monde avait été invité de se présenter en uniforme ou habit habillé. Il y avait aussi beaucoup de personnes en uniforme de simple garde national, ce que je trouve fort inconvenant, car si, à ce titre, on peut aller à la cour, bientôt mon tailleur se trouvera de trop bonne compagnie pour se trouver dans une aussi mauvaise société.

27 novembre.

On ne saurait imaginer la terreur qu'inspire l'approche du procès des anciens ministres. Tous les jours se répandent des nouvelles alarmantes ; aujourd'hui court le bruit qu'on veut incendier et piller tous les hôtels appartenant ou habités par des pairs, c'est au point que tout le monde cache sous terre tout ce qu'il a de plus précieux ou bien, on envoie ses bijoux dans des pays étrangers. Paris a un aspect véritablement lugubre, tout le monde semble écrasé sous un poids étouffant. Les clubs agissent sourdement et avec continuité ; ils poursuivent leur but avec une persévérance effrayante. Le roi se berce dans la douce illusion qu'il est adoré par son peuple. Rien au monde n'est plus ridicule que les discours qu'il adresse aux différentes députations de la garde nationale et autres. Ces éternelles batailles de Jemmapes et de Valmy, qui reparaissent à tout propos et dont le roi se fait le héros, font d'autant plus rire que personne n'ignore que ce vainqueur, après la bataille de Jemmapes, fut obligé de se réfugier dans le camp autrichien pour se soustraire aux poursuites du gouvernement révolutionnaire (1).

30 novembre.

M. de La Fayette a été reçu avant-hier à l'Opéra avec un enthousiasme difficile à décrire. Il peint bien la folie de la population parisienne ; toutes les dames de la connaissance du général passèrent dans sa loge pour lui faire leurs compliments ; il les embrassa toutes et chacune de ces accolades fut applaudie par le parterre. Mme Merlin, qui m'a donné ces détails, m'a avoué qu'elle n'avait pu se refuser à se rendre aussi dans la loge du général pour voir ce que l'on y faisait, pour entendre ce qu'on y disait. Dès que l'ouvreuse eut ouvert à Mme Merlin la loge de M. de La Fayette, il se précipita au-devant de cette dame pour l'embrasser.

— Je fis, m'a dit la comtesse, un mouvement rétro-

(1) Après la trahison de Dumouriez, le duc de Chartres, aide de camp du général, dut sortir de France afin de ne pas payer de sa tête un événement auquel il semble, d'ailleurs, être resté étranger.

grade ; je n'aime pas les embrassements politiques. Il prit fort mal ma réticence et m'a battu froid.

Puisque j'en suis à parler de M. de La Fayette, je dois constater que c'est l'homme le plus accessible aux influences ; il a le cœur d'une femme faible et les petites vanités qui en sont souvent l'apanage. Il est honteux qu'un tel homme puisse entraver la marche d'un gouvernement, sinon par lui-même, mais par le parti qu'il représente et qui lui fait encore trop d'honneur en se servant de lui comme d'un paravent.

L'ambassadeur de Sardaigne, en parlant ces jours derniers à M. Sébastiani des traités existant entre la France et la Sardaigne, le ministre lui donna toutes les assurances possibles sur leur maintien. Le comte Sales appuya surtout sur celui qui est relatif à l'extradition des déserteurs sardes, traité que cet ambassadeur crut être le plus menacé pour le moment ; mais, le ministre lui renouvela toutes les assurance possibles à ce sujet. Le comte Sales fut ravi de sa conversation avec M. Sébastiani et s'empressa d'en rendre compte exact à sa cour.

Cependant, soit que cette conversation eût transpiré dans le public, soit que le gouvernement du roi eût pris, en suite de ses promesses, des mesures y conformes, le fait est que les réfugiés sardes à Paris en furent instruits et trois ou quatre d'entre eux passèrent chez La Fayette, lui jouèrent une petite scène tragique sur la cruauté et l'injustice de cette mesure et le général, touché jusqu'aux larmes, leur promit son assistance et en parla à la Chambre L'effet de son discours fut prompt, car le même soir, il y avait réception chez le ministre des affaires étrangères et la première chose que M. Sébastiani dit au comte Sales fut qu'il regrettait beaucoup de ne pouvoir répondre aux vœux du gouvernement sarde, mais, qu'il lui était impossible de mettre à exécution le traité, vu que M. de La Fayette s'était déclaré contre et que le gouvernement du roi se trouvait dans la triste nécessité de devoir ménager le général en chef de la garde nationale.

1er décembre.

J'ai été aujourd'hui dans les environs de Sainte-Geneviève, j'y suis entré. C'est un véritable monument parlant de la faiblesse du nouveau gouvernement. Se croirait-on dans un pays catholique avec un roi descendant de saint Louis, en voyant cette superbe église changée en Panthéon français, dépouillée de ses autels? Toutes les portes en sont ouvertes ; des hommes avec le chapeau sur la tête se promènent dans son enceinte. Ce dôme majestueux qui, il y a deux mois à peine, retentissait des hymnes religieux, où l'encens s'élevait pour la gloire du tout-puissant, est profané maintenant par des chants profanes et révolutionnaires. On a renversé l'autel de Dieu pour en ériger un en l'honneur du maréchal Ney ; il sert de base au buste en plâtre de ce guerrier ; on le couronne de fleurs ; on lui jette des immortelles et l'on verse des larmes à son souvenir. Sur les murs de ce temple de la gloire, on va, dit-on, inscrire en lettres d'or les noms des victimes des glorieuses journées ! Après un tel sacrilège, le roi des Français doit avoir à jamais renoncé au titre de très chrétien et à la reprise de l'ordre du Saint-

Esprit. Ne serait-ce pas se parer de l'emblème du christianisme après l'avoir outragé?

Il y a quelques années, le banquier Laffitte était à la veille de faire banqueroute à la suite d'une mauvaise spéculation dans laquelle il s'était engagé; c'était, si je ne me trompe, l'emprunt d'Haïti. M. de Montholon et plusieurs autres généraux de Bonaparte, avec quelques banquiers, se trouvaient dans cette affaire. Le roi Charles X pour empêcher la ruine d'un des premiers banquiers de France, qui aurait entraîné dans sa perte quantité d'autres maisons, ordonna à M. de Villèle de soutenir la baisse des papiers d'Haïti avec quatre millions, somme qui aurait dû être partagée entre les actionnaires. M. Laffitte, dès qu'il eut la certitude de ce généreux soutien de la part du roi, réunit ses associés, leur déclara l'état critique de ses affaires en passant sous silence les quatre millions qu'il devait recevoir du Trésor et leur proposa de compléter la somme primitive avec de nouveaux fonds.

Ce projet parut si favorable aux intérêts de chacun des membres qu'ils n'hésitèrent point à signer un acte par lequel ils renonçaient entièrement à la continuation de cette spéculation et étaient remboursés des faibles débris des sommes qu'ils avaient confiées à M. Laffitte. C'était là tout ce que désirait ce banquier Cet acte le rendait maître des quatre millions. C'est le lendemain seulement que le général Montholon et ses confrères eurent le fin mot de l'affaire et de la fourberie de Laffitte, qui leur volait ainsi les trois quarts de leur fortune. A l'heure qu'il est, les affaires de M. le ministre des finances sont fort embrouillées, à ce que l'on dit et cela en suite de l'argent qu'il a fait distribuer aux sans-culottes des grandes journées. Malheureusement pour lui, Louis-Philippe n'est pas Charles X et si ce dernier lui a donné quatre millions, le premier ne lui donnera pas quatre sous. Il serait inutile de dire qui des deux a eu tort et qui a raison.

6 décembre.

On ne parle que du procès des anciens ministres ; l'agitation qu'on éprouve à l'approche de cette époque tant redoutée par tous ceux qui aiment le repos, se communique maintenant même aux plus intrépides. Les nouvelles les plus horribles qu'on a soin de répandre dans la ville, tels que l'incendie, le pillage du faubourg Saint-Germain et de tous les hôtels de pairs, qui se trouvent dans les autres quartiers, remplissent de terreur les plus courageux. Déjà, quantité de monde a quitté le quartier qui entoure le Luxembourg, les marchands cachent leurs marchandises ; en un mot, Paris, de plus en plus, prend un aspect inquiétant et sinistre ; on voit partout comme surgissant de la terre, de ces figures horribles de la Révolution, présage effrayant d'émeutes populaires. Il y en a parmi eux qui placardent des écrits incendiaires aux coins des rues ou bien écrivent d'horribles menaces avec du charbon sur les murs des hôtels. Cependant, le roi se montre partout, fait de fréquentes promenades dans les rues, parle au peuple, serre la main aux premiers venus et les embrasse. Il croit se rendre populaire. La reine meurt de peur en voyant son mari s'exposer ainsi au milieu d'un peuple frénétique.

8 décembre.

Tout le beau monde de Paris se cache ; les belles dames ne reçoivent que les personnes de leur intimité. Point de brillants équipages dans les rues de Paris ; on va à pied ou en fiacre, tant on a peur de choquer le peuple. Le soir, lorsqu'on se rend à quelques petites réunions, on trouve fermée la porte de l'hôtel où l'on se réunit : il faut frapper et décliner son nom pour que l'on vous ouvre. Le suisse vous presse d'entrer, il a soin de refermer la porte sur vous. La même manœuvre se répète à chaque voiture qui entre dans la cour ; les jeunes gens ne laissent plus comme autrefois attendre leur cabriolet dans la rue ; mais, ils le renvoient et se le font annoncer lorsqu'il arrive, afin qu'il n'y ait jamais une file de voitures devant l'hôtel. Les marchands ne vendent presque plus rien ; aussi, y en a-t-il quantité qui ont fermé boutique.

9 décembre.

Notre position devient toujours plus inquiétante, notre chère cousine, à laquelle nous cachons, autant que faire se peut, toutes les horreurs, les devine ou les entend par quelque indiscret ; mais, sa confiance en Dieu lui donne une force surnaturelle. Elle me disait ce matin, que si les pillards parvenaient à entrer dans notre hôtel, elle ne quittera point la chambre de Marie.

— Je compte, poursuivit-elle, parler au cœur de ces assassins ; croyez-moi, je les fléchirai ; les prières d'une mère ont tant de force ; je me jetterai aux pieds de ces monstres.

12 décembre.

Je me suis rendu chez la vicomtesse Alfred de Noailles, la femme la plus gaie, la plus spirituelle de Paris. Autrefois en opposition avec le gouvernement de Charles X, elle l'est maintenant de même avec celui de Louis-Philippe ; mais, cette fois, c'est moins par opinion, si je ne me trompe, que pour étonner ; elle aime à surprendre et quand on s'attendait à la voir d'accord d'opinion avec le nouveau gouvernement, elle nous a tous surpris en se déclarant carliste, et pour être plus piquante encore, elle est carliste *modérée*, chose qui, jusqu'à présent, paraît un paradoxe. C'est donc chez Mme Alfred que je cherchai ma distraction.

Elle me reçut avec cette gaieté qui la distingue, cette politesse qu'elle ne réserve que pour bien peu de personnes et je suis un des élus. Elle me parla de la manière la plus amusante du Palais-Royal, de tout ce qui s'y passe et dans le parti du mouvement. Déjà, elle était parvenue à chasser les nuages qui obscurcissaient mon front lorsqu'on annonça M. Anisson. Sa figure était longue d'une aune, ses yeux abattus, son front ridé et sa bouche pincée ; en un mot, nous ne pûmes nous dissimuler qu'il était tout préoccupé du procès des anciens ministres. Me rappelant qu'il nous avait annoncé à Dieppe tous les désastres qui devaient suivre les ordonnances, sa figure me parut de mauvais augure !

— Que pensez-vous, lui dis-je, du procès qui terrifie tout le monde?

— Ma foi, me répondit-il, je crois que nous aurons de rudes journées à passer pendant cette mauvaise affaire ; je voudrais voir ce Polignac et Cie à cent lieues de Paris et tout vieux que je suis, je voudrais être plus vieux de deux mois encore.

— Croyez-vous qu'il y ait du danger pour le gouvernement?

— Certainement, c'est une affaire vitale ; le gouvernement est renversé sans faute, si, d'ici là, il ne parvient pas à se fortifier d'une manière ou de l'autre, et s'il ne prend pas les mesures les plus énergiques pour repousser le parti républicain ; oui, cher comte, nous jouons gros jeu ; il s'agit non seulement de la nouvelle dynastie mais aussi de notre existence à nous tous. Tout est à craindre, rien n'est à prévoir.

Ce discours m'a replongé dans mes anciennes rêveries.

Aujourd'hui, tout Paris est encore dans une inquiétude affreuse pour demain, jour fixé pour le convoi funèbre de Benjamin Constant. On parle de poignards, de machines infernales, de feu, de pillage et de sang. On voit que notre position ici est douce et agréable.

13 décembre.

Tout s'est passé à merveille hier, la foule était immense ; mais, elle ne fut point troublée comme on l'avait craint.

Un complot existait réellement, ourdi par les clubs pour intimider la garde nationale et pour renverser le ministère ; mais, il fut découvert à temps et les mesures de la part du gouvernement, furent si bien prises que l'exécution devint impossible. Malheureusement, il fut obligé de s'en tenir là sans pouvoir arrêter les chefs de la conspiration ; il n'a pas la force de le faire. L'artillerie de la garde nationale se trouve fortement compromise dans l'affaire et elle sera dissoute ; voilà la seule mesure un peu énergique que l'on ose prendre.

Dans le convoi et d'un fiacre qui précédait les voitures à armoiries, on voyait sortir deux béquilles. J'ai demandé aux personnes qui m'entouraient ce que cela voulait dire et l'on m'a assuré que c'étaient les béquilles du défunt auxquelles le roi rendait les honneurs dus au mérite du grand homme, en leur cédant le pas dans cette grande et triste occasion. Cette explication donnée avec tout le sérieux possible, nous amusa beaucoup l'ambassadeur et moi, car nous allions ensemble. Ce ne fut que quelques heures après, que je sus la vérité ; elle me parut plus déplorable que ridicule ; le fiacre en question contenait *quatre blessés des glorieuses journées de Juillet!* On flatte donc encore toujours ce parti? Il est donc plus fort que le gouvernement? Il y a donc peu d'espoir pour le repos !

Benjamin Constant de Rebecque peu de jours avant son décès, disait à ses amis :

— C'est bien à temps que je meurs ; je suis à la mode, j'aurai un convoi superbe, cela ne me serait pas arrivé l'année dernière et si mon existence se prolongeait jusqu'à l'année prochaine, on ne me rendrait pas non plus tous ces honneurs. Enfin, chacun a son tour.

Le gouvernement est aussi content d'avoir remporté

cette victoire sur le parti républicain que s'il avait gagné une grande bataille. Cela seul prouve la position critique du moment. Si le parti La Fayette avait triomphé, c'en était fait du trône de Louis-Philippe.

15 décembre.

Hier soir, le monde nous a quitté de très bonne heure; le comte de Hocquart et les ambassadeurs de Russie et de Sardaigne restèrent après que tout le monde fut parti et se sont assis avec nous autour de la table à thé, qui est toujours confiée à mes soins. Le comte Pozzo, de mauvaise humeur de ce que ses lettres de créance n'arrivent point et de la fausse position que cela lui donne, parle d'une manière très irritée de l'ancienne cour et de la famille royale expulsée; il les traite tous d'imbéciles et les considère comme la cause unique de tous les malheurs qui arrivent à la France et à l'Europe. Cette supposition est fausse, Charles X et son ministère ont contribué à ces malheurs par les fausses démarches qu'ils ont faites; mais, le mal existait et menaçait de ruiner l'État.

M. de Hocquart, ancien maître des cérémonies à la cour de Charles X, a défendu avec esprit et chaleur la cause de son ancien maître et repoussé l'attaque de l'ambassadeur de Russie.

— Enfin, mon cher comte, s'écria le général Pozzo, on ne peut nier que Charles X, au lieu de s'occuper à gouverner, n'a fait autre chose que se confesser et n'entreprenait jamais rien sans demander conseil à son confesseur. Il faut aux Français un roi, mais non pas un cordelier.

Il proféra ces derniers mots avec une extrême violence et après nous avoir salués, il se leva et nous quitta brusquement. Le comte Hocquart rit de la retraite subite du comte Pozzo et se retira aussi, mais tout fier de son triomphe, car il prétendait que le général nous avait quittés aussi brusquement de peur de la réplique de son adversaire. Le comte de Sales, ambassadeur de Sardaigne, ne put nous cacher son indignation contre Pozzo.

— Il est de toute impossibilité, disait-il, d'entrer en discussion avec un homme aussi véhément, car enfin, le roi Charles X, en bon catholique, avait raison de demander conseil au ministre de Dieu dans les affaires de conscience ; mais, il n'a certainement pas initié son confesseur aux secrets d'État.

Comme rectification à ces propos, notre cousin nous cita un exemple qui nous frappa tous.

— M. de Villèle, nous raconta-t-il, me parla un jour d'un projet fort important relativement à la Chambre et qui devait avoir pour résultat une grande majorité royaliste.

— Comment se fait-il, lui dis-je, que vous ne le mettez pas en exécution?

— C'est le roi, me répondit M. de Villèle, qui n'en veut point !

— Mais pourquoi? Pourquoi repousser une chose qui lui serait avantageuse?...

M. de Villèle se tut un instant, haussa les épaules et je vis bien qu'il hésitait à me répondre. Enfin, pressé par mes questions, il me confia que le roi lui avait dit :

— Je dois vous avouer, monsieur le président du conseil, que votre projet me paraît parfait ; mais, entre nous soit dit, si j'y consens, mon confesseur ne me donnera pas l'absolution.

19 décembre.

L'agitation est à son comble, la cour et la ville en sont terrifiées. La lutte entre le parti révolutionnaire et le gouvernement sera terrible ; des deux côtés on veut se battre avec acharnement. La grande question se base sur la garde nationale. Restera-t-elle fidèle au gouvernement et unie ou bien passera-t-elle à l'ennemi et une légion se battra-t-elle avec l'autre? Il a été décidé dans les clubs qu'on ira attaquer les hôtels des ambassadeurs d'Autriche, de Russie et de Naples. Ces hôtels doivent être pillés et livrés aux flammes, mais sans effusion de sang, à moins qu'on n'y rencontre de la résistance ; dans ce cas, ordre est donné de tuer tous ceux qui résisteront.

Grâce à ces avertissements tout aimables, nous avons pris quelques précautions, non de défense, mais de fuite. Les diamants de notre cousine et l'argenterie de la maison sont enterrés et cachés. Pour moi, pendant qu'on pillera chez moi, je descendrai au rez-de-chaussée pour me donner le plaisir de voir de mes yeux cette belle action d'un peuple qui se croit le plus civilisé de l'Europe et du monde entier : regardez-le briser les superbes glaces de notre grand appartement ; voyez-le couper les cordes auxquelles sont suspendus les énormes lustres en bronze ; ils tombent et, se brisant, ils enfoncent de leur poids les parquets et déchirent les superbes tapis des Gobelins tendus sur le plancher ; ces belles peintures, ces riches dorures, ces cheminées en bronze et en marbre, tout est détruit par ces vandales ! Voilà le tableau qui nous attend.

La défense de Polignac par le comte de Martignac est un chef-d'œuvre d'éloquence ; elle fait l'admiration de tous les partis. Puisse-t-il en résulter du bon pour les malheureux ministres, je le désire de tout mon cœur ; mais, il est à craindre que la Cour des pairs soit bien plus dirigée par la peur que par la persuasion, et son arrêt s'en ressentira. Hier soir, il y avait un petit conseil chez le roi, composé des généraux Gérard, La Fayette et Pajol ; on a discuté les mesures à prendre pour le jour où sera rendue la sentence. Le maréchal Soult est chargé d'assurer la tranquillité publique. Il paraît cependant qu'on n'a pas une très grande confiance dans sa loyauté, ni dans celle de La Fayette, puisque les généraux Gérard et Pajol ont promis au roi de défendre les anciens ministres et la Chambre des pairs contre l'attaque populaire, avec huit cents hommes dévoués, qui certainement ne passeront jamais du côté du peuple.

Paris a l'air d'un camp : partout des bivouacs, des canons braqués et de longues lignes de troupes qui marchent dans un silence morne et menaçant. Les faubourgs Saint-Antoine, Saint-Martin et Saint-Marceau sont en pleine révolte, Toute la population est en insurrection ; on entend des vociférations menaçantes et horribles. Il paraît que tout ce monde d'égorgeurs n'attend qu'un chef pour marcher contre nous. Je vais partout, je veux tout voir de mes propres yeux. Que c'est horrible de se trouver au milieu d'une révolution continuelle !

20 décembre.

Nous avons passé une nuit affreuse. Les voitures, depuis hier, ne circulent plus dans les rues ; la garde nationale reçoit toutes les heures de nouveaux renforts ; mais, plusieurs légions ont déclaré ne pas vouloir tirer sur le peuple ; l'artillerie surtout est bien mauvaise. Ce corps est, presque en entier, composé de héros de Juillet et au premier coup de canon, ils se tourneront contre le parti du roi.

Le duc d'Orléans est encore très souffrant de son voyage en province et ne se montre point ; cette maladie lui est survenue fort mal à propos ; il devrait se montrer à cheval et il est dans sa chambre au coin de son feu, ce qui fait fort mauvais effet. La Cour des pairs a couru les plus grands dangers aujourd'hui, au point que toute l'assemblée se croyait déjà perdue. Le président Pasquier perdit la tête de frayeur et fit lever la séance, en disant que la garde nationale ne pouvait plus arrêter la populace. En effet, on entendait, jusque dans la salle, des cris horribles poussés par un énorme attroupement. M. de Martignac nous a dit que, dans ce moment, il a cru que la populace allait entrer dans la Chambre et que le président ne pensait qu'à sauver sa personne et les pairs, en abandonnant les malheureux ministres à une mort certaine.

M. de Polignac et ses confrères d'infortune ont montré beaucoup de courage et conservé tout leur calme. Leurs plus cruels ennemis doivent leur rendre justice sous ce rapport. On a pris pour demain des mesures encore beaucoup plus énergiques et qui consisteront principalement à élargir le carré des troupes qui défendent le Luxembourg. Ce projet est dû au maréchal Soult, à ce que l'on m'assure. Je compte demain, après que la séance sera finie, faire tout le tour de ce carré.

20 décembre, 5 heures après-midi.

Ce matin, à neuf heures, je me suis rendu à la Chambre des pairs ; ma voiture fut arrêtée à l'entrée de la rue de Tournon ; je dus en descendre et continuer à pied le reste du chemin pour arriver au Luxembourg ; c'est une distance de trois cents pas environ. Pendant ce trajet, vingt fois, on me demanda ma carte d'admission dans la tribune diplomatique. Sous Charles X, cela m'aurait passablement impatienté ; mais, je le trouve fort naturel sous Louis-Philippe et dans des circonstances aussi menaçantes.

J'ai bien attendu une heure avant le commencement de la séance. Les tribunes étaient encombrées ; des jattes avec du chlore étaient disposées sur la corniche pour absorber les exhalaisons infectes d'une aussi nombreuse réunion de gens de toute espèce. Au signal d'un huissier, un profond silence s'établit dans la salle. Les portes s'ouvrent ; les anciens ministres paraissent, M. de Polignac en tête.

Je ne puis exprimer l'impression que me fit cet homme que je voyais, il y a peu de mois, entouré d'honneurs et de grandeurs, maintenant traité en criminel, demandant grâce pour sa vie à des personnes qui, dans le temps de sa prospérité, se seraient trouvées trop heureuses d'obtenir sa protection et dont maintenant, les uns étaient ses plus cruels ennemis, tandis que les autres se mouraient de peur. Malgré tout, il conservait son air calme et riant, saluait à droite et à gauche les personnes de sa connaissance comme s'il eût été dans son salon, au ministère des affaires étrangères. Cependant, les fatigues, les tourments et tant de mécomptes qu'il a faits depuis que je ne l'avais vu, ont laissé des traces sur sa figure ; il a vieilli et maigri, Peyronnet bien plus encore ; il avait l'air plus soucieux, mais toujours ferme et noble ; les deux autres que je connais moins ne m'ont pas paru changés.

Les ministres, une fois placés derrière leurs avocats, on procéda à l'appel nominal. Un seul pair se trouvait absent et cela pour cause d'une grave indisposition. Jamais je n'ai vu un homme plus agité, plus inquiet que ne l'a été aujourd'hui M. Pasquier ; il ne savait ni ce qu'il faisait, ni ce qu'il disait. En expliquant les motifs de l'absence de M. de Sainte-Aulaire, il a dit qu'on l'a saigné *très gravement*. Ce propos, malgré la gravité des circonstances, a excité une hilarité générale.

Après que chacun des pairs eut dit son *présent*, M. Madier de Montjau commença son plaidoyer en revenant sur tous les chefs d'accusation qui déjà avaient été réfutés à l'évidence par M. de Martignac. M. de Montjau a la figure la plus horrible qu'on puisse avoir ; une pâleur livide couvre ses traits ; il parle ou mieux, il lit mal ; on l'écouta avec impatience et lorsqu'il s'arrêta court pour chercher une feuille qu'il avait oubliée chez lui, on s'en moqua sans pitié. J'eusse fait de même, si son extrême embarras qui se manifesta par un tremblement affreux de tous ses membres et par des grimaces horribles, ne m'eût fait pitié.

Martignac fit encore la plus belle réplique improvisée qu'on puisse entendre, et après avoir déclaré qu'il n'avait plus rien à ajouter, il invita ses collègues à prendre la parole ; mais, ceux-ci déclarèrent aussi n'avoir plus rien à dire. M. le président invita par conséquent MM. les pairs à se former en comité secret, afin de prononcer le jugement. Alors, on commença à évacuer les tribunes et les pairs se levèrent. M. Pasquier les engagea de nouveau à se rasseoir ; les huissiers frappèrent avec leurs cannes ; le silence se rétablit ; le président, après quelques secondes, dit d'un air solennel :

— Messieurs, la séance est levée !

Ainsi que je me l'étais proposé hier, j'ai fait tout le tour du grand carré formé par la garde nationale pour la défense du Luxembourg. Il me fallut presque deux heures pour me retrouver au point d'où j'étais parti. Partout, j'ai trouvé une foule immense qui se pressait, qui injuriait la garde nationale et qui criait : « Mort aux ministres ! mort à Polignac ! » Le jardin du Luxembourg était rempli de troupes ; partout des feux de bivouac et des canons braqués. Dans ces attroupements, j'ai rencontré Mme de Dolomieu avec Mlle de Saint-Maurice. Ces dames me demandèrent des renseignements sur ce que j'avais vu et comment tout s'était passé dans la Chambre. Elles avaient une peur affreuse qu'augmentèrent tout à coup des clameurs qui paraissaient partir d'une autre rue. Elles se voyaient déjà engagées entre les deux parties belligérantes. Heureusement, ce n'étaient que des cris de vendeurs de brioches.

Rencontré aussi le comte Léon Potocky ; il m'a assuré

qu'on avait découvert un complot à la tête duquel se trouvent les généraux Bourdeau et Fabvier. Je suis convaincu qu'il n'en est rien, et que c'est La Fayette, Odilon Barrot, Dupont (de l'Eure) et Cie qui l'ont inventé pour s'imposer au gouvernement de Louis-Philippe. Le roi a commis l'imprudence de laisser entendre qu'il avait l'intention, le procès fini, de se priver de leurs services ; ils en ont été instruits et pour prouver combien ils étaient nécessaires, ils ont soudoyé des émeutiers ; ceux-ci l'avouent lorsqu'on les somme de se retirer.

J'ai vu ce peuple hideux, j'ai vu ces gens sans domicile, sans occupation, vivant au jour le jour ; ils ne sont là que pour répandre la terreur. J'ai passé par le pont d'Arcole et par la place de Grève. Partout, il y avait des attroupements, partout la garde nationale s'efforçait de les disperser. Mais, cela durera-t-il ? J'ai passé dans plusieurs rues où les réverbères sont abattus, ce qui me prouve de mauvaises intentions pour cette nuit. Sur la place du Palais-Royal on criait : « Mort aux ministres, ou bien la tête de Louis-Philippe ! » La garde nationale et la troupe de ligne étaient impuissantes devant cette foule. Une légion voulant s'engager dans une lutte inégale, a été forcée d'ôter les baïonnettes de ses fusils ; une autre légion dans le faubourg Saint-Antoine a été désarmée. Tous ces échecs démoralisent les seuls défenseurs que nous ayons.

De retour à l'hôtel de l'ambassade, j'ai trouvé devant notre porte une douzaine de vieux soldats. Ils sont chargés de veiller à la sûreté du représentant de l'empereur d'Autriche ! Le roi qui ne peut se défendre lui-même, comment nous défendrait-il et surtout avec douze invalides ! Cependant, l'ambassadeur n'a pas renvoyé cette prétendue garde ; mais, il l'a fait cacher dans l'intérieur de notre hôtel, afin que cette quantité de sentinelles à notre porte n'excitât pas l'attention de la populace. Le soir, plusieurs personnes vinrent chez nous, toutes plus ou moins consternées. Néanmoins, tout est calme dans le quartier à l'heure qu'il est.

22, à 10 heures du matin.

Dès huit heures, on bat la générale dans les rues ; la garde nationale rentrée à une heure après minuit, est de nouveau sur pied ; la populace des faubourgs est en marche contre le Palais-Royal et la Chambre des députés. Celle-ci est malheureusement à deux pas de notre hôtel, ce qui fait que les rues Saint-Dominique et de Grenelle, la place Bourbon et l'esplanade des Invalides sont encombrées de troupes et de gardes nationaux. Une autre foule se porte en ce moment sur Vincennes ; on y a envoyé aussi plusieurs légions pour défendre le château ; les ex-ministres y ont été conduits dans la soirée d'hier ; ils doivent être transportés à Ham en Picardie, château fort où M. de Polignac, déjà, une fois, a été emprisonné sous le règne de Napoléon.

Après 8 heures du soir.

Je reviens de ma promenade dans les rues de Paris. Ce n'est plus cette brillante capitale d'autrefois, c'est un camp ; partout des bivouacs et des rangées de gardes nationaux à perte de vue, ce qui serait plutôt rassurant, si cette grande masse d'hommes était animée d'un même esprit. Malheureusement, elle commence à se désunir. La garde nationale entend sans indignation des vociférations atroces proférées par les révoltés ; il y en a même dans ses rangs qui font chorus avec le peuple ; avec cela une proclamation indécente, affichée à tous les coins de rues et signée par M. le préfet de la Seine !... Tout cela nous prouve que le gouvernement est à la queue au lieu d'être à la tête. Partout, éclatent les symptômes d'une dislocation complète de l'État et il n'est pas trop agréable de se trouver dans ce guêpier. Toutes les grandes rues sont interceptées, toutes les communications interrompues ; le tort que cela fait au commerce déjà si ébranlé, est incalculable.

Malgré cette agitation, les fonds ont éprouvé une légère hausse ce matin ; on l'attribue à un traité qui doit être en train entre le parti républicain et le gouvernement. Il est question de l'abolition de la Pairie, d'une réduction très notable de la liste civile que le roi a eu la gaucherie de fixer à un taux trop élevé et qui a été mal accueillie par la Chambre, et enfin d'une diminution du cens électoral. C'est à ces conditions que le roi doit acheter la paix et la tranquillité de la capitale. La moitié de la garde nationale est d'accord sur ces points avec le parti républicain. En passant aujourd'hui par un des attroupements, j'entendis crier :

— Nous voulons l'exécution de la loi !

— Mais en quoi consiste l'exécution de la loi ? demandai-je à un de ceux qui criaient.

— Ma foi, me dit-il, demandez cela à d'autres, pour moi, je n'en sais rien.

Et il recommença à crier.

Des étudiants sont en ce moment en députation chez le roi ; on ne sait encore ce qu'ils veulent ; mais, on ne doute pas que tout leur sera accordé. Néanmoins, les collègues de ceux qui sont auprès du roi profitent de leurs loisirs pour dépaver la rue de Tournon et essayer de faire des barricades. Dieu sait ce qui nous attend et quels projets ils méditent !

Après 11 heures du soir.

Depuis deux heures, on n'entend plus que les cris répétés de « Vive le roi ! » Je m'y perds ainsi que tout le monde ; on ne sait plus qui pousse, on ne sait pas davantage qui dirige tous ces mouvements contradictoires. Voici cependant une explication : la garde nationale des environs de Vincennes est entrée dans Paris ; elle a passé par le faubourg Saint-Martin, au milieu des attroupements sans coup férir, en criant : « Vive le roi ! vive le duc d'Orléans ! »

Arrivée ainsi au Palais-Royal, ses cris ont redoublé. Le roi est descendu dans la cour d'honneur, a exprimé ses remerciements à cette troupe ; puis, se mettant à sa tête avec les ducs d'Orléans et de Nemours, il a parcouru sous les plus mauvais quartiers, et, partout, il a été reçu avec les plus vives exclamations de joie et d'enthousiasme. C'est une véritable marche triomphale. Les étudiants se joignent cette nuit à la garde nationale pour la ronde dans la ville.

23 décembre, à minuit.

Nous avons passé notre soirée au Palais-Royal pour féliciter le roi et sa famille de l'heureux dénouement d'une crise aussi dangereuse ; ils étaient tous ivres de joie. Je n'ai vu le roi que très peu d'instants ; il nous quitta pour se rendre au conseil des ministres. La reine avait l'air d'une personne à laquelle on a rendu la vie. Madame Adélaïde est rayonnante. Sa Majesté la reine des Français accepta nos félicitations avec sa bonté et sa grâce ordinaires ; toutes les personnes qui sont sur la petite liste du Palais-Royal s'y sont rendues ce soir pour exprimer leur intérêt à la famille royale. C'étaient la princesse de Wagram, la duchesse d'Albuféra, la duchesse de Trévise, les maréchaux Gérard et Maison, le duc de Broglie, la duchesse de Montmorency, la comtesse de Sainte-Aldegonde, le prince et la princesse de la Moskowa, la grande référendaire de Sémonville, Mme de Boigne, la maréchale Soult, Mme de Montalivet. La reine assurait tout le monde qu'elle n'avait pas eu un instant de peur ; c'est ce que tout le monde admira, mais ce que personne ne crut.

Mme de Monjoie, dame d'honneur de Madame Adélaïde, me dit qu'elle ne trouvait pas dans tout cela de quoi féliciter le roi.

— Ce n'est, me dit-elle, autre chose qu'un replâtrage qui ne me donne pas beaucoup d'espoir pour l'avenir.

M. d'Hulst, mari d'une des dames d'honneur de la reine, m'a dit qu'entre trois et quatre heures, après midi, il croyait la cause perdue.

— Si les étudiants, continua-t-il, qu'on a su gagner, ne s'étaient point déclarés pour nous, la moitié de la garde nationale aurait passé du côté du peuple et la guerre civile eût été inévitable.

Le roi a passé en revue toute la garde nationale, et l'on prétend maintenant qu'elle est animée du meilleur esprit possible. J'aime à le croire !

26 décembre.

Tout le monde paraît renaître dans Paris ; on est rempli d'espoir et l'on ne pense qu'aux étrennes. Toutes les boutiques sont encombrées et les marchands ne savent où donner de la tête pour suffire à tant de commandes, car ils sont au dépourvu.

L'arrivée prochaine de lady Granville occupe aussi la société depuis qu'on a le temps d'y penser. Les intrigues de Mme de Flahaut ont donc réussi en partie ; il ne lui reste plus qu'à faire nommer son mari ambassadeur de France à Londres ; mais, il paraît qu'elle n'a pu obtenir autre chose que la survivance.

On ne parle plus que de bals et de fêtes qui doivent se donner au Palais-Royal. Il y aura grand concert bientôt et l'on n'attend que la fin du deuil du roi de Naples pour faire danser tout Paris. On dit aussi que les habits bourgeois ne seront plus tolérés au palais ; tout le monde s'y rendra en uniforme. On prétend encore que ces fêtes se donneront au Louvre ou aux Tuileries ; ce sera une manière de transition insensible, tandis que de s'y loger tout d'abord, aurait peut-être fait une mauvaise impression.

La Fayette doit décidément quitter ses fonctions de chef de la garde nationale. En un mot, les actions de la monarchie sont à la hausse, au point que les carlistes commencent déjà à prendre ombrage de la position forte de Louis-Philippe. Ceux qui aiment la tranquillité s'en réjouissent ; le parti républicain se retire et se cache dans ses antres, probablement pour méditer quelque nouvelle attaque.

La Fayette voit décroître sa popularité ; il est traité de vieille ganache par ses légions ; on fait des caricatures sur cet illustre personnage ; enfin, il est traité à sa juste valeur. Il n'y a que la cour qui le flatte encore ; est-ce par peur, est-ce par générosité ? Je n'en sais rien !

29 décembre.

Mme de Flahaut se donne un mouvement inconcevable. Son salon est un véritable club de propagande politique. Elle est si heureuse de tout ce qui arrive et de tout ce qui lui a réussi, qu'elle croit maintenant qu'elle arrivera à bout de tout. Elle a poussé son arrogance jusqu'à promettre au ministre Sébastiani qu'elle réussira à entraîner le ministère anglais à suivre en tout la marche du gouvernement français. J'espère qu'elle ne pourra tenir sa promesse.

Voici encore une modification ministérielle : Merilhou (1)

---

(1) Avocat au barreau de Paris pendant les dernières années de l'Empire, magistrat pendant les Cent-Jours, il fut, sous la Restauration, l'un des chefs de l'opposition républicaine et membre de sociétés secrètes. Traduit en cour d'assises en 1820, acquitté par le jury, il prit part aux événements de 1830. Élu ensuite député, il fut nommé, en 1832,

est devenu garde des sceaux et Barthe (1), ministre de l'instruction publique. Je crois que ce changement n'aura pas une bien grande influence sur les affaires, et sur la société. La nouvelle n'a pas fait la moindre impression, d'autant plus qu'on ne songe plus qu'aux fêtes et aux amusements dont les Parisiens sont si avides et dont ils croient avoir été privés depuis une éternité. Les carlistes cependant veulent résister à la tentation. Ils veulent tenir bon et ne pas danser pendant tout un hiver. Ils ne répondent de rien pour l'année prochaine. Ceux et celles surtout qui ne se croient pas assez forts pour ne point être entraînés par la magie de ce tourbillon de gaieté folle, se retirent à la campagne.

Demain, il y aura une grande réception à la cour, le corps diplomatique sera reçu à part comme sous Charles X. On a fait insinuer au nonce, de la part du roi, que Sa Majesté désirerait qu'il lui adressât au nom du corps diplomatique un discours ainsi que cela se faisait sous Charles X. Le nonce est venu chez nous ce soir pour communiquer cette insinuation à notre cousin. Ils ont composé ensemble un charmant petit discours avec de charmantes phrases qui ne disent rien du tout. Il n'y est question ni du fils aîné de l'Église, ni de quoi que ce soit qui pourrait rappeler les anciens rapports de la France avec le Saint-Siège.

---

conseiller à la Cour de cassation, et pair de France en 1837. Il mourut en 1849 à soixante ans.

(1) L'un des plus fougueux adversaires des Bourbons, affilié aux carbonari, il manifesta ses opinions par la plume et la parole avec une extrême violence. Sous Louis-Philippe, il fut plusieurs fois ministre, premier président de la Cour des comptes et pair de France. Le second Empire le fit sénateur, et il mourut en 1863, à soixante-huit ans.

ANNÉE 1831 (JANVIER ET FÉVRIER) [1]

SOMMAIRE RÉSUMÉ : Suite de bals sur un volcan. — Potins mondains. — Intrigues féminines. — Fête à l'Opéra pour les pauvres. — L'aventure du comte et de la comtesse de Vaudreuil. — Candidats au trône de Belgique. — La cérémonie de Saint-Germain-l'Auxerrois. — Le pillage de cette église. — L'émeute à Notre-Dame. — La destruction de l'archevêché. — Une procession hideuse. — Le défilé du mardi gras. — Un bal chez Rothschild. — L'incendie à Conflans. — L'archevêque de Paris poursuivi. — La populace au Palais-Royal. — Un voleur au bal. — Départ du comte Rodolphe pour la Hongrie.

2 janvier.

Le faubourg Saint-Germain veut décidément faire place aux nouveaux venus. Cela les fâche beaucoup, la nouvelle société s'étant proposé de rendre à l'ancien régime toute la hauteur dont celui-ci l'accabla sous Charles X. Il est très élégant dans un certain monde

[1] J'avais songé à terminer ce premier volume avec l'année 1830. Mais, je me suis décidé à empiéter de deux mois sur l'année 1831, parce que, d'une part, ils virent se dérouler les tragiques événements qui suivirent la révolution de 1830 et d'autre part, parce qu'à la fin de février, le comte Rodolphe ayant quitté Paris pour aller embrasser sa famille en Hongrie, son journal fut interrompu pour n'être repris qu'à la fin de mai.

de ne point aller au Palais-Royal, tout comme il est très bon genre d'étaler les principes les plus aristocratiques et de faire fi de la nouvelle cour, tandis que l'année dernière, il était très élégant de professer des principes de sans-culotte.

Il y aura grand luxe au bal du Palais-Royal. Ils veulent cacher par là l'absence de la bonne compagnie. Toutes les dames de l'ancienne cour de Napoléon comptent nous éblouir par leurs diamants ; la reine aussi veut en être couverte ; en un mot, nous sommes à deux cents lieues de la simplicité dont le roi citoyen a voulu s'entourer.

6 janvier.

On parle de plusieurs nominations de dames du Palais qui doivent être nommées pour former une cour convenable à la reine des Français. Parmi les noms qu'on cite se trouvent ceux qui suivent : les duchesses de Dino, de Périgord, de Valençay, la marquise de Caraman, les comtesses de Sainte-Aldegonde et d'Oudenarde et autres parmi celles qui vont au Palais.

Le 17, il y aura grand bal chez nous ; nous aurons beaucoup plus de monde que je ne croyais dans les premiers temps. Ce qui rendra notre bal bien piquant, c'est qu'il n'y aura pas une seule personne du mouvement. Notre liste n'a pas changé depuis et nous n'inviterons que les personnes déjà priées l'année dernière.

18 janvier 1831.

Notre bal a été des plus animés; c'était la première grande fête donnée depuis les journées de Juillet; les mêmes personnes qu'autrefois s'y retrouvaient et paraissaient avoir oublié pour quelques moments la révolution qui a passé devant nos fenêtres; il fallait être bien initié dans les secrets de la société pour y remarquer des changements. Mmes les duchesses d'Escars, de Bauffremont, de Maillé, de Tourzel, de Narbonne, de Lorge, de Noailles, de Damas, de Crussol, de La Force, de Clermont-Tonnerre et autres n'y étaient point, et cela pour ne point rencontrer le duc d'Orléans.

Il s'en aperçut, et en dansant avec la marquise de Caraman, il lui exprima sa surprise de ne point trouver chez nous toutes ces dames.

— Je trouve fort simple, dit-il, que ces dames ne veuillent point aller au Palais-Royal; mais, il est par trop fort de pousser la chose jusqu'à vouloir m'éviter même dans une maison tierce.

Mme de Caraman lui répondit qu'elle trouvait cette remarque très peu galante pour les dames qui se trouvaient au bal.

— Elles vous manquent, continua-t-elle, celles qui n'y sont point et vous n'apercevez pas, monseigneur, celles qui y sont.

Mme de Caraman, pendant la valse, me rapporta sa conversation avec le duc. Comme Mmes de Bauffremont et de Noailles m'avaient donné les raisons qui les ont empêchées de venir chez nous et raisons très différentes de celles auxquelles le prince royal attribuait leur absence, j'ai cru de mon devoir de rectifier son interprétation. Cependant, l'affaire me parut trop délicate pour aborder la question avec lui sans qu'il m'en eût parlé. En cherchant des yeux, à travers mon lorgnon, la personne qu'il me fallait, je découvre Mme de Sainte-Aldegonde à l'autre extrémité de la salle, debout sur la première marche du trône et appuyée contre une colonne. Après avoir donné le signal à l'orchestre de commencer la contredanse, je m'approche de la comtesse Camille et j'ai eu avec elle la conversation que voici :

— Le prince royal s'est plaint de l'absence de plusieurs dames qu'il est accoutumé de voir chez nous, madame ; je le sais de bonne part.

— Oui, de Mme de Caraman, dit Mme de Sainte-Aldegonde ; j'étais derrière le prince, je n'en ai pas perdu une parole ; d'ailleurs, le roi, la reine et les princesses s'en sont également plaints ; ils trouvent très simple que les personnes attachées à la cour de Charles X n'aillent pas au Palais-Royal ; mais, ils font une grande distinction entre celles-ci qui agissent par devoir et les autres qui ne les imitent que pour bouder la famille royale. Dans ce nombre, se trouvent Mmes de Bauffremont, de Mortemart et autres que je n'ai pas besoin de vous nommer.

— Mais, madame, il paraît que vous êtes mal instruite.

— Non, non, monsieur, je le sais très bien et au Palais-Royal, on n'en a pas le moindre doute non plus ; les propos de Mme de Bauffremont y sont connus ; on sait, de très bonne part, qu'elle a dit ne pas vouloir venir ici de peur de rencontrer le duc d'Orléans, vu qu'elle ne pourrait le voir sans lui cracher à la figure ; samedi dernier, lorsque le roi a passé par la rue de l'Université sous les fenêtres de la princesse de Bauffremont, elle les a fermées au plus vite et s'est laissée tomber dans un fauteuil faisant semblant de s'évanouir.

La chaleur avec laquelle Mme de Sainte-Aldegonde me conta cette histoire, ne me laissa plus aucun doute sur l'auteur de tout ce paquet. Elle est l'ennemie jurée de Mme de Bauffremont. Celle-ci non plus ne peut la souffrir et lui a rendu bien des mauvais services à la cour de Charles X ; Mme de Sainte-Aldegonde ne fait donc que lui rendre la pareille.

Aujourd'hui, autant par fierté que par politique, la princesse Laurence s'inquiète fort peu de ce qu'on dit d'elle au Palais-Royal. Croyant le retour de Henri V inévitable, elle cherche à faire parler le plus possible de sa rupture avec les d'Orléans, afin de donner plus d'éclat à son opposition ; elle est très virulente dans ses expressions, ce qui donne souvent lieu à des scènes entre elle et Mme de Valençay, sa sœur, qui a adopté les opinions de son mari. La duchesse de Montmorency et le duc sont aussi pour le Palais-Royal, parce qu'il est dans leurs principes d'être toujours du côté du pouvoir ; mais, ils ne désapprouvent pas la manière d'agir des Bauffremont, trouvant prudent que les membres de la famille soient représentés dans toutes les opinions du jour, afin d'avoir quelqu'un qui, quoi qu'il arrive, puisse les protéger et faciliter leur retour dans les bonnes grâces de la puissance une fois affermie.

Mme de Matignon, mère de la duchesse de Montmorency, femme d'infiniment d'esprit autrefois, est tombée dans l'enfance depuis les événements de juillet dernier.

Une pareille secousse à son âge et surtout après avoir survécu à une première révolution, était trop forte pour elle. Quant au baron Raoul de Montmorency et sa femme qui n'aiment pas les discussions politiques et qui sont liés d'amitié avec les d'Orléans, Raoul ayant dû jadis épouser Madame Adélaïde, ils ont pris le parti de passer leur hiver à Nice.

Notre bal a été des plus gais, malgré les temps difficiles dans lesquels nous vivons. Hier, entre cinq et six heures du soir, je n'aurais pas cru que la fête se passerait aussi tranquillement. Un grand attroupement s'était formé depuis quatre heures environ sur l'esplanade des Invalides, dans l'aimable intention de prendre d'assaut notre bal. Le parti républicain voulait par là insulter le représentant d'une puissance qu'il déteste et redoute et la populace en aurait profité pour arracher les diamants et les perles des dames présentes à la fête. Le gouvernement fut instruit à temps de ce projet. La garde municipale chassa non sans peine ces aimables gens, en les poussant jusqu'au faubourg Saint-Antoine et Saint-Denis, leur repaire, où on livra bataille. Ce ne fut qu'à deux heures du matin que le bruit de tout cela circula dans nos salles; il n'y avait plus le moindre danger et on en parla comme d'une chose passée ou d'un danger conjuré dont on aime à s'entretenir. Entre les personnages historiques présents à notre bal, on remarquait les amiraux de Rigny et Codrington (1).

(1) L'amiral Codrington, alors âgé de soixante ans, siégeait dans le parlement d'Angleterre, après avoir fait, dans la marine de son pays, une brillante carrière. C'est lui qui, le 20 octobre 1827, commandait à Navarin les flottes de la France, de la Russie et de la Grande-Bretagne contre les Turcs. Il mourut en 1851, chambellan de la reine Victoria.

21 janvier.

Aujourd'hui, pour la première fois, j'ai passé ma soirée à l'hôtel de l'ambassade d'Angleterre depuis l'arrivée de lady Granville. Lady Stuart (1) se trouvait aussi dans ce salon vert qu'elle appelait le sien, il y a peu de jours encore. Elle m'a avoué qu'elle avait été au moment d'aller à notre rencontre lorsque nous arrivions et que ce n'était que le mouvement de lady Granville qui lui avait rappelé que c'était à la nouvelle ambassadrice de faire les honneurs. Ces deux dames comprennent parfaitement leur position ; toutes les deux ont beaucoup d'esprit et jouent par conséquent leur rôle avec un tact infini ; on les admire beaucoup dans cette occasion. Elles se rendent ainsi justice, ce qui fait que leur position est moins désagréable qu'on ne devait penser.

24 janvier.

Avant-hier, il y avait bal pour les pauvres dans la salle de l'Opéra. Ce fut une imitation de celui qui a été donné l'année dernière. Seulement, on y a laissé entrer sans distinction quiconque voulait payer vingt francs, ce qui a fait qu'il y avait six mille personnes au lieu de quatre mille l'année dernière. Cependant, la recette n'a

(1) Femme de l'ambassadeur qui venait d'être rappelé et remplacé par lord Granville.

pas été beaucoup plus considérable, le roi Philippe n'ayant donné que six mille francs en tout, tandis que Charles X en avait donné soixante mille et payé en sus les frais d'éclairage, quatre mille bougies. Cette fois-ci, cette dépense et les frais pour les rafraîchissements, ont été déduits de la recette.

Le marquis de Caraman n'a pas voulu que sa femme soit patronnesse, comme sous Charles X ; elle en a été désolée. Elle regrette surtout les conférences des patronnesses sous la présidence du jeune duc d'Orléans. Il s'en est acquitté, à ce qu'on m'assure, avec autant de grâce et d'amabilité qu'il l'avait fait comme duc de Chartres.

Il y a eu dans ces conférences des débats très animés sur la question de savoir si les nœuds et aiguillettes qui devaient orner les épaules de ces dames, seraient tricolores, ou non ? Le duc d'Orléans, après s'être aperçu de la parité des voix, déclara comme étant son opinion personnelle qu'il trouvait de mauvais goût l'emploi de ces couleurs comme ornement de toilette, qu'il ne voulait pas néanmoins trancher la question, mais que, si cela convenait aux dames, il irait demander l'opinion de la reine, sa mère. Cette proposition fut acceptée unanimement et la réponse de Sa Majesté revint bientôt et en faveur des aiguillettes tricolores. Les dames qui avaient voté contre ces couleurs, se donnèrent le mot de ne point paraître à la fête. Celle de ces dames qu'on regretta le plus fut Mme Bessières, duchesse d'Istrie, une des plus belles femmes de Paris, un véritable ornement de bal.

25 janvier.

Avant-hier, il y avait grand bal au Palais-Royal. J'étais très curieux de savoir comment cela s'arrangerait à la cour du roi citoyen. Très peu de grandes dames de l'ancienne cour y ont assisté; il n'y avait que celles qui y allaient dès le commencement; la famille du marquis de Mortemart et la princesse Aldobrandini étaient les seuls personnages de quelque poids. Le duc d'Orléans est profondément blessé de l'attitude de ces dames; il a dit à quelqu'un qui lui parlait de la beauté de la fête et du nombre des invités présents que tout cela n'était que des figures.

Il n'y avait pas la moindre étiquette à cette fête. Si l'on n'avait été en uniforme, on se serait cru chez un simple particulier. Il n'y a pas eu de cercle. Le roi allait de salon en salon pour saluer tout le monde et pour parler aux personnes qui se trouvaient sur son chemin. La reine faisait comme lui, accompagnée de ses filles et de Madame Adélaïde; les ducs d'Orléans et de Nemours se mêlèrent à la foule. La reine continuait sa tournée lorsqu'on fit commencer; ce fut probablement pour éviter la contredanse de cérémonie. Il faisait une chaleur à mourir; la grande moitié de ce monde m'était inconnue. On dansait dans quatre vastes salles; dans les autres appartements, on avait dressé les tables de jeu et les buffets. La galerie de Valois avec les appartements qui l'entourent, ne furent ouverts qu'au moment du grand souper où il y eut près de deux mille personnes assises. Comme il n'y a point de maître de cérémonies, c'est la reine ou Madame Adélaïde qui m'engagea à danser avec les princesses Louise et Marie.

Après souper, le duc d'Orléans me conjura de ne point l'abandonner pour le cotillon et le galop. Je le lui promis, mais non sans regrets, prévoyant que nous resterions seuls avec tout plein de monde inconnu. Ce que j'avais prévu, arriva ; au cotillon, il n'y avait plus personne de ma connaissance. Le duc m'avoua lui-même ne connaître que trois ou quatre de ces dames. C'était une réunion de femmes inconnues et peu jolies.

— Prenons courage, me dit le prince et faisons aller tout cela.

Le bal a duré jusqu'à cinq heures du matin.

Le roi est tout absorbé par l'affaire de Belgique, il a une peur affreuse que le prince de Leuchtenberg (1) ne soit proclamé roi ; il ne pense et ne parle que de cela.

27 janvier.

Je reviens en ce moment d'une soirée chez la duchesse de Montmorency. On a parlé politique, comme partout en ce moment, où chacun fait ses raisonnements selon les opinions qu'il professe. Je pris part à la conversation générale ; mais, dès que je m'aperçus qu'on voulait

(1) Fils aîné d'Eugène de Beauharnais, né en 1807, le prince Charles de Leuchtenberg était candidat au trône de Belgique sur lequel l'opposition de Louis-Philippe l'empêcha de monter. En 1835, il épousa la jeune reine de Portugal, donna Maria, et mourut peu après.

me tirer les vers du nez, je fis un petit à parté avec Mme de Valençay et je lui proposai de faire le thé, offre qu'elle accepte toujours avec reconnaissance. Les amateurs de thé n'y perdent rien non plus, car Mme de Valençay nous fait quelquefois une potion incroyable. Pendant que je m'acquittais de cette besogne, Alix se plaça à côté de moi et me raconta une histoire charmante, qui est arrivée dernièrement à Mme de Vaudreuil et à son mari.

Ce ménage passa dernièrement sa soirée aux Variétés. Il paraît que la loge qu'il avait louée était mal placée ou bien le chapeau de madame trop large, au point d'empêcher la vue sur la scène. Quoi qu'il en soit, M. de Vaudreuil descendit au parterre et madame resta seule dans sa loge. Dans les entr'actes, par ennui assurément, la vicomtesse se mit à coqueter à droite et à gauche et si bien qu'un homme enhardi par tant d'avances, se fit ouvrir la loge d'où tant de doux regards lui étaient lancés et se mit à côté de la belle. Mme de Vaudreuil, gaie et étourdie comme elle est, le laisse faire. Le jeune homme n'était pas mal de figure et s'exprimait avec grâce et galanterie ; la vicomtesse lui répond en conséquence et d'agacerie en agacerie, le beau monsieur devient entreprenant au point que madame inquiète, fait signe à M. de Vaudreuil au parterre.

Il n'y voit pas ! elle se mouche, elle tousse une fois, deux fois, trois fois, jusqu'à ce qu'enfin M. de Vaudreuil, en bon mari, tourne la tête du côté de la loge de sa femme pour voir quelle quinte la prenait. Il aperçoit l'inconnu ; il comprend les signes de détresse qu'on lui fait ; il se précipite dans la loge, fait de grands yeux très significatifs au monsieur, chuchote à l'oreille de sa femme et croit prouver par tout cela qu'il est le mari. Mais, le monsieur ne se dérange pas le moins du monde, tout au contraire ; il redouble de galanterie pour madame, il lui dit tout bas des choses fort piquantes. Le vicomte perd patience et ne voulant pas faire une scène de mari jaloux en plein théâtre, il engage sa femme à rentrer. Ils se lèvent ; mais, l'inconnu fait comme eux ; plus empressé que M. de Vaudreuil, il attrape le châle de madame, le lui met sur l'épaule tout en offrant son bras. Madame tout étourdie, accepte ; il la conduit au bas des escaliers. M. de Vaudreuil appelle son domestique, la voiture s'avance et le vicomte commence à respirer.

Cependant, la portière de la voiture est ouverte, l'inconnu soutient madame qui y monte et M. de Vaudreuil ne perd pas un instant pour suivre sa femme. Mais, ne voilà-t-il pas qu'il se sent retenu par le pan de son habit ; il se retourne, c'est encore l'inconnu. Il peste, il gronde, il ne trouve pas d'expression assez forte pour témoigner son indignation contre celui qui l'empêche de monter dans sa propre voiture, à côté de sa femme. Mme de Vaudreuil, tout émue, prend son mari par le collet et crie de toutes ses forces :

— C'est mon mari, c'est le vicomte de Vaudreuil, mon mari.

— Oui, c'est ma femme, dit le vicomte à son tour, écumant de rage...

— Oui, oui, votre femme ! C'est-à-dire pas plus que la mienne, reprend l'inconnu en redoublant d'efforts pour tirer en bas le vicomte.

Enfin, ce ne fut que par une vigoureuse intervention des gens qu'on parvint à faire lâcher prise au bel inconnu.

Aujourd'hui, cette histoire court de bouche en bouche et M. de Vaudreuil la raconte, dit-on, fort plaisamment.

1er février.

Lady Granville nous a donné hier un bal superbe. Il y avait des gens de toutes couleurs, les Odilon Barrot, les La Fayette, etc., etc. Le duc d'Orléans se trouvait au milieu de tout cela, dans une intelligence parfaite avec ces messieurs. Entre une et deux heures du matin, la nouvelle se répandait dans les salons de la nomination du duc de Nemours comme roi de Belgique (1). Je me suis empressé de faire mes félicitations au duc d'Orléans ; il les a acceptées pour le prince, son frère, tout en me disant qu'il n'accepterait point la couronne. A peine la nouvelle de l'élection du duc de Nemours a-t-elle été repandue qu'on faisait déjà des bons mots ; on l'appelait chou de Bruxelles et les royalistes autant que les libéraux espéraient qu'il accepterait. Les carlistes croient et se flattent que le duc de Nemours ne partage point les opinions du reste de sa famille, en un mot qu'il est Henriquinquiste.

6 février.

J'ai été ce matin chez le duc d'Orléans, il m'a beaucoup parlé d'affaires ; il désire avant tout la conservation de la paix génerale en Europe.

(1) La candidature du prince fut tout à fait accidentelle, Louis-Philippe ayant refusé la couronne qui était offerte à son fils.

— Tous les peuples et tous les souverains en ont besoin, m'a-t-il dit ; c'est pour conserver cette paix que nous avons refusé la couronne de Belgique pour mon frère, et mon père n'aurait certainement rien eu contre le choix du duc de Leuchtenberg, s'il n'avait été instruit que le parti républicain en France, travaillait à cette élection. Mais, quoi qu'on puisse faire, la guerre sera toujours imminente aussi longtemps que toutes les puissances continueront à s'armer ; il faudrait qu'elles se donnassent le mot pour désarmer toutes à la fois.

Ces sentiments pacifiques m'ont fort étonné de la part du duc qui, voici peu de jours, ne rêvait que guerre et conquête. Je lui en témoignai ma satisfaction et donnai mon assentiment à tout ce qu'il venait de me dire. Puis, il me confia que son père faisait tout pour s'affirmer sur son trône, qu'il ne manquerait pas une occasion d'affaiblir le parti républicain en France et qu'il espérait ainsi faire renaître la confiance dans le public, confiance si nécessaire au commerce.

Il a passé ensuite à un sujet plus futile et m'a donné les détails du bal d'enfants, qui a eu lieu hier soir au Palais-Royal, auquel personne de nous n'a assisté, Marie ne pouvant danser à cause de son traitement orthopédique et Jules, grand comme il est, se trouvant un peu embarrassé de sa personne au milieu d'enfants. Le duc m'a raconté qu'un des valets de chambre ayant eu la maladresse de servir du punch à la glace, qui était préparé pour les grandes personnes, fut cause que plusieurs de ces enfants en furent grisés ; les uns devinrent tristes, les autres sautaient sans discontinuer, d'autres encore tombaient à tout moment ; les mères ne savaient ce qui prenait à leurs enfants, et ne le comprirent que lorsque des symptômes plus fâcheux encore se manifestèrent dans tous les coins de la salle. L'embarras des parents était extrême ; c'était des excuses à n'en pas finir de la part de toutes ces dames, des lamentations, des cris d'enfants, des secours de toute espèce pendant que les domestiques réparaient les petits accidents survenus, qui compromettaient passablement les parquets. Les dames de la cour cherchaient des cassolettes ; la reine rassurait et consolait les mères et tout le monde avait hâte de rentrer à la maison.

8 février.

J'ai fait aujourd'hui quelques visites, entre autres chez lady Granville et lady Stuart. J'ai trouvé chez cette dernière Madame Adélaïde, sœur du roi. Ayant la vue très basse, je ne m'en suis aperçu qu'au moment où une voix nasillarde m'a demandé les nouvelles de Mme l'ambassadrice. Je me suis empressé de me lever, de m'avancer jusqu'au fauteuil de Son Altesse Royale, de lui faire une profonde révérence, même deux, et de lui exprimer ma confusion de ne point l'avoir reconnue plus tôt. Elle s'est empressée à son tour de me mettre à mon aise, m'a dit mille choses aimables et gracieuses et s'en est allée peu de moments après.

La marquise de La Chataigneraye me dit hier que le duc d'Orléans s'était plaint à elle de la tristesse des bals de cette année.

— Je trouve, lui a-t-il dit, que tout le monde a l'air bien préoccupé, bien peu dispos.

— Il y a bien de quoi, a répliqué la marquise ; nous ne sommes pas dans notre assiette, Monseigneur ; certes si nous n'avions pas eu sous Charles X un duc de Chartres, le duc d'Orléans d'aujourd'hui serait fait pour nous faire oublier l'ancienne cour.

Le duc sourit et fit une inclination de tête. Quelle différence pour lui entre aujourd'hui et l'année dernière ! Il était alors la coqueluche des dames ; maintenant, il n'y en a que bien peu qui veulent lui parler.

Dernièrement, le roi en causant avec un ambassadeur sur les affaires en Belgique, a tenu un propos fort singulier : il était question de la candidature du frère du roi de Naples au trône belge.

— Je crois, a dit Louis-Philippe, que ce prince réunit en lui bien des avantages et celui surtout d'être le frère de Mme la duchesse de Berry n'est pas un des titres les moins puissants à mes yeux.

Le pense-t-il vraiment ou bien veut-il le faire croire ?

12 février.

Le bal d'hier au Palais-Royal fut des plus nombreux. Je crois qu'on a voulu suppléer à la qualité par la quantité. En fait de personnages intéressants, il y avait entre autres toute la députation belge (1). Tous ces messieurs ont l'air fort commun, Surlet de Chockier surtout. Ses longs cheveux noirs qui commencent seulement à grisonner m'ont fait l'effet d'être mal tenus. Dans le reste

---

(1) Celle qui était venue pour offrir la couronne de Belgique au duc de Nemours.

de son costume, il régnait une nonchalance affectée et républicaine ; il me rappelait les Barras, les Robespierre et autres que nous voyons sur la scène maintenant. Plusieurs de MM. les députés belges sont mariés et j'ai vu une de ces femmes à qui le duc de Nemours faisait danser la première contredanse. Je la dansais, vis-à-vis de lui, avec la princesse Louise ; c'est elle qui me dit que son frère dansait avec une de ses sujettes.

— Celle-ci a cet honneur aujourd'hui, lui répondis-je ; il n'en sera pas de même après-demain. Le roi recevra ces messieurs, pour leur dire très poliment : « Je n'en veux pas, de votre trône. »

— Ne parlez pas si haut, me dit la princesse en souriant.

Plusieurs jeunes gens m'ont assuré avoir rencontré à ce bal des personnes qu'ils avaient bien vues au Palais-Royal, mais pas précisément dans les salons du roi.

C'est aujourd'hui que nous avons eu la nouvelle de la révolution de Modène (1) ; le duc, à ce qu'on dit, a dû se sauver. M. de La Fayette a donc tenu parole. Lorsque le duc refusa de reconnaître le roi Louis-Philippe, le général déclara qu'il allait lui envoyer une bonne petite révolution. Les réfugiés italiens et leur La Fayette sont dans l'enchantement à en perdre la tête. Dieu veuille qu'ils la perdent à leur premier succès.

J'ai fait la connaissance hier de l'amiral Duperré, il est bourru comme un marin et de peu de paroles ; sa figure est noire avec de grands favoris. Le personnage ne me paraît pas fort attrayant, moi qui ne suis pas trop marin.

(1) C'est le 3 février qu'avait éclaté à Modène une insurrection qui obligea le duc François IV à prendre la fuite. Mais, grâce au secours de l'Autriche, il fut promptement remis en possession de ses États.

13 février.

J'ai rencontré aux Tuileries, ce matin, M. de Rosambeau ; il vient de chez Mme la duchesse de Berry qui paraît très contente de tout ce qui se passe en France et qui a plus d'espoir que jamais d'y revenir.

— Ne trouvez-vous pas, me dit le comte de Rosambeau, que les choses vont admirablement pour nous?

— Méfiez-vous-en, dis-je, et surtout ne précipitez rien. Croyez-moi, le parti républicain est aussi dangereux pour vous qu'il l'est en ce moment pour Louis-Philippe.

— Je ne le crois pas ; la République ne va pas à la France ; personne n'en veut.

— Vous avez raison, monsieur ; mais, il y a tant de gens qui n'ont rien à y perdre et tout à y gagner.

— Je vous assure, comte Rodolphe, que tout le monde regrette Charles X. Madame et Henri V ont beaucoup de partisans ; tout le Midi est pour eux et l'Ouest aussi. A Paris même, je trouve un changement notable dans l'opinion publique ; les ouvriers surtout sont mécontents. Enfin, pour ce qui me concerne, je crois que bientôt le moment sera venu où nous pourrons agir.

— Je connais, lui dis-je, le projet de Madame ; je sais qu'elle veut se rendre en Espagne, y recruter des guerillas à la tête desquels se mettrait le maréchal de Bourmont, et passer en France par les Pyrénées. La Vendée est organisée pour la recevoir, des proclamations seraient lancées dans le reste de la France, et voilà une guerre civile allumée. Je ne suis point Français, monsieur ; mais, ce mot de guerre civile me fait frissonner pour votre pays. Avez-vous calculé les suites funestes d'une semblable entreprise? Si vous êtes vaincus, la cause de Henri V n'est-elle pas à jamais perdue?

Le comte de Rosambeau devint rêveur et me quitta tout pensif en me promettant, toutefois, de venir me voir dès que ses occupations le lui permettront.

14 février.

De grands désordres ont éclaté aujourd'hui à l'occasion de l'anniversaire de la mort du duc de Berry. Une cérémonie devait être célébrée à Saint-Roch ; mais le gouvernement ayant été informé que les républicains avaient le projet d'y faire du tapage, l'a interdite. Les carlistes et amis de la dynastie déchue cherchèrent une autre église et surtout un autre curé plus traitable que celui de Saint-Roch. Ils ne tardèrent pas à en trouver un ; ce fut celui de Saint-Germain-l'Auxerrois, et malgré la défense positive de l'archevêque, cet ecclésiastique promit de célébrer la cérémonie dans sa paroisse. Elle se passa d'abord tranquillement. Mme de Podenas, qui y est restée une des dernières, m'a assuré qu'à deux heures, tout était encore fort calme. Effectivement, ce ne fut que vers trois heures qu'un attroupement considérable se forma devant cette église, sous prétexte que les artistes y avaient couronné le buste de Henry V. Le fait est qu'un garçon, la cérémonie entièrement terminée, avait eu la déplorable idée d'accrocher au drap du catafalque avec une épingle, une petite lithographie représentant Henry V.

La garde nationale s'est portée sur les lieux pour disperser les mutins ; mais, elle agissait sans énergie, soit qu'elle ne se trouvât pas en nombre, soit qu'il ne s'agît que de défendre une église. La populace enhardie devint plus nombreuse et plus exigeante ; elle appela le curé qu'elle voulait tuer. Sa colère tourna contre l'archevêque de Paris et enfin contre tout le clergé. « Mort aux prêtres, ou bien mort au roi Louis-Philippe ! » Tels furent les cris dont Paris a retenti pendant toute la journee d'aujourd'hui et bien avant dans la nuit.

Le roi et ses ministres décidèrent qu'il fallait faire des concessions, et que puisqu'on ne pouvait empêcher le mouvement, il fallait se mettre à la tête pour le diriger. Voilà ce qui explique la singulière scène dont je viens d'être témoin ce soir avec Félix Schwarzenberg.

Dix heures avaient sonné ; nous nous trouvions sur la place, entre le Louvre et Saint-Germain-l'Auxerrois ; les quais et les rues qui y aboutissent étaient remplis d'une foule énorme : des troupes de ligne, garde nationale et municipale, des curieux, et enfin des gens à figure sinistre armés de haches, de gros bâtons, de lances et autres, leur chemise retroussée jusqu'à l'épaule, montrant un bras nerveux et souvent teint en rouge pour se donner un aspect plus effrayant. Se voyant en force, ils avaient exigé que le maire fît abattre la croix en pierre du fronton. Au moment de notre arrivée, il était sur la plate-forme de l'église, avec des gardes municipaux, des torches à la main pour éclairer quelques ouvriers qui sciaient la croix ; elle tomba avec fracas ; des applaudissements, des cris de joie éclatèrent, et furent répétés sous les voûtes du Louvre.

La nuit était obscure ; à peine quelques étoiles brillaient

à travers les nuages. Ce fut donc à la lumière rougeâtre des torches qui erraient par-ci, par-là, dans la foule, que nous distinguions les groupes qu'on eût dit vomis par l'enfer. Cependant, les cris devenaient de plus en plus effrayants; les torches se multipliaient, éclairaient les rues à perte de vue jusqu'à la place de l'église Saint-Germain-l'Auxerrois, où je me trouvais. Aux cris mille fois répétés de « feu à l'église et à la maison du curé », la foule de ces iconoclastes s'avançait vers le plus ancien monument de Paris, auquel s'attachent tant de souvenirs. Déjà, je le croyais à jamais perdu et la capitale menacée d'incendie et de pillage.

Heureusement, un fort détachement de troupes et de garde nationale arriva et commença à charger; on se poussait, on se cognait, et je me trouvai engagé dans cette bagarre. Un moment, je me crus écrasé par deux gros hommes entre lesquels je ne pouvais plus respirer; cependant, l'un d'eux, se trouvant dans une position au moins aussi gênée que la mienne, devint comme furieux de désespoir. Il donna des coups à droite et à gauche, se fraya enfin un passage et je pus le suivre. Nous prîmes par le pont d'Arcole; là, je m'arrêtai pour voir comment cela finirait. Les carabiniers et les hussards de Chartres distribuèrent de bons coups de plat de sabre et bientôt le calme fut rétabli. J'entendis toutefois dire à plusieurs de ces mutins qu'ils reviendraient en forces le lendemain. Je ne sus qu'en rentrant, que, pendant que j'étais à Saint-Germain-l'Auxerrois, une autre foule s'était portée sur l'archevêché, qu'on avait commencé à piller, qu'on était cependant parvenu à disperser ces vandales.

Un Anglais m'a dit aujourd'hui que, jamais, il n'y avait eu plus d'argent en Angleterre que dans ce moment-ci;

tout le commerce de la Hollande et en partie celui de France, se trouvent en ce moment à Londres.

— Une guerre, me disait-il, que nous n'aurions pu soutenir, il y a quelques mois, sans nous ruiner, ne nous gênerait nullement aujourd'hui.

15 février.

De grand matin, aujourd'hui, on a entendu battre la générale dans tout Paris. Notre faubourg, ordinairement plus calme que les autres, est en ce moment dans une agitation que je ne lui ai jamais vue. On me dit que les choses les plus épouvantables se passent à l'archevêché, qui est livré au pillage, à ce qu'on m'assure. Je ne le croirai pas, à moins de l'avoir vu de mes yeux ; je me rendrai donc sur les lieux après mon déjeuner.

8 heures du soir.

Le roi et sa famille n'ont pas fermé l'œil de la nuit ; ils sont dans leur Palais-Royal comme dans une ville assiégée où l'on s'attend d'un moment à l'autre à voir entrer l'ennemi. De l'appartement de Madame Adélaïde surtout, on entend les vociférations les plus horribles contre le roi et les membres de sa famille. Louis-Philippe ne sait plus où il en est ; il y a bien de quoi ; mais, cette frayeur, loin de le tirer d'embarras, l'y plonge de plus en plus.

Ainsi que je me le suis proposé, je suis sorti de bonne heure sur le quai ; quand j'y suis arrivé, nombre de gardes nationaux s'y trouvaient réunis et plusieurs de ma connaissance. C'étaient MM. de l'Aigle, de Tournon, de Monthyon, Duhamel, d'Hulst et autres. Tous ces messieurs, quoique d'opinion bien différente, servent tous dans la même légion. Je leur ai demandé ce qu'ils avaient à faire :

— Nous gardons le pont et la Chambre des députés ; il paraît cependant qu'on ne compte pas trop sur nous puisqu'il y a dans la Chambre, tout un régiment d'infanterie, caché dans les cours et les salles du Palais.

Après une conversation générale, ces messieurs, l'un après l'autre, me prirent par le bras et chacun, d'après son opinion, me tenait un langage différent :

— Concevez-vous les carlistes, me dit M. de Monthyon, les concevez-vous? Nous faire un train semblable, tout détruire, tout bouleverser et pourquoi, pour courir après une chimère, car évidemment ce sont les carlistes qui font tout cela. A quoi bon cette cérémonie pour le duc de Berry, dans un moment où tout devient dangereux? Il me semble que MM. les carlistes, loin d'atteindre leur but, nous donneront par leurs menées la République.

— Dieu sait ce que nous deviendrons, nous et la pauvre France, me dit M. d'Hulst en m'enlevant à M. de Monthyon ; je ne conçois rien à tout ce mouvement ; tout cela ne tend à autre chose qu'à la République et nous l'aurons, vous allez voir. Tel que vous me voyez, j'ai passé la nuit à la belle étoile ; j'étais avec ma femme au Palais-Royal lorsque les premières nouvelles de cette déplorable affaire nous arrivèrent. Dans le commencement, on se flattait de pouvoir facilement étouffer l'émeute ; mais, d'heure en heure, les nouvelles devinrent toujours plus alarmantes. Moi et plusieurs aides de camp du roi nous nous offrîmes d'aller voir ce qui en était et de lui rapporter tout, jusqu'aux moindres détails ; j'eus l'ordre de sortir avec ma légion et nous voilà à défendre ce quai. L'on dit que la population a l'intention de prendre d'assaut la Chambre des députés.

Il voulait continuer, mais Duhamel me prend par le bras et m'entraîne tout à fait hors du groupe.

— Tout ce que vous voyez n'est qu'un piège que les républicains nous ont tendu et nous avons donné dedans bien bêtement. Si nous avons la République en peu de jours, cela ne m'étonnerait point. Figurez-vous qu'on veut piller toutes les églises ; ce qui s'est passé ce matin à Saint-Germain-l'Auxerrois est inimaginable. On y a abattu la croix.

— J'ai vu cela hier soir.

— Oh ! ce n'était rien encore, on y est revenu ce matin ; tout est pillé et saccagé, tout est détruit intérieurement, on y a dansé la carmagnole ; enfin, jamais cela ne s'est vu, jamais pareil scandale n'a eu lieu, pas même sous la première Révolution. Où en sommes-nous ? Dans ce moment, on pille l'archevêché, voyez-vous tous ces décombres sur la Seine ?

Effectivement, je voyais des meubles mutilés nager sur le fleuve et des gens occupés à les en retirer avec des perches.

— Quelle singulière chose, dis-je à M. Duhamel, voilà des gens de la même ville, de la même classe, qui cherchent à retirer ce qu'ils auraient jeté dans l'eau, aussi bien que leurs camarades le font en ce moment, s'ils avaient été placés de quelques toises plus haut contre le courant de la Seine... Mais, je vous laisse, cher ami, pour me rendre sur les lieux.

En allant le long des quais, j'arrive sur le Pont-Neuf. Je le passe pour arriver sur la place du Louvre, mais la foule était grande et l'on forçait tout le monde à crier : « A bas la Croix ! vive la liberté ! » Ne voulant me prêter à tout cela, sans en tirer aucun avantage pour ma curiosité, je pris la direction du quai des Orfèvres et par mille détours, j'arrivai, non sans peine et sans danger d'attraper des pierres, jusqu'à la place de l'église de Notre-Dame. On avait forcé la porte de l'église, pour monter sur les combles, afin de pouvoir accrocher une corde à la croix. Le peuple en bas tirait sur cette corde. L'opération était accompagnée de cris épouvantables ; mais, cette immense croix ne cédait pas, malgré la violence avec laquelle on la tirait, et ce fut bien heureux, car si elle était tombée, elle aurait écrasé au moins une cinquantaine de personnes. Quelques gardes nationaux parvinrent à faire comprendre à ces énergumènes le danger auquel ils s'exposaient ; ils renoncèrent à leur entreprise.

De la place, je tournai la cathédrale à droite, du côté de l'Hôtel-Dieu. La rue y est fort étroite et la populace poursuivait à coups de pierre les gardes municipaux qui y étaient placés pour défendre l'avenue de l'Archevêché. Une masse de gens, des étudiants, pour la plupart, se pressaient les uns contre les autres. Cette masse, à un signal convenu et en poussant des cris horribles, se précipita sur la grille. Malheur à ceux qui se trouvaient en ce moment placés entre la grille et ces gens-là. Fritz Schwarzenberg fut du nombre, et je ne sais comment il s'y est pris pour ne pas avoir été écrasé. La grille ne put résister à ce choc ; elle tomba avec fracas.

Cette victoire fut saluée de vifs applaudissements de tout le monde, car mort à celui qui n'eût pas voulu faire chorus avec la populace. Je criai donc aussi ce qu'on beuglait autour de moi. En un instant, de la cave au grenier, l'archevêché fut envahi, et le pillage, qui jusqu'à ce moment, se faisait sans ordre, s'organisa. Les uns prenaient et détachaient tout ce qu'il y avait dans les appartements, d'autres le brisaient et le jetaient par les croisées, du côté de la Seine. Entre le bâtiment et le fleuve, il y avait un jardin qui fut dévasté; des gens y formèrent la chaîne et se passant, de main en main, tout ce qui leur arrivait par les croisées, le lançaient dans l'eau. Des espèces d'inspecteurs veillaient à ce que rien ne fût soustrait à la destruction. Ceux qui auraient tenté pareil acte auraient été traités en jésuites, c'est-à-dire qu'ils auraient suivi les objets dans la Seine, ce qui aurait exposé à une mort presque certaine même le nageur le plus habile. En peu d'heures, tout l'archevêché a été détruit de fond en comble. Ce palais a l'air d'une ruine de plusieurs siècles.

Pendant qu'on pillait l'archevêché, je voyais passer, dans les différentes rues, des cabriolets remplis de masques à moitié ivres et qui s'amusaient à molester les passants, ainsi que cela se fait ordinairement le mardi gras. De l'autre côté de la Seine, on avait loué dans les maisons qui donnent sur le quai, des croisées pour voir le pillage de l'archevêché, ainsi qu'on regarderait quelque autre spectacle. Parmi des gens de basse classe qui se trouvaient sur le quai aussi à regarder ce qui se passait, j'ai entendu dire :

— Voilà encore une nouvelle dévastation, il faudra refaire le palais. Qui paiera les frais? Ce sera encore le contribuable !

Ces pauvres gens se lamentaient, regardaient et laissaient faire.

En traversant la partie de la ville qui se trouve entre l'île de Notre-Dame et le Palais-Royal où je me suis rendu, j'ai vu un spectacle que je n'oublierai de ma vie. Des gens à figure hideuse avaient endossé des chasubles, des mitres et autres ornements d'église, pris à l'archevêché. Ils chantaient sur des airs religieux, en parodiant une procession, des chansons obscènes ; ils faisaient mille grimaces que le peuple applaudissait. Ce cortège était précédé par deux polissons dont l'un portait une croix et un autre un vase qu'on ne nomme pas, rempli d'eau bourbeuse, dans laquelle il trempait un aspersoir et en éclaboussant la multitude, il criait :

— Voilà de l'eau bénite pour rien !...

Arrivé au Palais-Royal, je trouvai les cours remplies de troupes de ligne et de garde nationale, qui y bivouaquaient et regardaient défiler le cortège fantastique et burlesque du bœuf gras. Il a fait le tour de la cour d'honneur, accompagné d'une musique très bruyante. Le roi des Français, la reine, Madame Adélaïde et toute la famille se trouvaient sur les terrasses et le roi ne cessait de faire des révérences, tantôt à Mercure qui était en postillon, tantôt aux Grâces et à l'Amour qui sont sur le char, tantôt à Hercule et aux deux Cyclopes qui tenaient le bœuf gras. Cela faisait pitié et contrastait d'une manière saisissante avec la scène que je venais de voir à l'archevêché.

Si du côté des églises, il y avait foule pour détruire les croix, du côté des boulevards, il y avait encore foule, mais, pour voir les masques. Elle était si grande que, me trouvant engagé dans le passage de l'Opéra, à ne pouvoir ni avancer, ni reculer et voyant arriver le moment où je serais impitoyablement écrasé, je me donnai un élan en m'appuyant sur un des dos qui me pressaient et me voilà dans un saut hors la bagarre, il est vrai, mais, étendu de toute ma longueur sur un tas de fromages, d'oranges, de jambons, de poissons, de homards et autres mangeailles, car pour mon malheur, j'étais tombé dans une boutique de comestibles. Mon attitude a dû être burlesque, car même la bourgeoise en a ri à n'en pouvoir plus, malgré le petit dégât que je lui avais fait.

Pendant qu'on chantait *la Marseillaise* et la *Carmagnole* dans Saint-Germain-l'Auxerrois, je fis ma toilette pour aller au bal chez Rothschild. Malgré tout le désastre du jour et l'attente de ce qui devait suivre, les salons étaient remplis. Le duc d'Orléans devait en être, mais comme il n'arrivait pas, on ouvrit le bal sans lui. Entre chaque danse, des nouvelles affreuses, les unes plus effrayantes que les autres, arrivaient de toutes parts. J'étais, si je me rappelle bien, à faire un chassé en avant, lorsque le général Baudran, aide de camp du duc, arriva pour apporter les excuses du duc d'Orléans. Il ne pouvait venir, étant à la tête de son régiment.

Le général nous dit qu'on proclamait la République dans les rues. Mme de Rothschild mourait de peur dans la crainte du pillage de sa maison; malgré cela, nous dansions toujours. Pendant que j'engageais Mlle de Laborde, pour le galop, sa mère me dit qu'une lueur qu'on voyait au ciel n'était autre chose que Conflans, où les pillards avaient mis le feu à la maison de l'archevêque.

— C'est épouvantable, oui, c'est affreux, fit la jeune personne; mais, dansons encore aujourd'hui. S'il est vrai que nous aurons la République demain, c'en sera fini des fêtes et des bals pour longtemps.

C'est bien heureux que le duc d'Orléans ne soit pas venu chez Rothschild ; des jeunes gens avaient ourdi une conspiration contre la grande cocarde tricolore que le prince porte ordinairement à son chapeau ; ciseaux, tout était préparé pour l'échanger pendant qu'il aurait dansé, contre une cocarde blanche.

Le bal a duré jusqu'à quatre heures du matin et n'a pas été troublé. M. de Rothschild, malgré la bonne envie qu'il a de paraître gai, est triste dans l'âme, car son argent se fond dans ses caisses comme un glaçon pendant la chaleur.

16 février.

Ce matin, il y a quantité de mandats d'amener. Il y en a eu contre l'archevêque de Paris, et MM. de Conny, de Vitrolles et Ferdinand Berthier. On a surpris ceux-ci dans leur lit. Il n'en a pas été de même de l'archevêque ; averti à temps, il a disparu. M. de Vitrolles a eu le temps de faire dire par son valet de chambre, à Mme de Vaudémont, son amie, qu'elle devait être tranquille et tranquilliser ses amies, qu'on ne trouverait rien chez lui. Effectivement, après avoir fait une perquisition la plus minutieuse, le gouvernement n'a saisi chez lui qu'une lettre qu'il avait écrite à son fils, après avoir quitté le roi Charles X à Cherbourg. Dans cette lettre, il l'exhorte à l'obéissance et à la soumission qu'il doit avoir pour Louis-Philippe, depuis que Charles X, quittant le sol français, a renoncé à la couronne de ses pères.

On a tout détruit dans Conflans ; on n'a pu sauver que le linge, et cela par la présence d'esprit du cuisinier de l'archevêque, qui disait à la foule :

— Ne détruisez pas ainsi tout ce beau linge ; remettez-le plutôt à l'hôpital afin qu'on puisse en faire usage pour les malades.

17 février.

La journée d'aujourd'hui a été employée à faire disparaître les fleurs de lis ; partout où il y en avait, elles ont été détruites par les agents du gouvernement. Là où faire ne se pouvait, on les a cachées sous des drapeaux tricolores.

La populace a pénétré ce matin dans la cour du Palais-Royal ; la cadette des princesses, au cri de ces gens, s'est trouvée mal et eut encore une de ces attaques de tremblements et de convulsions nerveuses, suites de tant d'émotions qu'elle a subies depuis des mois. Cependant, les cris des mutins devinrent toujours plus forts. C'étaient des imprécations horribles, des vociférations épouvantables. Le roi trembla ; dans ses appartements, il n'y avait assez de troupes ni dans la cour, ni assez de gardes nationaux et ceux qu'il y avait, encourageaient la populace à ces mutineries, au lieu de les réprimer.

Madame Adélaïde était d'avis que le roi devait se montrer et parler à la populace. Sa Majesté aurait bien aimé avoir La Fayette à ses côtés ; mais, le général était occupé chez lui à recevoir les compliments des gens de son parti sur l'heureuse réussite de la belle émeute qu'il avait ordonnée. A défaut de La Fayette, le roi prit son grand drapeau tricolore et se montra au peuple. Il l'exhorta, lui promit tout ce qu'il voudrait à condition de se retirer ; et en effet, la populace se retira, sauf à revenir si ce qu'on lui a promis n'était pas exécuté.

Le même jour, peu d'heures après, je lus la proclamation indécente que le roi fit publier contre la famille de Charles X. C'est eux qu'on accuse, c'est eux qui ont tout fait. Quelle absurdité ! Sébastiani tient le même langage ; il faut bien qu'ils accusent un parti ; celui qui est le coupable est trop fort pour qu'on puisse l'attaquer. Il faut donc accuser celui qui peut être frappé ; ce sont les carlistes. C'est ainsi que le ministère cherche à cacher sa faiblesse, personne n'en est la dupe.

Vitrolles, qu'on a gardé au secret plus de vingt-quatre heures sans l'interroger, veut intenter un procès au procureur du roi, pour abus de pouvoir.

18 février.

La foule s'est portée ce soir sur Montrouge ; tout y fut pillé et saccagé. Montmorency fut sauvé comme par un miracle. Plus le gouvernement cède, plus il est méprisé par tous les partis et même par celui qu'il flatte, auquel il fait tant de sacrifices de tout genre, et surtout de son honneur.

L'ambassadeur et moi, nous avons fait visite ce soir à MM. de Montalivet et d'Argout (1). Ces deux salons étaient passablement vides. Qui au monde pense en ce

---

(1) Ils étaient ministres l'un et l'autre.

moment à faire sa cour?. On est chez La Fayette ; la rue d'Anjou, qu'on a baptisée La Fayette, regorge de voitures, de fiacres surtout et les piétons restent dans la rue, car les appartements sont combles. Chez M. d'Argout, nous avons vu M. de Rayneval, auquel on avait promis le poste de Rome et qui l'attendait jusqu'à ce jour où il n en veut plus. Il est indigné de ce qui se passe, de la lâcheté du gouvernement, de son impudence d'accuser la famille de Charles X et ses partisans, comme auteurs du scandale qui vient de se produire.

— Vous me voyez ici pour la dernière fois. Je quitte les salons des ministres et Paris pour toujours ; je voulais me faire employer, je croyais pouvoir servir ma patrie, lui être utile ; d'après ce qui vient de se passer, cela devient impossible à un homme d'honneur ; on ne peut se faire l'instrument de pareilles gens ; on ne peut devenir iconoclaste d'un jour à l'autre. Aussi, suis-je venu ici pour leur faire connaître mon opinion et pour leur dire que je me retirais à la campagne. Je ferai venir ma femme ; elle vendra ce que nous avons à Vienne, ce ne sera pas beaucoup, ce sera toujours plus que ce que j'ai ici, où je n'ai que des dettes ; mais, enfin il faut s'arranger comme l'on pourra.

A ces mots, il nous quitta, en nous tendant ses mains, car il vit le ministre s'approcher de nous. Effectivement, nous étions déjà sous l'ombre du nez énorme de M. d'Argout. Lui aussi est tout courroux contre les prêtres, contre l'archevêque de Paris surtout (1).

(1) Le gouvernement ayant témoigné dans ces circonstances d'autant de faiblesse que d'imprévoyance, s'efforçait de rejeter la responsabilité des événements sur « le parti prêtre », et accusait à tort l'archevêque de Paris, Mgr de Quélen, d'avoir fomenté l'insurrection.

— C'est un homme, nous dit-il, sans foi, sans parole ; tout ce qui s'est fait est son ouvrage. Fort heureusement pour lui, il s'est sauvé, nous ne savons pas où il est ; mais, s'il se trouve à Paris, il ne nous échappera pas !

23 février.

C'est toujours la même folie. On danse dans les salons, on se bat dans les rues, on est en pleine révolution ; tout paraît crouler, nous sommes sur un volcan, il gronde, il menace, la royauté nouvelle est ébranlée, le gouvernement l'est aussi dans tous ses fondements. Le Centre s'est proposé d'attaquer le ministère, il médite sa chute, voyant que, dans sa composition, il n'y a que des traîtres ou des dupes. Soult est l'âme damnée du parti républicain, Laffitte de même ; il flatte ce parti pour conserver son portefeuille, le seul bouclier qu'il ait contre ses créanciers.

Le coup a manqué dans la Chambre. La vanité de M. de Salvandy, qui s'est mis trop en avant pour avoir la gloire à lui seul, a tout gâté ; le stratagème a paru au grand jour ; cette gaucherie a indisposé plusieurs membres qui se sont séparés du Centre ; la désunion est complète et la cause perdue. Cependant, le changement du ministère est presque sûr ; mais, loin d'être pris dans le parti du Centre, ainsi qu'on voulait l'avoir, il sera formé du parti subversif et alors nous aurons la République. Soult disait l'autre jour :

— Je veux aller à tous les diables, si dans quelques mois d'ici, nous n'avons pas une bonne petite guerre ; d'ailleurs, je l'ai promise à La Fayette.

Les arrestations des carlistes continuent ; cependant, le roi poussé, d'un côté, à cet arbitraire par les républicains de Paris, a peur, de l'autre, d'une réaction dans les provinces où l'irritation est à son comble. La conduite de Paris y est hautement désapprouvée. Le roi, en attendant, a perdu la tête ; depuis huit jours, il désavoue sa race et ses armes. On gratte au Palais-Royal toutes les fleurs de lis qui y étaient à profusion taillées dans la pierre et qui ont résisté même à la Révolution de 93 et au gouvernement de Napoléon. C'est jusque sur les panneaux des voitures royales que ces pauvres lis sont poursuivis et détruits, ainsi que sur les boutons des livrées. On prétend que ne sachant comment remplacer ces armes, quelqu'un avait dit qu'on pourrait mettre sur les boutons un trône populaire entouré d'institutions républicaines. Enfin, ce pauvre Louis-Philippe se met au comble du ridicule et du mépris. C'est pitié de voir comme on le traite !

25 février.

La fille de M. de La Fayette est une bonne vieille qui aime passionnément son père et l'admire jusque dans ses travers. Elle est pieuse et n'entend rien à la politique. Ces jours derniers, jours de gloire pour M. de La Fayette, la bonne femme voyant les croix partout enlevées, n'osant en demander une explication ni à son père, ni aux autres, les voyant si heureux, si contents de ce qui se faisait, a dit à une de ses amies :

— Mon père est bien heureux dans ce bas monde ;

tout ce qu'il veut lui réussit. Je crains que cela ne soit pas de même dans l'autre monde ; prions donc pour lui, ma chère.

Et les deux femmes firent de longues prières à l'intention de M. de La Fayette qui faisait, pendant ce temps, enlever les croix des églises.

28 février.

Ce matin, M. Sébastiani a déclaré à l'ambassadeur, avec ses manières à la Napoléon, fort ridicules dans la position de la France d'aujourd'hui, que toute intervention de la part de l'Autriche dans les affaires d'Italie serait considérée comme une déclaration de guerre. Ces menaces ne nous effrayent pas le moins du monde, surtout si le Piémont se tient tranquille. L'ambassadeur de Sardaigne a beaucoup de confiance dans les armées sardes ; il dit que l'esprit en est excellent et la discipline parfaite.

Le ministère redoute notre intervention en Italie. La Fayette, le tout-puissant, les en menace, leur fait une peur affreuse. Ces messieurs, par leurs paroles, comptent nous communiquer ce même sentiment. S'ils y avaient réussi, on leur eût prouvé que notre armée ne se trouve point encore en état de guerre. On se met en quatre ici pour réorganiser la leur qui va à la débandade. Tout nous annonce encore des troubles prochains à Paris ; cet état de choses devient de plus en plus inquiétant.

2 mars.

Déjà hier, on voyait de ces figures sinistres qui, semblables aux oiseaux de tempêtes, nous en présageaient de nouvelles. Dans la matinée d'aujourd'hui, grand nombre de tapageurs parcouraient la ville ou se réunissaient sur les places. On parvenait cependant à les disperser.

Ce soir, nous étions invités au Palais-Royal pour assister à un grand concert ; c'est pour nous jeter la poudre aux yeux, comme si l'on n'avait pas la moindre inquiétude. Cependant, l'agitation dans Paris augmentait d'heure en heure. Si peu disposés que nous fussions à entendre de la musique pendant qu'on braillait dans les rues, il fallut cependant prendre son parti, vu que les invitations n'étaient point contremandées. Nous voilà donc embarqués dans notre landau. Sur le pont Louis XVI, nous vîmes passer au grand galop un détachement de hussards de Chartres et puis des gens armés qui couraient en désordre ; nous ne pûmes distinguer si c'étaient des émeutiers ou bien de la garde nationale dont beaucoup n'ont pas d'uniformes encore. Ce doute était peu plaisant et il fallut vraiment du courage pour continuer notre chemin. Les places, les quais étaient remplis de monde et de troupes.

Arrivés sur la place du Carrousel, un des domestiques dut descendre de voiture pour voir s'il y avait moyen de passer, malgré la foule massée sur la place et dans toutes les rues qui y aboutissent. Un garde national à cheval s'approcha de la portière et nous dit qu'il allait tâcher de nous faire arriver au Palais-Royal par la rue de Chartres. Notre voiture était entourée, nos chevaux ne pouvaient avancer qu'au petit pas, en sorte que nous entendîmes les vociférations épouvantables de la populace. Sur la place du Palais-Royal, le désordre était à son comble ; on refoulait avec des baïonnettes la foule qui, tour à tour victorieuse ou vaincue, hurlait et insultait les voitures. La place était éclairée par des torches, car les réverbères avaient été détruits dès le commencement de l'émeute, ce qui ajoutait encore plus à l'horreur du spectacle. Jusque sous le portique du palais, de hideuses figures approchaient jusqu'aux glaces de notre voiture, en menaçant les aristocrates.

Jamais, depuis que nous allons au Palais-Royal, l'entrée dans son intérieur ne nous a fait plus de plaisir que cette fois-là. Si le danger n'avait pas encore entièrement cessé pour nous et ceux qui se réunissaient dans ce funeste palais, au moins ces gardes nationaux, ces suisses, ces domestiques pas trop tranquilles eux-mêmes, nous rassuraient.

Le roi et la reine nous reçurent comme à l'ordinaire. Cependant, de temps en temps, les aides de camp du roi s'approchaient de lui, et les personnes qui l'entourent cherchaient à attraper quelque chose de la révélation qui se faisait à voix basse, ou bien l'on émettait des conjectures basées sur l'expression de la figure du roi, pendant qu'il parlait avec son aide de camp.

Les chanteurs et les cantatrices arrivèrent pâles et tremblants et chantèrent faux pendant une grande moitié de la soirée. Tout à coup, le bruit se répand que ni la troupe de ligne, ni la garde nationale ne pouvaient plus lutter contre le nombre. Effectivement, même à travers les sons de l'orchestre, on entendait les vociférations et les cris épouvantables d'une populace effrénée qui voulait, disait-on, venir planter l'arbre de la liberté sur les terrasses du roi. Sa Majesté elle-même qui, jusqu'à ce moment, avait fait assez bonne contenance, devint inquiète. Elle s'approcha des croisées pour voir ce qui se passait dans les cours, et n'en parut pas satisfaite. Elle sortit dans le vestibule, probablement pour donner quelques ordres, car à la voir on ne pouvait plus douter qu'elle s'attendait à recevoir, d'un moment à l'autre, toute la populace des rues dans ses appartements. Un discours à messieurs les non invités à la fête, aurait été chose indispensable, un discours où il aurait été question de l'amitié, de la sympathie de Sa Majesté pour messieurs les héros de Juillet.

Cependant, on ouvre les battants et le roi réapparaît tout rayonnant.

— Tout est fini, dit-il, tout est fini ; les hussards de Chartres ont dispersé les tapageurs.

On se confie tout bas que le combat a été meurtrier, que plus de vingt révoltés sont restés sur place.

A notre départ, la place et les rues étaient parfaitement tranquilles ; les troupes bivouaquaient autour des feux et de nombreuses patrouilles parcouraient la ville dans tous les sens.

De retour chez moi, je n'ai fait que changer de costume et je me suis rendu au bal chez M. Schikler, sur la place Vendôme. Là aussi, veillaient de nombreux détachements de troupes de ligne et de garde nationale.

Un seul petit incident a troublé cette superbe fête ; dans la nombreuse assemblée, s'était introduit un voleur ;

pendant qu'on était à souper, il mit dans sa poche des fourchettes en vermeil. Un des jeunes gens présents au bal, s'en aperçut et le prit au collet. Il se défendit comme de raison. Les femmes qui ne perdent jamais une occasion de crier, poussèrent des cris épouvantables et mirent par là toute la salle en émoi.

— On pille, criait-on, on pille ; l'émeute est dans la salle du souper !

Il fallut une bonne demi-heure pour remettre à la raison toutes ces têtes de femmes et d'hommes, car j'en ai vu trembler plus d'un. C'est un drôle d'assemblage d'émeutes, d'épouvante, d'amusements, de gaieté, de tristesse, d'insouciance, de sollicitude, d'incidents graves et burlesques, de musique, de chant, de danse, de cris de sédition, de lamentations de blessés et d'expirants, que cette journée du 2 mars. Tant d'émotions diverses usent l'âme et le corps. Je me sens fatigué du monde des hommes, de ce tourbillon dans lequel je me trouve entraîné. Partout l'égoïsme le plus hideux se montre sous toutes les formes. Enfin, j'ai besoin de quitter cette ville pour chercher ailleurs des hommes, des mœurs, de l'amour, de l'amitié sans intérêt. C'est demain que je quitte Paris. Dans peu de jours, je serai dans vos bras (1).

(1) Le voyage du comte Rodolphe dura trois mois. Il rentrait à Paris à la fin de mai et reprenait son journal dont on lira la suite dans le second volume.

FIN

TABLE DES MATIÈRES

DU TOME PREMIER

INTRODUCTION I

ANNÉE 1826

SOMMAIRE RÉSUMÉ : Visite et dîner au Palais-Royal. — L'ambassade d'Autriche à l'hôtel d'Eckmühl. — Un dîner chez Rothschild. — Mademoiselle d'Orléans. — Une visite à Mme de Genlis. — Lady Granville. — Pose de la première pierre, sur la place Louis XV, d'un monument expiatoire à la mémoire de Louis XVI. — Le prince de Talleyrand. — Une visite à Vincennes. — Le baron de Humboldt. — Saint-Denis. — La Malmaison. — Le ménage Canning. — M. de Villèle. — Le baron et la baronne de Damas. — Charlotte de Rohan. — La princesse de Vaudémont. — Le duc et la duchesse de Dalberg I

ANNÉE 1827

SOMMAIRE RÉSUMÉ : Le jour de l'an et les soirées à l'ambassade d'Autriche. — Un bal chez la duchesse de Berry. — Talleyrand « rossé » par Maubreuil, à Saint-Denis. — Suite de fêtes. — L'affaire des maréchaux. — Les spectacles à la cour. — Le cotillon en France — Mort de l'impératrice du Brésil. — Menaces de duels. — Une lecture chez la princesse de Bauffremont. — Attroupements révolutionnaires dans Paris. — La revue de la garde nationale et son licenciement. — Démission du duc de Doudeauville, ministre de la maison du roi. — Une lettre de Mademoiselle de France au roi. — Désordres de la rue. — L'amitié à Paris. — Chez la duchesse de Maillé. — La dame mystérieuse. — La grande-duchesse de Darmstadt. — Mort de Canning. — Visites à Bagatelle et à Neuilly. — Potins mondains. — Continuation des émeutes. — Shakespeare joué à Paris. — Une visite à Mlle Mars.................................. 37

ANNÉE 1828

Sommaire résumé : Talleyrand, le comte de Sèze et l'anniversaire du 21 janvier. — Le ministre de Hanovre et sa femme. — Hyde de Neuville ministre. — Mort du duc de La Vauguyon. — Encore Mme de Genlis. — Le duc et la duchesse de Rivière. — Le prince Léopold de Saxe-Cobourg à Paris. — Les diamants de lady Londonderry. — Mariage du comte de Biron avec Mlle de Mun. — Talleyrand et le duc Dalberg à moitié ruinés. — Mouvements diplomatiques. — Guerre entre la Russie et la Turquie. — Publication de Mémoires. — Mort du maréchal de Lauriston. — Séjour à Dieppe. — Mariage de Mlle Bagration, fille de la princesse, avec le comte de Blome. — Voyage du comte Rodolphe à Londres. — Chez le prince Paul Esterhazy, ambassadeur d'Autriche. — A travers la société anglaise. — Retour à Dieppe. — Rentrée à Paris............ 93

ANNÉE 1829

Sommaire résumé : La Congrégation. — Mlle Alix de Montmorency épouse le duc de Valençay. — Une lecture de Mlle Delphine Gay chez la comtesse de Chastenay. — Mort de la vieille duchesse de Montmorency. — La grande-duchesse douairière de Bade. — Élévation du cardinal Castiglione à la papauté sous le nom de Pie VIII. — Le cardinal Albani secrétaire d'État. — Vieille aventure du comte d'Artois et du duc de Bourbon. — Une lecture d'Alfred de Vigny chez la vicomtesse d'Agoult. — Le duc de Laval et le ministre des affaires étrangères. — L'amiral de Rigny. — Séjour à Dieppe. — Talleyrand et le second mariage de Napoléon. — Formation du ministère Polignac. — La grâce et l'esprit de Mademoiselle de France. — Rentrée à Paris. — Le nouveau nonce. — Les étrangers à Paris. — Une lettre de Chateaubriand. — Le ministère Polignac et la situation politique. — Le bec jaune aux pages... 151

ANNÉE 1830

Sommaire résumé : Un duc endetté. — Les noces de la reine d'Espagne. — Le roi et la reine de Naples. — Une liaison du duc de Chartres. — Une soirée au Salon des étrangers. — Excès de quêtes. — Propos de Mme de Polignac. — Au bal masqué. — Intrigues de Mme de Feuchères. — L'adresse de la Chambre des députés. — Les concerts du lundi à l'ambassade d'Autriche. — Lamartine à l'Académie française. — L'expédition d'Alger. — Annonce de l'arrivée du roi de Naples à Paris. — Son séjour à la cour d'Espagne. — Préparatifs de fête en son honneur au Palais-Royal. — Le prince de Cobourg candidat au trône de Grèce. — L'expédition d'Alger. — Les souverains de Naples à Paris. — Une fête en leur honneur au Palais-

TABLE DES MATIÈRES 439

Royal. — Un séjour au château de Maintenon. — Séjour à Dieppe. — Mort du roi d'Angleterre. — Vilain tour joué à Chateaubriand. — Dissolution de la Chambre des députés. — La révolution de 1830, vue de Dieppe. — Charles X à Rambouillet. — Une lettre de Mademoiselle de France. — Louis-Philippe, roi des Français. — Mésaventure du cardinal de Rohan. — Les Bourbons en marche pour l'exil. — L'embarquement à Cherbourg. — Retour de l'auteur à Paris. — La mort du prince de Condé. — Propos de l'ambassadeur de Naples. — Détails rétrospectifs sur la chute de Charles X. — Agitations ministérielles. — Une fonte tragique. — Menaces anarchistes. — L'ambassadeur d'Autriche chez le roi. — Un dîner au Palais-Royal. — Le duc de Chartres devenu duc d'Orléans et ses audiences. — Le maréchal Maison et le portefeuille des affaires étrangères. — Colère de soldat. — A l'approche du procès des ministres de Charles X. — Les inquiétudes des Parisiens. — Charles X et son confesseur. — La journée du 22 décembre 1830. — Paris rassuré. 213

ANNÉE 1831 (JANVIER ET FÉVRIER)

SOMMAIRE RÉSUMÉ : Suite de bals sur un volcan. — Potins mondains. — Intrigues féminines. — Fête à l'Opéra pour les pauvres. — L'aventure du comte et de la comtesse de Vaudreuil. — Candidats au trône de Belgique. — La cérémonie de Saint-Germain-l'Auxerrois. — Le pillage de cette église. — L'émeute à Notre-Dame. — La destruction de l'archevêché. — Une procession hideuse. — Le défilé du mardi gras. — Un bal chez Rothschild. — L'incendie à Conflans — L'archevêque de Paris poursuivi. — La populace au Palais-Royal. — Un voleur au bal. — Départ du comte Rodolphe pour la Hongrie. 397

PARIS. — TYP. PLON-NOURRIT ET Cie, 8, RUE GARANCIÈRE. — 18475.

Printed in Great Britain
by Amazon.co.uk, Ltd.,
Marston Gate.